"十三五"普通高等教育本科规划教材
21世纪全国高等院校财经管理系列实用规划教材

SITE MANAGEMENT

现场管理

（第2版）

陈国华 ◎编　著

北京大学出版社
PEKING UNIVERSITY PRESS

内容简介

本书阐述了现场管理的内容以及方法,通过标准化流程、作业标准,以生产和服务现场为对象,以现场控制、现场改进和现场完善为主轴,系统地介绍了现场管理的基本理论与方法。本书共10章,包括现场管理概论、班组管理概论、5S管理、定置管理、目视管理、生产过程与作业分析、现场质量管理、现场设备管理、现场安全管理、体系管理。

本书既可以作为普通高等学校管理类、经济类或工程类专业的教材,也可以作为各类成人高等教育的教学用书,还可以作为社会各类企业的培训教材和自学参考资料。

图书在版编目(CIP)数据

现场管理/陈国华编著. —2版. —北京:北京大学出版社,2018.2
(21世纪全国高等院校财经管理系列实用规划教材)
ISBN 978-7-301-29164-1

Ⅰ. ①现… Ⅱ. ①陈… Ⅲ. ①企业管理—生产管理—高等学校—教材 Ⅳ. ①F273

中国版本图书馆 CIP 数据核字(2018)第 011859 号

书　　名	现场管理(第2版)
	XIANCHANG GUANLI
著作责任者	陈国华　编著
策划编辑	王显超
责任编辑	李娉婷
标准书号	ISBN 978-7-301-29164-1
出版发行	北京大学出版社
地　　址	北京市海淀区成府路205号　100871
网　　址	http://www.pup.cn　新浪微博:@北京大学出版社
电子信箱	pup_6@163.com
电　　话	邮购部 62752015　发行部 62750672　编辑部 62750667
印刷者	北京市科星印刷有限责任公司
经销者	新华书店
	787毫米×1092毫米　16开本　21.25印张　499千字
	2013年1月第1版
	2018年2月第2版　2020年8月第3次印刷
定　　价	48.00元

未经许可,不得以任何方式复制或抄袭本书之部分或全部内容。
版权所有,侵权必究
举报电话:010-62752024　电子信箱:fd@pup.pku.edu.cn
图书如有印装质量问题,请与出版部联系,电话:010-62756370

第 2 版前言

本书第 1 版自 2013 年 1 月由北京大学出版社出版以来，深受广大读者的欢迎，被列为 21 世纪高等院校财经管理系列实用规划教材。

1. 本书的变化

与第 1 版相比，本书第 2 版的主要变化有以下 4 个方面：

（1）调整了全书的结构。全书共 10 章，章节顺序进行了优化调整。

（2）对内容进行了更新，并将研究对象扩大到服务行业，增加了班组管理概论和现场设备管理两章内容，更新了人员管理和体系管理内容。

（3）更换和修改了部分案例。

（4）补充了例题与习题。

2. 本书的特点

（1）系统性。本书既系统论述了现场管理的基本理论和方法，又介绍了现场管理前沿知识。

（2）针对性。现场管理是普通高校管理专业的主干课程，本书为适应普通高校管理专业教学需要而编写，内容及结构设置充分考虑到经济与管理专业培养目标和教学计划的需要，内容较全面。

（3）实践性。本书注重理论与实践的结合，并把重点放在现场管理的基本原理和主要方法的应用上。

（4）新颖性。本书密切联系国内外企业实际，博采众长，以丰富生动的案例来增强对企业现场管理的感性认识和理性认识，着重培养学习者分析问题的能力、创新能力、判断决策能力和解决实际问题的能力。

本书由陈国华编著，参加本次修订工作的人员有贝金兰、孙会、刘春梅、任真礼、仪彬、纪兰。

在编写本书的过程中，编者参阅了大量国内外发表的文献资料，限于篇幅，书后仅列出主要的参考文献。在此，谨向相关作者表示深深的谢意！

鉴于编者水平有限，书中难免存在不足之处，恳请同行和广大读者提出宝贵意见，以便进一步完善本书。

编　者

2017 年 8 月

目　　录

第 1 章　现场管理概论 …………… 1
　1.1　现场与现场管理 …………………… 2
　　　1.1.1　现场 ……………………………… 2
　　　1.1.2　现场管理 ………………………… 3
　　　1.1.3　现场管理的内容 ………………… 6
　1.2　现场管理的基本要素和目标 ……… 9
　　　1.2.1　现场管理的基本要素 …………… 9
　　　1.2.2　现场管理的目标 ………………… 11
　1.3　现场管理的实施 …………………… 12
　　　1.3.1　调查现场管理的现状 …………… 12
　　　1.3.2　制订现场管理规划 ……………… 13
　　　1.3.3　建立现场管理的运行机制 ……… 14
　　　1.3.4　优化现场管理 …………………… 15
　本章小结 …………………………………… 16
　习题 ………………………………………… 17

第 2 章　班组管理概论 …………… 19
　2.1　班组管理 …………………………… 20
　　　2.1.1　班组的含义及作用 ……………… 20
　　　2.1.2　班组长与班组管理 ……………… 21
　2.2　班组长管理 ………………………… 22
　　　2.2.1　班组长的职位特点与角色 ……… 22
　　　2.2.2　班组长的胜任力 ………………… 23
　　　2.2.3　班组长管理技能提升 …………… 23
　2.3　班组人员管理概述 ………………… 24
　　　2.3.1　班组人员管理 …………………… 24
　　　2.3.2　班组人员空间配置 ……………… 28
　　　2.3.3　班组人员时间管理 ……………… 31
　　　2.3.4　班组人员绩效管理 ……………… 37
　2.4　班组沟通与激励 …………………… 42
　　　2.4.1　班组沟通 ………………………… 43
　　　2.4.2　班组激励 ………………………… 44
　2.5　班组团队建设 ……………………… 46
　　　2.5.1　团队 ……………………………… 46
　　　2.5.2　如何构建高效班组团队 ………… 47
　本章小结 …………………………………… 50
　习题 ………………………………………… 51

第 3 章　5S 管理 …………………… 57
　3.1　5S 概述 ……………………………… 58
　　　3.1.1　5S 的沿革与发展 ………………… 58
　　　3.1.2　5S 管理概述 ……………………… 60
　　　3.1.3　5S 管理的原则与作用 …………… 62
　　　3.1.4　5S 管理的推行步骤与
　　　　　　 实施要点 ………………………… 63
　　　3.1.5　5S 管理与其他管理活动的
　　　　　　 关系 ……………………………… 66
　3.2　整理、整顿 ………………………… 68
　　　3.2.1　整理 ……………………………… 68
　　　3.2.2　整顿 ……………………………… 69
　3.3　清扫、清洁 ………………………… 71
　　　3.3.1　清扫 ……………………………… 71
　　　3.3.2　清洁 ……………………………… 74
　3.4　素养 ………………………………… 74
　　　3.4.1　员工素养活动推行方法与
　　　　　　 注意点 …………………………… 74
　　　3.4.2　5S 员工素养提升 ………………… 75
　　　3.4.3　5S 检查 …………………………… 77
　本章小结 …………………………………… 82
　习题 ………………………………………… 83

第 4 章　定置管理 ………………… 90
　4.1　定置管理概述 ……………………… 91
　　　4.1.1　定置管理的含义、要素、
　　　　　　 原则 ……………………………… 91
　　　4.1.2　定置管理的构成和内容 ………… 94
　4.2　定置管理的实施 …………………… 95
　　　4.2.1　制定定置管理文件 ……………… 95
　　　4.2.2　定置管理设计与准备 …………… 98
　　　4.2.3　定置管理的实施要求 …………… 99
　　　4.2.4　定置管理技法 …………………… 100
　　　4.2.5　定置管理评价 …………………… 102
　4.3　区域定置管理 ……………………… 106
　　　4.3.1　区域划分 ………………………… 106
　　　4.3.2　区域定置管理规则 ……………… 107
　　　4.3.3　区域定置管理内容 ……………… 108

4.4 车间定置管理 …………………… 108	6.2 程序分析方法 …………………… 159
4.4.1 设备定置管理 …………… 109	6.2.1 程序分析方法概述 ……… 159
4.4.2 仓库定置管理 …………… 110	6.2.2 工艺程序分析 …………… 163
4.4.3 特别定置管理 …………… 111	6.2.3 流程程序分析 …………… 165
4.4.4 工位器具和工具箱定置管理 … 112	6.2.4 布置和经路分析 ………… 168
4.4.5 安全定置管理 …………… 113	6.2.5 管理事务流程分析 ……… 169
4.4.6 环境美化定置管理 ……… 114	6.3 操作分析 ………………………… 173
4.5 职能部门定置管理 ……………… 115	6.3.1 人机操作分析 …………… 173
4.5.1 职能部门定置管理的内容 … 115	6.3.2 联合操作分析 …………… 174
4.5.2 办公室定置管理 ………… 116	6.3.3 双手操作分析 …………… 174
本章小结 ……………………………… 119	6.4 动作分析 ………………………… 175
习题 …………………………………… 120	6.4.1 动作分析符号 …………… 176
	6.4.2 动作经济原则 …………… 178
第 5 章 目视管理 ………………… 124	本章小结 ……………………………… 185
5.1 目视管理概述 …………………… 125	习题 …………………………………… 186
5.1.1 目视管理的含义 ………… 126	
5.1.2 目视管理的优点 ………… 126	**第 7 章 现场质量管理** …………… 191
5.1.3 目视管理的分类管理 …… 128	7.1 现场质量管理概述 ……………… 192
5.1.4 目视管理的作用 ………… 131	7.1.1 现场质量管理的含义及意义 … 193
5.2 目视管理的内容与原则 ………… 132	7.1.2 现场质量管理的目标和任务 … 194
5.2.1 目视管理的内容 ………… 132	7.1.3 现场质量管理的内容 …… 195
5.2.2 目视管理的原则 ………… 134	7.1.4 现场质量管理制度 ……… 197
5.3 目视管理的常用工具 …………… 136	7.1.5 现场质量保证体系 ……… 198
5.3.1 红牌作战 ………………… 136	7.2 工序质量控制 …………………… 198
5.3.2 看板管理 ………………… 137	7.2.1 工序质量控制概述 ……… 199
5.3.3 信号灯或异常信号灯 …… 139	7.2.2 工序质量控制的基本要求 … 199
5.3.4 其他工具 ………………… 140	7.3 质量检验 ………………………… 204
5.4 目视管理的实施 ………………… 141	7.3.1 质量检验概述 …………… 204
5.4.1 目视管理实施的要求 …… 141	7.3.2 质量检验的种类 ………… 205
5.4.2 目视管理的分类 ………… 142	7.3.3 质量检验的方法 ………… 206
5.4.3 进行目视管理要注意的事项 … 145	7.4 现场质量控制方法 ……………… 207
5.5 目视管理的水平 ………………… 147	7.4.1 基本 QC 七大方法 ……… 207
5.5.1 目视管理的基本水平 …… 147	7.4.2 现场问题解决七步法 …… 215
5.5.2 目视管理的中级水平 …… 148	本章小结 ……………………………… 220
5.5.3 目视管理的最高水平 …… 149	习题 …………………………………… 220
本章小结 ……………………………… 151	
习题 …………………………………… 152	**第 8 章 现场设备管理** …………… 225
	8.1 现场设备管理概述 ……………… 226
第 6 章 生产过程与作业分析 …… 156	8.1.1 现场设备管理的内容 …… 226
6.1 生产过程与作业分析概述 ……… 157	8.1.2 现场设备管理的任务 …… 227
6.1.1 生产过程概述 …………… 158	8.2 现场设备的合理使用和维护保养 … 228
6.1.2 方法研究 ………………… 159	8.2.1 现场设备的合理使用 …… 228

8.2.2 现场设备的维护保养 228
8.3 现场设备检查与维修 229
　　8.3.1 设备的磨损与故障规律 229
　　8.3.2 现场设备的检查与维修 231
　　8.3.3 设备的预防维修制度 231
8.4 TPM 233
　　8.4.1 TPM 概述 233
　　8.4.2 TPM 的实施 234
　　8.4.3 开展全员自主维护 235
本章小结 237
习题 238

第 9 章　现场安全管理 240
9.1 安全管理概述 242
　　9.1.1 安全学的理论基础 242
　　9.1.2 事故致因理论 245
　　9.1.3 安全管理的含义和组织运行 248
9.2 安全生产法规 250
　　9.2.1 安全生产法规的概念 250
　　9.2.2 安全生产法律法规体系 250
9.3 事故预防与安全监控 252
　　9.3.1 预防事故的安全技术 252
　　9.3.2 减少和遏制事故损伤的安全技术 255
　　9.3.3 现场安全事故预防 257
　　9.3.4 安全教育与训练 258
　　9.3.5 现场安全监控 261
　　9.3.6 现场安全生产检查 264
9.4 重大危险源辨识与管理 266
　　9.4.1 重大危险源的定义和指标体系 266
　　9.4.2 危险源的辨识 267
　　9.4.3 风险评估 271
　　9.4.4 风险源的管理控制 272
本章小结 274
习题 275

第 10 章　体系管理 280
10.1 标准化与现场管理 281
　　10.1.1 标准及标准化 281
　　10.1.2 标准化与现场管理的关系 283
10.2 质量管理体系 285
　　10.2.1 ISO 9000 族标准概述 285
　　10.2.2 ISO 9001：2015 标准理解 287
10.3 环境管理体系 302
　　10.3.1 ISO 14000 标准概述 302
　　10.3.2 ISO 14001：2015 标准理解 302
10.4 职业健康安全管理体系 313
　　10.4.1 ISO 45001：2018 概述 313
　　10.4.2 ISO 45001：2018 标准理解 314
本章小结 328
习题 329

参考文献 332

第1章 现场管理概论

本章教学要点

知识要点	掌握程度	相关知识
现场与现场管理	重点掌握	现场的含义与重要性、现场管理的任务与特点、现场管理的内容
现场管理的基本要求	掌握	现场管理的原则、现场管理的基础工作
现场管理的基本要素和目标	熟悉	现场管理的因素、现场管理的目标
现场管理的实施	熟悉	现场管理的实施措施

本章技能要点

技能要点	熟练程度	应用方向
现场管理的要素	掌握	理清现场管理的思路、把握现场管理重点工作
现场管理的基本要求	掌握	现场管理的工作内容
现场管理的实施	熟悉	实施现场管理的措施

百 年 奔 驰

1886年，卡尔·奔驰（Karl Friedrich Benz，中文名：卡尔·弗里德里希·本茨，简称卡尔·本茨。由于品牌名中有"奔驰"二字，且梅赛德斯-奔驰中国官网采用"卡尔·奔驰"的译名，故现多将其译为"卡尔·奔驰"）与戈特利布·戴姆勒制造出了各自的第一辆汽车，人类的汽车工业从此开始。多年来，奔驰品牌一直是汽车工业的骄傲。自1900年12月22日Daimler Motoren Gesellschaft（DMG）公司展现世界第一辆梅赛德斯-奔驰（Mercedes – Benz）为品牌的轿车开始，梅赛德斯-奔驰汽车就成为汽车工业的楷模，并于20世纪末与美国克莱斯勒公司合并成立了戴姆勒-克莱斯勒汽车公司。奔驰汽车以其完美的技术水平、过硬的质量标准而广受赞誉。

一个百年的世界级品牌，自然离不开技术的创新和先进的设计。但奔驰汽车作为工业化生产的产品，其质量更取决于生产制造水平，如今，奔驰汽车在北京经济开发区建立了合资公司——北京奔驰，其整洁的生产现场、训练有素的员工、有条不紊的生产流水线、精细的工艺流程体现出很高的现场管理水平。生产现场决定产品的竞争力，员工的工作质量决定产品质量，优秀品牌离不开员工素质和管理水平的支撑。

资料来源：任鸣晨，李玉鹰. 班组长培训教程［M］. 北京：电子工业出版社，2012.

1.1 现场与现场管理

随着市场经济的发展，企业之间的竞争日趋激烈，产品和服务的质量、生产成本和交货期已成为企业竞争成败的关键要素，稳定保持产品和服务质量已日益成为企业在市场竞争中取胜的法宝。质优价廉的产品和服务是在现场（设计现场、生产现场、服务现场）形成和实现的，这已形成了共识。因此，卓越的产品和服务质量必须通过对现场进行科学、细致的管理才能实现，现场管理水平的高低，直接反映着企业管理水平的优劣。做好现场管理，不仅要懂得企业管理的一般理论，而且还应该学习和掌握现场管理基本的原理与方法。

1.1.1 现场

生产和服务活动是企业最基本的活动，是企业生存与发展的基础与条件。现场是企业从事生产和服务活动、创造物质财富和精神财富的基本场所。从广义上讲，凡是企业从事生产作业或服务作业的场所都称为生产现场或服务现场。在国外，有些企业把产品销售部门、销售场所和产品试验场所也称生产现场。从狭义上讲，现场主要是指企业内部直接从事产品生产作业、辅助生产作业或服务作业场所，也包括库房和料场等。企业现场包括生产现场、服务现场、仓库现场、办公现场和厂区（服务区）环境等。

如上所述，现场就是指企业在为顾客设计、生产、销售、服务及与顾客交流的场所。现场是企业创造附加值和经营活动最活跃的地方。现场包括企业从产品策划到销售及服务的整个过程，而作为生产现场管理的中心环节是生产部门的制造现场，生产现场管理的原则对其他部门的现场管理也都是适用的。

现场不仅是实现生产要素合理结合和生产过程有机转换的场所,而且还是落实作业计划、强化基层文化建设、加强职工教育、推动精神文明建设的基地。企业为了生存与发展就必须及时为顾客提供质量好、有价格竞争力的产品,即质优价廉,满足顾客的要求,需要企业不断地降低成本、提高质量,这些都与现场管理有着密不可分的关系。

1.1.2 现场管理

现场管理是企业管理的重要环节,各项专业管理工作是在现场得以贯彻与落实的。保证现场的各项生产和服务活动以高效、有序运行,实现预定目标,现场出现的各类问题能够得到及时解决,不等、不拖、不把问题与矛盾向上传递,这是现场管理的基本要求。

1. 现场管理的含义

现场包括人员、设施、设备、工装、物料、能源、方法、场地、环境与信息等要素。只有按照一定的目标和要求把这些要素有效地结合起来形成动态的生产或服务过程,才能完成转换或者服务的功能,生产出合格的产品或提供满意的服务,并不断提高劳动生产率,降低消耗,提高经济效益。

现场管理是运用科学的管理思想与管理方法、管理手段,对现场的各种因素,如人(操作者与管理者)、设施、设备、原材料、工艺、方法、环境、资金、能源、信息等,进行合理配置和优化组合的动态过程,通过计划、组织、领导、控制等管理职能,保证现场按预定的目标,实现优质、高效、低耗、均衡、安全、文明的作业。

2. 现场管理的任务

现场管理的任务不仅是做到"场区卫生、标志醒目、工装整洁、文明作业"。这只是表象。从现场管理的本质上看,现场管理的任务主要是合理组织现场的各种要素,使之有效地结合形成一个有机的生产或服务系统,使之经常处于良好的运行或运作状态,按整体优化的思想,积极推行精益生产等现代管理方法和手段,以工作性质定岗,以工作量定员,把多余人员从岗位上撤下来,大力降低在制品,实现优质、准时、高效、坚持不懈地改进作业环境和现场秩序,实行定置管理,形成科学先进的生产工艺流程和操作规程,严格劳动纪律和工艺纪律,做到环境整洁、设备完好、信息准确、物流有序、服务一流、安全生产,最主要的是降低成本、提高效益。

生产现场管理十大利器

(1) 工艺流程查一查——查到合理的工艺路线;
(2) 平面布置调一调——调出最短路线的平面布置;
(3) 流水线上算一算——计算出最佳的平衡率;
(4) 动作要素减一减——减去多余的动作要素;
(5) 搬运时空压一压——压缩搬运距离、时间和空间;
(6) 人机效率提一提——提高人与机器的合作效率;
(7) 关键路线缩一缩——缩短工程项目的关键路线;

(8) 现场环境变一变——变革工作和现场的环境；
(9) 目视管理看一看——看清指示、信息和问题；
(10) 问题根源找一找——找出问题的根源并加以解决。

资料来源：刘婷. 生产现场管理百问百答 [M]. 广州：广东经济出版社，2008.

3. 现场管理的特点

一般来说，现场管理有基础性、整体性、群众性、规范性和动态性 5 个特点。

1）基础性

管理按层次可分为最高领导层的决策性管理、中间管理层的执行性与协调性管理和作业层的控制性现场管理。现场管理属于基层管理，是管理的基础。基础扎实，现场管理水平提高，就可以增强组织的内功，提高其对外部环境的承受能力和应变能力，可以使企业的生产经营目标以及各项计划、指令和各项专业管理要求顺利地在基层得到贯彻与落实。现场管理需要以管理的基础工作为依据，离不开标准、定额、计量、信息、原始记录、规章制度与基础教育。基础工作健全与否，直接影响现场管理的水平；通过加强现场管理，又可以进一步健全基础工作。所以，加强现场管理要从抓基层建设、基本功训练、基本素质的提高来开展。

2）整体性

现场管理从属于企业管理这个大系统中的一个子系统，现场管理应把现场作为一个子系统进行综合治理、整体优化，仅抓住某一个方面的工作改进，忽视各项工作之间的配套，或重视现场的各项专业管理，忽视了它们在现场中的协调与配合，都将收效甚微。现场管理作为一个系统，具有整体性、相关性、目的性和环境适应性。这个系统的外部环境就是整个企业，并逐步延伸到销售市场。通过现场有机的转换过程，输出合格的产品或提供满意的服务，同时，反馈转换中的各种信息，以促进各方面工作的改善；现场管理系统的性质是综合的、开放的、有序的、动态的和可控的。整体性的特点是要求现场必须实行统一指挥，不允许各部门、各环节、各工序或流程违背统一指挥而各行其是。

3）群众性

现场管理的核心是人，人与人、人与物的组合是现场要素最基本的组合。现场的一切生产或服务活动，各项管理工作都要现场的人去掌握、去操作、去完成。优化现场管理仅靠少数专业人员是不够的，必须依靠现场所有职工的积极性和创造性，动员广大群众参与管理。现场员工按照统一标准和规定的要求，实行自我管理、自我控制，以及岗位间相互监督。员工自主管理必须培养员工具有大生产、大服务的习惯和参与管理的能力，不断提高员工的素质，提高他们的责任意识。

4）规范性

现场管理要严格执行操作规程，遵守工艺纪律及各种行为规范。现场各项制度的执行、各类信息的收集、传递和分析利用需要标准化，需要做到规范齐全并提示醒目，尽量让现场人员能看得见、摸得着，人人心中有数。例如，需要大家共同完成的产量产值、质量控制、班组核算等，应将计划指标和指标完成情况画成图表，定期公布于众，让现场人员都知道自己应干什么和干得怎么样，与现场生产或服务密切相关的规章制度，如安全守则、岗位责任制等也可张贴出来，以便于现场人员共同遵守执行。现场区域划分、物品摆放位置、危险地点等应设有明显标志。各经营活动环节之间、各道工序之间的联络，应根据现场工作的实际需要，建立必要的信息传导系统。

5) 动态性

现场各种要素的组合是在投入与产出转换的运动过程中实现的。优化现场管理是由低级到高级不断发展、不断提高的动态过程。在一定的条件下，现场要素的优化组合，具有相对的稳定性。生产技术条件稳定，有利于现场提高质量和经济效益。但是由于市场环境的变化，企业产品结构的调整，流程的变化，以及新产品、新工艺、新技术、新的管理方法的采用，原有的要素组合和技术条件不能适应了，就必须进行相应的变革。现场管理应根据变化的情况对要素进行必要的调整和合理配置，提高现场对市场环境的适应能力，从而增强企业的竞争能力。所以，稳定是相对的，有条件的变化则是绝对的。"求稳怕变"或"只变不定"都不符合现场动态管理的要求。

4. 现场管理的原则

现场管理的原则主要体现在以下 4 个方面。

1) 经济效益原则

经济效益原则是指现场管理所付出的代价和取得的效益之间的关系，即管理经费的投入与产出之间的关系。现场管理必须以经济效益为中心，并且要把经济效益同社会效益结合起来，以较小的劳动消耗和物资消耗取得最大的成果。如果一项管理所付出的代价大于所得，那么这项现场管理是不科学的。

2) 科学性原则

现场的各项管理工作都要按科学规律办事，实行科学管理。现场管理的思想、制度、方法和手段都要从小生产方式的管理上升为科学管理等符合现代大生产的客观要求。要避免"现场管理很简单，没有多大学问，无非是跑跑腿，动动嘴（传达上级指示、要求），凭经验办事"等思想。生产现场有许多值得研究的问题。例如，工人的操作方法和生产作业流程是否合理，各种资源的利用是否经济与有效，现场布置是否科学，人员的积极性是否充分调动等。这些问题的解决不仅需要现代化管理的指导，还需要运用现代化管理的方法，如工业工程、目标管理、成本技术、行为科学等。

3) 弹性原则

现场管理必须适应市场需求和满足用户的要求，具体体现在增加产品品种、提高质量、降低成本、按期交货等方面。这是企业在激烈的市场竞争中为求得生存和发展所必须遵守的原则，但是从现场的生产和组织管理来看，又希望少品种、大批量、生产条件稳定，不仅可以采用专用的生产设备和工艺装备，提高生产效率，也便于生产管理。要解决这个矛盾，现场就要把外部环境要求的"变"与现场生产要求的"定"有机地统一起来，采取有效措施，增强适应性和灵活性。例如，可以按工艺原则设置生产单位，采用柔性制造、成组技术、混流生产等生产组织形式与方法，采用通用的生产设备和工艺装备及加工中心，培养多面手，实行弹性工作时间制度等，使生产组织与生产过程适应多变的市场环境。

4) 标准化原则

标准化管理是现代化大生产的要求。现代化大生产是由许多人共同进行协作劳动，采用复杂的技术装备和工艺流程，有的是在高速、高温或高压条件下操作，为了协调地进行生产活动、确保产品质量和安全生产，劳动者必须服从生产中的统一要求，严格地按照规定的作业流程、技术方法、质量标准和规章制度办事，克服主观随意性。如果不服从大生产的权威，不遵守劳动纪律，自由散漫，不仅生产没有完成，就是人身安全也难保证。规范化、标准化是科学管理的要求，现场管理有很多属于重复性的工作，如领料投料、交检入库、巡回检查、申请报废、交接班等。这些工作都可以通过调查研究，采用科学方法，制定标准的作业方法和业务工作流程，作为今后处理同类常规工作的依据，从而实行规范化、标准化管理。工作标准的实质是人的行为规范，工人进入生产现场应穿戴规定的工作服、工作帽，在制度规定的工作时间内，按照规定的操作方法和工艺流程，完成计划规定的生产作业任务。规范化、标准化管理的内容是多方面的，包括作业方法、作业程序、管理方法、安全制度、工作时间、举止行为等。坚持标准化原则，有利于培养工人的大生产习惯，有利于提高现场的生产效率和管理的工作效率，有利于建立正常的生产和工作秩序。

肯德基服务区标准

（1）大厅清洁的六大重点是桌椅、地面、门窗、卫生间、外围、垃圾桶。
（2）如果遇到顾客抱怨，应找经理协助。
（3）每 15min 检查一次卫生间。
（4）化学品及消毒品应放在远离食物货架底层。
（5）顾客受伤，首先采取送医院的方式。
（6）清洁食物无关的物体表面应用洗涤消毒液。
（7）店内门窗上的指纹和脏迹要随时清洁。
（8）为了让顾客感到宾至如归，大厅服务员除了将工作做好外，还要亲切、热心、加快工作频率。
（9）大厅的垃圾袋捣压后达 3/4 满后，便应更换。
（10）大厅服务的优先顺序是先处理直接影响顾客就餐的工作。
（11）在擦地面时，黄色的警告牌应放在擦拭地面的两端来提示顾客。
（12）顾客离开后 5min 内，必须回收托盘。
（13）大厅工作人员进行点膳时也需进行建议性销售。
（14）卫生间和大厅的墩布不可以同时使用同一把。
（15）大厅的四项工作是走动式服务、餐盘回收、垃圾回收、随手清洁。
（16）当顾客买餐时应提醒顾客，建议您把书包放好，以防丢失。
（17）顾客专心交谈时，应提示："您好，打扰一下，建议您把包放在你前面。"
（18）顾客专心照顾小孩而无人看管物品时，应提示："您好，请您在照顾小孩的同时看管好您的书包。"
（19）当洗手间的台面有小物品时，应提示："您好，请您把贵重物品放在兜里或让朋友帮您看管，这样比较安全。"
……

资料来源：http://www.canyin168.com/glyy/cygl/ctfwlc/201111/36567.html。

1.1.3 现场管理的内容

现场管理的主要内容就是运用管理职能将现场管理的对象把时间和空间有机地结合起来，使其在生产或服务过程中合理地调节所进行的各项工作。现场管理是一项综合性基础管理，不但工作量大，而且涉及面广，既涉及合理组织生产力，又涉及不断调整和完善生产关系，它的主要内容包括以下 6 个方面。

1. 现场的合理布置

做好现场的合理布置是实现现场管理优化的一个重要内容。它是使各项要素合理结合的前提。现场合理布置对于提高生产或服务效率、减少迂回运输、保证产品质量、实现安全和文明生产均有着重要意义。这里所说的现场合理布置主要指在总平面布置的基础上所进行的车间平面布置或者服务场所布置。

车间平面布置就是如何正确安排基本生产、辅助生产、仓库、过道等的位置，使得在有限的空间范围内各得其所、相互协调，更有利于实现生产要素的最佳结合。服务场所布置应从系统观点出发，统筹兼顾，全面规划，合理布置，讲求整体效果。

2. 生产现场的日常工艺管理

工艺管理就是科学地组织工艺工作。工艺管理包括工艺准备管理和日常工艺管理。日常工艺管理是车间生产现场管理的一个重要内容，做好生产现场的日常工艺管理工作，也是建立正常生产秩序、保证生产顺利进行的重要条件。生产现场日常工艺管理工作的主要内容如下。

1）组织职工学习工艺文件，加强遵守工艺纪律的宣传教育

遵守工艺纪律就是要求车间生产领导人员、操作人员、检验人员严格按照图纸、工艺、操作规程安排生产、进行操作和组织检验，严禁擅自违反规定。要严格贯彻执行工艺纪律，组织职工认真学习工艺技术文件，对各级领导人员和工人进行"三按（按图纸、按工艺、按操作规程）"教育，努力克服不遵守技术文件的小生产习惯，养成"三按"工作的优良作风和习惯。车间领导、技术员和工人都有监督工艺纪律的责任。对于违反工艺纪律的人员，要给予必要的批评和纪律处分，对于执行好的也相应给予表扬与奖励，与此同时车间领导和有关专业职能部门也应当为贯彻执行工艺纪律所必需的物资、设备、工具等给以充分的保证。

为了在日常生产活动中更有效地贯彻有关的工艺文件，应把严格按工艺文件操作列入生产工人的岗位责任制，检验人员也要把检验生产工人是否按工艺文件操作看作一项重要任务，及时发现和纠正违反工艺纪律的情况。

2）及时整顿和改进工艺，不断提高工艺水平

日常工艺管理的目的不仅是要正确地贯彻执行工艺文件，而且要及时总结和推广先进经验，并在实践过程中不断充实和完善工艺文件。随着科学技术的进步，职工操作经验的积累和革新，原有的某些工艺已不能适应生产的要求或在贯彻执行中发现有某些缺陷或者原有的工艺文件、工艺装备不够完整和不够齐全等，都需要对原有工艺进行整顿和改进。整顿和改进工艺就是要把新技术及经过实践检验的、证明是可靠的职工操作经验和革新成果纳入工艺规程，使其在生产中形成可遵循的标准，并将不能保证产品质量或经济效果不好的操作方法，改为可靠的操作方法。同时，要积极组织力量试验那些目前尚不成熟，但有发展前途的新工艺、新方法。

工艺装备是贯彻工艺规程的物质基础。在整顿产品的工艺文件时，要有计划地对工艺装备的使用情况加以清查、整顿。对不能保证产品质量的工艺装备应给以更换，失修的要及时检修，缺少的应尽快补齐，报废的要及时处理。

3）保证工艺文件的完整和统一

完整的工艺文件必须有工艺方案、各种工艺规程和守则、外协件及外购件明细表、各种

明细表和工艺装备图样、材料工艺定额、工艺发展规划、工艺试验研究计划以及工艺文件目录等。为了保证产品质量,每一个产品从投入原材料到加工完毕的整个过程,都应有统一的工艺来保证。生产的各个阶段、各个工序采用的工艺方法,都必须符合统一的工艺要求,具体要做到工艺文件与产品设计图样要统一,各车间承制零件数与工艺路线明细表要统一,同一份工艺规程要统一,工艺文件和工艺装备蓝图与底图要统一,工艺装备的实物与图样要统一,工艺装备图号与工艺装备明细表、工艺规程要统一,冷加工与热加工、加工与装配、外协加工件与工艺安排要统一。总之,生产现场的一切生产技术活动都必须严格按工艺要求进行。

3. 工作地的组织与管理

现场由多个工作地或场所组成。所谓工作地就是指员工使用劳动手段对劳动(服务)对象进行生产或服务活动的地点,由一定的场地面积、机器设备和辅助工具组成。企业的产品或服务就是经过许多工作地的加工或处理才完成的,因此,合理地组织工作地,做好工作地的管理,是保证生产或服务活动有效进行的一个重要条件。在企业中,劳动者、劳动工具与劳动(服务)对象这三者的有机结合都是通过工作地来实现的,合理地组织工作地就是要在一个工作地上把这三方面科学地组织起来,正确处理它们之间的相互关系,使人、机、物之间有合理的布局与安排,以促进劳动生产率的提高。

做好工作地的供应与服务,必须以生产作业计划为依据,切实加强生产前的准备工作。不能只靠某一部门,必须靠各有关部门的协同配合。

4. 现场的劳动组织

劳动者是企业生产的一个重要因素。现场的劳动组织工作是在现场科学地组织人的劳动,合理使用劳动力,采用先进的劳动组织形式,正确处理劳动过程中分工协作关系,使劳动效率不断提高。根据生产或服务的需要,合理地配备职工是现场劳动组织工作的一个重要内容。合理地配备职工就是要在企业劳动定员范围内,为完成各种不同的工作配备相应工种和等级的职工,使人尽其才,人事相宜,最大限度地发挥每个人的智慧和力量。

5. 文明生产与安全生产

文明生产与安全生产是现场管理的重要内容。文明生产与安全生产做好了,就能使劳动者在生产中保持稳定的情绪,并为劳动者创造一个良好的作业环境,促进劳动效率的不断提高和产品质量的不断改进。

文明生产要求劳动者从事各种生产活动必须讲求文明,反对不讲科学、不听指挥的蛮干、乱干。文明生产包括3个主要内容:一是劳动者必须是文明的生产者和管理者;二是对现场实行文明管理;三是要建设文明的工作环境。

安全生产的基本含义就是"生产必须安全,安全促进生产"。做好生产现场的安全工作就是要在工人从事生产的活动中,采取各种有效措施消除危害职工的安全、健康和损害设备、影响生产正常进行的各种因素。

安全生产工作必须树立以预防为主的思想,建立、健全安全生产责任制,进行好安全生产教育,定期地和不定期地进行安全生产检查,掌握安全生产的主动权,要把安全生产工作时时刻刻重视起来,防患于未然,尽一切努力杜绝事故的发生。安全生产详细内容见第9章。

6. 现场的信息管理

企业要进行正常生产，不仅要有劳动力、劳动手段和劳动对象等物质生产要素的流动，而且还必须有信息的流动。尽管两种流动都很重要，但是，信息流对物质流起着指挥、调节和控制的作用，并把企业内部的各个子系统有机地联系起来，使生产有条不紊地进行。因此，做好现场的信息管理，合理组织各种信息的流动，对建立现场的良好秩序、保证生产或服务活动地有效进行具有更加重要的意义。它是做好现场管理，实现现场管理优化不可缺少的内容。

企业现场信息的来源是什么？

信息是反映企业生产经营活动与有关因素的动态的数据和资料，企业的信息按其来源可分为企业内部信息和企业外部信息。企业内部信息又可以分为3类，即决策信息、反馈信息和控制信息。

1.2 现场管理的基本要素和目标

1.2.1 现场管理的基本要素

现场管理是针对5M1E［人员（Man）、设备（Machine）、物料（Material）、方法（Method）、环境（Environment）、信息（Message）］，运用管理中的计划、组织、领导、控制等职能，提供质量好、成本低、交期短的产品或服务，最终实现企业利润的过程。

在日常的现场管理，就应该从细微之处发现人员、设备、物料、方法、环境、信息存在的问题，从习以为常的流程、制度与管理的盲点中发现问题和隐患，进行持之以恒的改善。

1. 人员

现场管理的第一要素就是人，即现场操作人员。人员是所有要素的核心，设备由人操作，物料由人使用，规章制度必须由人来遵守，环境由人来维护，信息也是由人来传递。管理的根本就是"人"的管理，现在有一些企业仍把操作员工定义为"工具"，甚至是设备的附属物，想方设法利用其来创造利润。另外，把操作员工视为"成本"是企业的减利因素，千方百计节约人力成本，以命令与控制模式管理企业，这样的企业很难有好的发展，现场管理也将比较混乱。要管理好"人员"，管理者必须扭转观念，以全员参与的理念去了解员工、关心员工、培训员工、帮助员工、开发员工、提升员工，从而提高现场管理水平。

要充分挖掘人员的工作积极性与主动性，提高人员的技能、素质与质量意识，提高人员的团队配合协作精神，发挥班组整体功能，提高班组的凝聚力与战斗力，做到人尽其才。作为管理者必须进行科学管理，以公平、公正、公开的管理原则，去了解员工的心理状况、人员的心理素质、人员的体质、人员的家庭情况等，对于每一个人、每个不同的情况，要因地制宜，对症下药，使每个操作人员都呈现出其最佳工作状态，做到以厂为家，把公司的事当作自己的事主动去做，从而出色地完成其本职工作。

进行人员管理，不仅对员工所担负的工作内容进行培训指导，使每个部下掌握工作上所必须具备的能力，而且还要有计划地进行多岗位培训，培养全能工，挑选那些接受能力强、好学上进的操作人员进行培养，有计划地对其进行不同产品、不同工序的培训，并使其与一般操作人员的待遇适当分开，发挥其全能工的积极性，从而使现场工作任务的安排分配游刃有余。

人员管理必须建立合理健全的绩效奖惩制度，奖励优秀是为了激励人员的工作积极性，惩罚恶行是为了保证每一个人的行为都符合最低的工作要求及标准。现场人多事杂、每一个人都有不同的特点，要形成一种高效的、团结的、积极的、认真的工作风气，促使全体人员共同完成任务目标，制定一套符合现场实际的奖励与处罚制度作为基础，将使现场管理如虎添翼。

2. 设备

设备管理是企业管理不可缺少的组成部分，对提高企业竞争力发挥着重要作用。西方工业发达国家提出了各种设备管理理论和模式，如后勤工程学、设备综合工程学、以可靠性为中心的维修、全员生产维修（Total Productive Maintenance，TPM）等。其中，TPM 是国内外企业推行最多的体系。

TPM 起源于美国，从 BM（Breakdown Maintenance，事后保全——设备出现故障以后采取应急措施的事后处置方法），到 PM（Preventive Maintenance，预防保全——在设备出现故障以前就采取对策的事先处置方法），到 CM（Correction Maintenance，改良保全——延长设备寿命的改善活动），到 MP（Maintenance Prevention，保全预防——为了制造不出故障不出不良设备的活动），最后将以上 BM、PM、CM、MP 4 种活动结合起来称之为"生产保全（Productive Maintenance，PM）"，从此找到了设备管理的科学方法，美国的设备管理利用这些管理技术和方法大大减少了设备故障，提高了生产效率，降低了成本。20 世纪 70 年代，日本根据美国的 PM 创建了"TPM"。

3. 物料

物料是构成生产成本的主要因素，物料作为变动成本，现场管理的控制变得极其重要。各种原材料又是影响产品质量的重要原因，材料保管、使用不当将使生产品种造成波动。现场的物料包括原料、辅料、消耗品、在制品、成品等。

4. 方法

这里的方法包括现场管理的规章制度、生产工艺文件、现场作业流程规范、检验规范标准、服务标准、测量方法规范以及各项记录表格等。没有规矩不成方圆，现场管理必须建立以岗位责任制为核心的现场制度，逐步建立、健全各项工作定额、标准、原始记录、生产日记、班组统计资料，使现场工作标准化、规范化与制度化，坚持责任到人的原则，细化岗位责任制、考核标准，把现场管理工作的每一个环节、每一项工作量化到人，明确每位员工当班应该干什么、按什么标准干、干到什么效果，使现场任何一项工作、一件事、一件物品都处于有序的管理状态，形成环环紧扣的责任链，做到奖有理、罚有据，从而保证现场生产工作的目的性和有效性。

现场生产操作的每一步骤、每一环节、每一流程都要有详细的作业标准并书面化，现场公布张贴，该作业规范可以看成是现场生产工作的"法律"，是每个操作人员的工作准则，也是评定作业正确与否的依据所在，同时还是建立品质保证体系的关键因素之一。只有操作人员认真严格地遵守作业标准，才能使生产顺利进行，并生产出合格的产品，且当异常发生时，也能更好地分析问题、解决问题，更好地促进现场的改善。

5．环境

环境是影响产品质量和服务质量的重要因素，好的环境可以提高员工的工作积极性和顾客满意度，而坏的环境是员工士气的杀手，也会产生顾客抱怨。环境是公司的门面，是管理水平的体现。

5S即整理（Seiri）、整顿（Seiton）、清扫（Seiso）、清洁（Seiketsu）、素养（Shitsuke），是管理现场环境的有效方法。

通过对影响环境的污染源的管理，不仅保持了整洁的现场环境，而且能有效地控制异常、提高质量。某些生产工序对环境的温湿度、清洁度等有严格的要求，则必须认真做好日常的点检记录，对维持环境的设备仪表要与加工产品的设备同等对待。

通过5S活动，现场能及时发现存放于各岗位工序的各种滞留物料，不仅有利于车间的整洁，也有利于减少物料的丢失与浪费，节约成本。通过物料的定置、定位、定量的合理存放，可有效控制库存、保证质量。通过对物料的定期（每周/每月）盘点，可精确地把握生产运行的结果。对异常消耗的分析，有利于控制物料的单耗、物料的损耗，是现场工作改善的重要方向。

6．信息

人员、设备、物料、方法、环境、信息是生产五大因素，也是质量管理的五要素。但在当今现代化、信息化的社会中，信息显得越来越重要。信息如何传递、如何分析、如何利用，如何从纷繁的信息中提炼出现场管理改善的机会，这已经成为是否是一流的现场管理的体现。信息沟通是现场管理的重要环节，任何事务、任何工作都要有人做，但为什么做、怎么做、会做吗、做得怎么样都必须进行信息沟通和反馈。观念、制度、方法等必须通过信息沟通才能有效地传达。集自我、他人、环境（组织/社会）为一体则必须是信息沟通来包容。当然，信息也包括记录。

每个人的每一天工作都离不开沟通，人际间的相互交往，与上级、下属、同事及周围的人之间的协调，决策、计划、组织、领导、控制的开展，都离不开信息的沟通。通过有效的信息沟通，可以使组织内部分工合作更为协调一致，保证整个组织体系的统一指挥、统一行动，实现高效率的管理；也可使组织与外部环境更好地配合，从而增强应变能力，保证组织的生存与发展。信息是各部门、各员工在工作过程中产生的指令、安排、计划、状况、问题与结果，即流程中的各类输入、输出的文字语言。信息的反馈沟通是在工作过程中，将产生的信息向上级汇报、向平级部门通报、向相关部门协商、向下级指令安排。

信息的沟通有正式渠道沟通与非正式渠道沟通。为了加强沟通，尽可能通过各种渠道把组织内外信息传递给相关部门或员工，有必要将组织内的各类信息沟通内容以一览表的形式予以整理规范，保证信息的通畅到位。

1.2.2 现场管理的目标

现场管理目标的一个简单分类，就是提升品质（Quality）、降低成本（Costing）、确保交货期（Deadline）、提高人气（Morale）、确保人身安全（Safety）、提高技能（Skill）等，即 QCDMSS。实际上产品的品质、成本与交货期（QCD）是客户所真正关心的，也是一个企业在市场环境下竞争能力的核心表现。产品是在现场做出来的，因此 QCD 是现场必须追求的目标。然而，产品是由员工生产的，产品的 QCD 也是由员工来保证的，因此现场员工的士气、安全与技能（MSS）也是现场管理追求的目标。现场管理是以 QCDMSS 为目标进行的管理活动。

现场管理有时候让人觉得千头万绪，无从下手，有时候让人觉得简单枯燥，无事可干。而现场管理又是基础性的工作，管理者必须重视起来，必须以人为中心，培训一流的人员，从而建立一流的现场，创造出一流的企业。

1.3　现场管理的实施

现场管理实施是企业一切管理工作的落脚点，是实现现场管理目标的关键环节，是一项全局性、综合性、经常性的工作，涉及面广，内容多、具体、复杂，难度大。现场管理实施必须做好以人为中心的管理，建立现场管理的有效运行机制，才能持之以恒，保证生产和服务正常运作，提高产品和服务质量，实现现场管理的目标。

1.3.1　调查现场管理的现状

现状调查的目的是明确现场及其管理存在的问题，理顺关系，确定现场管理整治重点，为全面实施现场管理奠定良好的基础。通过调查，对企业现场管理存在的具体问题进行系统分析，归纳分类，并从管理、技术、人员素质等方面进行总结。特别要总结现场管理应解决的两个易被忽视的关键问题：一是应解决职责不清、标准不明，尤其是各专业管理接口处标准不健全，或有一定职责标准但缺乏执行考核的问题；二是应解决对人流、资金流、物流、信息流、能源流的控制问题。

某制造企业现场管理的现状调查

制造企业现场现状调查的对象主要是车间生产现场管理中工艺、质量、生产、设备、思想政治工作 5 个专业管理子系统。调查可分为三步进行：确定调查目标；按工序或工作环节用一定的方法分析、摆出问题、问题分类；提出解决问题的可行方案或继续研究的专题。

1. 工艺方面调查

工艺方面调查应抓 3 个主要环节。一是执行环节。即按照企业确定的工艺执行率来检查企业的实际工艺执行率，将查出的问题分类归纳登记，然后用排列图、因果图等方式，通过对设备、材料、人、操作方法、检测手段等进行分析，从而找出影响工艺执行率的问题所在。二是管理环节。实践证明，工艺要求与生产任务之间，工艺要求与现有设备水平及材料之间、下达工艺与执行工艺之间的矛盾是生产中经常出现的矛盾，应从管理上找出产生这些矛盾的具体原因。三是立法环节。工艺方面的技术要求、制度及标准等统称为工艺管理法规。调查分析的重点是看工艺要求是否与生产相适应，可着重调查以下问题：生产条件变动后，工艺是否进行了及时修正；新工艺的制订是否及时；工艺的制订与生产现场实际是否相符；新工艺在水平上是否有重大提高。

2. 质量方面调查

质量方面调查应从两方面入手：一是车间内部能够解决的问题；二是要车间外部配合解决的问题。从车间外部来看，影响产品质量的主要因素是工艺的合理性、检验工具先进性与完好性、设备的工作状态、工位器具的配置、原材料的质量等。从车间的内部来看，影响产品质量的主要因素是工人的技术素质、工作态度、遵章守纪情况、车间的工作环境等。

3. 生产方面调查

生产方面调查重点是分别对计划、能力平衡、材料准备、计划进料、材料保管等环节进行调查。对生产加工过程的调查是分别对调度、加工转序、统计、核算、费用考核、设备维修、安全生产、质量管理、工艺管理等环节进行调查。对产出产后阶段的调查，就是分别对入库结算、制品储备、盘点统计、奖金分配等环节进行调查。

4. 设备方面调查

设备方面调查应从影响产品质量、工作质量与设备相关的四大因素入手，即设备完好率是否达到标准、设备维修率是否过高、设备精度是否达到要求、操作人员对设备基础知识的掌握程度。

5. 职工对现场管理的思想认识方面调查

职工对现场管理的思想认识方面调查着重调查不同层次的干部、职工对现场现状的意见、建议和企业大力抓现场管理的认识、态度、难点，以及对原有现场管理执行情况、表现和存在问题等。

资源来源：根据CTPM华天课（www.chinaTPM.com）《某企业车间现场管理制度案例》材料改编。

1.3.2 制订现场管理规划

现场管理的规划是在上述现状调研的基础上制订的，应包括现场管理实施既定方针所必需的目标、政策、程序、规划、任务分配、所采取的步骤、使用的资源及其他要素在内的综合计划。

1. 确定现场管理的目标

现场管理的目标就是企业通过开展现场管理活动应达到的效果，用直观的现场管理水平、现场要素的合理配置程度及优质、高效、低耗、安全等指标表示。确定目标时要把握好以下几点。一要贯彻国家有关现场管理的标准、法规和上级主管部门的有关要求。国家在工艺、质量、安全、设备管理等与现场有关方面都分行业制订了明确的规定和要求，是企业确定优化现场管理目标的主要依据。二要注意借鉴国内外先进企业现场管理的经验和做法，尤其是要与有可比性的同行业先进企业进行横向比较，以保证现场管理目标的先进性。三要与明确现场管理问题紧密相连。所谓问题就是本企业现场管理实际情况与理想状态的偏差，企业应当深入调查研究，找出属于自身的问题所在（自身的"问题点"或"症结"），通过对这些"问题点"的分析比较，找到实施现场管理的突破口。四要实事求是，从企业的实际条件、实际需要出发来确定目标。改善现场管理一般都需要在一段时期内投入一定的人力、物力、财力，应本着"条件允许可确定集中投入的目标，条件不允许则确定分期投入目标"的原则，量力而行。五要建立现场管理目标体系，将各车间、各部门、各方面实现本单位现场管理目标纳入整个企业现场管理目标的运行轨道，构成目标体系，其目的在于理顺关系，提高现场管理的整体功能和水平。

为了达到目标，一般还应确定指导企业优化现场管理活动的方针，根据每个企业优化现场管理的目标和特点而确定的。

2. 制订现场管理规划

制订现场管理规划应先考虑如下几点。一是应从本企业、本车间、本部门的现场及其管理的实际现状出发，从整体着眼、从局部入手，由基础到提高不断发展。例如，有的企业先从改变"脏、乱、差"的环境，改善劳动条件做起；有的企业则从抓现场管理的基础工作，完善现场管理的各项规章制度做起。二是抓住重点，注重内涵。加强现场管理不能单纯理解为大搞环境卫生、整顿物品位置等，而是建立整个现场的标准化、规范化、有序化的运行机制。只有以人流、物流、信息流为重点，注重发挥现场管理的内涵作用，才能达到优化现场。三是把握好"两性""三结合"。"两性"即科学性、完整性。科学性就是规划的内容、进度和措施都要符合客观规律，要做到技术先进，经济合理和实践可行。完整性就是现场管理规划不仅涉及工艺管理、质量管理、设备管理、生产管理等企业各项专业管理的内容，还涉及人员培训、技术改造、资金筹集、基础工作健全完善、现代化管理方法推广应用等多方面的相关内容。因此，制订实施方案与规划要同企业长远发展战略相结合，统筹考虑，要同企业技术改造相结合，还要同企业当前开展的工作和加强各项专业管理相结合。四是以人为中心。在制订现场管理规划时，应明确人是生产力中最活跃的因素，要处处为人着想，为人创造卫生、洁净、舒适、明亮、安全的作业环境、劳动和生活条件，并制定有关的规章制度等。五是现场管理规划的各项指标要尽可能定量化，各项工作的完成期限、具体内容都要有明确的要求。

制订现场管理实施方案一般要经过3个阶段。一是确定可供选择的现场管理实施的方案。企业根据自身的实际情况，可提出若干个优化现场管理实施方案，企业领导或有关综合部门要初步论证可供选择的行动方案。二是对多方案进行评价选优，就是按优化现场管理工作的前提和目标来权衡各种因素，并以此对各个方案进行评价，同时在对可供选择的方案进行评价后，就应采纳各方案中可行的、属于共性的部分，并加以综合平衡，确定现场管理实施的工作内容、分工、进度、保证措施等。三是拟订实施计划。确定现场管理实施方案，工作并没有结束，还必须制订分步实施计划和专题工作计划，如优化现场管理的试点工作计划、宣传与培训计划等。

1.3.3 建立现场管理的运行机制

1. 建立组织领导机制

高层管理者在组织实施现场管理工作时，要提高认识，重视现场管理，要组织和协调好全厂各方面的力量，有计划地改善工厂的现场管理面貌，要亲自组织制订现场管理规划，指定或授权专门机构负责组织实施，并不断完善包括必要的规章制度在内的组织保证体系；定期深入现场，主动为现场服务，并承担一定的责任。

中层管理者要深入现场积极配合，自觉服务。要明确职能部门的职责，尤其要明确在现场管理工作中承担的责任，并在实际工作中不断完善，使职能部门的现场管理工作有章可循，帮助制定现场管理的有关规章制度，正确处理好与现场管理有关的各项管理工作之间的关系，如现场管理出现问题时负"连带责任"。

职能部门要深入现场，一方面发现管理目标实现过程中的问题；另一方面研究现场管理存在的实际问题，及时提供解决的办法和条件。同时，要改变工作方式，变"单纯指令型管理方式"为"现场服务型管理方式"。

执行层接到高层领导和职能管理部门的指令后，要认真研究和消化、理解上级的要求，结合本车间、班组的实际情况确定具体的工作内容、工作方法、工作步骤等,并做到综合平衡、合理安排;同时,要运用科学方法,努力学习,掌握现代科学管理方法,运用到现场管理中去,提高工作效率和工作质量。

2. 建立岗位经济责任制和考核、激励机制

企业现场管理的实施贵在落实与坚持,为此,必须建立岗位经济责任制和考核、激励机制。确定各项工作、岗位的责任、目标,并以各项指标承包的方式落实到部门、车间、班组和职工个人。确定岗位的承包指标及技术、业务工作和协作的要求与标准,也就是确定每个岗位职工的责任。为了保证其责任的实现,必须从上到下实行权力下放,授予岗位人员履行责任所必需的权限。除了岗位责任者无法做到或无法控制的以外,一般要做到使其具有同责任相适应的自主权,以便依靠岗位责任制的自主管理,主动地去进行生产或服务活动。现场管理岗位责任的实施,不仅应坚持责权一致的原则,还要将职工实施岗位责任制的情况同其自身的经济利益结合起来,奖惩挂钩。根据其岗位责任的大小、重要性、技术复杂程度、环境优劣及检查、考核完成的情况等因素,来确定其应得的岗位工资和奖金。

1.3.4 优化现场管理

企业现场管理优化可从以下几个方面寻找突破口。

1. 以工艺或流程为突破口,优化现场管理

以加强工艺或流程管理、严格工艺或流程纪律为突破口,贯彻"以科技为先导,以质量为主线"的方针,来优化产品或服务质量。对此,可以采取以下做法。一是确定目标,建立标准。工作重点是建立工艺或流程质量管理体系,推行定置管理,努力提高工艺或流程水平,实现工装管理的科学化,提高计量管理水平,建立工序或作业标准。二是夯实基础,形成体系。现场管理体系的形成,对工艺或流程水平的提高起保证作用。

因此,要建立由部门主管的工艺或流程管理网。工艺或流程管理网由部门技术组和班组两级组成,负责监督、检查、解决质量问题,制定和修改与质量有关的制度及规定,并对质量工作实施奖惩。三是进行全面控制、提高质量。

2. 以科学的管理方法为突破口,优化生产和服务秩序

建立科学、合理的生产和服务秩序是现场管理的核心问题之一。现场生产和服务秩序不是单一因素构成的,是各项现场因素和管理工作的综合反映,集结了现场中的各项管理的特色,而现场管理的方法,如5S管理、定置管理、目视管理、作业管理、质量管理、人员管理、安全管理、体系管理等是人、机、物、场所协调配合的有效方法。以科学的现场管理方法为突破口,可以推动企业现场管理。

3. 以现场设备管理为突破口,优化加工手段,提高生产效率

保持设备的良好技术状态是企业正常生产的重要基础和条件,其主要做法如下。

一是抓设备的治漏工作,抓日常维护,对于生产制造企业,坚决贯彻执行设备管理的"三好""四会""五项纪律""四项要求""润滑五定""事故三不放过"的有效经验,提高设备完好率。二是改造老设备或老设施,争上新水平。对加工不对路、加工效率低、加工精度差的设备以及陈旧设施,组织人力、物力进行改造,使之适应生产或服务的需要。搞好设备

（设施）的维护保养、改造革新，提高设备（设施）的完好率和利用率的同时，调整设备（设施），建立档案，形成网络，要做到按照生产或服务流程合理安排设备（设施）布局，减少重复调度与辅助时间，要建立设备（设施）档案，档案内容包括设备（设施）验收合格证、"三保"记录、设备（设施）问题分析报告、设备（设施）维修更换主要部件记载等内容，还要建立设备（设施）管理网，形成设备（设施）管理体系。

4．以改变"脏、乱、差"的现场环境为突破口，优化劳动环境

现场是生产或服务的场所和活动空间，其环境条件如何，将会大大影响员工的劳动情绪和生产质量。具体做法是：首先，治理现场的"脏、乱、差"，美化环境；其次，制定和完善各项规章制度，落实责任区和机台；再次，保证现场的人流、物流、信息流的畅通；最后，抓好现场管理的基础工作，使各专业管理与现场管理统一协调，使现场管理全面到位，不断巩固，稳定发展。

本 章 小 结

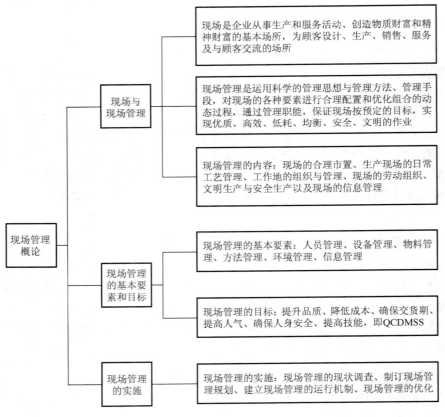

 关键术语

现场（Site）

现场管理（Site Management）

知识链接

[1] [日] 大野耐一. 大野耐一的现场管理 [M]. 北京：机械工业出版社，2016.
[2] [日] 今井正明. 现场改善：低成本管理方法的常识 [M]. 北京：机械工业出版社，2016.
[3] 姜明忠. 6S 管理现场实战全解 [M]. 北京：机械工业出版社，2015.
[4] 兰海. 生产现场改善实例 [M]. 深圳：海天出版社，2008.
[5] 邱绍军. 现场管理 36 招 [M]. 杭州：浙江大学出版社，2006.
[6] 陈仲华，李景元. 现代企业现场管理运作实务 [M]. 北京：中国经济出版社，2003.
[7] 潘开标. 工业企业现场管理的理论与实践 [M]. 福州：福建人民出版社，1995.
[8] 蔡建新，徐永文. 生产现场管理 [M]. 北京：人民日报出版社，1991.

习　题

1. 选择题

（1）现场管理的目标包括（　　）等。
　　A. 提升品质　　　　B. 降低成本　　　　C. 确保交货期　　　D. 以上选项都正确
（2）现场管理的要素包括（　　）。
　　A. 人员　　　　　　B. 设备　　　　　　C. 原材料　　　　　D. A＋B＋C
（3）现场管理追求的目标是（　　）。
　　A. 零浪费　　　　　B. 零缺陷　　　　　C. A 和 B 都正确　　D. 以上选项都错误
（4）IE 改善理念中，最重要的概念是（　　）。
　　A. 浪费　　　　　　B. 改善　　　　　　C. 成本　　　　　　D. 安全
（5）现场改善的责任是（　　）。
　　A. 班组长　　　　　B. 操作人员　　　　C. 管理人员　　　　D. 全体人员
（6）现场管理的核心是（　　）。
　　A. 成本　　　　　　B. 产量　　　　　　C. 改善　　　　　　D. 安全

2. 判断题

（1）现场管理是针对人、机、料、法、环、量六大因素的管理。（　　）
（2）生产现场管理的原则也适用与其他部门的现场管理。（　　）
（3）现场一般指固定场所。（　　）
（4）现场管理追求的最终目的是降低成本。（　　）
（5）只要提高效率，就能赚钱。（　　）
（6）生产现场的每个人做得越多越好。（　　）
（7）改善是发现工作中的问题，调查研究加以解决，形成更好的标准规范。（　　）
（8）原材料的质量越好、价格越高，最终产品的质量也就越好。（　　）

3. 简答题

（1）现场管理的任务是什么？
（2）现场与现场管理的定义是什么？为什么要重视现场管理？
（3）现场管理包含哪些内容？
（4）现场管理的重点内容包括哪些？
（5）现场管理的基本要素与目标有哪些？

（6）现场管理如何进行有效的实施？

4. 实际操作题

分析你所熟悉的一家企业的现场管理情况。

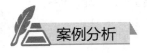 案例分析

现场管理的细节

有一天，美国通用汽车公司的庞帝雅克（Pontiac）部门收到一封客户抱怨信，上面是这样写的："这是我为了同一件事第二次写信给你，我不会怪你们为什么没有回信给我，因为我也觉得这样别人会认为我疯了，但这的确是一个事实。"

"我们家有一个传统的习惯，就是每天在吃完晚餐后，都会以冰淇淋来当我们的饭后甜点。由于冰淇淋的口味很多，所以我们家每天在饭后才投票决定要吃哪一种口味，等大家决定后我就会开车去买。但自从最近我买了一部新的庞帝雅克后，在我去买冰淇淋的这段路程上问题就发生了。"

"你知道吗？每当我从店里买的冰淇淋是香草口味时，车子就发不动。但如果我买的是其他的口味，车子发动就非常顺利，我对这事是非常认真的，尽管这个问题听起来让人难以理解。"

庞帝雅克的总经理对这封信心存怀疑，于是派了一位工程师去查看究竟。当工程师去找这位客户时，很惊讶地发现这封信是出自于一位事业成功且受了高等教育的人之手。

工程师安排与这位客户的见面时间刚好是在用完晚餐的之后，于是两人一个箭步跃上车，往冰淇淋店开去。当买好香草冰淇淋回到车上后，车子又发不动了。

这位工程师之后又依约来三个晚上。第一晚买的是巧克力冰淇淋，车子没事；第二晚买的是草莓冰淇淋，车子也没事；第三晚买的是香草冰淇淋，车子发不动。

这位有着很强逻辑性思维能力的工程师，仍然不放弃继续安排相同的行程，希望能够将这个问题解决。工程师开始记下种种详细资料，如时间、车子使用油的种类、车子开出及开回的时间……对所获取的种种资料进行分析后，工程师发现这位客户买香草冰淇淋所花的时间比其他口味的要少。

因为，香草冰淇淋是所有口味中最畅销的口味，店家为了让顾客每次都能很快地取拿，将香草口味特别分开陈列在单独的冰柜，还将冰柜放置在店的前端，至于其他口味则放置在距离收银台较远的后端。

为什么这部车会因为从熄火到重新启动的时间较短时就发不动呢？工程师很快便想到了答案。因为当这位顾客购买其他口味的冰淇淋时，由于时间较久，引擎有足够的时间散热，重新发动时就没有太大的问题，但是买香草冰淇淋时，由于所需时间较短，引擎太热以至于还无法让"蒸汽锁"有足够的时间散热。

资料来源：中世. 都是心软惹的祸：一分钟现场管理的故事［M］. 北京：西苑出版社，2005.

分析与讨论

（1）该案例给我们的启示是什么？

（2）如果你遇到这样的情况，怎么办？

（3）如何理解现场管理中的细节问题？

第 2 章

班组管理概论

本章教学要点

知识要点	掌握程度	相关知识
班组管理	掌握	班组的作用、班组长与班组管理
班组长管理	熟悉	班组长的角色、胜任力与管理技能提升
班组人员管理	重点掌握	人员的空间配置、时间管理、班组绩效管理
班组团队建设	熟悉	班组团队的构建、班组沟通与激励

本章技能要点

技能要点	熟练程度	应用方向
班组自我管理	掌握	班组长技能提升
班组沟通技巧	掌握	班组管理
绩效考核指标设计	重点掌握	现场人员绩效考核

加强班组管理责任在我

近年来，随着茂名石化炼油 2 000 万 t 改扩建项目步步深入，加上乙烯、炼油部分装备大修，物资到货和配送物资已经掀起了一个又一个"小高潮"。

如何发挥调度这个核心作用，是我们车间调度班面临的挑战。为此，我们积极带领班员认真学习业务知识，贯彻公司提出"节约一分钱，管理到精细"的口号，发挥全班职工的聪明才智，用心工作，敢于面向困难，知难而上，力求成为一个敢打硬仗的团队。与此同时，如何做到合理安排每一天的工作，既要安全保供，又要在安排中节约成本，这也是我班绞尽脑汁思考的难题。例如，4 月 12 日到库物资就有 20 多车，钢管、线材、螺纹钢、弯头、阀门、设备等 1 230 t，从汽车到库、司机进行入库区教育，从早上 8：00 到晚上 18：00，为了做好各项工作，班长到各库区与保管员及装卸车人员沟通、协调。为了及时卸完，不断来回了解卸车进度，同时提醒作业人员注意安全卸车，确保了当天卸车任务完成。

加强班组管理责任在我，如果不协调、不沟通，任务便无法完成。

资料来源：https：//www.baidu.com.

2.1 班组管理

班组是企业的一个最基本的生产或者服务单位，班组是根据企业内部的劳动分工及管理的需要，把有关人员按一定的管理制度组织在一起的企业组织。一般来说，班组是按产品、工艺管理或者服务的要求划分的基本作业单元，它由同工种员工或性质相近、配套协作的不同工种员工组成。

2.1.1 班组的含义及作用

班组是企业管理中最基础的一级管理组织，是企业一切工作的立足点。全面加强班组建设，实现班组管理的科学化、制度化、规范化，是实现企业管理现代化的一项重要工作。其作用有如下几点。

（1）班组是实现企业发展的有效载体，是企业生产和服务活动的落脚点。班组的活动是企业生产和服务过程的一部分，是企业生产经营活动中的重要环节。企业生产或服务流程是一环扣一环，任何一个环节出现了问题都直接影响到企业任务的完成。在生产和服务过程中，每个班组都承担着各自职能，涉及人员、计划控制、质量、安全等管理内容，各项工作的完成好坏决定了整个企业的指标完成情况。

（2）班组是企业孕育、培养技术人才的重要阵地，是企业职工实现人生价值的舞台。班组是企业技术人才和管理人才成长基地，是企业职工锤炼提高、展示才华、实现人生价值的舞台。

（3）班组是企业管理的基础。班组是企业管理的基本组织，企业管理的各项管理制度、作业、工艺标准以及服务标准最终还是要班组来落实，班组各项工作的水平反映了整个企业经营管理水平。

（4）班组建设是提升企业竞争力、是实现现代化管理的客观要求和前提。班组建设的水平影响着企业的竞争力和现代化管理水平,以及企业的形象和效益。加强班组工作建设,强化班组软、硬件设施,开展创建学习型班组活动,提高班组成员学习能力、创新能力、自主管理能力、凝聚力和安全生产意识,是提升企业竞争力,实现现代化管理的客观要求和前提。

知 识 要 点 提 醒

班组建设就是通过导入方法、模式和工具,提升员工素质,夯实企业管理基础的一个持续改善过程。通过这个过程使班组成为规范、高效的作业单元,最终带来企业安全、质量、成本、效率的改善或提升。

班组建设的核心内容是坚持改革创新,不断完善班组建设管理机制,以落实岗位责任制为核心,以高效安全完成各项生产(服务)任务为目标,以不断提升班组管理水平和员工队伍素质为重点,增强班组团队的学习能力、创新能力、实践能力,切实加强企业基层组织基础管理,实现员工与企业的和谐发展、共同进步,为提高企业核心竞争力打牢坚实的基础,推动企业又好又快发展。

2.1.2 班组长与班组管理

1. 班组长如何做好班组管理

班组中的领导者就是班组长,班组长是班组管理的直接指挥和组织者,也是企业中最基层的负责人,属于"兵头将尾",是一支数量非常庞大的队伍。做好班组工作,班组长要在班组成员中树立自己的威信,不仅要提高自己的道德水平和工作能力,还要经常听取大家的意见和建议,热情帮助班组成员解决生产、生活中遇到的困难和问题,通过细致的管理沟通工作,保持班组的团结、和谐与稳定,以关爱之心赢得威信。一个优秀的班组长要做到以下几点。

(1)坚持原则。管理水平的高低,可以决定整个企业生产经营的优劣。班组长作为"兵头将尾",具有管理班组的各种权利。要用好这个权利,就要坚持原则,不拿原则做交易。要为人正直、主持正义、不徇私情。

(2)以身作则。一个优秀的班组长必须身先士卒,以身作则,树立良好的形象,培养和凝集班组的士气,调动员工的积极性和战斗力。

(3)技术过硬。一个优秀的班组长应该是业务的骨干,娴熟本班的任何一个工艺流程和生产环节,熟知安全操作规程,技术规程。

(4)吃苦耐劳。一个优秀的班组长要有吃苦耐劳和艰苦奋斗的精神,上班走在人前,下班走在人后。要具备敢打敢拼,敢啃"硬骨头""打硬仗"的心理素质。

(5)承上启下。班组长是在领导面前是兵,在班组中是将,是上下连接的"桥梁",发挥着承上启下的特殊作用。

2. 班组管理的内容

班组管理是指在企业经营整体框架下,在班组范围内以生产、品质、仓储、设备、服务等直接部门的工作为中心,为企业创造附加值,为顾客设计、生产、销售产品和服务以及与顾客交流的活动。班组管理的内容主要包括以下几点。

(1)建立、健全以岗位责任制为主要内容的各项管理制度,做到工作有内容、考核有标准。

(2) 把任务分解到机台、员工个人，实行经济责任制，坚持按劳计酬。

(3) 贯彻执行工艺和服务标准，合理使用设备，开展全面质量管理，确保产品和服务质量。

(4) 推行 TPM，做好设备日常维护，做到维护人员少，维护费用少，停歇台时少，设备开动率高。

(5) 组织岗位培训，开展岗位练兵，人人要达到本工种、本级工的应知应会的要求。

(6) 实行看板生产，按作业计划组织均衡生产，按定额管好原材料和在制品，做好安全文明生产，加工零件要做到无锈蚀、无油污、无毛刺、无磕碰、零件不落地。

(7) 认真做好原始记录和凭证，做到及时、齐全、清晰、准确，经得起检查。

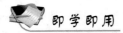

班组管理实用办法

班组是企业的"细胞"，也是最基本的生产单位，班组建设进行得好坏是关系到企业能否立于不败之地的主要因素之一。班组管理方法包括"一点、两面、三管、四不"。

"一点"，即以发展业务为重点。带领职工围绕增量、增收、增效，任务到人，多劳多得。

"两面"，即"上面"和"下面"。研究如何使下面的情况迅速反映上来、上面的精神如何更好地贯彻下去，使"上面"和"下面"紧密结合起来，成为推动班组工作的巨大动力。

"三管"，即三项管理。一是思想管理。职工考虑什么、追求什么、厌恶什么，与当前工作之利害关系，要了如指掌，及时做好思想政治工作。二是现场管理。建立健全规章制度，抓好安全生产和文明生产。三是数据管理。做好原始记录和登记统计工作，及时上报各类报表数据，掌握业务发展的规律。

"四不"，即四不放过。事故或差错原因不查清不放过，员工不受到教育不放过，整改措施不落实不放过，事故责任人未受到处理不放过。

资料来源：https://zhidao.baidu.com/

2.2 班组长管理

班组长在企业管理人员中数量相当庞大，班组长综合素质的高低反映出企业管理水平，影响着企业的决策能否顺利实施。

2.2.1 班组长的职位特点与角色

1. 班组长职位特点

班组长职位特点可以概括为职位不高，决策不少，责任不小。具体表现为以下几点。

(1) 上压下顶。班组长是一个上压下顶的角色，就像三明治的夹心层，如果领导不满意，员工不配合，班组长就会很累，往往费力不讨好。所以，基层管理者虽然很重要，但确实是很难做。

(2) 天地人和。班组长的头顶"天"——直接上司、主管、经理，上司是资源提供者、管理参与者，如果上司感觉不满意，班组长的工作肯定不好做。所以说，班组长要成功，首先要获得领导的认可，让领导满意。但是这并不意味着班组长要整天阿谀奉承，而是要通过优秀的成绩赢得上司的满意。班组长的"地"就是员工。如果班组长得不到员工的认可和配合，班组的绩效就无法完成，所以班组长要获得班组员工的配合。

（3）兵头将尾。在企业中，班组长通常被称为"兵头将尾"。"兵头"是指班组长是一个"官"，"将尾"是指班组长是一个"芝麻官"。由此可见，基层管理者的角色比较尴尬，这就造成很多班组长工作时不自信。

（4）现场之王。在一线现场，班组长面对广大员工，就是企业管理的最前沿。需要注意的是，基层管理者很重要，他们管的事多且杂，是现场之王。

2．班组长的角色

班组长在企业中既有上司，又有下属和同事，要面对不同的人，所以需要学会进行角色转换。面对不同的人，班组长要用不同的方式讲话，确保讲话内容和沟通对象匹配，考虑他们的职位特点，内容要有侧重点。班组长的角色如下。

（1）班组长是班组生产管理的直接指挥者。

（2）班组长是班组生产管理的组织者。

（3）班组长是企业中最基层的负责人。

（4）班组长是直接的生产者。

2.2.2　班组长的胜任力

提升班组长自身胜任力，首先要增加应知应会的内容；其次要掌握一定的专业知识、管理知识、心理知识等。

（1）以专业知识强化本领。

（2）以管理知识提高素质。

（3）以心理知识把脉班组管理。

（4）以培训知识实现高效学习。

（5）以企业知识实现上传下达。

如果说知识解决的是认知的问题，偏重于"是什么"，那么能力解决的就是实践中的问题，强调的是"怎么做"。两者结合，才能将班组长胜任力修炼做得更好。班组长能力的修炼，影响着团队的业绩，决定着职场的升迁，关系着自我价值的实现。因此，班组长需要着重修炼好情绪管理技能、团队建设技能、管理沟通技能、绩效管理技能与环境控制技能。

知 识 要 点 提 醒

班组长的能力要求：①专业能力；②目标管理能力；③问题解决能力；④组织能力；⑤交流、交际、倾听能力；⑥培养能力；⑦幽默的能力；⑧激励的能力；⑨指导员工的能力；⑩控制情绪、自我约束能力。

2.2.3　班组长管理技能提升

管理既是一门科学，又是一种艺术。管理的艺术潜藏在实践中，没有实践也就没有艺术可言，也就是说，班组长在管理实践中，既要运用管理知识，又要发挥创造性，采取适宜措施，高效地实现目标。

1．树立良好形象

作为现场一线管理者的班组长，提高自身良好形象，应从自己做起。"身教胜于言教"，班组长的自身行为是员工最好的榜样，如果班组长自身要求不高，是不可能让班组员工信服的。树立班组长良好自身形象，要针对班组长个人弱点和缺陷进行综合分析，实施高标准、严要求，对班组长进行团队精神和管理理念教育，使班组长充分认识到自己身上所肩负的责任，从自己做起，规范自己的行为，为员工做出榜样作用。

2. 提高专业技能

班组综合素质的高低，体现在班组的生产过程中，如何在生产或服务中发现问题和解决问题，必须提高班组长的专业能力。班组长要掌握第一手资料，剖析生产和服务现场出现的问题，寻找出其主客观原因，并根据问题的严重程度采取相应的对策。

3. 注重过程控制

提高班组长管理水平，重点要求体现在过程控制之中，不断提高班组长处理班组事务的能力，从被动管理向主动管理转化。为员工创造良好的作业环境，学会在生产和服务过程中解决班组存在的问题，提高班组长过程控制能力。

4. 重视人员管理

任何管理措施的有效推行，都必须得到班组成员的理解和认可，否则就会使管理措施失去有效性。作为班组长应学会关心班组成员，了解员工究竟在想什么，工作生活上有什么需求，尽己所能满足员工需求，使每位员工真正体会到班组这个团队的温暖，员工才会去用心呵护这个班组团队，才可能真正接纳班组长的管理。

班组长的困惑？

①大多数班组长往往是技术和业务上的精英，却在管理上感到力不从心；②他们会做事却不善于带队伍，会思考而不懂有效沟通的技能，能发现问题而不会解决问题；③他们会工作而不会处理关系，个人技能强而不会利用资源；④在团队合作和班组企业文化营造以及提高凝聚力等方面还有不足之处，个人职业素质需进一步快速提升。

任何一个人都可能成为管理者，但真正成为优秀管理者的人并不多。这并非谁有管理的天分，只是大多数人都没有注意到管理能力这个问题，一名优秀的班组长相对一般员工需要具有出色的管理能力。

2.3　班组人员管理概述

班组人员是直接实现企业生产经营的首要资源和因素，因此，班组人员的组织和管理对企业而言尤为重要。

2.3.1　班组人员管理

班组工作人员是直接从事现场生产与服务的工作人员，他们工作的数量及质量直接影响企业整体绩效。对他们工作的合理安排、时间上的有效运用是实现企业经营目标的关键所在。同时引导、发挥他们工作的积极性，提高其工作绩效更是班组人员管理必须重视的问题。班组人员管理是指企业为了实现生产经营的目标及保证企业生产经营活动正常进行，采用科学的方法，对直接从事班组人员进行配备、使用并有效管理的过程。班组人员是通过劳动分工与协作实现正常的生产和服务活动的。多人在同一生产或服务过程中，或在不同但互相联系的生产或服务过程中，有计划地进行分工与协作，使人在单一专业中"熟能生巧"，节约劳动时间，形成劳动过程的连续性、统一性、规则性和程序性，促进工具的分化、专业化和简化，使人的才能在自然差别和社会差别的基础上，学有专长，不断发展，进而实现生产效率的不断提高。

1. 劳动分工

1）劳动分工的含义

劳动分工是组织生产的一种方法，让每个劳动力专门从事生产过程的某一部分。劳动专业化能导致更高的总劳动产出，因为劳动者可以更熟练地完成某些加工任务，而且还能引入更专业化的机器设备来完成精度更高的工作。

劳动分工是在科学分解生产过程的基础上所实现的劳动专业化，使许多劳动者从事着不同但又相互联系的工作。

2）劳动分工的形式

企业内部劳动分工，一般有以下几种形式。

（1）职能分工。

企业全体员工按所执行的职能分工，一般分为工人、学徒、工程技术人员、管理人员、服务人员及其他人员。这是劳动组织中最基本的分工，它是研究企业人员结构、合理配备各类人员的基础。

（2）专业分工。

专业分工是职能分工下面第二个层次的分工。专业或工种分工是根据企业各类人员工作性质的特点所进行的分工。例如，管理人员按专业特点分为财会人员、统计人员等，生产工人按照他们从事的生产工艺性质及使用的工艺装备特点不同分为锻工、铣工、车工、钳工、电工等。这类分工是劳动组织中经常使用的分工形式，是企业人员构成的基础。

（3）技术分工。

技术分工指每一专业和工种内部按业务能力和技术水平高低进行的分工。进行这种分工，有利于发挥员工的技术业务专长，鼓励员工不断提高自己的技术水平。例如，车工、钳工等的技术等级分为初级车工、初级钳工，中级车工、中级钳工，高级车工、高级钳工。每个专业及工种的级别，都应该规定相应的知识要求和技能要求。企业应该保持各技术等级人员的合理比例，不断提高班组人员的技术等级，以适应企业不断提高生产经营水平的需要。

3）班组劳动分工的要求

（1）把直接生产工作和管理工作、服务工作分开。

劳动分工首先要保证组织直接从事物质生产活动以及在组织经营活动中起关键作用的工作，如生产性组织的生产活动、服务性组织的服务场所的活动等，再以此为基础配备管理人员和相关服务人员。

（2）把不同的工艺阶段和工种分开。

组织的生产过程由不同的工艺阶段构成，如准备阶段、加工阶段、装配阶段；而在不同的工艺阶段又可以进一步进行工种划分，如加工阶段可能存在车工、铣工、磨工、刨工等工种，这样的分工有利于按照生产流程及员工的专长合理组织、调配工人。

(3) 把准备性工作和执行性工作分开。

组织基本的生产工作开始之前往往需要做很多的准备性工作，如加工产品之前需要准备生产工具、调整设备等，将不同的工人按照准备性工作和执行性工作进行划分，同样可以发挥不同人的专长，提高工作效率。

(4) 把基本工作和辅助工作分开。

基本工作一般指直接加工劳动对象的工作，辅助工作是指为基本工作服务的那些工作。把基本工作和辅助工作分开可以使基本工作人员专注于直接加工劳动，充分利用劳动时间。

(5) 把技术高低不同的工作分开。

不同的生产环节需要的工人技术等级各有不同，把不同等级的工作分配给相应等级的员工去做，有利于配置不同级别的员工。

(6) 防止劳动分工过细带来的消极影响。

分工过细可能引起工作的单一，员工长期从事过于单一的劳动往往会感觉枯燥、无聊、乏味，因此产生厌烦情绪，导致工作态度散漫、放松甚至麻痹。因此，分工不能过细，可通过工作范围扩大法、工作连贯法、小组工作法、兼岗兼职、轮换工作法、个人包干负责法等形式解决分工过细的问题。

2. 劳动协作

1) 劳动协作的含义

企业的劳动协作，就是采用适当的形式，把从事各种局部性工作的劳动者联合起来，共同完成某种整体性工作；同时又是企业在目标实施过程中，部门与部门之间、个人与个人之间的协调与配合。

2) 劳动协作的形式

企业劳动协作的形式主要分为两种：①以简单分工为基础的简单协作；②以细致分工为基础的复杂协作。

(1) 简单协作。

简单协作的劳动者无详细分工，只是一起合作完成一项工作，如搬运重物、挖沟等。简单协作是一种结合的劳动，它使劳动者摆脱了个人局限性，从而创造了一种新的社会劳动生产力，它同单个劳动者力量的机械总和存在本质上的区别。因为结合劳动能扩大劳动的空间范围，缩短完成工作的时间，并能在较小的空间范围内，使相互联系的生产过程靠拢，生产资料聚集，容纳较多的劳动者，从而节约劳动资料，降低生产人工成本。

(2) 复杂协作。

复杂协作是建立在较为细致的分工上的协作。复杂协作是把生产过程中的各种操作分解并交给若干人，每人只负责一部分操作，全部操作由若干操作者同时进行，成果则是这个以分工为基础的联合体的劳动产品。在复杂协作的生产机构中，每个劳动者只是这个机构的一个部分。复杂协作所特有的优越性是使劳动专业化、工具专门化，在劳动方式、劳动组织方面发生了重大变化，更有利于改进技术，提高劳动熟练程度。

亚当·斯密（1723—1790）是经济学的主要创立者。《国富论》是亚当·斯密最具影响力的著作，这本书对于经济学领域的创立有极大贡献，使经济学成为一门独立的学科。在《国富论》中亚当·斯密否定了重农主义学派对于土地的重视,相反地,他认为劳动才是最重要的,而劳动分工将能大量地提升生产效率。

亚当·斯密认为,分工的起源是由于人的才能具有自然差异,人类独有的交换与易货倾向,交换及易货属私利行为,其利益决定于分工,假定个人乐于专业化及提高生产力,经由剩余产品之交换行为,促使个人增加财富,此过程将扩大社会生产,促进社会繁荣,并达私利与公益之调和。

他列举制针业来说明。"如果他们各自独立工作,不专习一种特殊业务,那么他们不论是谁,绝对不能一日制造20枚针,说不定一天连一枚也制造不出来。他们不但不能制出今日由适当分工合作而制成的数量的1/240,就连这数量的1/4 800,恐怕也制造不出来。"

分工促进劳动生产力的原因有3个:第一,劳动者的技巧因专业而日进;第二,由一种工作转到另一种工作,通常会损失不少时间,有了分工,就可以免除这种损失;第三,许多简化劳动和缩减劳动的机械发明,只有在分工的基础上才有可能实现。

3. 班组人员管理的内容

由于班组人员的劳动分工的存在,需要对员工的工作进行界定,即进行工作设计和岗位职责的明确。而员工专业和技能的不同以及由此带来的协作问题,要考查劳动定额并以此为依据对员工的数量进行确定并进行配置,即员工空间上的安排。由于设备运转是不间断的,但员工必须有恰当的休息时间,为了使设备的运转与员工的时间协调,必须对员工进行时间上的安排。更重要的是现场员工的绩效决定了组织的效率和效果,因此对班组人员的绩效进行考评和控制是班组人员管理的重要内容。班组人员管理的内容主要包括以下几个方面。

1) 班组人员工作设计及岗位说明书的编写

班组人员的岗位设计主要包括组织工作需要哪些岗位,各岗位的分工与职责、任务,岗位与岗位之间的协作与沟通,岗位的直接服务部门或岗位等,并据此编写文字岗位说明书加以规范和明确。此项工作通常是由企业的人力资源部门协同各现场管理部门共同完成,必要时请有关专家参与,本书不做详细介绍。

2) 班组人员的劳动定额与定员管理

劳动定额是指在一定的生产和技术条件下,生产合格的单位产品或工作量应该消耗的劳动量(一般用劳动或工作时间来表示)标准或在单位时间内生产产品或完成工作量的标准。

劳动定员是在一定的生产技术组织条件下,为保证企业生产经营活动正常进行,按一定素质要求,对企业各类人员所预先规定的限额。劳动定额是劳动定员的基础,劳动定员是以劳动定额为依据确定各岗位的人员数量。

3) 班组人员的空间配置

班组人员的空间配置是企业为了实现生产经营的目标,采用科学的方法,根据"岗得其人、人得其位、适才适所"的原则,实现班组人员与现场机器、设备、工作特性等的有效结合而进行的一系列管理活动的总称。

4) 班组人员的时间管理

班组人员的时间管理是指合理安排不同员工的工作时间,以保证现场工作的连续性、协调性,既满足组织生产与服务的需要,也满足其服务对象和消费者的需要。

5) 班组人员绩效管理

绩效是指一个组织或个人在一定时期内的投入产出情况。投入指的是人力、物力、时间等资源;产出指的是工作任务在数量、质量及效率方面的完成情况。绩效包括组织绩效和个人绩效,本书主要研究个人绩效。所谓绩效管理,是指各级管理者和员工为了达到组织目标共同参与绩效计划制定、绩效辅导沟通、绩效考核评价、绩效结果应用、绩效目标提升的持续循环过程，绩效管理的目的是持续提升个人、部门和组织的绩效。在班组人员绩效管理环节，绩效考核和绩效控制尤为重要。

> **知识要点提醒**
>
> 1. 劳动定额的形式
> (1) 以时间表示的工时定额，即规定生产单位合格产品或完成某项工作所必需消耗的时间。
> (2) 以产量表示的产量定额，即在单位时间内应完成合格产品的数量。
> (3) 以看管设备数量表示的看管定额，即在单位时间内一个工人或一组工人同时看管设备台数。
> (4) 以服务量表示的服务定额，即规定在单位时间内应完成服务项目的数量。为了适应生产上的需要，劳动定额可以根据不同的生产特点和条件，采取不同的形式。
>
> 2. 劳动定额制订方法
> (1) 经验估工法。由定额人员依照产品图纸和工艺技术要求，并考虑生产现场使用的设备、工具等条件，根据实践经验估定。
> (2) 统计分析法。根据过去生产的同类产品或零部件、工序的实耗工时或产量的原始记录和统计资料，并预测今后企业生产技术组织条件的变化制定。
> (3) 比较类推法。以现有的同类型产品、零部件、工序的定额为依据，经过分析比较，推算出另一种产品、零部件、工序的定额。
> (4) 技术测定法。通过对生产技术组织条件的分析，在挖掘生产潜力和操作方法合理化的基础上，采用分析计算或现场测定方法（包括运用摄影、录像、电子计算机等手段）制定。

2.3.2 班组人员空间配置

班组人员的空间配置是企业为了实现生产经营的目标，采用科学的方法，根据"岗得其人、人得其位、适才适所"的原则，实现班组人员与现场机器、设备、工作特性等的有效结合而进行的一系列管理活动的总称。

1. 班组人员配置的任务

(1) 选择合适的员工，物色合适的人选。班组人员配置的首要任务就是根据岗位工作需要，经过严格的考查和科学的论证，找出所需的各类人员。

(2) 保证组织工作协调运行。班组人员配置时不仅要考虑在合适的岗位上配置合适的员工，更要考虑员工之间的合理组合，即通过作业组的形式适应组织生产经营的需要，保证组织工作的协调运行。

(3) 促进组织结构功能的有效发挥。班组人员配备尽量适应各类职务的性质要求，从而使各职务应承担的职责得到充分履行，组织设计的要求才能实现，组织结构的功能才能发挥出来。

2. 班组人员配置的原则

(1) 因事择人原则。班组人员的配置要以班组需要为依据，它既不是盲目将符合需要的员工配置到不同岗位上去，更不是单纯为了解决职工就业，而是为了保证组织效益的提高，根据每个人的能力大小而安排合适的岗位。

(2) 适量经济原则。班组人员的配置要在考虑员工身体状况的基础上，使每个职工都有足够的工作量，适当扩大工作范围，保证职工有充分的工作负荷。

(3) 责任明确原则。班组人员配置时要使每个职工都有明确的责任，配置职工时，对工作任务的数量、质量、完成期限等方面，都要有明确的规定，以利于建立岗位责任制，消除无人负责的现象。

(4) 程序化、规范化原则。班组人员的配置必须遵循一定的标准和程序，严格按照规定的程序和标准办事，保证班组人员配置的科学性、合理化。

3. 班组人员配置的一般方法

一般班组人员配置的方法主要有3种，即以员工为标准进行配置、以岗位为标准进行配置、以双向选择为标准进行配置。

1) 以员工为标准进行配置

按员工岗位测试的每项得分，选择最高分任用，见表2-1。此方法的缺点是可能同时多人在该岗位上得分较高，结果仅择一人。另外，忽略性格等因素，可能使优秀人才被拒门外。

表2-1 以员工为标准进行配置

岗位 \ 员工	A	B	C	D	E	F	G	H	I	J
1(4.5)	4.5	3.5	2.0	2.0	1.5	1.5	4.0	2.5	2.0	1.0
2(2.5)	3.5	3.0	2.5	2.5	2.5	2.0	3.5	2.0	2.5	0.5
3(3.5)	4.0	2.0	3.5	3.0	0.5	2.5	3.0	3.0	1.0	1.5
4(3.0)空缺	3.0	2.0	2.5	1.5	2.0	2.0	3.5	2.0	0.5	0.5
5(4.5)	3.5	4.5	2.5	1.0	2.0	2.0	1.5	1.5	1.0	0.5

按照员工为标准，员工的配置如下：A（4.5）从事岗位1、E（2.5）或I（2.5）从事岗位2、C（3.5）从事岗位3、B（4.5）从事岗位5，岗位4空缺。

2) 以岗位为标准进行配置

从岗位需求出发，为每个岗位选择最合适的人。此方法组织效率高，但只有在岗位空缺的前提下才可行。上例中配置结果见表2-2。

表2-2 以岗位为标准配置员工

岗位 \ 员工	A	B	C	D	E	F	G	H	I	J
1(4.5)	4.5	3.5	2.0	2.0	1.5	1.5	4.0	2.5	2.0	1.0
2(3.5)	3.5	3.0	2.5	2.5	2.5	2.0	3.5	2.0	2.5	0.5
3(4.0)	4.0	2.0	3.5	3.0	0.5	2.5	3.0	3.0	1.0	1.5
4(3.5)	3.0	2.0	2.5	1.5	2.0	2.0	3.5	2.0	0.5	0.5
5(4.5)	3.5	4.5	2.5	1.0	2.0	2.0	1.5	1.5	1.0	0.5

按照岗位为标准：A（4.5）从事岗位1、G（3.5）从事岗位2、B（4.5）从事岗位5，岗位3、4空缺。

3）以双向选择为标准进行配置

此方法在岗位和员工之间进行必要的调整，以满足各个岗位人员配置的要求，见表2-3。此方法综合平衡了岗位和员工两个方面的因素，现实可行，能从总体上满足岗位人员配置的要求，效率高。但对岗位而言，可能出现得分最高的员工不能被安排在本岗位上，对员工而言，可能出现不能被安排到其得分最高的岗位上的情况。

表2-3 以双向选择为标准配置员工

岗位＼员工	A	B	C	D	E	F	G	H	I	J
1（4.5）	4.5	3.5	2.0	2.0	1.5	1.5	4.0	2.5	2.0	1.0
2（2.5）	3.5	3.0	2.5	2.5	2.5	2.0	3.5	2.0	2.5	0.5
3（3.5）	4.0×	2.0	3.5×非最高	3.0	0.5	2.5	3.0	3.0	1.0	1.5
4（3.5）	3.0	2.0	2.5	1.5	2.0	2.0	3.5	2.0	0.5	0.5
5（4.5）	3.5	4.5	2.5	1.0	2.0	2.0	1.5	1.5	1.0	0.5

按照双向选择标准：岗位1只能是由A（4.5）做，岗位2由E（2.5）或I（2.5）做，岗位3由C（3.5）做，岗位4由G（3.5）做，岗位5由B（4.5）做。

知识要点提醒

作业组是企业中最基本的协作关系和协作形式。它是在劳动分工的基础上，把为完成某项工作而相互协作的有关工人组织起来的劳动集体。它是企业里最基本的组织形式，是研究企业劳动协作组织的基础。组织作业组时要遵守的一条基本原则，就是要把生产上有直接联系的工人组合起来，不能把生产上没联系的工人凑合在一起。以下几种情况需要组成作业组。

（1）生产作业需工人共同来完成。生产作业必须由几个人共同完成，而不能分配给每个工人独立完成时，需要组织作业组，如石油化工企业里的设备检修组、机械制造业的装配组。

（2）看管大型复杂的机器设备。在工人共同看管大型复杂的机器设备情况下，需要组成作业组，如机械制造企业的锻压作业组、冶金企业的高炉炉前作业组。

（3）工人的工作彼此密切相关。当工人的工作彼此密切联系时，为了加强协作配合，需要组成作业组，如流水生产线，各道工序联系十分密切，为了加强全线各道工序的协作配合，需要组成作业组。

（4）为了便于管理和相互交流。生产工作虽然分配给每个人独立去完成，但为了互相帮助、交流经验，也要组成作业组，如机械制造企业的车工组、铣工组，纺织企业的细纱作业组。

（5）加强工作联系。为了加强准备工作、辅助工作和基本工作的紧密联系和相互协作，可以组成作业组，如建筑企业中砌砖瓦工和运送灰、浆、瓦的工人组成一个作业组。

（6）在工人没有固定的工作地，或者没有固定工作任务的情况下，为了便于调动和分配他们的工作，需要组成作业组，如厂内运输组、电工组、水暖工组等。

2.3.3　班组人员时间管理

班组人员的时间管理是指合理安排不同员工的工作时间，以保证现场工作的连续性、协调性，既满足组织生产与服务的需要，也满足其服务对象和消费者的需要。对于企业来说，工作时间组织的主要任务是建立工作班制，组织好工作轮班，以及合理安排工时制度。

1. 班组人员时间管理的任务

1) 合理安排工作时间，实现设备与人工的有效配合

组织各环节的工作是连续运行的，机器设备的运转与员工的工作休息时间存在节奏上的差异，因此班组人员时间管理的首要任务是合理安排员工的工作时间，既安排了员工必要的工作时间，也考虑员工必要的休息时间和工作负荷，在人休机器设备不休的基础上实现设备与人工的有效配合。

2) 建立工作班制，组织好工作轮班

组织内部的工作班制，要根据企业的生产任务、经营服务项目、经济效益及其他的有关条件而定。一般而言，单班工作不利于工作场所、机器设备的充分利用，但员工起居生活有规律，有利于员工的身体健康，劳动组织也比较简单。而多班制有利于充分利用生产经营场所和设备，缩短生产周期，合理使用劳动力，但组织工作较为复杂。因此在考虑组织生产经营特点的前提下，合理组织工作轮班是班组人员时间管理的一项重要内容。

3) 考虑实际需要，灵活安排工时制度

我国的周制度工时是 40h，组织可以根据实际情况试行较为灵活的工时制度。例如，弹性工作制度，即在每周制度工时不变的条件下，可规定核心工作时间，核心工作时间必须上班，其他时间自主决定；也可以采用非全时工作制，即工作以天或周为工作单位，其工时制度少于规定正常工时，其相应待遇当然也会少一些。设计灵活适宜的工时制度有利于缓解冗员过多的矛盾，满足劳动者的实际需要，有利于他们的身心健康，提高劳动积极性。

2. 班组人员时间管理的原则

1) 适时经济原则

组织生产经营活动往往是连续的，经营场所的服务是连续的，机器设备的运行也有别于员工的作息规律，因此组织人员的时间安排既要考虑生产经营的需要，也要考虑员工的需要。但组织经营管理的最终目的是组织各环节高效率、高效果的运行，保证组织正常生产经营活动的适时开展，并合理衔接各生产经营环节，节约组织成本是时间管理的首要原则。

2) 人本管理原则

人本管理是指在人类社会任何有组织的活动中，从人性出发来分析问题，以人性为中心，按人性的基本状况来进行管理的一种较为普遍的管理方式。在班组人员时间管理中要充分考虑员工自身的身体特点、作息规律和生活规律，合理安排员工的上下班时间和休息时间，尊重人的自然生活规律，体现以人为本的管理思想。

3）系统管理原则

在班组中工作的员工不是一个个独立的个人，而是协作运行的团体，各个员工之间、班组与班组之间、部门与部门之间相互作用、相互影响，构成一个复杂的工作系统，因此在进行时间安排时不仅要考虑本班组工作的特点、员工的工作和休息问题，同时必须注意与其他班组工作的衔接与合作，科学合理组织员工工作。

3. 班组人员时间管理的方法

1）单班制

单班制是指每天只组织一个班生产，工人都在统一时间上下班。组织工作相对简单，主要是组织好不同工种之间的配合，充分利用工作班内的时间。但有些生产单位由于工作班内工作量不均衡，开始工作只需少数人做生产准备，然后全组才能全面展开，工作结束又只需少数人做结尾工作。在这种情况下，为了充分利用工时，提高全班产量，可以组织一部分人提前上下班，一部分人稍后上下班，使工时得到充分利用。

2）工作轮班

（1）工作轮班的含义。

工作轮班是指在分工的基础上，把为完成某项工作相互协作的有关工人，从时间上组成几个班次的劳动集体。工作轮班是在实行多班制生产条件下，组织各班人员按规定的时间间隔和班次顺序轮流进行生产活动的一种劳动组织形式，它体现了劳动者在时间上的分工协作关系。

（2）工作轮班的基本形式。

① 相同工作的轮班，即各个轮班从事相同的工作，如纺织厂的轮班基本属于这种形式。

② 阶段分工的工作轮班，即以阶段分工，各班工作内容不同，如铸造生产的轮班基本如此，可能第一班进行造型，第二班进行浇铸，第三班进行清理。如果一个班拖延，将影响下一班生产的正常进行。这种轮班协作配合要求更紧密一些。

（3）工作轮班的组织。

工作轮班的组织性质很多，如企业曾经采用过的两班制、三班制和四班制。

① 两班制。两班制是每天分早、中两班组织生产，工人不上夜班。这有利于身体健康，也便于机器设备的维修保养和做好生产前的准备工作。工人倒班也比较简单，每隔一周轮换一下班次即可。

② 三班制。三班制是每天分早、中、夜三班组织生产。根据公休日是否进行生产，又可分为间断性三班制和连续性三班制。实行三班制必须组织好工人的倒班，对连续性三班制的工人还要组织好轮休。

a. 间断性三班制。间断性三班制是指有固定公休日的三班制轮班形式，即公休日停止生产，全体工人休息，公休日后轮换班次。其倒班的方法分为正倒班和反倒班。正倒班是甲、乙、丙三班工人都按早—中—夜的倒序倒班，即原来的早班倒中班，原来的中班倒夜班，原来的夜班倒早班。反倒班是甲、乙、丙三班工人都按早—夜—中的顺序倒班，即原来的早班倒夜班，原来的夜班倒中班，原来的中班倒早班。两种倒班方式见表 2-4。

表 2-4　两种倒班方法

方式 周次 班次	正倒班								反倒班							
	第一周	公休	第二周	公休	第三周	公休	第四周	公休	第一周	公休	第二周	公休	第三周	公休	第四周	公休
	甲乙丙		丙甲乙		乙丙甲		甲乙丙		甲乙丙		乙丙甲		丙甲乙		甲乙丙	

上述两种倒班方式在间断性三班制中都可采用，但一般以采取正倒班为好，因为公休日前最后一班的工人就是公休日后第一班的工人，这样可以避免出现因公休日全部停止生产而工作无法交接的现象。

b. 连续性三班制。对于生产过程不能间断的企业，一年内除了设备检修和停电等时间外，每天必须连续组织生产，公休日也不间断，这时必须实行连续性三班制。工人不能一起休息，只能组织轮休。

在原来的每周48h工时制下，企业可以实行三班轮休制、三班半轮休制和四班轮休制。实行每周40h工时制后，三班轮休制和三班半轮休制都超过了制度工时，不宜再采用。

四班轮休制，即"四班三运转"，也称四三制。四班三运转的轮休制，是以8天为一个循环期，组织4个轮班，实行早、中、夜三班轮流生产，保持设备连续生产不停，工人每8天轮休两天的轮班工作制度。具体倒班方式见表2-5。

表 2-5　"四班三运转"的倒班方法

日期	1	2	3	4	5	6	7	8	9	10	11	12	13	14	15	16
甲	早	早	中	中	夜	夜	0	0	早	早	中	中	夜	夜	0	0
乙	中	中	夜	夜	0	0	早	早	中	中	夜	夜	0	0	早	早
丙	夜	夜	0	0	早	早	中	中	夜	夜	0	0	早	早	中	中
丁	0	0	早	早	中	中	夜	夜	0	0	早	早	中	中	夜	夜

注：0表示轮休。

四班三运转制的组织方法，除上面介绍的每天3个班生产，一个班轮休，两天一倒班，工作6天休息两天之外，还可以安排工作3天休息一天，或者工作9天休息3天，从循环期上看，可分为4天、8天、12天等形式。在实行每周40h的工时制度下，企业采用本轮班方法时，每个月需要安排一个公休日。

③ 四班制。四班制是指每天组织4个班进行生产。四班制轮班组织又分为3种形式，即"四八交叉"、四六工作制和五班轮休制。

a. "四八交叉"，即四班交叉作业，是指在一昼夜24h内组织4个班生产，每班工作8h，前后两班之间的工作时间相互交叉。交叉时间一般为2h，具体组织形式见表2-6。在交叉时间里，接班人员进行生产准备工作，了解和研究完成本班生产任务的一些关键性问题，并与上同一班的工人一起进行生产活动。这样可以加强各班之间的写作，缩短生产准备和交接班时间，更充分地利用工时和设备工具。

表 2-6 四八交叉作业

工作班次	甲	乙	丙	丁
上班时间	8:00—16:00	14:00—22:00	20:00—4:00	2:00—10:00

b. 四六工作制。四六工作制是每一个工作日由原来组织三班生产，改为四班生产，每班由 8h 工作制改为 6h 工作制。四六工作制是 20 世纪 80 年代在我国煤炭企业井下挖掘工人开始施行的工作时间制度，一般适于在井下采煤、掘进、开拓延伸工人，以及矿建工程中的掘进工人中实行。如果范围扩大，需要增加人员过多，势必影响效率，加大成本。但在我国目前企业冗员较多、人浮于事、一线岗位却留不住人的客观情况下，实行四六工作制不失为解决企业富余人员较多问题，增加一线岗位吸引力的一条有益途径。

c. 五班轮休制，即"五班四运转"，它是员工每工作 10 天轮休两天的轮班制度。五班四运转的轮休制，是以 10 天为一个循环期，组织 5 个轮班，实行早、中、夜三班轮流生产，保持设备连续生产不停，并每天安排一个副班，按照白天的正常时间上班（不超过 6h），负责完成清洗设备、打扫卫生、维护环境等辅助性、服务性工作任务。五班轮休制是我国企业推行 40h 工作制度以后，在原"四班三运转制"的基础上实行的一种新的轮班制度，它保证了企业员工某月平均工作时间不超过 169h。具体倒班方式见表 2-7，该轮班制适用于大中型连续生产的企业。

表 2-7 五班轮休制倒班方法

日期	1	2	3	4	5	6	7	8	9	10
甲	早	中	中	副	0	早	晚	晚	副	0
乙	副	0	早	中	中	副	0	早	晚	晚
丙	0	早	晚	晚	副	0	早	中	中	副
丁	晚	晚	副	0	早	中	中	副	0	早
戊	中	副	0	早	晚	晚	副	0	早	中

注：0 表示轮休；副代表副班。

（4）工作轮班的组织问题。

工作轮班的组织工作，需要注意的问题如下。

① 合理安排各班工人的倒班。工作轮班的组织，应从生产的具体情况出发，以便充分利用工时和节约人力。在一个企业里，并非各类工人都须实行统一的轮班制度。例如，在化工企业，有些化工产品的操作工人需要三班连续工作，但包装工人也可组织两班制甚至单班制生产。再如，车间的检修工人除在系统停车大修或主要设备发生故障时需要实行多班制，通常只需要实行单班制。

② 合理配备各班人员力量，避免因力量悬殊而影响生产的稳定增长。应注意各班人员数量保持大致相等，避免相差过多。在业务素质、技术力量的配备上，也要注意平衡，防止把骨干力量都集中在一个班，各班人员配备后，应尽量保持相对固定，避免调动频繁，以利于加强班组管理和工人之间的联系。

③ 加强夜班生产的组织领导。工作轮班制对人的生理、心理会产生一定的影响，特别是夜班对人的影响最大。科学家和社会学者的研究表明：倒班制使员工的生物钟发生极大混乱。当工人在短时间内频繁地改变上班时间时，他们的睡眠周期就不能适应。倒班特别是经常上夜班给工人造成了身心危害，还造成许多工业事故。例如，美国三里岛核电站和苏联切尔诺贝利核电站出现的核泄漏事故，大都发生在后半夜。为了解决夜班疲劳、生理、心理不适应和工作效率下降的问题，一般可采用以下办法：一是适当增加夜班前后的休息时间；二是缩短上夜班的次数，如采取四班三运转制的倒班办法。

④ 划清各个轮班的责任，建立严格的交接班制度。在交接班时，对于交接设备的完整、清洁、润滑和安全，机器的使用运转情况，工具有无丢失，产品的质量和数量，在制品的完成程度以至生产中存在的问题等，都要按规定的手续交接清楚。这样不仅能明确各班工人的责任，使各班工人更关心本班生产，并且能够加强各班之间的协作，使上一班关心下一班工人的工作，主动为下一班准备好有利的生产条件。

⑤ 适当组织各班交叉上班。当工人从事前后密切衔接的不同工序时，为了方便下一班工人在接班前做好准备工作，上一班工人做好结束工作，可以把各班工人上下班的起止时间，进行适当的交叉；或者下一班工人中的一部分工人，提前上班，先做好生产准备工作。这就可使前后两班的工作密切配合，减少不必要的工时损失。

3）弹性工作制

弹性工作制是指在完成规定的工作任务或固定的工作时间长度的前提下，员工可以灵活地、自主地选择工作的具体时间安排，以代替统一、固定上下班的时间制度。

弹性工作制比起传统的固定工作时间制度，有着很显著的优点。弹性工作制对企业或组织的优点主要体现在：弹性工作制可以减少缺勤率、迟到率和员工的流失；弹性工作制可以增进员工的生产率；弹性工作制可以使员工更好地根据个人的需要安排他们的工作时间，并使员工在工作安排上能行使一定的自主权。其结果是，员工更可能将他们的工作活动调整到最具生产率的时间内进行，同时更好地将工作时间同他们工作以外的活动安排协调起来；弹性工作制增加了工作营业时限，可能减少加班费的支出。

但是弹性工作制也具有一定的缺陷。首先，它会给管理者对核心的共同工作时间以外的下属人员工作进行指导造成困难，并导致工作轮班发生混乱。其次，当某些具有特殊技能或知识的人不在现场时，它还可能造成问题更难以解决，同时使管理人员的计划和控制工作更为麻烦，花费也更大。另外，许多工作并不宜转为弹性工作制，例如，百货商店的营业员、办公室接待员、装配线上的操作工，这些人的工作都与组织内外的其他人有关联，只要这种相互依赖的关系存在，弹性工作制通常就不是一个可行的方案。

某医院工作排班

某医院拟根据一周内病人每天就医数量不均衡的情况，确定护士的数量及排班计划。要求每名护士每周工作 5 天，并连续休息两天。每天所需的护士数量见表 2-8。

表 2-8　护士需求数量一览表

星期	星期一	星期二	星期三	星期四	星期五	星期六	星期日
护士需求	6	5	5	5	4	3	2

解：循环排序法从连续两天所需护士数量最少的日期确定护士的休息日，其他的为工作日，并依此类推，排出每名护士工作与休息计划。

本例中，星期六和星期日所需护士最少，故护士一被安排到这两天休息，则星期一至星期五工作。因此，星期一至星期五所需的护士数在需求数量的基础上减1，星期六和星期日数量不变（因护士一休息），这个数字用"[　]"括起来，表示本循环内不参与数量调整，而其他的数字则减1。

重复上述过程，排出护士2、护士3、……、护士n的计划，见表2-9。

表 2-9　护士需求数量与排班计划表

星期	星期一	星期二	星期三	星期四	星期五	星期六	星期日
护士一	6	5	5	5	4	[3]	[2]
护士二	5	4	4	4	3	[3]	[2]
护士三	4	3	3	[3]	[2]	3	2
护士四	3	2	2	3	2	[2]	[1]
护士五	2	[1]	[1]	2	1	2	1
护士六	1	1	1	1	[0]	[1]	0
护士七						1	

从表2-9可以看出，如果严格按照连续2天休息的排班规则，护士六可以休息3天（星期日没有需求），但星期六还需要再安排一人（护士七）工作一天。如果稍稍变动一下规则，护士六星期五和星期日休息，则只需6名护士即可。按6名护士制订的排班情况，见表2-10。

表 2-10　护士排班一览表

星期	星期一	星期二	星期三	星期四	星期五	星期六	星期日
护士1	√	√	√	√	√	×	×
护士2	√	√	√	√	√	×	×
护士3	√	√	√	×	×	√	√
护士4	√	√	√	√	√	×	×
护士5	√	×	×	√	√	√	√
护士6	√	√	√	√	×	√	×
工作人数	6	5	5	5	4	3	2

注：√表示工作，×表示休息。

考虑到上述方案护士六不能保证连续两天休息，相对不公平的情况，可以采用串班的方法加以解决，如6周为一循环周期，每名护士轮流排一次星期五和星期日休息。

在有些情况下需要协调多种服务资源，而非仅仅是对服务人员的安排。例如，学校排课计划必须对教师、试听设备和学生等资源进行协调，才能制订行之有效的授课进度计划并付诸实施。医院的手术排序计划也涉及外科医生、麻醉师、手术室工作人员、专用设备、监护室人员、护理人员等资源。参与计划的资源越多，问题的复杂性就越大，达到最佳方案的可能性就越小，并且一旦计划制订完毕，局部的调整问题也会导致更复杂化的整个计划的连锁变动。

资料来源：李全喜．生产运作管理［M］．2版．北京：北京大学出版社，2011．

2.3.4 班组人员绩效管理

绩效，从管理学的角度看，是组织期望的结果，是组织为实现其目标而展现在不同层面上的有效输出，它包括个人绩效和组织绩效两个方面。组织绩效实现应在个人绩效实现的基础上，但是个人绩效的实现并不一定保证组织是有绩效的。如果组织的绩效按一定的逻辑关系被层层分解到每一个工作岗位以及每一个人的时候，只要每一个人达成了组织的要求，组织的绩效就实现了。

1. 班组绩效

1）班组绩效的含义

对于班组绩效的含义，不同的学者给出了不同的解释，本书认为班组绩效就是指班组人员在工作过程中所表现出来的与班组目标相关的并且能够被评价的工作业绩、工作能力和工作态度，其中工作业绩主要衡量工作的结果，工作能力和工作态度主要衡量工作的行为。对于班组人员而言，绩效是员工在一定时间与条件下的完成某一任务所表现出的工作行为和所取得的工作结果。因为班组人员要么是生产性企业的一线生产人员及其相关人员，要么是服务性企业的现场服务人员及相关人员，因此他们的绩效更多地表现为直接的工作成果或现场的工作行为。

2）班组绩效的特点

班组绩效具有多因性、多维性和动态性的特点。

（1）多因性。班组绩效的多因性是指绩效的优劣不是取决于单一因素，而是受制于主客观的多种因素影响。公式为

$$F = (S, O, M, E) \tag{2-1}$$

式中，F——绩效，绩效的高低受多方面因素影响；

S——技能（技能是指个人的天赋、智力、教育水平等个人特点）；

O——激励（员工工作的积极性，员工的需要结构、感知、价值观等）；

M——机会（承担某种工作任务的机会）；

E——环境（工作环境，包括文化环境、客观环境等）。

（2）多维性。多维性班组绩效的多维性是指需要从多个不同的方面和维度对员工的绩效进行考评分析，不仅考虑工作行为还要考虑工作结果。例如，在实际中不仅要考虑员工完成产量指标的完成情况，还要考虑质量指标的完成情况，还有考虑其出勤、服从合作态度、与其他岗位的沟通协调等方面，综合性地得到最终评价。

（3）动态性。班组绩效的动态性是指由于绩效的多因性，和绩效相关的这些因素处于不断变化中，因此绩效也会不断发生变化，因此绩效考评也应该随着环境的变化及时调整考评指标。

在影响班组绩效的主要因素中，员工技能是指员工具备的核心能力，是内在的因素，经过培训和开发是可以提高的。外部环境是指班组和个人面临的不为班组所左右的因素，是客观因素，人们是完全不能控制的。内部机会是指班组和个人开展工作所需的各种资源，也是客观因素，在一定程度上人们能改变内部条件的制约。激励效应是指班组和个人为达成目标而工作的主动性、积极性，是主观因素。在影响绩效的4个因素中，只有激励效应是最具有主动性、能动性的因素，人的主动性积极性提高了，班组和员工会尽力争取内部资源的支持，同时班组和员工技能水平将会逐渐得到提高。

2．班组绩效管理

班组绩效管理在实际操作过程中很复杂，其对象是人。人和机器最大的区别是，人有思想、有情绪，会产生业绩的波动。

1）班组绩效管理的含义

所谓班组绩效管理，是指班组和员工为了达到班组目标共同参与的绩效计划制订、绩效辅导沟通、绩效考核评价、绩效结果应用、绩效目标提升的持续循环过程，班组绩效管理的目的是持续提升个人、部门和组织的绩效。

2）班组绩效管理的作用

无论企业处于何种发展阶段，班组绩效管理对于提升企业的竞争力都具有巨大的推动作用，进行班组绩效管理都是非常必要的。班组绩效管理对于处于成熟期的企业而言尤其重要，没有有效的班组绩效管理，班组和个人的绩效得不到持续提升，班组和个人就不能适应残酷的市场竞争的需要，最终将被市场淘汰。因此班组绩效管理的作用如下。

（1）班组绩效管理促进组织和个人绩效的提升。

班组绩效管理通过设定科学合理的班组目标和个人目标，为班组员工指明了努力方向。班组长通过绩效辅导沟通及时发现下属工作中存在的问题，给下属提供必要的工作指导和资源支持，下属通过工作态度以及工作方法的改进，保证绩效目标的实现。在班组绩效考核评价环节，对个人和班组的阶段工作进行客观公正的评价，明确个人和班组对组织的贡献，通过多种方式激励高绩效班组和员工继续努力提升绩效，督促低绩效的班组和员工找出差距改善绩效。在绩效反馈面谈过程中，通过考核者与被考核者面对面的交流沟通，帮助被考核者分析工作中的长处和不足，鼓励下属扬长避短，促进个人得到发展；对绩效水平较差的组织和个人，考核者应帮助被考核者制定详细的绩效改善计划和实施举措；在绩效反馈阶段，考核者应和被考核者就下一阶段工作提出新的绩效目标并达成共识，被考核者承诺目标的完成。在企业正常运营情况下，班组或个人新的目标应超出前一阶段目标，激励班组和个人进一步提升绩效，经过这样的班组绩效管理循环，组织和个人的绩效就会得到全面提升。

（2）班组绩效管理促进管理流程和业务流程优化。

企业管理涉及对人和对事的管理，对人的管理主要是激励约束问题，对事的管理就是流程问题。所谓流程，就是一件事情或者一个业务如何运作，涉及因何而做、由谁来做、如何去做、做完了传递给谁等几个方面的问题，上述几个环节的不同安排都会对产出结果有很大的影响，极大地影响着组织的效率。

在班组绩效管理过程中，班组长应从企业整体利益以及工作效率出发，尽量提高业务处理的效率，应该在上述几个方面不断进行调整优化，使班组运行效率逐渐提高，在提升组织运行效率的同时，逐步优化公司管理流程和业务流程。

（3）班组绩效管理保证组织战略目标的实现。

企业一般有比较清晰的发展思路和战略，有远期发展目标及近期发展目标，在此基础上，根据外部经营环境的预期变化以及企业内部条件制订出年度经营计划及投资计划，在此由此制订企业年度经营目标。班组长将企业的年度经营目标向各个人分解就成为班组的年度业绩目标，班组向每个岗位分解核心指标就成为每个岗位的关键业绩指标。

3）班组绩效管理的流程

一般而言，班组绩效管理包括绩效计划、绩效辅导沟通、绩效考评、绩效反馈4个环节，如图2.1所示。

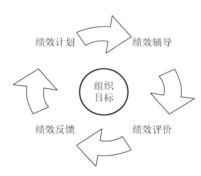

图 2.1　班组绩效管理流程

绩效计划是整个班组绩效管理过程的开始，这一阶段主要是要完成制订绩效计划的任务，也就是说通过上级和员工的共同讨论，要确定出员工的绩效考核目标和绩效考核周期。绩效计划是整个班组绩效管理过程的工作的指导和规划，是一种前瞻性的思考。一般而言绩效计划必须由员工和班组长双方的共同参与，绩效计划上有关员工绩效考核的事项，如绩效目标等需经双方共同确认。

绩效辅导是在整个绩效期间内，通过上级和员工之间的沟通了解达成绩效可能发生的各种问题，以便预防和解决的过程。如果在此期间员工存在达成绩效的困难，上级有义务辅导并帮助解决。

绩效考评是指明确考评主体，借助一定的考评方法，对员工的工作绩效进行评价。绩效评价是一个复杂的过程，是班组绩效管理的关键环节。

绩效反馈是在一个绩效周期结束后依据绩效考评结果上级与下级之间的绩效面谈。通常上级将考评结果告诉员工，肯定成绩，指出员工在工作中的不足，并和员工一起制订绩效改进计划。绩效反馈的过程在很大程度上决定了组织实现班组绩效管理目的的程度。

3. 班组人员绩效管理的特点

班组人员绩效管理是绩效管理中最基础的工作，由于班组人员工作岗位的特性，使其有别于其他工作人员的绩效管理，其主要特点如下。

1）班组人员绩效管理的直接性

不论是生产性企业还是商业性企业及服务业，班组人员都是一线工作人员。其绩效表现非常直接，或者是工作成果（如生产性企业生产工人的产量、质量），或者是工作行为（如服务性企业服务人员的表情、动作),并且这一绩效结果直接反映到组织绩效上。这有别于企业其他部门如财务部、人事部门等,其绩效对组织绩效的影响是间接的,往往很难反映他们对组织绩效的影响程度。

2)绩效目标是组织绩效计划分解的结果

班组人员往往在组织结构的最基层,组织目标首先表现为组织绩效计划,然后层层分解到各个部门,部门再分解到员工个人。由于班组人员绩效的直接性,组织绩效中的大部分财务指标都和其有关联,因此分解过程较为科学和规范,有据可查,分解的结果较为明确,基层员工和管理人员对各自及部门的绩效目标理解透彻,较为明确,在一定程度上减少了管理的难度。

3)班组人员绩效辅导的重要性

如前所述,班组人员绩效具有直接效果,其工作成果和工作行为直接影响组织成果或组织声誉。例如,生产人员的产量直接决定了班组产量计划的完成程度;服务人员的服务行为,当其满足客户的行为需要时,消费者认可的不是服务人员个人而是提供服务的组织。因此,这一环节绩效辅导和沟通工作尤为重要,现场管理人员必须密切关注班组人员的工作水平和工作状况,必要时提供绩效指导。如果发现现场的辅导不能满足其要求时,要更换人员或提出培训的要求,保证本部门绩效的完成。

4)班组人员绩效考评指标及标准较易确定,操作性强

由于班组人员绩效结果多为结果和行为表现,因此其绩效指标的设计以行为和结果型指标为主。行为型指标着眼于"干什么""如何干",重点考量员工的工作方式和工作行为,其着重于工作过程而非工作结果,考评的标准相对容易确定,操作性较强。同样,结果型指标着眼于"干出了什么",重点考量"员工提供了何种服务,完成了哪些工作任务,生产出来哪些产品",关注的是员工的产出和贡献,因此其考评标准也相对容易确定,操作性很强。

5)班组人员绩效反馈的明确性

绩效反馈的根本目的是通过找出差距或找到提高绩效的途径,以提高员工绩效。绩效评价的是结果的好坏,班组绩效管理需要探求产生结果的原因,逆向追踪绩效因素。根据对结果的影响作用,不同的因素有不同的影响力。当其他因素都很稳定时,班组长需要关注于某一个特定的因素,因为这个因素的变化会对绩效产生直接的重大影响。哪些因素容易变化,对绩效的影响作用大,管理者就需要关注哪些因素,以此为依据反馈给员工和相关部门。行为型绩效指标和结果型绩效指标发现差距较为容易,影响因素也较易分析,故绩效反馈较为明确。反馈的主要内容包括向被考评者反馈考评结论,并听取被考评者对考评结果的看法;与被考评者一起探讨取得好绩效及不良绩效的原因;告知奖惩情况及相关的人事决策;表明组织对被考评者的要求和期望,了解被考评者的打算和计划,并提供可能的帮助和建议。

4. 班组人员绩效考评制度

对员工实行绩效考评的目的是让员工实现企业的目标和要求,所以绩效考评目标一定要清晰明确。同时企业的绩效考评要做到公平、公开、公正,因为绩效考评的最终结果往往和员工的利益直接相关,如工资奖金的方法、晋级提升等,但也要明确绩效考评的最终目的并不是单纯地进行利益分配,而是促进企业与员工的共同成长。通过考核发现问题、改进问题,找到差距进行提升,最后达到双赢。

班组人员绩效考评制度的内容主要包括以下几个方面。

1) 明确绩效考评的对象

明确绩效考评的对象即是明确"谁来考评,考评谁"。

(1) 被考评者。即班组人员。

(2) 考评者。可能涉及各个方面,目前使用较多的是360°考评,即上级考评、同事考评、下级考评、自我考评和客户考评的全方位考评法,从各个角度全面反映员工的工作绩效。班组人员的主要考评者是其直接上级,服务现场工作人员的主要考评者是客户。

2) 建立绩效考评指标和标准体系

绩效考评的内容常采用四大要素。①德:社会公德和职业道德。我国公民基本道德规范——爱国守法、明礼诚信、团结友善、勤俭自强、敬业奉献,当然在工作中主要是职业道德问题,如工作人员不得随意泄露客户信息等。②能:胜任现职的能力。能力包括一般文化知识、专业知识、政策业务水平、语言表达能力、文字表达能力、分析判断能力、组织管理能力、预见反应能力、适应耐久能力、计划开拓能力等。③勤:反映出员工的工作态度和本岗位上的进取精神。通过组织纪律性、工作积极性、责任感、出勤率4个方面来表现。④绩:从最终经济效果和社会效果出发评价员工工做贡献的大小、能力强弱和水平高低。班组人员的业绩已成为绩效考核的重点,将这4项依据岗位性质分解后构成岗位绩效考评指标体系,并规定具体的绩效标准。

有效绩效标准的特征包括:①标准是具体可衡量的;②标准是为人所共知的;③标准是经过协商而制定的;④标准是基于工作而非工作者的;⑤标准是可以达到的;⑥标准是有时间限制的;⑦标准是必须有意义的;⑧标准是可以改变的。

3) 选择合适的考评方法

在绩效考评对象确定和绩效指标与标准设计好的情况下就要考虑采用什么样的方法进行绩效考评的问题。据不完全统计,绩效考评方法有20余种,适用于企业不同类别岗位的人员。由于班组人员的绩效主要表现为工作行为和工作结果,可采用行为导向型的考评方法和结果导向型的考评方法。①行为导向型的考评方法。包括主观考评法如排列法、选择排列法、成对比较法、强制分配法等,以及客观考评法如关键事件法、强迫选择法、行为定位法、行为观察法和加权选择量表法。②结果导向型的考评方法。主要有目标管理法、绩效标准法、直接指标法、成绩记录法和劳动定额法等。例如,生产现场工人的绩效考核可采用目标管理法、直接指标法、劳动定额法等多重方法。

4) 确定绩效考评周期

绩效考评周期的确定并没有唯一的标准,典型的评价周期是周、月、季、半年或一年,也有在某项特殊任务完成后进行的。周期的确定主要受三方面因素影响:职位的性质、指标的性质和标准的性质。不同的职位,工作的内容是不同的,绩效考核周期不同,一般而言,班组人员的绩效考核相对容易一些,并且对组织整体绩效影响较大,所以绩效考核周期相对较短,一般以周或月为考核周期。不同的指标和标准也会影响考评周期,一般指标和标准是被同时制定的,在确定考核周期时主要考虑指标和标准的时间限制,如果产量是以周为单位制定的标准,则考核周期为一周,如果是以月为周期制定的则考核周期通常是一个月。

5) 制定绩效考评流程

完整的绩效考评流程如图2.2所示。通常绩效考核的组织者是人力资源部,该部门组织可能参与的考评者如被考核者的直接主管、相关人员如同事、客户和员工自己进行考评，考评指标的计算由考核委员会进行审核，审核后的考评结果一方面作为组织奖励、员工晋升的依据，另一方面由直接主管反馈给员工；如果员工感觉绩效考评不公平或考评结果存在问题可向有关机构申诉如企业的民主管理委员会。

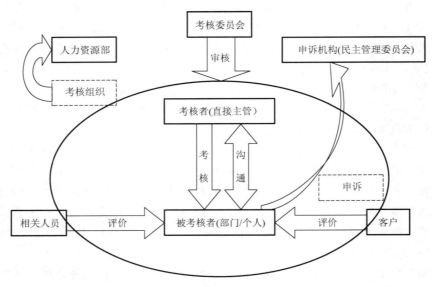

图 2.2　员工考核流程图

知识要点提醒

360°考评，是上级考评、同事考评、下级考评、自我考评和客户考评的全方位考评法，从各个角度全面反映员工的工作绩效。

（1）上级考评：上级对员工承担直接的管理责任，通常最了解员工的工作情况；有利于实现管理的目的，保证管理权威；但是考核信息来源单一，容易产生个人偏见。

（2）同事考评：对员工的工作情况比较了解；很多同事，考核比较全面，避免产生个人偏见，能够促进员工在工作中与同事配合；但是同时人际关系容易影响考核的公正性；有可能协商一致；可能相互猜疑。

（3）下级考评：促使上级关心下级，下级了解上级的管理能力；但往往存在不敢反映真实情况、削弱权威等缺点。

（4）自我考评：增加参与感，加强他们的自我开发意识和自我约束意识，有助于员工对考核结果的接受；但往往评价较高，容易产生矛盾。

（5）客户考评：能促使员工更加关注工作结果，工作行为，提高工作质量；但是客户更侧重于工作结果，不利于全面评价等。

2.4　班组沟通与激励

沟通的意思是互通有无，目的是传达信息，传达的信息要准确、及时。管理者，特别是基层管理者，需要增强沟通的能力。如果基层管理者沟通能力不强，说服不了员工，员工就不会配合他的工作。很多企业问题产生的原因是没有沟通或者沟通不善,沟通技巧有问题也容易导致很多问题。据统计,在工作生活中,有75%的损失和误会来自于沟通,沟通能力成为基层管理者的软肋。

2.4.1 班组沟通

1. 班组沟通的方法

在班组建设过程中,除了严格的制度和纪律、高超的技术水平、认真负责的态度等之外沟通也起着非常重要的作用。一个善于沟通的班组是打造独特的生产工作优势的关键。那么如何开展合理有效的沟通呢?班组可以根据不同的条件,采取以下方法进行有效沟通。

(1) 小组讨论。

时间自行控制,人数3~15人。这是普遍使用的沟通方式,大家都有平等的权利进行讨论与发言,并会尊重每个人发表的意见和建议。讨论过程中可以分配人员和方案来解决目前棘手的问题等。

(2) 谈心交流。

时间5~15min,人数2人。可以是班组长对组员,也可是组员对组员进行流形式开展。这种形式有助于了解员工工作和生活状态,保持良好的互帮互助的氛围,有利于安全和高效生产的目的。

(3) 角色扮演和模拟。

时间10~60min,人数5~20人。每人都有角色扮演的权利和机会,这种交流沟通方式更加直观地反映出员工在生产过程中遇到的问题,员工通过现场模拟的形式表现出来,尤其是违反安全生产操作的模拟动作,然后让其他员工进行问题探讨。

(4) 小组辩论。

时间5~15min,人数5~20人。可分两组即正方和反方,主题可以自己决定,主要是围绕生产中遇到的不确定项或有待解决的生产技术问题,辩论题目可以悬挂墙上整个辩论。过程分三步,第一步正反方,陈述观点,第二步争辩,第三步组长给出结论。

以上方法在生产实际中,能简单有效地进行沟通,对建设文明班组和高效班组都有一定意义。

即学即用

消除语言障碍

沟而不通是班组长最大的沟通障碍,原因可归纳为:语言障碍,被沟通者不懂得自己的本意,自己不明白被沟通者的意境;不善于倾听,员工错了便大声叱喝,员工怕说错话,也不愿意多说。要达到交换和适应相互的思维模式,促进班组和谐,班组成员之间的沟通应消除语障。怕说错话的心理是沟通的最大障碍,就像学生怕回答老师提出的问题而有意避开老师的目光一样,认为与其回答错误,还不如不回答。班组中若存在类似学生回答问题这样的心态时,班长要有容忍错误、宽容失败的精神,应设法解决双方的语言沟通障碍,使用彼此愿意接受的词汇,积极为员工塑造开诚布公、自由表达的开放环境,鼓励员工提出中肯实在的批评,让每个员工都能自由地表达意见。

2. 班组沟通的技巧

沟通的过程是一个信息不断丢失甚至变质的过程。在班组沟通的过程中，班组长原本想表达的是 100% 的信息，但可能由于其表达能力不好，加之员工的理解能力较差，或者有时员工由于各种原因而不愿意落实，最后导致员工真正能执行的信息不到 20%。因此，好的沟通就是班组长的意图和想法被员工 100% 执行，这需要做好下列环节。

（1）善于书面沟通。作为班组长，重要信息要用书面方式沟通。有些班组为了方便，很多重要信息通过口头传达，这样就存在很多问题：第一，员工可能听不清楚；第二，没有追诉依据。

书面沟通的方式包括两种：传统的白纸黑字和电子版。

（2）善用肢体语言。班组沟通不只包括口头表达，很多信息不是来自语言本身，而是来自肢体语言。有时肢体动作的效果比语言本身效果还要好。

肢体语言能够提升感染力，所以班组长要增强表达能力，讲话要有感染力，并辅助一些肢体动作，弥补语言的不足。

（3）尊重员工。沟通的黄金定律是："你想怎样被人对待，你就这样对待别人。"也就是说，班组长想让员工尊重自己，就要先尊重员工。

（4）知深言深，知浅言浅。关系到了什么程度，讲的话就深入到什么程度。如果双方很熟悉，就可以讲一些很私密的事情。

（5）以别人喜欢的方式对待他。员工喜欢在什么场合用什么方式沟通，班组长就要采用这种方式与其进行沟通。语言是很复杂的，班组长要善于听讲话者的弦外之音，学会换位思考。

（6）注意讲话的时机。班组长要善于察言观色，不但要善于观察领导的脸色，也要揣摩员工的心思。

? 思考

如何提升班组长沟通能力？

（1）控制情绪，理智沟通。情绪管理是班组长的第一项修炼，沟通以解决问题为目的，遇事应冷静、理智，心平气和的采用下属能够接受和理解的方式进行沟通。

（2）放下"官架子"，平等沟通。班组长放下"官架子"，尊重组员，平等沟通，才能真正走进组员心里，被组员接纳，否则组员表面上可能会听命于班组长，实际上却对班组长避而远之。

（3）换位思考，坦诚沟通。班组长能够站在组员的立场，设身处地的为其着想，能更好地理解组员的想法和做法，才能找到沟通的融合点。

（4）主动关心，从心沟通。"沟通从心开始"，这是一句耳熟能详的广告语，对于基层管理者班组长来说同样如此。要处理好自己与组员之间的关系，首先要尊重信任、理解他们，关心他们个人及家庭生活，力所能及地帮助他们解决遇到的困难。

2.4.2 班组激励

现场员工管理主要包括 3 个方面，即管态度、管知识、管技能。态度是基础，知识是保证，技能是落脚点。对于基层班组长而言，要做到态度高于一切。态度不能只落实在口头，要有一套激励机制，适时提高员工的积极性。

1. 激励的含义

激励,简单来讲,是一种刺激。它的目的是激发员工的斗志,鼓励员工的上进心,所以好的激励叫激励力。激励力的公式为

$$激励 = 效价 \times 期望值 \tag{2-2}$$

也就是说,要想使激励的效果好,效价、期望值就要高。

1) 效价

效价高是指激励的办法对员工有吸引力,员工心有所动。例如,如果现在仍然像过去一样,奖励员工20元或50元钱,就不能起到激励效果。

需要注意的是,企业在经济上的投入越高,效价力不一定就越高。提高效价要按需激励,切中员工要害,这就需要激励之前听取员工的意见,明白员工关注什么,不能一言堂。

2) 期望值

期望值高是指激励实现的可能性高。如果奖励的办法很诱人,但是对员工的要求特别高,员工很难实现,激励效果也不会很好。

2. 激励的方式

1) 物质激励和精神激励

物质激励往往是奖钱、奖物;精神激励又被称为"不花钱的激励",是老板最感兴趣的激励方式,有时往往效果比物质激励还要好。

2) 正激励和负激励

正激励就是表扬人;负激励就是批评、惩罚人。所以说,将激励理解为表扬和赞扬是一种错误的想法。

3) 需求激励

激励需要用心,要结合员工的需求和动机。如果员工提出需求,企业不需要投入很多,但又能极大地满足员工,这就是双赢。激励员工需要结合马斯洛的需求理论,具体内容如下。

(1) 生理需求。对于员工的生理需求,激励办法是给员工提供衣食住行的便利条件。

(2) 安全需求。对于员工的安全需求,激励方法是给员工提供或购买保险,配备安全防护装置等。

(3) 社交需求。现在很多企业的员工是90后,他们都面临一个共同的问题——找男朋友或女朋友,企业要给员工提供交往的机会,让员工工作并快乐着。

(4) 被尊重的需求。员工也有被尊重的需求,企业可以用尊重的方法激励员工。

(5) 成长的需求。对于员工成长的需求,激励方法是给员工升职、提供培训机会等。

激励的方法是多种多样的,一个人可以同时有多种需求,一个人越成功,越有更高级的需求,越希望被尊重、被认可。

知识要点提醒

针对一线工人的激励原则包括:① 实事求是;② 目标一致;③ 公平公正;④ 目标结合;⑤ 连续可变;⑥ 因人制宜;⑦ 及时激励;⑧ 物质激励和精神激励双管齐下。

2.5 班组团队建设

2.5.1 团队

团队是一个有明确目标和明确分工、成员之间相互协作的有机整体,建设高效团队、实现班组目标最终要靠班组所有成员齐心协力共同完成班组的绩效。

1. 团队的特点

团队的特点,可以将团队一词的英文"TEAM"分为4个字母:

T——Together,团队要有向心力、凝聚力。

E——Each other,团队成员之间要相互协作、取长补短。

A——Aim,团队、班组甚至每个员工都要有自己明确的工作目标。

M——More,团队有更多的追求。

对于班组来说,就是要注意班组的文化建设,让员工在快乐中工作。

2. 团队精神

团队管理是企业管理的一个核心问题,团队精神是企业真正的核心竞争力。在企业中,员工以一当十并不难,难的是以十当一。以十当一是指员工的方向和目标、工作步调保持高度一致,这是团队精神的核心内容。所以说,没有完美的个人,只有完美的团队。每个人都有缺点,但是形成团队以后,成员之间可以优势互补,最后才会达到完美的程度。

团队精神包含3个方面的内容,即团队凝聚力、团队合作、团队士气。

1)团队凝聚力

凝聚力就是相互吸引的程度,如员工的归属感。锻造团队凝聚力需要做到以下几方面。

(1)强调团队而非个人。团队目标的实现过程中,更多的是强调团队,而不强调个人。因为在很多情况下,成员是以团队的名义参与活动的。

(2)增强领导的效能。管理者要多采用民主式管理,多给员工参与管理的机会,这样可以增强团队精神,融洽团队关系。否则,管理者就是管理者,员工就是员工,二者之间水火不容,团队凝聚力就比较差。例如,管理者可以通过头脑风暴法让员工参与到管理中,即使员工没有提出有直接价值或借鉴意义的建议,其想法也能对管理者有所启发。

(3)保证成员和团队的目标一致。员工的目标是从班组目标分解而来的,班组目标对员工的目标有指导作用,员工的目标对班组目标有支持和承接作用,两者是相匹配的。

(4)培养集体荣誉感。班组成员要通过一些获奖或成功的经历,给班组增添荣誉。

(5)控制团队规模。如果团队规模太大,成员之间的沟通就容易受阻。

2)团队合作

团队有效合作应做到以下4个方面。

(1)互信。团队成员要互信,互信的前提之一是成员不仅要知道自己的工作职责,还要知道团队中其他成员的工作职责,这就要求企业公示岗位职责说明书,让团队成员知道班组中每个员工的分工。

（2）双赢的智慧。合作寻求的是双赢，有些人不愿意合作，因为他们害怕分享成果时会吃亏，其实即使合作吃亏，效果也比不合作要好。

（3）整合资源。现代社会要善于整合资源，对于班组长来说，第一资源是员工，班组长要善于利用这些资源，经常与其进行沟通。

（4）建立团队规范。团队规范包括团队制度、作业方法等，班组长要用制度约束员工、解决团队中的问题，建立一套团队规范，管理者就会变得比较轻松。

3）团队士气

培养团队士气，要做到以下几个方面。

（1）激发员工的工作激情。班组长要激发员工的工作热情、积极性，使员工愿意付出、愿意做好。

（2）好的管理者。俗话说"兵熊熊一个，将熊熊一窝"，可见，好的管理者对于团队士气、企业的发展也是非常重要的。

（3）利益平衡。很多班组矛盾是分配不公、利益不均衡造成的，所以班组长要学会平衡团队成员的利益。

（4）权责匹配。权责匹配，意味着责任是义务、权力是资源，责任大，权力也要大、资源也要丰富，这样才能实现其责任，否则成员之间就会产生矛盾。

（5）建立一套明确的制度。制度是标准的、统一的，用制度管人管事易于营造公平公正的工作氛围。

（6）形成一个和谐的关系。班组管理者要在班组中营造一个和谐的氛围。

（7）凝聚感情。为了联络感情，班组长在工作以外也要付出一些东西，如偶尔和下属吃饭、聊天等。

谁是领导？

在唐僧师徒这个团队中，唐僧能够当领导的原因主要有两点：一是唐僧对组织的忠诚度高、使命感强，管理者都喜欢忠诚度高的人；二是领导看重，唐僧的直接上司是观音菩萨，最高上司是如来佛祖。

孙悟空的优点是能力最强，但是缺点是好动，他适合做开路先锋。

猪八戒好吃懒做，偶尔还好色，这种人缺乏使命感，所以他适合牵马，在唐僧眼皮子底下工作，需要时时监督、处处监督。

沙僧最任劳任怨，老实肯干，所以最苦的工作——挑重担就落在了他的肩上。

2.5.2 如何构建高效班组团队

1. 高效班组团队的构建

（1）有一个共同的目标。团队要有共同的目标，使全体成员能够共同奋斗。

（2）通过培训提升成员的技能。班组长要根据现实需要，结合不同岗位做的工作，识别员工的能力需求，找出差距，通过培训、学习等手段弥补员工技能的不足。通常而言，员工需要的能力有技术专业能力、解决问题的能力、解决冲突的能力。培训需求调查是了解员工培训需求的手段之一，但往往效果不好。据培训需求调查统计，我国排名第一的企业培训需求是英语,然而从企业的角度分析,英语培训并不是企业最迫切的事情,所以班组长要结合能力需求、工作中的不足,发现培训需求。

(3) 权责明晰,明确分工。每个团队中都有管理者、监督者、协调者,很多问题都是权责不明导致的。权责明晰、明确分工的好处在于:第一,明确分工后,成员会有压力,进而产生工作动力;第二,责任明确以后,如果出现问题,能够很容易找到责任人。

(4) 建立一个信任的氛围。团队成员的排列组合不同,结果就会不同。所以说,好的团队是好的排列组合,也就是把合适的人放在最合适的位置,让他发挥最大的潜能。

(5) 建立积极激励机制。建立积极的激励机制,能够激发员工的积极性。对于基层员工,班组长要多奖少罚,甚至用表扬代替批评,慎用经济处罚,可以用无声的批评让员工感到惭愧,慢慢觉醒。管理方法不能任性而为,有时稍微变化手段效果可能会更好。

2. 如何解决班组团队的冲突

1) 团队冲突形成的原因

(1) 资源分配不公。资源分配不公包括人员安排不合理、设备或工作场所分配不合理等,这些都会导致员工不满,进而产生冲突。

(2) 组织结构方面。组织结构方面的原因也会造成团队冲突,包括权责不明晰、职位不公平等。

2) 解决团队冲突的策略

(1) 竞争策略。竞争策略就是"赛马不失马",明确班组成员该做的事情,并确定评价标准。

(2) 迁就策略。迁就策略就是为了取得双赢,可以牺牲一方而服从另外一方。

(3) 合作策略。合作策略就是把有冲突的员工聚在一起,开诚布公地谈话,或者班组长作为中间协调者。

(4) 妥协策略。妥协策略就是有矛盾的双方各让一步,解决问题。

3) 不同类型员工的管理

(1) "刺头员工"。"刺头员工"指难管的员工,班组长要采用灵活的方式管理这些员工,从员工的短处挖掘其长处。人的优点和缺点是相对而言的,例如,员工很爱动、坐不住,可能是一个缺点,但如果让他做搬运工,这就变成了一个优点。再如,员工不善于和人沟通,这是一个缺点,但是他责任心很强,如果让他做检验工作,就挖掘出了优点。

(2) "野马员工"。"野马员工"也是比较难管的员工,对于这类员工的管理建议包括如下几点。

① 挖掘员工的才能。通常来说,员工不服从管理往往是由于领导没有把他放在合适的位置,才会有抱怨。所以,班组长首先要挖掘员工的才能,把员工放在合适的位置。

② 开诚布公。针对有问题的员工,班组长不能视而不见,而是要和员工沟通,开诚布公地把问题说出来,共同寻找解决问题的办法。

③ 创新管理。学习的第一步是模仿,管理者要敢于尝试、敢于模仿。管理的本质是实践,管理者要多创新,与员工直率地沟通。

④ 调职。俗话说"人挪活,树挪死",班组长要考虑员工调职的可能性。

⑤ 利用团队的影响力。团队要利用对员工的压力以及其他人的影响力来影响员工。

⑥ 多褒少贬，尊重员工。对基层员工，管理者要多进行表扬和批评。无论是表扬还是批评，如果不是重大功劳或重大错误，一般最好在私下进行表扬和批评。

⑦ 学会做员工的教练。班组长要做员工的教练，监督员工的工作。特别是对于新员工、岗位问题比较多的员工，班组长要勤监督、多发现问题。

(3) 老员工。对于这类员工的管理建议包括如下几点。

① 加倍尊重。一般情况下，年龄较大、职位较高的人都希望得到他人的尊重。

② 成为员工的榜样和导师。老员工是企业最宝贵的资源，班组长将一些培训或指导工作授权给老员工，效果可能比较好。

(4) 桀骜不驯、自大的员工。对于此类员工，班组长只进行简单批评是没有效果的，只有通过一些现实问题才能让他们清醒地认识自己。因此，班组长要在适当的时机让他们经受挫折、接受困难的挑战。

(5) 有能力、做得好的员工。对于做得好的员工，班组长要充分授权、委以重任。俗话说"管人管两端"，班组管理就要管理最好和最差的员工，将最好的员工树立为榜样，让其他员工向他学习，起到拉动作用；将最差的员工的不良工作方法的危害讲出来，让大家引以为戒，起到推动作用。通过这两种方式，就可以把中间的大部分人管理好。

(6) 抱怨的员工。对于总是抱怨的员工，班组长要重视，不能视而不见，甚至花费一定的时间和他们进行深入交谈，倾听他们的呼声，进行真诚沟通。

其实，问题员工是管理者成长的动力。因为这些员工的成长欲望比较强，可以发现班组长工作中的不足，以及妨碍员工成长的地方，给班组长提出一些很难解决的问题，所以从这个角度讲，问题员工能够促进管理者的成长。

知识要点提醒

班组团队建设中的注意事项有如下几点。

(1) 人数不能太多。团队的人数很难定量，但是团队管理的幅度不要太大，否则会出现管理不到位、沟通不畅等问题。一般来说，班组的人数最好在10～15人。

(2) 要相互协作。团队之间要取长补短，相互协作，达到"1+1＞2"的效果。如果团队成员之间没有协作，甚至与班组长相对立，就可能出现"1+1＝0"的效果。

(3) 有明确的领导。团队中要有明确的领导，也就是说，班组成员要知道自己的直接上司是谁，班组长也要明确自己的直接上司是谁。在工作中，每个人都只对自己的直接上司负责，听从所有领导的话只会让人无所适从。

(4) 有明确的目标。团队成员要知道班组的目标和个人的目标。

(5) 有明确的责任。通常而言，员工的工作内容比较简单、工作范围比较小，这时班组长就要明确告诉员工应该如何做、什么是好的或不好的状态、工作要取得的预期结果、好产品的标准、符合质量要求的产品的状态等内容。

(6) 员工之间相互信任。只有班组成员之间相互信任，才能相处得愉快，协作更加和睦。

(7) 团队成员之间善于沟通。很多人由于性格等方面的原因，不善于或不愿意和人沟通，这样往往会导致一些问题，早沟通、多沟通可以及早解决问题。所以，团队成员要善于和人沟通，要向员工要智慧、向同事要智慧、向上级要方法，不能闭门造车。

(8) 有一个好领导。俗话说"兵熊熊一个，将熊熊一窝"，要想打造金牌班组，首先要有一个金牌班组长。确定班组长人选时，不但要借助领导的意见，有时也要实行民主管理，听取员工的意见。

本 章 小 结

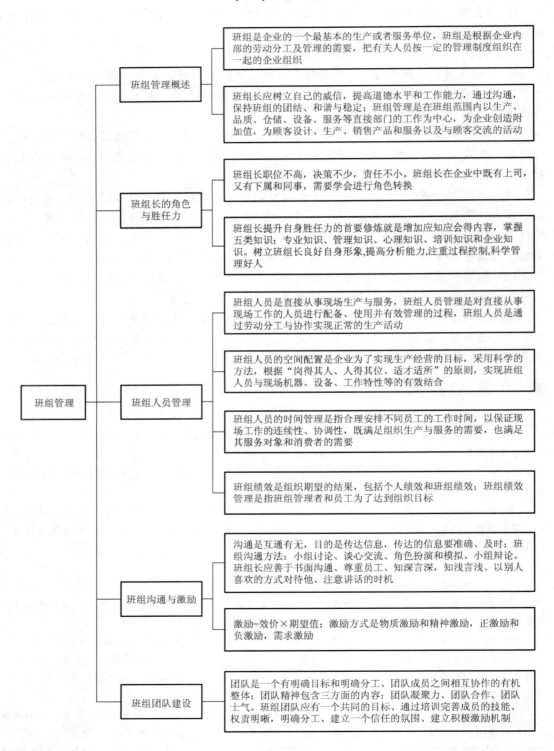

关键术语

班组管理（Team Management）
劳动分工（Division of Labor）
劳动协作（Labor Working Cooperation）
团队（Team）
激励（Excitation）
沟通（Communicate）
工作轮班（Shift Work/Shift Duty）
绩效管理（Performance Management）

知识链接

[1] 姚小风. 班组现场生产管理［M］. 北京：人民邮电出版社，2015.
[2] 任鸣晨，李玉鹰. 班组长培训教程［M］. 北京：电子工业出版社，2012.
[3] 陈仲华，等. 现代企业现场管理运作实物［M］. 北京：中国经济出版社，2003.
[4] 李景元. 现代企业现场管理［M］. 北京：企业管理出版社，2001.
[5] 安鸿章. 企业人力资源管理师（二级）［M］. 北京：中国社会劳动保障出版社，2007.
[6] 李全喜. 生产运作管理［M］. 2版. 北京：北京大学出版社，2011.
[7] 尹隆森，孙宗虎. 目标分解与绩效考核设计实务［M］. 北京：人民邮电出版社，2006.

习　　题

1. 选择题

（1）团队精神包含（　　）。
A. 团队凝聚力　　B. 团队合作　　C. 团队士气　　D. 以上都是

（2）班组长的能力要求（　　）。
A. 专业能力　　B. 决策能力　　C. 计划能力　　D. 开拓能力

（3）企业的信息按其来源可分为（　　）。
A. 企业生产信息和企业服务信息　　B. 企业产品信息和企业服务信息
C. 企业内部信息和企业外部信息　　D. 企业产品信息和企业管理信息

（4）班组长是班组的（　　）。
A. 直接的决策者　　B. 直接指挥者　　C. 直接策划者　　D. 以上选项都错误

（5）团队激励的方式有（　　）种。
A. 1　　B. 2　　C. 2　　D. 3

（6）劳动分工的形式有（　　）。
A. 专业分工　　B. 技术分工　　C. 技术分工　　D. 岗位分工

（7）劳动协作的形式有（　　）。
A. 简单协作　　B. 专业协作　　C. 复杂协作　　D. 技术协作

（8）根据岗位数量、岗位工作量和劳动者工作效率来计算定员人数的方法属于（　　）。
A. 按设备定员　　B. 按比例定员　　C. 按效率定员　　D. 按岗位定员

(9) 根据生产总量、工人劳动效率和出勤率来核算定员人数的方法属于（　　）。
A. 按设备定员　　　B. 按比例定员　　　C. 按效率定员　　　D. 按岗位定员
(10) 班组人员配置的一般方法包括（　　）。
A. 以员工为标准进行配置　　　　　B. 以双向为标准进行配置
C. 以岗位为标准进行配置　　　　　D. 作业组组织
(11) 工作轮班制度包括（　　）。
A. 单班制　　　B. 三班制　　　C. 两班制　　　D. 四班制
(12) 现场人员绩效考评制度的内容包括（　　）。
A. 考核者　　　B. 考核周期　　　C. 被考核者　　　D. 考核方法

2. 判断题
(1) 班组长是直接的生产者。（　　）
(2) 团队要有每个人的目标，不一定要有共同的目标。（　　）
(3) 班组是企业管理中最基础的一级管理组织，是企业组织生产经营活动的基本单位。（　　）
(4) 现代社会要善于整合资源，对于班组长来说，第一资源是技术。（　　）
(5) 班组激励主要是物质激励。（　　）
(6) 班组长的职位特点可以概括为：职位不高，决策不少，责任不小。（　　）
(7) 班组团队强调团队目标，不需要每个有明确目标。（　　）
(8) 班组沟通的过程是一个信息不断丢失甚至变质的过程。（　　）

3. 简答题
(1) 班组沟通方法有哪些？
(2) 团队精神包含的内容有哪些？
(3) 班组长要如何做好工作？
(4) 团队冲突形成的原因有哪些？
(5) 劳动分工与协作的方式分别有哪些？
(6) 企业劳动定员的作用有哪些？
(7) 现场人员配置的任务是什么？配置原则有哪些？
(8) 现场人员时间管理的任务是什么？有哪些管理原则？
(9) 简述现场人员绩效管理的特点。

4. 计算题
(1) 某企业是主要生产 A、B、C 共 3 种产品的单位，产品加工时定额和 2016 年的订单见表 2 - 11，预计该企业 2016 年的定额完成率为 110%，废品率为 2%，员工出勤率为 95%。请计算该企业 2016 年生产人员的定员人数。

表 2 - 11　2016 年产品订单

产品类型	产品工时定额/h	2016 年订单/台
A 产品	400	90
B 产品	100	50
C 产品	300	60

(2) 设某单位每周工作 7 天,每天一班,平常日需要 5 人,周末需要 8 人。求在以下条件下的班次计划:条件一保证工人每周有两个休息日;条件二保证工人每周的两个休息日为连休;条件三,除保证条件一以外,连续 2 周内,每名工人有一周在周末休息;条件四,除保证条件二以外,连续两周内,每名工人有一周在周末休息。请安排员工的排班计划。

5. 实际操作题

1. 选择周围企业,对其生产环节的工作排班制度进行调研。
2. 分析你所熟悉的一家企业现场员工考核指标体系。

案例分析

某公司现场生产人员绩效考核方案

1. 考核目的

对生产车间员工进行绩效考核的主要目的包括以下 5 个方面。

(1) 了解员工对组织的贡献。

(2) 为员工的薪酬决策提供依据。

(3) 提高员工对企业管理制度的满意度。

(4) 激发员工的积极性、主动性和创造性,提高员工的基本素质和工作效率。

(5) 为员工的晋升、降职、培训、调职和离职提供决策依据。

2. 绩效考核对象

(1) 已经转正的计件(时)员工。

(2) 实习员工、试用期员工、连续出勤不满 3 个月的员工以及考核期间休假停职 3 个月以上(含 3 个月)的员工不列为此次考核的对象。

3. 绩效考核小组成员

(1) 绩效考核人员。绩效考核小组由 3 人组成,主体考核者(员工的直接上级)负责为员工评分,考核小组其他两位成员分别为人力资源部成员、部门经理,参与并监督考核过程。

(2) 生产总监及总经理虽然不是本企业各岗位员工的最终评估人,但是保留对评估结果的建议权,并参与绩效考核相关会议,提出相关培训、岗位晋升以及员工处罚的要求。

(3) 绩效考核人应熟练掌握绩效考核的相关表格、流程、考核制度,做到与被考核人的及时沟通与反馈,公正地完成考核工作。

4. 生产车间员工绩效考核内容

生产车间员工绩效考核指标、评分标准及相应的分配比例见表 2-12。

在绩效改进中,员工合理化建议被验收并采纳,则按照本企业奖励条例进行奖励。车间仍然加分,纳入年终考核。

在生产工作中,如违反企业技术质量纪律条例 4 次以上,违反公司行政纪律条例 3 次以上、违反安全纪律条例 4 次以上的,均实施一票否决。

表 2-12　生产车间员工绩效考核评分量表

编号：　　　　　　　　　　　　　　　　　　　　　　　　　日期：　　年　　月　　日

姓　名		部门		岗位	生产车间员工	
考核时间		考核周期				
考核项目	考核内容	得分标准				得分
		优	良	中	差	
生产任务完成情况（20%）	生产计划完成率（A）	8分	7分	5分	2分	
	生产定额完成率（B）	8分	6分	4分	2分	
	服从生产调度情况	4分	3分	2分	0分	
岗位作业指导要求（15%）	岗位作业指导要求执行情况	9分	7分	5分	3分	
	对质量方针、质量目标及质量要求的理解程度	6分	5分	3分	2分	
质量指标（15%）	产品交验合格率（C）	5分	4分	3分	2分	
	投入产出率（D）	5分	4分	3分	2分	
	工艺标准的执行情况（点检、首检等相关质量记录）	5分	3分	2分	1分	
设备维护使用（17%）	使用设备工具的合理性	4分	3分	2分	1分	
	设备维护保养	5分	4分	3分	1分	
	设备故障率	4分	2分	1分	0分	
6S执行情况（16%）	工作现场、卫生包干区的清洁程度	4分	3分	1分	1分	
	劳保用品穿戴情况	4分	3分	2分	0分	
	文明操作及现场定置管理维持程度	4分	4分	2分	1分	
	安全生产	4分	3分	3分	0分	
劳动纪律（11%）	出勤情况	5分	4分	1分	1分	
	违纪情况	6分	5分	3分	0分	
工作态度（6%）	工作主动性、协作性	6分	5分	4分	2分	
加分项目	节能降耗（节约资金额度E）	8分	6分	4分	2分	
	提高效率（工作效率提高率F）	8分	6分	4分	2分	
	合理化建议所带来的收益（G）	4分	3分	2分	1分	
综合得分						
生产车间主任评语	签字：_____　日期：____年____月____日					
人力资源部评语	签字：_____　日期：____年____月____日					

备注：表中的"优""良""中""差"的评价标准可参考表 2-13，最终得分不超过 120 分。

生产车间员工绩效考核评分标准说明表，见表2-13。

表 2-13　生产车间员工绩效考核评分标准说明表

考核内容	评分标准			
	优	良	中	差
生产计划完成率(A)	$A=100\%$	$95\%\leqslant A<99\%$	$90\%\leqslant A<95\%$	$A<90\%$
生产定额完成率(B)	$B=100\%$	$95\%\leqslant B<99\%$	$90\%\leqslant B<95\%$	$B<90\%$
服从生产调度情况	完全服从	基本服从	一次不服从	两次不服从
岗位作业指导执行	全部依照作业指导书进行操作	基本依照作业指导书进行操作	部分依照作业指导书进行操作	极少部分依照作业指导书进行操作
对质量方针、质量目标及质量要求理解程度	深刻理解	基本理解	部分理解	不了解
产品交验合格率(C)	$C\geqslant 97\%$	$96\%\leqslant C<97\%$	$95\%\leqslant C<96\%$	$94\%\leqslant C<95\%$
投入产出率(D)	$D\geqslant 99.5\%$	$99.4\%\leqslant C<99.5\%$	$99.2\%\leqslant C<99.4\%$	$99.0\%\leqslant C<99.2\%$
工艺标准的执行情况	严格按工艺要求操作	未违反工艺质量纪律	违反一次工艺质量纪律	违反两次工艺质量纪律
使用设备工具合理性	正确使用，维护得当，工具领用定额节约率10%	不按规定要求使用工具但未造成经济损失	不能正确使用工具并造成不超过100元的经济损失	不能正确使用工具表造成损失金额100元以上
设备维护保养	严格按照操作规程要求	只能维持设备的正常运转，按要求点检	设备运转不正常，一次未按要求点检	设备运转不正常，两次未按要求点检
设备故障率	无	人为造成一般设备故障	人为造成严重设备故障	人为造成重大设备故障
工作现场及卫生包干区的清洁程度	环境整洁	一处不整洁	两处不整洁	两处以上不整洁
劳保用品穿戴情况	穿戴齐全	劳保用品穿戴不齐全一次	劳保用品穿戴不齐全两次	劳保用品穿戴不齐全两次以上
文明操作及现场定置管理的维持程度	按规程操作，现场定置管理好	能按规程操作	操作无序，定置管理意识差	极差
安全生产	安全意识强，无违章行为	未违反安全生产纪律	违反安全生产纪律一次	违反安全生产纪律两次
出勤	全勤	无迟到、早退，有病事假但不超过两天	一次以上迟到、早退，有病事假3～5天，未刷卡一次	二次以上迟到、早退，有病事假超过5天，未刷卡两次
违纪情况	无	违反行政纪律一次	违反行政纪律两次	违反行政纪律两次以上

(续)

考核内容	评分标准			
	优	良	中	差
工作主动性、协作性	工作积极主动,具有良好的团队合作精神	能与同事较好地合作,及时完成工作	能与同事相处工作,工作中偶尔有矛盾但能及时完成工作	很难相处,时有矛盾发生,态度消极
节约资金额度(E)	$E \geqslant 1000$	$500 \leqslant E < 1000$	$200 \leqslant E < 500$	$E \leqslant 200$
工作效率提高率(F)	$F \geqslant 10\%$	$5\% \leqslant F < 10\%$	$3\% \leqslant F < 5\%$	$F \leqslant 3\%$
合理化建议所带来的收益(G)	$G \geqslant 1000$	$500 \leqslant G < 1000$	$200 \leqslant G < 500$	$G \leqslant 200$

5. 考核时间安排

考核每月开展一次,考核时间为每月的 20 日—次月 4 日进行。

6. 考核实施

(1) 收集数据:每月 20 日—21 日,绩效考核小组收集被考核人的考核相关数据。

(2) 考核实施:每月 22 日—24 日,绩效考核小组根据所收集的数据对被考核人进行考核。

(3) 业绩考核沟通:每月 25 日—27 日,绩效考核小组将考核结果与被考核人进行充分沟通,了解被考核人对考核结果的反馈意见。

(4) 提交考核表格:每月 28 日,绩效考核小组将确认后的考核结果提交人力资源部。

(5) 整理考核资料:每月 29 日—30 日,人力资源部指定专人将考核结果整理归类。

(6) 核算薪酬:次月 1 日—4 日,人力资源部根据员工考核得分计算上月员工工资数额,并提交至财务部。

资料来源:http://wenku.baidu.com/view/78753805e87101f69e319536.html.

分析与讨论

(1) 员工绩效考核方案应该包含哪些内容?

(2) 对该公司员工绩效考核指标体系进行分析讨论。

(3) 生产车间员工绩效考核评分标准说明表的作用是什么?

第3章

5S 管理

本章教学要点

知 识 要 点	掌 握 程 度	相 关 知 识
5S 与 5S 管理的概念	重点掌握	5S 的含义，5S 管理的理念、目的和作用，5S 管理的沿革与发展、适用范围与原则，5S 管理的效用
5S 管理实施	掌握	5S 管理的推行
5S 管理与其他管理活动的关系	了解	5S 管理与 ISO 9001 质量管理体系

本章技能要点

技 能 要 点	熟 练 程 度	应 用 方 向
整理、整顿、清扫、清洁、素养	重点掌握	现场管理
5S 管理推行要领	掌握	如何实施 5S
5S 现场管理技法	熟悉	现场管理效用

把厕所打扫得比厨房还干净

查理·贝尔曾任麦当劳的执行总经理，负责管理麦当劳在全球 118 个国家 3 万余个餐厅的运营。翻开贝尔的履历，其人生有许多光彩夺目的亮点，而他深深铭记的时刻却是 1976 年，15 岁的他迫于生计，到麦当劳求职。

那时，贝尔家境极其贫寒。于是他找到麦当劳店的店长，请求给他一份工作。贝尔营养不良，瘦骨嶙峋，脸上没什么血色，浑身土里土气。店长看他这副模样，便委婉地告诉他这里暂时不需要人手，希望他到别的地方去看看。

过了几天，贝尔又来了，言辞更加恳切地请求店长给他一份工作，即使是没有报酬也行。见老板没有吭声，贝尔感到了一点希望。他小声说："我看到您这里厕所的卫生状态似乎不是太好，这样也许会影响您的生意。要不，安排我扫厕所吧。只要给我解决吃住就行了。"店长没有办法，就答应了让贝尔扫厕所试试看。

贝尔每天清晨天还没亮就起床，把厕所彻底清扫一次。然后每隔一段时间就去维持。不久，他便摸索出规律：先把大的垃圾扫了，然后在那些湿脏的地方洒干灰，用灰把水吸干，再扫，效果比直接扫好多了。记得有一次，半夜有人上厕所时，还看到贝尔睁着惺忪的眼睛在查看厕所是否弄脏了。

他还在厕所里摆放了些花草，让人在麦当劳的厕所中也能够欣赏到美。另外，还把自己记得的谚语警句写了些贴在厕所的墙上，增加文化气息。让人在上厕所的时候，可以感受文化的魅力。贝尔的所有心思全部放在厕所上。确实，他的到来，让那店的厕所卫生状况大为改观，有人甚至说，"比那些不太讲究的餐馆还要干净"。

经过 3 个月的考核，店长正式宣布录用贝尔。安排他去接受正规的职业培训。接着，店长又把贝尔放在店内各个岗位锻炼。19 岁那年，贝尔被提升为澳大利亚最年轻的麦当劳店面经理。1980 年，他被派驻欧洲，那里的业务扶摇直上。此后，他先后担任麦当劳澳大利亚公司总经理、亚太、中东和非洲地区总裁，欧洲地区总裁及麦当劳芝加哥总部负责人，直到后来担任管理全球麦当劳事务的执行总经理。

飞黄腾达的贝尔在接受媒体采访时，从来不避讳自己当年扫厕所的经历。他说扫厕所是对他最深刻的教育：一件事，你可以不去做；可是如果你去做了，就要全力以赴地去做。"一屋不扫，何以扫天下？"贝尔就是从扫好麦当劳的一个厕所开始，一直到当好全球的麦当劳执行总经理。是啊，有了把厕所扫得比某些人的厨房还干净的敬业和执着，还有什么事情做不好呢？

资料来源：http://www.xmnn.cn/hj/rqwz/200906/t20090624_1034888.htm。

3.1　5S 概述

5S 是对生产过程各要素所处的状态不断地进行整理、整顿、清扫、清洁、素养的活动，这是日本企业独特的一种管理办法，称为 5S 活动。日本企业将 5S 活动作为管理的基础工作之一，推行到质量管理中去，产品质量得以迅速地提升，极大提升了日本企业的竞争力。

3.1.1　5S 的沿革与发展

5S 活动通过整理、整顿、清扫、清洁、素养这 5 个环节，对现场的人员、机器和材料等生产要素进行有效管理，改善现场环境，塑造干净、明亮的工作场所，减少设备故障和安全事故的发生。推行 5S 管理可以提高生产效率,提升员工的素养,减少生产浪费,保障企业的安全生产。

1955 年,日本企业提出了"安全始于整理,终于整理整顿"。当时只推行了前两个 S,即整理与整顿,其目的仅是确保作业空间和安全。后因生产和品质控制的需要而又逐步提出了后面的 3S,也就是清扫、清洁、素养,从而使应用空间及适用范围进一步拓展。到了 1986 年,日本关于 5S 的著作逐渐问世,从而对整个现场管理模式起到了冲击作用,并由此掀起了 5S 的热潮。

日本的工厂一向以整齐、清洁闻名于世,这应该归功于 5S 的管理技巧,可以用来培养现场工人良好的工作习惯,5S 活动的内涵是:整齐、清洁与纪律化的工作现场乃是制造高品质产品、杜绝浪费以及维持高生产能力的必要条件。

日本企业开展的 5S 活动,提升了企业管理基础工作,缔造出许多世界一流的企业。20 世纪 60 年代,日本产品质量得以迅速地提升,奠定了经济大国的地位。以丰田公司为代表的日本企业,广泛开展 5S 活动,在企业形象、生产成本、准时交货、安全生产、标准化管理、创造令人心旷神怡的工作场所、现场改善等方面发挥了巨大作用,逐渐被世界各国的管理界所认识,并且逐步推行 5S 管理。

随着世界经济的发展,以及企业进一步发展的需要,有的企业在原来 5S 的基础上又增加了安全——Safety,即形成了"6S";有的企业再增加了节约——Save,形成了"7S";也有的企业加上学习——Study、服务——Service 形成了"9S",有的企业甚至推行"10S",满意——Satisfaction;"11S",速度——Speed,但是万变不离其宗,都是从 5S 里衍生出来的。

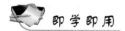
即学即用

减少浪费,塑造清爽的工作场所

企业生产现场中常见的浪费现象如下。
(1) 无价值的工作造成的浪费,如不必要的会议、开会的空谈。
(2) 信息错误造成的浪费,如信息来源的错误,会造成不可估量的损失。
(3) 等待的浪费,如停工待料。
(4) 操作不当,导致设备故障造成的浪费。
(5) 意外事故造成的浪费,轻则财产损坏,重则人员伤亡,造成不可挽回的损失。
(6) 生产过量或不足造成的浪费,过多积压,过少供应不足,均造成不良后果。
(7) 原材料库存量过多或过少的浪费,过多必将造成系列成本的增加,过少必将造成停工待料、影响供货期等。
(8) 产品检验和返工的浪费。企业应该通过实施现代质量控制方法,设法降低不良品率,提高一次加工合格率,而片面强调质量检验把关和返工返修等,非但不能提高产品质量,反而增加成本。
(9) 物品堆放、标志管理混乱造成的浪费。
(10) 文件缺乏和记录管理不善造成的浪费。

一个企业管理不善造成的浪费不止上述这些内容,通过 5S 管理加强现场管理,可以解决上述浪费现象,真正做到在管理中获取效益。塑造清爽的工作场所应关注以下几方面工作。
(1) 生产现场摆放不需要的物品是一种浪费。即使宽敞的工作场所,将变得越来越窄小;棚架、橱柜等被杂物占据而减少使用价值;增加了寻找工具、零件等物品的困难,浪费时间;物品杂乱无章的摆放,增加盘点的困难，造成成本核算失准。

(2) 实施 5S 管理的注意点：要有决心，不必要的物品应断然地加以处置。

(3) 实施 5S 管理要领：自己的工作场所（范围）全面检查，包括看得到和看不到的，制定要和不要的判别基准，将不要物品清除出工作场所；对需要的物品调查使用频度，决定日常用量及放置位置，制订废弃物处理方法，每日自我检查。

(4) 5S 管理常用的方法：使用频率法、价值分析法、定点拍照法、红牌作战法和看板管理法等。

资料来源：https://wenku.baidu.com

3.1.2　5S 管理概述

5S 管理是企业提高生产效率和改善现场的有效方法，营造一目了然的工作环境。通过 5S 活动可以培养员工良好的工作习惯，是日式企业独特的一种管理方法。其最终目的是提升人的品质，养成凡事认真、遵守规定、自觉维护工作环境整洁明了、文明礼貌的习惯。

1. 5S 管理的概念

图 3.1　5S 管理

5S 管理是在现场中，通过整理、整顿、清扫、清洁、素养的活动，对人员、机器、材料、方法、环境等生产要素进行有效优化的过程。5S 管理是日本企业独特的一种管理办法，在日本企业中广泛推行，相当于中国企业开展的文明生产活动。5S 管理的对象是现场的"环境"，它对现场环境全局进行综合考虑，并制订切实可行的计划与措施，从而达到规范化管理。5S 管理的核心和精髓是修身养性，如果没有职工队伍修身素养的相应提高，5S 管理就难以开展和坚持下去。5S 管理如图 3.1 所示。

2. 5S 管理的目的

推行 5S 管理的企业可以改善其产品品质、提高工作效率、降低生产成本、确保产品准时交货、确保安全生产及保持员工高昂的士气。概括起来讲，5S 管理的目的如图 3.2 所示。

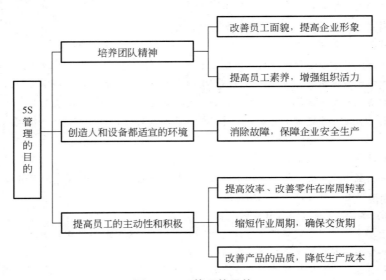

图 3.2　5S 管理的目的

知识要点提醒

5S的关键点是习惯化,为了完善地实行5S,必须使之习惯化。想要改变以往的习惯,总会遇到一些阻力。例如,人人都知道吸烟有害健康,但吸烟成瘾的人想戒烟却很难做到。

习惯是很可怕的,对于自己已形成习惯的事情,往往会令人怀着"一向如此"或"过去的经验"的观念,而产生"这样就好""维持现状就可以"的强烈意识。如果一旦养成坏习惯,是否会产生"随便怎样都行""不改也行"的想法。即使认为有问题,也熟视无睹。没有人指示,就不想改进,有人指示,才会去做,这种心态是无法改进自身和工作岗位的。加强贯彻5S的意识,这样才能顺利实行5S。重要的是,任何简单的事情,一旦决定去做,就要切实付诸行动。进而,为使人人习惯5S,还必须具备自主管理的能力。

3. 5S管理的适用范围

5S适用于制造企业、服务企业等组织的办公室、车间、仓库、宿舍、公共场所和文件、记录、电子文档、网络等的管理。5S管理有利于塑造企业的良好形象,降低生产成本,准时交货和安全生产,创造令人心旷神怡的工作场所,改善现场环境质量。具体5S适用范围如下。

(1) 适用于企业现场运作及其环境教育的管理,如生产车间、办公室、宿舍、仓库、公共区域(厂区、楼梯、更衣室、洗手间等)。

(2) 适用于任何工作人员自我思想、意识的管理,如抛弃残旧、过时的思想和处事方法;不断总结自我,保持进步的头脑意识,不断学习;将自我的成功或经验与人分享,或培训、教育、影响同事。

4. 5S管理的职责

为了有效推行5S管理,应该明确组织中各级成员的职责。高层管理者应指导、协调5S管理工作,全面策划、实施5S管理工作的进程,创造有利的工作环境。中层管理者积极推行5S活动,制定、落实推行5S管理的检查验收办法及奖惩政策,对执行不力的当事人进行教育,促使其提高认识,增强责任意识,宣传倡导5S管理工作,定期编写工作简报。基层人员应该按5S管理的有关规章制度认真地做好本职工作,做好本岗位的整理、整顿、清扫、清洁工作,维护工作场地的干净、整洁、有序。

企业员工在5S管理中的具体职责如下。

(1) 自己的工作环境需不断地整理、整顿,物品、材料及资料不可乱放。
(2) 不用的物品要立即处理,不可使其占用作业空间。
(3) 通路必须维持清洁和畅通。
(4) 物品、工具及文件等要放置于规定场所。
(5) 灭火器、配电盘、开关箱、电动机、空调等周围要时刻保持清洁。
(6) 物品、设备要仔细地放、正确地放、安全地放,较大较重的堆在下层。
(7) 保管的工具、设备及所负责的责任区要整理。
(8) 纸屑、材料屑等要集中于规定场所。
(9) 不断清扫,保持清洁。
(10) 注意上级的指示,并加以配合。

管理人员在 5S 管理中的具体职责如下。

(1) 配合企业政策，全力支持与推行 5S。
(2) 参加外界有关 5S 的教育培训，吸收 5S 技巧。
(3) 研读 5S 管理相关书籍，搜集广泛资料。
(4) 参与部门内 5S 管理的宣导及企业 5S 宣传活动。
(5) 规划部门内工作区域的整理、定位工作。
(6) 依企业的 5S 管理进度表，全面做好整理、定位、画线标示的作业。
(7) 协助部属克服 5S 管理的障碍与困难点。
(8) 熟读企业 5S 管理的实施方法，并向部属解释。
(9) 必要时，参与公司评分工作。
(10) 5S 评分缺点的改善和申述。
(11) 督促下属执行定期的清扫点检。
(12) 上班后的点名与服装仪容清查，下班前的安全巡查。

3.1.3　5S 管理的原则与作用

人们不能完全改变世界，但人们可以使世界的一小部分变得更加美好。通过对企业的整理、整顿、清扫、清洁、素养活动，提升企业员工的道德修养，整个企业的环境面貌也可以随之改观，营造有利于企业持续发展的环境。

1. 5S 管理的原则

1) 自我原则

自我原则，强调自我管理，是现场人员立足自我，创造一个整齐、清洁、方便、安全的工作环境。自我管理可以使现场人员在改造客观生产环境的同时，也改造自己的主观意识，提高自身素养。通过现场环境的美化，养成现代生产所要求的遵章守纪、严格要求的风气和习惯。良好的工作环境，不能只依靠添置设备和改善设施来实现，也不能指望别人来创造，通过自己动手创造的成果，更容易保持和坚持下去。

2) 持久原则

持久原则，强调实施 5S 管理应持之以恒。5S 管理进入门槛低，开展起来比较容易，可以进行得轰轰烈烈，在短时间内取得明显的效果，但要持续下去、不断优化提高就不太容易，一些企业在实施 5S 管理中往往掉入"一紧、二松、三垮台、四重来"的怪圈。因此，开展 5S 管理，贵在坚持。首先，建岗立制。建立 5S 管理岗位责任制，使每一部门、每一人员都有明确的岗位责任和工作标准。其次，考核评比。要严格、认真地做好检查、评比和考核工作，将考核结果同各部门和每一人员的经济利益挂钩。最后总结处理。在检查考核后，还必须针对问题，提出改进的措施和计划，使 5S 管理持续不断地开展下去。运用 PDCA 循环，不断提高现场的 5S 水平，即通过检查，不断发现问题，不断解决问题；通过总结一方面把遗留问题作为下一循环的输入要素；另一方面总结成功经验，防范问题再出现。

3) 勤俭原则

勤俭原则，强调节约、利用、效益。开展 5S 管理，通过整理、整顿会从现场清理出很多"无用物品"。其中，有的物品只是在某一现场无用，但可用于其他的地方；有的虽然是废物，但应可变废为宝，做到废物利用；需要报废的物品也应按报废手续办理并收回其"残值"，不可只图一时处理痛快，不分青红皂白地当作垃圾丢弃。

2. 5S 管理的作用

开展 5S 管理能创造有一个安全、高效、高品质、人际和谐、精神状态朝气蓬勃的工作现场，提高员工的工作效率。试想，如果员工每天工作在满地脏污、到处灰尘、空气刺激、灯光昏暗、过道拥挤的环境中，怎能调动他们的积极性呢？而整齐、清洁有序的环境，能促使企业及员工提高对质量的认识，获得顾客的信赖和社会的赞誉以及提高员工的工作热情、提高企业形象、增强企业竞争力。5S 的作用具体表现如下。

（1）提高企业形象。
（2）提高生产效率。
（3）提高库存周转率。
（4）减少故障，保障品质。
（5）加强安全，减少安全隐患。
（6）养成节约的习惯，降低生产成本。
（7）缩短作业周期，保证交货期。
（8）改善企业精神面貌，形成良好企业文化。

3.1.4　5S 管理的推行步骤与实施要点

5S 管理的思路非常简单朴素，它针对企业中每位员工的日常行为方面提出要求，提倡从小事做起，做每件事情都力求完美，使每位员工都养成做事"讲究"的习惯，从而为员工创造一个干净、整洁、舒适、合理的工作场所和空间环境。

1. 5S 管理的推行步骤

5S 现场管理需要有效的推行步骤与方法，否则，往往导致事倍功半，甚至中途夭折。因此，正确的 5S 现场管理推行步骤、方法是非常重要的。5S 管理的推行步骤如下。

1）成立 5S 管理组织

成立 5S 管理推行委员会及推行办公室，确定组织职责，划分责任区。一般由企业主要领导出任 5S 管理推行委员会主任职务，以体现领导的作用和重视，具体安排上可由副主任负责活动的全面推行。

2）制订 5S 管理方针及目标

5S 管理方针的制订要结合企业具体情况，要有号召力，方针一旦制订，要广为宣传。如"推行 5S 管理、塑中集一流形象""告别昨日、挑战自我，塑造新形象""于细微之处着手，塑造公司新形象""规范现场·现物、提升人的品质"等。制订 5S 管理方针后，还需要制订具体实施目标，作为 5S 管理的努力方向及便于活动过程中的成果检查。目标尽量量化，便于执行和考核，目标的制订也要同企业的具体情况相结合。

3）编制 5S 管理工作计划及实施方法

5S 管理工作需要有计划，以便大家对整个过程有一个整体的了解，编制日程计划也是 5S 管理推行及控制的依据，其内容主要有：收集资料及借鉴其他企业的做法，出台 5S 管理实施、评比、奖惩办法以及其他相关规定。5S 管理工作计划有利于项目责任人与参与者清楚自己的工作进度和要求，便于成员间相互配合形成一种团队作战精神。

4）5S 管理培训教育与宣传推广

培训教育是企业管理的基础工作之一，每个部门要对全员进行 5S 管理教育，通过培训教育让员工了解 5S 管理能给工作及自己带来好处从而主动地去做，与被别人强迫着去做其效果是完全不同的。培训内容主要是：5S 现场管理法的内容及目的、5S 管理的实施方法、5S 管理的评比方法、新进员工的 5S 管理训练。培训教育形式要多样化，讲课、放录像、观摩他厂案例或样板区域、学习推行手册等方式均可视情况加以使用。5S 管理实施前的宣传造势对于 5S 管理的贯彻实施是必要的，通过宣传使得全员重视，积极参与才能使 5S 管理取得预期的效果，如进行主要领导发表宣言、海报、内部报刊宣传、宣传栏等宣传活动。

5）5S 管理实施与核查

5S 管理实施过程主要有：前期作业准备、召开方法说明会、道具准备、全体上下彻底大扫除、建立地面画线及物品标识标准、"3 定"（定位、定品、定量）展开、定点摄影、编制 5S 日常确认表及实施红牌制度。5S 管理核查内容包括：现场核查、5S 问题点质疑、解答、举办各种活动及比赛等。

6）5S 管理考核、评比及奖惩

5S 管理考核主要内容是制定考核办法、确定加权系数、困难系数、人数系数、面积系数、素养系数及考核评分法。依据 5S 管理竞赛办法进行评比，公布成绩，实施奖惩。

7）检查与修正

通过检查发现问题，各责任部门根据问题项目进行改善，不断提高。其做法有 QC（Quality Control，质量控制）手法和 IE（Industrial Engineering，工业工程）手法。在 5S 管理中，适当地导入 QC 手法、IE 手法是很有必要的，能使 5S 管理推行得更加顺利、更有成效。

8）5S 管理日常化

把 5S 管理纳入日常管理活动，进一步把 5S 管理标准化、制度化，并完善 5S 管理内容，巩固 5S 管理成果。

需要强调的一点是，企业因其背景、架构、企业文化、人员素质的不同，推行时可能会有各种不同的问题出现，推行办要根据实施过程中所遇到的具体问题，采取可行的对策，才能取得满意的效果。

2. 5S 管理的实施要点

5S 管理造就安全、舒适、明亮的工作环境，营造和谐融洽的管理气氛，提升员工真、善、美的品质，从而塑造企业良好的形象，实现共同的梦想。以下结合整理、整顿、清扫、清洁和素养 5 个方面归纳其各自的实施要点。

1）整理

把要与不要的人、事、物分开，再将不需要的立即处理，这是开始改善现场的第一步。效率和安全始于整理，整理可以改善和增加作业面积，清除现场杂物，保持通畅行道，提高工作效率；减少物品磕碰的机会，保障安全，提高质量；消除管理上的混放、混料等差错事故；有利于减少库存量，节约资金；改变作风，提高工作情绪。

整理活动的实施要点如下。

(1) 物品分类。对现场的现实摆放和停滞的各种物品进行分类，区分什么是现场需要的，什么是现场不需要的。

(2) 物品清除。对于现场不需要的物品，如剩余的材料、多余的半成品、切下的料头、切屑、垃圾、废品、多余的工具、报废的设备、工人的个人生活用品等，要立即清理出现场，这项工作的重点在于坚决把现场不需要的物品清理掉。

(3) 清理死角。对于车间里各个工位或设备的前后、通道左右、厂房上下、工具箱内外，以及车间的各个死角，都要彻底搜寻和清理，达到现场无不用之物。坚决做好这一步，是树立良好工作习惯的开始。

2）整顿

把需要的人、事、物加以定量、定位。通过前一步整理后，对现场需要留下的物品进行科学合理的布置和摆放，以便用最快的速度取得所需之物，在最有效的规章制度和最简捷的流程下完成作业。现场物品的合理摆放有利于提高工作效率和产品质量，保障生产安全。这项工作已发展成一项专门的现场管理方法——定置管理（其内容将在第 4 章中详细介绍）。

整顿活动的实施要点如下。

(1) 物品摆放固定位置。物品摆放有固定的地点和区域，以便于寻找，消除因不合理的放置而造成的差错。

(2) 物品摆放地点科学合理。根据物品使用的频率，经常使用的物品应放得近些，如放在作业区内；偶尔使用或不常使用的物品则应放得远些。

(3) 物品摆放目视化。定量装载的物品做到过目知数，摆放不同物品的区域采用不同的色彩和标记加以区别。

3）清扫

在生产过程中现场会产生灰尘、油污、铁屑、垃圾等，从而使现场变脏。脏的现场会使设备精度降低，故障多发，影响产品质量，甚至会导致安全事故的发生。与此同时，脏的现场会影响人们的工作情绪，让人不愿久留。因此，应通过清扫活动来清除那些杂物，把工作场所打扫干净，创造一个明快、舒畅、干净的工作环境。

清扫活动的实施要点如下。

(1) 自己清扫。自己清扫自己用的设备、工具等，而不要依赖他人，不增加专门的清扫工。

(2) 维护保养。对设备的清扫，着眼于对设备的维护保养，清扫设备要同设备的点检结合起来，清扫设备要同时做设备的润滑工作。

(3) 清扫改善。清扫也是为了改善，当清扫地面发现有飞屑和油水泄漏时，要查明原因，并采取措施加以改进。

4）清洁

整理、整顿、清扫之后要认真维护，使现场保持完美和最佳状态。清洁是对前 3 项活动的坚持与深入，从而消除发生安全事故的根源，创造一个良好的工作环境，使职工能愉快地工作。

清洁活动的实施要点如下。

(1) 整齐清洁。现场环境不仅要整齐，而且要做到清洁卫生，保证员工身体健康，提高员工的劳动热情。

（2）物清人洁。不仅物品要清洁，而且员工本身也要做到清洁，如工作服要清洁，仪表要整洁，及时理发、刮须、修指甲、洗澡等。

（3）体清神洁。员工不仅要做到形体上的清洁，而且要做到精神上的"清洁"，待人要讲礼貌，要尊重别人。

（4）消除污染。要使环境不受污染，进一步消除浑浊的空气、粉尘、噪声和污染源，消灭职业病。

5）素养

素养即努力提高人员的修养，养成严格遵守规章制度的习惯和作风，这是5S管理的核心。没有人员素质的提高，各项活动就难以顺利开展，开展了也坚持不了。所以，抓5S管理，要始终着眼于提高人的素质。

素养活动的实施要点如下。

（1）从素养角度分析整理。进行整理活动的目的是帮助员工养成良好的工作习惯，使员工区分"应有"与"不应有"的物品，并把"不应有"的物品去除。

（2）从素养角度分析整顿。整顿是整理的延续，是为了使员工养成快速寻找物品的习惯，使员工心中形成"将应有的进行定位"的想法，使工作处于有序状态。

（3）从素养角度分析清扫。清扫是为了帮助员工培养维持工作现场整洁的习惯，从而使员工心中形成"彻底清理干净，不整洁的工作环境是耻辱"的想法。

（4）从素养角度分析清洁。清洁可以使员工自发地去保持清洁，保持做人处事应有的态度，这不但对个人的工作有益，而且有助于社会公德的维护。

（5）从素养角度分析素养。素养使员工发自内心地不断去追求完美的境界，使各种良好的工作习惯内化为个人的素质，从而可以保持稳定、良好的工作状态。

知 识 要 点 提 醒

1. 5S管理实施注意点

（1）整理：正确的价值意识——"使用价值"，而不是"原购买价值"。

（2）整顿：正确的方法——（三要素、3定）＋ 整顿的技术。

（3）清扫：责任化——明确岗位5S责任。

（4）清洁：制度化及考核——5S时间、稽查、竞争、奖罚。

（5）素养：长期化——晨会、礼仪守则。

2. 5S管理推行口诀

（1）整理：要与不要、一留一清。

（2）整顿：合理布局、取用快捷。

（3）清扫：美化环境、拿来即用。

（4）清洁：形成制度、坚持到底。

（5）素养：遵守制度、养成习惯。

3.1.5　5S管理与其他管理活动的关系

5S是现场管理的基础，是TPM的前提，是全面质量管理（Total Quality Management，TQM）的第一步，也是有效推行ISO 9001质量管理体系的保证。

5S管理能够营造一种"人人积极参与,事事遵守标准"的良好氛围。有了这种氛围,推行ISO 9001、TQM及TPM就更容易获得员工的支持和配合,有利于调动员工的积极性,形成强大的推动力。

实施ISO 9001、TQM、TPM等活动具有隐蔽性、长期性,一时难以看到显著的效果。而5S管理的效果则是立竿见影的。如果在推行ISO 9001、TQM、TPM等活动的过程中导入5S,可以通过在短期内获得显著效果来增强企业员工的信心。

5S是现场管理的基础,5S水平的高低,代表着管理者对现场管理认识的高低,这又决定了现场管理水平的高低,而现场管理水平的高低,制约着ISO 9001、TPM、TQM活动能否顺利、有效地推行。通过5S管理,从现场管理着手改进企业"体质",则能起到事半功倍的效果。

既然推行5S管理有诸多优点,可否将其应用在实施ISO 9001质量管理体系的企业中呢?将5S管理作为实施ISO 9001质量管理体系的辅助方法,导入实施ISO 9001质量管理体系的企业中,可以对ISO 9001质量管理体系的实施起到较好的促进作用,是一种很值得推广的方式。

其一,带动企业整体氛围。企业实施ISO 9001质量管理体系,需要营造一种"人人积极参与,事事符合规则"的良好氛围。这往往也是ISO 9001质量管理体系实施工作的重点及难点。推行5S可以起到上述作用。这是因为,5S各要素所提出的要求都与员工的日常行为息息相关,相对来说比较容易获得共鸣,而且执行起来难度也不大,有利于调动员工的参与感及成就感,从而更容易带动企业的整体氛围。

其二,体现效果,增强信心。实施ISO 9001质量管理体系的效果是长期性的,其效果得以体现需要有一定的潜伏期,而现场管理的效果是立竿见影的。在推行ISO 9001质量管理体系的过程中导入5S,可以通过在短期内获得良好的现场管理效果来增强企业上下的信心。

其三,落实5S精神是提升品质的必要途径。5S倡导从小事做起,做每件事情都要讲究,而产品质量正是与产品相关各项工作质量的总和,如果每位员工都养成做事讲究的习惯,产品质量自然没有不好的道理。反之,即使ISO 9001质量管理体系再好,没有好的做事风格作保障,产品质量也不一定能够得到很大提升。

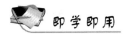

如何在实施ISO 9001质量管理体系的企业中推行5S

在实施ISO 9001质量管理体系的企业中推行5S的内容一般有以下几个方面。

1. 确定推行组织

确定推行组织是成败的关键所在。任何一项需要大面积开展的工作,都需要有专人负责组织开展,推行5S也绝不例外。实施ISO 9001质量管理体系的企业内通常会有一个类似于ISO 9001质量管理体系领导小组的机构,没有特殊情况的话,给该机构赋予推行5S的职能比较恰当。

2. 制定激励措施

激励措施是推动工作的发动机,实施ISO 9001质量管理体系的企业往往会有相应的激励措施出台,可以在制定该措施时纳入有关5S的激励内容。

3. 制定适合本企业的5S指导性文件

按照ISO 9001质量管理体系的精神，文件是企业内部的"法律"，有了明确的书面文件，员工才知道哪些可以做、哪些不可以做。正如企业实施ISO 9001质量管理体系一样，推行5S也要编制相应的文件，这些文件可列入ISO 9001质量管理体系文件的第3层文件范畴中。

4. 培训、宣传

培训的对象是全体员工，主要内容是5S基本知识和本企业的5S指导性文件。宣传是起潜移默化的作用，旨在从根本上提升员工的5S意识。本阶段可与实施ISO 9001质量管理体系的宣传阶段结合起来进行。

5. 保持良好的5S工作作风

保持良好的5S工作作风可与ISO 9001质量管理体系运行阶段结合起来进行。

6. 监督检查

监督检查的目的是通过不断监督，使本企业的5S执行文件在每位员工心中打下"深刻的烙印"，并最终养成个人做事的习惯。本阶段可以与ISO 9001质量管理体系中的内部质量审核活动结合起来进行。由上可见，在实施ISO 9001质量管理体系的企业中推行5S管理，既可以充分利用ISO 9001质量管理体系的原有资源及过程，又可以对ISO 9001质量管理体系的实施起到良好的促进作用，是一项事半功倍的工作。

资料来源：陈国华. 质量管理（第2版）[M]. 北京大学出版社，2014.

3.2 整理、整顿

整理是区分要与不要的物品，并将无用的物品处理掉，长期不用的物品放入仓库。整理、整顿后的物品有序放置，并进行有效的标识，以利于取用方便，30秒内就可找到需要的物品。

3.2.1 整理

为了在现场中腾出空间及活用生产空间，防止物品误用、误送，塑造清爽的工作场所，必须将工作场所的任何物品区分为有必要的与不必要的，把有必要的物品与不必要的物品明确地、严格地区分开来，不必要的物品要尽快处理掉。

1. 整理活动的推进方法

生产过程中经常有一些残余物料、待返修品、待返工品、报废品等滞留在现场，既占据了空间又妨碍生产，包括一些已无法使用的工夹器具、量具、机器设备，如果不及时整理清除，会使现场变得凌乱。整理活动的具体做法如下。

（1）制订明确的要与不要物品判断标准。
（2）把一天使用一次以上的物品放在使用地点附近。
（3）把一周使用一次以上的物品放在现场附近。
（4）把3个月使用一次以上的物品暂时存放仓库。
（5）对于不使用的物品立即处理掉。

2. 整理活动的注意点

现场不整理会造成浪费，如空间的浪费、使用棚架或柜橱的浪费、零件或产品变旧而不能使用的浪费、不要的物品也要管理的浪费、库存管理或盘点花时间的浪费。通过整理活动，可以有效防止上述浪费，提高生产效益。整理活动应注意以下几点：一是整理活动要有决心；二是自己的工作场所全面检查，包括看得到和看不到的；三是所制定的判别标准要科学合理；四是对于不必要的物品应断然地加以处置；五是对需要的物品调查使用频度，决定日常用量及放置位置；六是制定废弃物处理方法；七是每日自我检查。

3.2.2 整顿

整顿是对整理之后留在现场必要的物品分门别类放置，排列整齐，明确数量，并进行明确地标识。整顿的目的是让工作场所一目了然，保持整齐的工作环境，消除找寻物品的时间和无用物品。

整顿的"3定"原则是什么？

整顿的"3定"原则：定点、定容、定量。定点：放在哪里合适；定容：用什么容器、颜色；定量：规定合适的数量。

1. 整顿活动的推进方法

整顿是前一步骤整理工作的落实，把需要的物品明确放置场所，摆放整齐，做到工作场地井然有序、有条不紊。地面划线定位，场所、物品标示，制订废弃物处理办法。整顿的结果要使人、物、场所处于最佳结合状态，任何人都能立即获取所需要的物品，要站在新人、其他现场的人的立场来看，使得什么物品该放在什么地方更为明确。整顿活动的具体推进方法如下。

（1）落实整理工作。现场内只能放置必需又最低限度的物品，无论是个人保管或单位共有的物品，其要和不要的判断要恰当。

（2）确定放置场所。以画线等方法明确区分通道和作业区域；考虑搬运灵活性，切忌随意置放；堆高要限制高度，超高物品的叠放或料架应放于易取用的墙边；不良品货箱要放置于明显处；不明物不放于场区；易燃、易爆等物品不能放于有火花的场所；危险物、有机物等，应在特定场所保管；无法避免将物品放于定位线之外时，可竖起"暂放"牌，标明理由、放至何时、何人负责等。

（3）选择放置方法。放置方法有架子、箱子、塑胶篮、袋子及挂式等方式。在放置上，尽可能考虑物品的先进先出；尽量利用架子，往立体发展，提高收容率；同类物品集中放置；长条物料须横放，或束紧竖放；危险场所应有覆盖，或栏栅隔离；单一或少数不同物品避免集中放置，应个别分开定位（如各种工具）；架子、柜子内部要明显易见；清扫器具以悬挂方式放置；以生产的形态来决定物品的放置方式。

2. 整顿活动的注意点

通过整顿活动，物品放置场所原则上要100%设定，物品放置要做到易取、不超出所规定的范围，放置场所和物品标识方法原则上一对一表示。整顿活动的注意点：一是对整理活动要落到实处，不能流于形式；二是明确放置场所、放置方法、放置数量；三是所划线定位要准确；四是场所、物品标识要清楚、统一和规范。

某企业整理、整顿若干规定

1. 整理、整顿若干规定

1）生产场所整理、整顿

（1）地面通道线、区划线。

参考线宽：4~10cm；大型仓库主通道：10cm，区域线：8cm；车间主通道：10cm，区域线：8cm；大的场所中辅助通道比主通道窄2~4cm；中小仓库主辅通道：6cm；小房间通道：4cm或6cm；在大的场所，区划线通常应比相邻的通道线窄2~4cm；在较小的区间，区划可使用与通道线相同的线宽。

通道线用于人车物料的通行，通常用实线，采用刷油漆或贴胶带的方法。

区划线用于工作区域内的功能细分，一般也用实线；有时出于美观与灵活的考虑，可以使用虚线；另外功能不确定的区域也可考虑用虚线。

建议通道线和区划线使用明黄色线条，对不合格品区域或危险区域（如高温高压），应使用红色线条，通道本身的宽度应结合工作需要和场地大小决定。

（2）定位线用于地面物品的定位，视实际情况可以采用实线、虚线或四角定位线等形式，线宽3~6cm。定位线通常采用黄色线条。某些物品为了特别区分（如清洁工具、垃圾箱、凳椅等），可使用白色。对消防器材或危险物品的定位（如乙炔气瓶），为达到警示效果，应使用红色线条。前方禁止摆放的区域（如消防栓前、配电柜前）应使用红色斑马线。位置变动类物品定位时，常采用虚线定位法，如形状规则的小物品定位时，可采用四角定位法，其中物品角和定位角线间距应在2~4cm。位置已经固定的机床等设备，不使用专门的定位线。货架常用四角定位，有时演化为从通道线或区划线上延伸的定位形式。通常的线条颜色区分如下：①黄色（实线）：一般通道线、区划线、固定物品定位线；②黄色（虚线）：移动台车、工具车等停放定位线；③绿色：合格区；④红色：不合格区、废品区、危险区；⑤红色斑马线：不得放置、不得进入等（如配电装置、消防栓处、升降梯下等）；⑥黄黑斑马线：警告、警示（如地面突起物、易碰撞处、坑道、台阶等）。

（3）标识牌包括：①样板区域标志牌（公司颁发）；②定制工具架、模具架标识牌（小型架）；③定制工具柜、物品柜标识牌（柜门左上角）；④工具/物品定点标识牌（数量变动时）；⑤工具/物品定点标识牌（数量固定时）。

以上规定可根据各部门具体情况调整。一些只需标识名称的简单场合应自行打印制作，要求醒目、美观、本单位范围内统一。

2）办公室的整理、整顿

（1）文件、物品柜的整理、整顿包括：①文件柜内整理标识：用分隔胶条和标贴；②文件柜门左上角贴柜门标签；③文件整理分类，用文件夹分类放置；④文件夹标识的统一：统一规格，用电脑打印（文件夹侧面标识为主），文件夹所在的文件盒也应有对应标识；⑤文件管理责任者：明确并标识；⑥各种管理对象物［配电箱、OA（Office Automatic，办公自动化）设备、文件夹等］。

（2）办公桌的整理、整顿包括以下4个方面。

①桌面允许放置的物品（较长时间离开时）：文件夹（盒）、电话机（传真机）、文具盒（笔筒）、电脑、水杯、台历。

②玻璃板下允许放置的物品。

③明确文件放置盒状态（待处理、已处理）。

④抽屉的整理、整顿。不要的或不应该放在抽屉内的物品清除；抽屉内物品要分类，作分类标示；办公用品放置有序；个人用品放置在底层；有措施防止物品来回乱动。

(3) 茶具、水杯的定点放置。
(4) 垃圾筒、清洁用具的定位、标识。
(5) 公告栏的管理及人员去向表示等。

2. 整理、整顿实施

实施 5S 管理前，第一件事是给工作场所拍照。这些照片在 5S 法全面展开时，用来做比较。注意要仔细标明每张照片的拍摄地点，以便得到照片拍摄前后的对比；要拍彩色照，对实施颜色管理有用。

1) 清理场地

任何工厂都有许多没用的杂物。用红色牌子给它们做上记号，使任何人都能看清楚哪些物品该处理掉或搬走。制定明确标准，"什么是必需的""什么是没用的"，免得引起争论或给人借口，牌子要由不直接管理有关机器和作业区的人去挂。

2) 整顿仓储

清理完毕之后，用字母、号码给每台机器及其存放地点编一个醒目的大标签。整顿仓库时，记住 3 个要点：什么物品、放在什么地方、放了多少。所贴标签就能让所有人对这 3 个问题一目了然。开放型仓库比封闭得好。如果模具和工具藏在有锁的柜子、箱子或抽屉里面，别人看不见，仓库很快就会被翻得乱七八糟。

整理、整顿活动成功的要点，要得到经营高层及部门管理者的理解、很强的"要完成"意志，以及全体员工"要做"的意愿与干脆的决心。

资料来源：http://wenku.baidu.com/view/11531c1fc5da50e2524d7f03.html。

3.3 清扫、清洁

3.3.1 清扫

清扫是将工作场所清扫干净，保持工作场所卫生、亮丽的环境。清扫是为了消除脏污，稳定品质，减少工业伤害。

1. 清扫活动的推进方法

清扫是扫除灰尘杂物，清除脏污异常，同时进行整理、整顿活动。在强调员工自主实施清扫的同时，还要养成员工对待工作环境的正确态度和发现现场异常的眼力。通过彻底清扫、将陈年污垢除去，创造一个整洁的工作场所，防止灰尘、脏污造成设备及周边环境的劣化，使设备潜在的缺陷、异常明显化，彻底清扫设备的各个部位，切身体验到"清扫也是点检"，做到"自己的设备自己维护"。清扫的推进方法如下。

(1) 对所有工作场所进行区域划分。制作区域平面分区图，标示各区间清扫的责任岗位和人员，张贴在车间看板上。

(2) 制订实施计划。一是责任划分，决定由谁在何时对何区域实施该计划；二是确定实施程度，由区域内的什么地方开始，做到怎样的程度，如生锈部位做到磨光为止，或做到磨光后上漆为止。

(3) 实施前教育。让所有清扫实施人员明确清扫的计划和要求事项。

(4) 实施彻底清扫。在实施过程中，要注意对储物盖里面、设备背面、平时不打开部位进行同样处置。如果只对框架、封盖表面等进行的话，活动将局限在单纯的扫除上。被指出的问题点要能在现场进行识别，可运用贴"红牌"活动。被指出的问题点要以场所、类别、内容等加以分类并明确数量，做到一目了然。为了高效、良好地维持清洁状态，改善问题点的同时考虑到：怎样不弄脏，不弄乱；弄脏了，能立即处理干净；有异常，能立即看到；管理基准明确化。

（5）清扫方法的标准化。清扫需要长期坚持。通过彻底清扫活动，"发现了什么""结论是什么""明白了什么"，以及通过改善"学到了什么"，这些都是工作中很重要的知识，都应作为重点加以总结，并作为日常清扫点检项目加以标准化。

实际应用的5S区域清扫责任如表3-1所示。

表3-1 5S区域清扫责任

区域名：洗手间					5S区域清扫责任																						责任人：李红						
区域/设备	清扫部位	清扫周期	要点及目标	负责人	\multicolumn{31}{c}{现场6S实施确认（　　月）}
					1	2	3	4	5	6	7	8	9	10	11	12	13	14	15	16	17	18	19	20	21	22	23	24	25	26	27	28	29	30	31
镜面	表面	2次/日	洁净，无杂物，无破损																																
尿池/便池	内外部污垢、周边环境	2次/日	眼观干净，无污垢																																
地面	表面	2次/日	保持清洁，无污垢、碎屑、积水等																																
			地面无破损																																
	摆放物品		定位、无杂物，摆放整齐无压线																																
	清洁用具		归位摆放整齐，保持用品本身干净完好，及时清理																																
墙/天花板	墙面	每天	保持干净，无不要物，贴挂墙身物品整齐合理																																
	开关、照明		干净无积尘，下班时关闭电源																																
	门窗	1次/周	玻璃干净，无破损，框架无灰尘，窗帘整齐清洁																																
	天花板		保持清洁，无蛛网、无剥落																																
围栏	表面		干净无积尘，无乱涂乱画																																
纸篓	表面		外表眼观干净																																
	内部		按定位线及时清除																																
洗面台	柜里摆放物品	2次/日	叠放整齐、稳固，无积尘，无杂物																																
	表面		洁净，无杂物，除面盆以外不能有水迹																																
注1：确认合格在相应栏内打"√"，不合格应立即整改				确认																															

注2：每个项目的清扫负责人在早上8:00—8:10之间进行，班组长即区域负责人必须在每日早上9:00之前进行确认，并在确认栏内画"○"

2. 清扫活动的注意点

清扫的目的是使现场恢复没有垃圾、没有脏污、物品随用随取的状态。清扫的注意点主要如下。

（1）划分清扫责任区（室内、室外）。

（2）建立清扫标准，进行规范管理。

（3）执行例行扫除，清理脏污。

（4）调查污染源，予以杜绝或隔离。

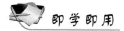 即学即用

表3-2为清扫活动表,包括设备、附属机械、周围环境、清扫部位、要点及重点。

表3-2 清扫活动表

类别	清 扫 部 位	清 扫 要 点	清 扫 重 点
设备及附属机械	接触原材料或制品的部位,影响品质的部位,如传送带、滚子面、容器、配管内、光电管、测定仪器	有无堵塞、摩擦、磨损等	(1) 清除长年放置堆积的灰尘垃圾、污垢; (2) 清除因油脂、原材料的飞散、溢出、泄漏造成的脏污; (3) 清除涂膜卷曲、金属面生锈; (4) 清除不必要的揭示; (5) 明确不明了的标识
	控制盘、操作盘内外	(1) 有无不需要的物品、配线; (2) 有无劣化部件; (3) 有无螺丝类的松动、脱落	
	设备驱动机械、部品,如链条、链轮、轴承、马达、风扇、变速器等	(1) 有无过热、异常音、振动、缠绕、磨损、松动、脱落等; (2) 润滑油泄漏飞散; (3) 点检润滑作业的难易度	
	仪表类,如压力、温度、浓度、电压、拉力等的指针	(1) 指针摆动; (2) 指示值失常; (3) 有无管理界限; (4) 点检的难易度等	
	配管、配线及配管附件,如电路、液体、空气等的配管、开关阀门、变压器等	(1) 有无内容、流动方向、开关状态等标识; (2) 有无不需要的配管器具; (3) 有无裂纹、磨损	
	设备框架、外盖、通道、立脚点	点检作业难易度,如明暗、阻挡看不见、狭窄	
	其他附属机械,如容器、搬运机械、叉车、升降机、台车等	(1) 液体、粉尘泄漏、飞散; (2) 原材料投入时的飞散; (3) 有无搬运器具点检	
周边环境	工夹具及存放的工具柜、工装架等	(1) 有无标示及乱摆放; (2) 保管方法等	(1) 整顿规定位置以外放置的物品; (2) 整理比正常需求多出的物品; (3) 应急时可使用物品的替换; (4) 整顿乱写乱画、乱摆、乱放
	原材料、半成品、成品,含存放架、台	(1) 有无标示及乱摆放; (2) 保管方法等	
	地面,如通道、作业场地及其区划、区划线等	(1) 有无区划线,是否模糊不清; (2) 不需要物、指定物品以外的放置; (3) 通行与作业上的安全性	
	保养用机器、工具,如点检、检查器械、润滑器具、材料、保管棚、备品等	(1) 放置、取用; (2) 计量仪器类的脏污、精度等	
	墙壁、窗户、门扉	脏污、破损	

3.3.2 清洁

将 3S（整理、整顿、清扫）实施的做法制度化、规范化，并贯彻执行及维持结果。清洁的目的是维持整理、整顿、清扫的成果。

1. 清洁活动的推行方法

清洁是预防，保证和维持以上 3 个 S 的成果，从事后 3S 到预防 3S。

(1) 预防整理——没有多余的整理。
(2) 预防整顿——没有混乱的整顿。
(3) 预防清扫——没有脏污的清扫，使清扫容易化，污染源防止。

此外，做到 3S 习惯化。3S 习惯化的方法：3S 责任区分（区域平面图、看板）；3S 工作流水化；3S 的评价检查。

2. 清洁活动的注意点

清洁活动工作，一是落实前面 3S 工作，制定规章制度，如目视管理及看板管理的基准、清洁管理实施办法和稽核方法、奖惩制度等；二是加强执行，最高管理者经常带头巡查，带动全员重视清洁工作。清洁的注意点是制度化，定期检查。实施要领有如下几点。

(1) 落实前面 3S 工作。
(2) 制定考评方法与奖惩制度。
(3) 加强执行。
(4) 最高管理者经常带头巡查，以示重视。

3.4 素　　养

通过整理、整顿、清扫、清洁等手段，提高全员文明礼貌水准，引导企业员工养成良好的工作习惯，并遵守规则做事。开展 5S 容易，但长时间的维持必须依靠素养的提升。素养的目的是培养具有好习惯、遵守规则的员工，塑造员工文明礼貌素养，营造团体精神。

3.4.1 员工素养活动推行方法与注意点

员工作为企业的最基层人员，是在企业中起主导作用的独立群体，员工素质的高低关系到企业的生存与发展。员工的素质提升应作为企业的 5S 管理的重点，促使人人有礼节、守规范，进而形成优良风气。

1. 素养活动推行方法

素养是培养员工能遵守所规定的事的习惯，5S 本意是以 4S（整理、整顿、清扫、清洁）为手段完成基本工作，并由此养成良好习惯，最终达成全员"品质"的提升。员工素养活动推行方法如下。

(1) 利用会议的形式向全体员工宣导解说，并要求员工身体力行。

(2) 印发员工素养活动推行标志、卡片或标语,广发员工阅读和保存。
(3) 通过各部门宣传机构加以宣导。
(4) 在活动推行月内举办板报、漫画、知识测验、评选等活动。

2. 素养活动的注意点

员工素养活动推行应注意以下几点。
(1) 最高管理者率先倡导示范,言传身教,身体力行。
(2) 通过举办活动,掀起全员学以致用的高潮。
(3) 制定服装、臂章、工作帽等识别标准。
(4) 制定公司有关规则、规定。
(5) 开展教育培训,推动各种激励活动。

3.4.2 5S员工素养提升

5S的目标是提高企业员工的整体素质,增强员工的责任心,端正员工的工作态度。当环境清洁整齐,工作精益求精,设备勤于保养维护,其精度才得以保证,产品质量才能提高。

1. 员工素养概述

员工素养活动的目的有如下几点。
(1) 促使人人有礼节、懂礼貌、守规范,进而形成优良风气,创造和睦的团队精神。
(2) 发动企业所有单位和部门全面展开5S素养活动,人人积极投入参与,使之成为企业全员日常活动。
(3) 让同事和客人有舒适感、亲切感、方便感、安全感。

员工素养活动表现在礼节、礼貌、仪表、仪态、表情等方面。礼节即对他人态度的外表和行为规则,是礼貌在语言、行为、仪态方面的具体规定;礼貌即人们之间相互表示尊重和友好行为的总称,它的第一要素就是尊敬之心;仪表是人的外表,包括容貌、姿态、个人卫生和服饰,是人的精神状态的外在表现;仪态是指人们在交际活动、日常工作和生活中的举止所表现出来的姿态和风度;表情是人的面部动态所流露的情感,在给别人的印象中,表情非常重要。

2. 员工素养活动的教育内容

1) 工作中的职业素养

认真履行工作中与仪容、班前班后、人事管理、生产运转、质量、工艺设定有关的规范要求。通过每个人的努力,让工作过程更加顺畅,工作配合更加协调。职业素养要求如下:①不在工作时间干私活或利用公司财物干私活,如玩游戏、听音乐、复印私人资料等;②不泄露、打听或谈论他人隐私;③保守公司的商业机密,不偷看、泄露公司机密,不私带外来人员参观生产厂区、拍照;④未经公司同意,不从事与公司相同或相似的业务活动,或为公司的竞争对手效力;⑤不发表虚假或诽谤性言论,从而影响公司或其他员工声誉;⑥不滥用职权、损公肥私、贪污、挪用公司财产、索取或接受任何贿赂;⑦不从事任何违法违纪活动。

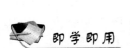

生产现场与办公室的日常素养

某企业生产现场的日常素养与办公室的日常素养如表3-3和表3-4所示。

表3-3 生产现场的日常素养

每 天	每 周	不 定 期
(1) 正确穿着工作服，保持整洁 (2) 工具/物品随手归位，摆放整齐，不压线 (3) 物料/产品轻拿轻放，有序整齐，防止混放 (4) 不随地放杂物、扔垃圾或烟头，经常清扫地面 (5) 不能确定位置的物品放到暂放区，或作暂放标识 (6) 爱护公共物品，避免在墙壁、设备设施上留下刮痕和污迹 (7) 按要求进行日常点检，及时报告异常现象 (8) 遵守安全操作规程，无不安全行为 (9) 保持台面、桌面干净无尘，每日擦拭用过的工具/附件，去油污 (10) 下班前整理好台（桌）面物品并归位，关好门窗/水电气/设备，个人保管物品归位	(1) 进行一次工具柜整理，清理不要物 (2) 全面整理工作区，对暂放物进行处置 (3) 清点现场堆积的物料，只保留必要的量，及时退库 (4) 更新破损/脱落/卷角/模糊/过期的标识 (5) 清洁窗户、柜顶、货架等不常触及的部位 (6) 清洁周转用的托盘、容器和推车	(1) 添置工作任务相关的工装器具；提出改进工作效率、质量和安全的装置设施 (2) 及时更新信息栏内容，去掉过时和多余张贴物；根据工作任务调整工具物品的定位和标识 (3) 经常使用礼貌用语，待人有礼有节

表3-4 办公室的日常素养

每 天	每 周	不 定 期
(1) 正确穿着工作服，保持整洁 (2) 桌面物品随手归位，并按基准线摆放整齐 (3) 文件处理后及时归档，处理中的文书叠放整齐 (4) 经常清扫地面，不随地掉纸屑和扔烟头 (5) 清洁用具摆放整齐，及时倒垃圾，并保持垃圾筒（篓）本身的清洁 (6) 擦拭台面、桌面、文件柜、窗台、电源插座和照明开关，保持清洁 (7) 及时清理电脑台、传真桌和茶几上临时摆放的文件、纸张和物品 (8) 及时清理茶几上的一次性水杯和其他物品 (9) 接打电话使用电话礼貌用语 (10) 下班前整理好桌面物品和资料，关窗锁门断电停水，个人桌面清理干净	(1) 进行一次文件柜和个人物品柜、抽屉整理，清理不要物品 (2) 对办公室暂放物品进行处置，办公桌椅摆放整齐 (3) 将待处理文件和临时性的参考资料处理或废弃 (4) 更新破损、脱落、卷角、模糊、过期的标识 (5) 清洁窗户、墙角、物品架等不常触及的部位 (6) 对电脑文件夹和文档进行整理，删除"垃圾"文件	(1) 整理新产生的文件资料 (2) 提出改进工作效率和质量的方法 (3) 及时更新信息栏的内容，去掉过期和多余张贴物 (4) 根据工作任务调整文件、物品的定位与标识 (5) 经常使用礼貌用语，待人诚恳

2）班组素养规范的具体要求

做好班组的整理、整顿工作，维护班组现场的干净、整洁、有序，是企业员工的职责，班组素养规范也是班组员工绩效考核及奖惩的依据之一。班组素养规范的主要要求如下。

（1）企业员工必须爱岗敬业，做好本岗位的工作。

（2）维护班组现场的干净、整洁、有序，是全体作业员的神圣职责。

（3）严格按作业标准操作，做好本工位产品的加工、检查工作。

（4）物品标识明确，放在指定场所，且有清晰的记录。

（5）工、器具按规定摆放，作业过程中，废弃物放在指定地方。

（6）按规定填写产品跟踪记录及相关记录表、记录卡片。

（7）出现异常及时向上级报告。

（8）在作业过程中，零部件及物品轻拿轻放，地上不可掉落零件、物料等生产性物品。

（9）严禁私自调换工位，工作中若急需离开岗位或调换，须请示批准。

（10）下班后关闭设备、电器等开关，本工位生产垃圾送到指定场所。

（11）操作人员能说出自己的工作岗位内容重点。

（12）班组现场内不可任意奔跑、喧哗，紧急事件除外。

3.4.3 5S检查

影响5S管理实施效果的重要因素之一是健全和完善的5S活动检查考核标准，标准、制度不健全、不完善，员工的行为就不能有效地规范和约束。

1. 5S检查要点

5S管理并非局限于做好整理、整顿、清扫、清洁、素养工作，也不是喊喊口号、贴贴公布栏、公开宣告。总而言之，它并非写出来、喊口号来让人看的，而是踏踏实实地去"做"的事，要通过有效检查监督企业5S活动的开展。5S检查要点如下。

（1）有没有用途和内容不明之物。

（2）有没有闲置的容器和不用的纸箱等物。

（3）输送带、物料架、设备之下有否置放物品。

（4）有没有乱放个人的物品或把物品放在通路上。

（5）物品有没有和通路平行或直角地放。

（6）是否有变形的包装箱等捆包材料，包装箱等有否破损（容器破损）。

（7）工夹具、计测器等是否放在所定位置上，移动是否容易。

（8）架子后面或上面是否置放物品，架子及保管箱内之物是否按照所标示物品置放。

（9）危险品有否明确标示。

（10）灭火器是否有定期点检。

（11）作业人员的脚边是否有零乱的零件。

（12）同一种零件是否散放在几个不同的地方。

（13）作业人员的周围是否放有必要的工具、零件等。

（14）是否有在现场到处存放着零件。

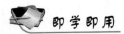 即学即用

某企业员工素养检查内容

某企业员工素养检查内容见表3-5，请根据工作需要添加必要的内容。

_____月　　　　　　　　表3-5　员工素养表　　　　　　　××车间××班

每　　天	每　　周	每　　月	不　定　期
正确穿着工作服，保持整洁	进行一次工具柜整理，清理不要物	根据工作任务调整工具物品的定位和标识	添置工作任务相关的工装器具
工具、物品随手归位，摆放整齐，不压线	全面整理工作区，对暂放物进行处置		提出改进工作效率、质量和安全的装置设施
物料、产品轻拿轻放，有序整齐，防止混放	清点现场堆积的物料，只保留必要的量，及时退库		及时更新信息栏内容，去掉多余张贴物
不随地放杂物、扔垃圾或烟头，经常清扫地面	更新破损、脱落、卷角、模糊、过期的标识		经常使用礼貌用语，待人有礼
不能确定位置的物品放到暂放区，或作暂放标识	清洁窗户、柜顶、货架等不常触及的部位		
爱护公共物品，避免在墙壁、设施上留下刮痕和污迹	清洁周转用的托盘、容器和推车		
按要求进行日常点检，及时报告异常现象			
遵守安全操作，无不安全行为			
保持台面干净无尘，每日擦拭用过的工具/附件，去油污			
下班前关好门窗、水电气、设备，个人保管物品归位			

2. 生产车间与办公区5S检查

1) 现场5S检查的内容

(1) 现场摆放物品，如原物料、成品、半成品、余料、垃圾等定时清理，区分要用与不要用的物品。

(2) 正确使用物料架、模具架、工具架等并定期清理。
(3) 桌面及抽屉定期清理。
(4) 清楚材料或废料、余料等放置位置。
(5) 正确使用模具、夹具、计测器、工具等，摆放整齐。
(6) 机器设备上不摆放不必要的物品、工具，必要物品工具摆放要牢靠。
(7) 非立即需要或过期（如3天以上）物品，做到物品入柜管理或废弃。
(8) 茶杯、私人用品及衣物等固定位置摆放。
(9) 资料、保养卡、点检表定期记录，定位放置。
(10) 手推车、小拖车等运输工具固定位置放置。
(11) 塑料篮、铁箱、纸箱等搬运箱桶的摆放与定位。
(12) 润滑油、切削油、清洁剂等用品的定位、标示。
(13) 划分作业场所，并加注场所名称。
(14) 消耗品（如抹布、手套、扫把等）定位摆放，定量管理。
(15) 加工中材料、待检材料、成品、半成品等堆放整齐。
(16) 通道、走道保持畅通，通道内不得摆放或压线任何物品（如电线、手推车）。
(17) 所有生产用工具、夹具、零件等定位摆设。
(18) 划定位置摆放不合格品、破损品及使用频度低的物品。
(19) 易燃物品，定位摆放，尽可能隔离。
(20) 目前或短期生产不用的物品，收拾定位。
(21) 个人离开工作岗位，物品整齐放置。
(22) 动力供给系统加设防护物和警告牌。
(23) 下班前打扫、收拾。
(24) 扫除垃圾、纸屑、烟蒂、塑胶袋、破布。
(25) 清理擦拭机器设备、工作台、门、窗。
(26) 废料、余料、呆料等随时清理。
(27) 清除地上、作业区的油污。
(28) 垃圾箱、桶内外清扫干净。
(29) 打扫蜘蛛网。
(30) 工作环境随时保持整洁干净。
(31) 长期不用（如一个月以上）的物品、材料、设备等加盖防尘。
(32) 清洁地上、门窗、墙壁。
(33) 墙壁油漆剥落或地上画线油漆剥落的修补。
(34) 遵守作息时间（如不迟到、早退、无故缺席）。
(35) 工作态度是否良好（如有无聊天、说笑、离开工作岗位、呆坐、看小说、打瞌睡、吃东西）。
(36) 服装穿戴整齐，不拖穿鞋。
(37) 管理人员能确实督导部属、部属能自发工作。
(38) 使用公物时，能确实归位，并保持清洁（如厕所等使用）。
(39) 遵照工厂的规定做事，不违背厂规厂纪。

2) 办公区 5S 检查的内容
(1) 不要的物品是否丢弃。
(2) 地面、桌子是否零乱。
(3) 垃圾筒是否装得太满。
(4) 办公设备是否沾上污浊及灰尘。
(5) 桌子、文件架、通路是否以画线来隔开。
(6) 下班时桌面整理清洁。
(7) 有无归档规则。
(8) 是否按归档规则加以归类。
(9) 文件等有无实施定位化(如颜色、标记)。
(10) 需要的文件容易取出、归位文件柜是否明确管理责任者。
(11) 办公室墙角没有蜘蛛网。
(12) 桌面、柜子上没有灰尘。
(13) 公告栏没有过期的公告物品。
(14) 饮水机是否干净。
(15) 管路配线是否杂乱,电话线、电源线固定是否得当。
(16) 抽屉内是否杂乱。
(17) 下班垃圾是否均能清理。
(18) 私有品是否整齐地放置于一处。
(19) 报架上报纸是否整齐排放。
(20) 是否遵照规定着装。
(21) 中午及下班后,设备电源是否关好。
(22) 办公设备,是否随时保持正常状态,无故障物。
(23) 盆景摆放,有无枯死或干黄。
(24) 是否有人员动向登记栏。
(25) 有无文件传阅的规则。
(26) 当事人不在,接到电话时,是否以"留话备忘"来联络。
(27) 会议室物品是否定位摆设。
(28) 工作态度是否良好(如有无聊天、说笑、看小说、打瞌睡、吃东西)。

某公司 5S 管理实施办法

1. 目的
(1) 落实公司 5S 工作,提升公司员工的素质。
(2) 落实公司的基本管理项目,实现合理化。
2. 适用范围
本办法适用于公司内所有员工。
3. 5S 定义、目的、效益、推行步骤、推行要领及内容
详见公司《5S 管理推行实务》及《5S 推行手册》。

4. 5S 运动的推行组织与控制

1) 组织

设立"推行委员会",由王××兼主任委员,下设副主任委员,由张××担任,推行办负责人由李××担任,执行委员由陈××担任。

2) 委员会组织图

委员会组织如图 3.3 所示。

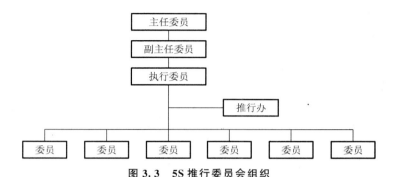

图 3.3　5S 推行委员会组织

3) 职责

根据组织图,其各职位职责规定如下。

(1) 推行委员会:负责 5S 活动的计划和推展工作。

(2) 主任委员:负责委员会的运作,并指挥监督所属委员。

(3) 副主任委员:辅助主任委员处理委员会事务,并于主任委员授权时,代行其职务,全程计划执行和管制。

(4) 推行办:①推行方案的拟定;②召集会议的举行与资料的整理;③相关活动的筹划和推动;④评比分数的统计与公布。

(5) 委员:共同参与 5S 管理计划,并确实执行主任委员的命令,平时为 5S 管理的评比以及委员活动办法拟定诊断表、评分表,完成活动的规划,5S 的宣传教育、推动等,定期检讨、推动改善、活动指导及有争议的处理,其他有关 5S 管理事务的处理。

4) 会议与记录

为有效推动 5S 管理,检讨执行成果及发现应改善的事项,并评议申诉的案件,定于每周召开检讨会议,并做决议和记录。

会议记录是追踪改善的工具也是让未参加会议人员获取信息的工具,记录包括的资料如下:①会议召开次数记录;②议程、主题;③时间、地点、出席人员;④决议内容;⑤已完成、未完成记录。

完成期限:会议后次日应将记录转送各委员,必要时并张贴让员工知道。

5. 实施办法

(1) 本办法前期加强运动预计施行 5 个月(1月—5月),而后继续推展和延伸。

(2) 为保证 5S 工作的有效推进,培养团队精神,各厂以生产单元为小组展开竞赛。

(3) 划分各组的责任区域。

(4) 由各区域划分主管对负责区域推行效果,并负全责。

(5) 每两周一次由评比委员轮流依扣分标准及评分表到各组评分,评分力求客观、公正。

(6) 为调整各组的差异性,计算出各组的加权系数,必要时可修正。

(7) 评分后的表单于隔天 9:00 前送到推行办,以便计算成绩。

(8) 各分组的实际成绩换算成灯号显示,标准如下:①85 分以上,绿灯;②70~85 分,黄灯;③70 分以下,红灯。

(9) 每次公布各组的实际成绩，每月总结各项成绩并公布名次。
(10) 将检查表中的重点缺点公布于公布栏，各组应依表改进。

6. 奖惩规定

(1) 5S 管理奖惩的目的在于鼓励先进、鞭策后进，形成全面推进的良好气氛。奖惩的具体实施应以促进 5S 工作进展为中心，不以惩罚为目的。

(2) 竞赛以"月"为单元竞赛，取前两名，发给红色锦旗和奖金，后一名发给黄色锦旗，以作警示和鞭策。

(3) 奖金限前两名发放，标准如下。

	第一名	第二名
A. 10 人以下	200 元	150 元
B. 10 人~20 人	300 元	220 元
C. 20 人~30 人	400 元	320 元
D. 30 人以上	50 元	420 元

(4) 锦旗与奖金颁发于次月第一周例会，由总经理主持。
① 依奖励方法颁发奖金和锦旗；
② 所颁锦旗于当月底收回；
③ 连续 3 个月获第一名，可永久保存"第一名"红色锦旗；
④ 所颁发的锦旗必须悬挂于指定位置；
⑤ 成绩均未达到 85 分时，不颁发第一、第二名；成绩均超过 85 分以上，不发最后一名锦旗。

(5) 颁发的奖金作为部门基金，用作部门建设或会餐用，严禁将奖金平分使用。
(6) 竞赛成绩将作为人事考核的项目之一。

7. 申诉制度

5S 管理不单是个人，而且是团队的荣誉，若有认为不公之情况，须填报联络单，并依下列方式申诉：① 确实核对过最新的检查标准；② 与评分委员协调；③ 交付委员会评分裁示。

8. 本实施办法经推行委员会议定，呈送总经理核准后实施，未尽事宜须随时修正并公布。

资料来源：http://www.chinakaizen.net.

本 章 小 结

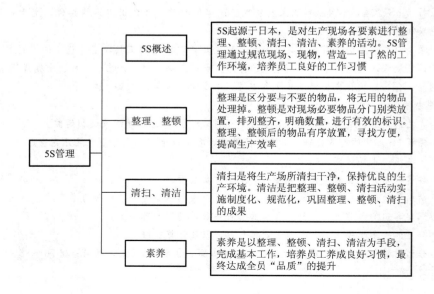

关键术语

5S 管理（5S Management）
整理（Seiri）
整顿（Seiton）
清扫（Seiso）
清洁（Seiketsu）
素养（Shitsuke）

知识链接

[1] [美] 生产力出版社开发团队. 作业员 5S 活动：可视化车间的五大支柱 [M]. 曹岩，等译. 北京：机械工业出版社，2016.
[2] 陈国华. 生产运作管理 [M]. 3 版. 南京：南京大学出版社，2016.
[3] 章慧南. 中小企业现场管理与开发：理论与实务 [M]. 上海：复旦大学出版社，2005.
[4] [日] 石渡淳一，等. 最新现场管理 [M]. 严新平，宋小红，熊辉，译. 深圳：海天出版社，2004.
[5] 朱昊. 如何进行现场管理 [M]. 北京：北京大学出版社，2004.
[6] 张晓东. 现场管理与 5S [M]. 北京：中国计量出版社，2004.

习　　题

1. 选择题

（1）5S 管理的原则是（　　）。
A. 自我原则　　　B. 持久原则　　　C. 勤俭原则　　　D. 以上选项都正确

（2）（　　）承担 5S 管理成败的责任。
A. 总经理　　　B. 委员会　　　C. 科长们　　　D. 公司全体

（3）5S 管理推行中的整顿口诀是（　　）。
A. 要与不要、一留一清　　　B. 合理布局、取用快捷
C. 美化环境、拿来即用　　　D. 遵守制度、养成习惯

（4）整理主要是排除（　　）浪费。
A. 时间　　　B. 工具　　　C. 空间　　　D. 包装物

（5）我们对 5S 应有的态度是（　　）。
A. 口里应付，作作形式　　　B. 积极参与行动
C. 事不关己　　　D. 看别人如何行动再说

（6）公司的 5S 应做到（　　）。
A. 5S 是日常工作一部分，靠大家持之以恒做下去
B. 第一次有计划的大家做，以后靠干部做
C. 做 4 个月就可以了
D. 车间做就行了

（7）5S 理想的目标是（　　）。

A. 人人有素养 　　　　　　　B. 地、物干净
C. 工厂有制度 　　　　　　　D. 生产效率高

(8) 清扫在生产中的位置是（　　）。
A. 有空再清扫就行了 　　　　B. 清扫是工程中的一部分
C. 地、物干净 　　　　　　　D. 生产效率高

(9) 5S 和产品质量的关系是（　　）。
A. 工作方便 　　　　　　　　B. 改善品质
C. 增加产量 　　　　　　　　D. 没有多大关系

(10) 5S 与公司及员工的关系是（　　）。
A. 提高公司形象 　　　　　　B. 增加工作时间
C. 增加工作负担 　　　　　　D. 安全有保障

(11) 您对目前工作环境的看法是（　　）。
A. 很多地方还很杂乱 　　　　B. 缺乏爱心，物品丢在地上没人捡
C. 大概可以了 　　　　　　　D. 目前条件已无法再改善

(12) （　　）承担 5S 管理中成败的责任。
A. 总经理 　　　　　　　　　B. 5S 推行委员会
C. 班组长以上干部 　　　　　D. 公司全体员工

(13) 公司（　　）需要整理、整顿。
A. 工作现场 　　　　　　　　B. 办公室
C. 全公司的每个地方 　　　　D. 仓库

2. 填空题

(1) 5S 管理推行中清洁口诀 要做到_____、_____。
(2) 5S 指的是_____、_____、_____、_____、_____。
(3) 行走中抽烟、烟蒂任意丢弃是 5S 中的_____范畴。
(4) 整顿主要是排除_____浪费，整顿的三要素是_____、_____、_____。
(5) "三定"原则是_____、_____、_____。
(6) 素养的目的是_____。
(7) 物品乱摆放属于 5S 中的_____处理的内容。
(8) 5S 管理的最终目的是_____和_____。
(9) 五常法是指_____、_____、_____、_____、_____。

3. 简答题

(1) "三定"原则的作用是什么？
(2) 5S 中整理、整顿、清扫、清洁、素养的定义是什么？
(3) 简述 5S 管理的实施要点。
(4) 简述 5S 管理的原则与作用。
(5) 企业员工在 5S 管理中有哪些责任？
(6) 结合实际谈谈你对 5S 的理解。

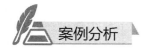

源自细节的 5S 管理

深圳华生包装股份有限公司（下文简称华生）是一家专业化的大型纸品包装制造商，主要做包装用瓦楞纸箱、丝网印刷和传统的胶印业务。去年，公司上马了一套"印刷管理信息系统"，在竞争非常激烈的印刷市场上，该系统发挥了很大的作用。因此，华生开始把目光瞄准了全数字印刷领域。

1. 苛刻的 5S 挑战

华生与日本某公司洽谈中的合资项目，就是在华生引进新的数字印刷设备和工艺，同时改造公司的印刷信息系统。

然而，与日商的合资谈判进行得并不顺利。对方对华生的工厂管理提出了很多在华生看来太过"挑别"的意见，如仓库和车间里的纸张、油墨、工具的摆放不够整齐；地面不够清洁、印刷机上油污多得"无法忍受"；工人的工作服也"令人不满"……

后来，在合资条款里，投资者执意将"引入现代生产企业现场管理的 5S 方法"，作为一个必要的条件，写进了合同文本。

为了合资能顺利进行，华生还是在合同上签了字。但是，华生公司总是觉得日方有点"小题大做"——"不就是做做卫生，把环境搞得优美一些"，这些事情太"小儿科"，与现代管理、信息化管理简直不沾边。

2. "鸡毛蒜皮"的细节震撼

日方对合同的履行是非常苛刻而且严格的，合同签订的当月，日方就派出小林光一进入华生公司，具体负责 5S 管理实施。

由于华生是从一家私营企业快速成长起来的公司，因此在管理方式和行为习惯上保留了不少以前作坊式生产的陋习，长久以来大家对这样一些现象习以为常：想要的物品，总是找不着；不要的物品又没有及时丢掉，好像随时都在"碍手碍脚"。

推广 20 世纪 50 年代就风靡日本制造企业的"5S 管理方法"，需要做大量的准备和培训工作。整理、整顿、清扫、清洁、素养这 5 个词，以及所表达的意思听上去非常简单，因此刚开始的时候，大家很不以为然。几天后，日方派来指导 5S 实施的小林光一通过实地调查，用大量现场照片和调查材料，让华生的领导和员工，受到了一次强烈的震撼。

小林光一发现，印制车间的地面上，总是堆放着不同类型的纸张，里面有现在用的，也有"不知道谁搬过来的"；废弃的油墨和拆下来的辊筒、丝网，躺在车间的一个角落里，沾满了油污；工人使用的工具都没有醒目的标记，要找一件合适的工具得费很大的周折。拿着秒表的日方指导小林光一曾仔细地观察到一个工人为了寻找一个合适的螺丝曾将整个备料箱翻了个底儿朝天，足足耗费了 6min 的时间。

3. 仓库里的混乱情况

堆放纸张、油墨和配件的货架与成品的货架之间只有一个窄窄的、没有隔离的通道，货号和货品不相符合的情况司空见惯。有时候，车间返回来的剩余纸张与新纸张混在一起，谁也说不清到底领用了多少。

小林光一还检查了华生引以为荣的MIS（Management Information System，管理信息系统），查看了摆放在计划科、销售科、采购科的几台电脑，发现硬盘上的文件同样混乱不堪，到处是随意建立的子目录，随意建立的文件，有些子目录和文件，除非打开看，否则不知道里面到底是什么。而且，小林光一发现，文件的版本种类繁多，过时的文件、临时文件、错误的文件或者一个文件多个副本的现象，数不胜数。多个文件之间由于经常修改，常常在具体措辞上有冲突，有时候实施人员都不知道应该依据哪一个版本执行，只能临时解决，这样也就又多了一个临时文件。

要顺利实施5S管理，首先就是要对全体生产、管理人员进行"洗脑"，通过培训，将这些不引人注目的小问题通过实例举证来引发大家的警觉，从而逐渐形成一种工作习惯。

小林光一指着墙上贴的一个落着灰尘的标语——"视用户为上帝，视质量为生命"，"在这种情况下"，小林光一直率地问华生负责人："你如何确保产品的质量？如何确信电脑里的数据是真实的？如何鼓舞士气？如何增强员工的荣誉感和使命感？"

在没有推行5S的工厂，每个岗位都有可能会出现各种各样不规范或不整洁的现象，如垃圾、油漆、铁锈等满地都是，零件、纸箱胡乱搁在地板上，人员、车辆都在狭窄的过道上穿插而行。轻则找不到自己要找的物品，浪费大量的时间；重则导致机器破损，如不对其进行有效的管理，即使是最先进的设备，也会很快地加入不良器械的行列而等待维修或报废。

员工在这样杂乱不洁而又无人管理的环境中工作，有可能是越干越没劲，要么得过且过，过一天算一天，要么就是另寻他途。

对于这样的工厂，即使不断地引进很多先进优秀的管理方法也不见得会有什么显著的效果，要想彻底改变这种状况就必须从简单实用的5S开始，从基础抓起。

4. 整理、整顿、清扫

小林光一把推进5S的工作分为两大步骤，首先是推进前3个"S"，即整理、整顿、清扫。

在开展5S活动时，把灰尘、脏污、异音、松动、锈蚀等现象叫作"微缺陷"，就是虽然目前并未直接导致故障但存在劣化现象的隐患之处，这是因为看似细小的地方往往潜藏着很多隐患。其实5S管理就是从现场环境和习惯意识上防微杜渐，消除隐患。

整理，就是要明确每个人、每个生产现场（如工位、机器、场所、墙面、储物架等）、每张办公桌、每台电脑，哪些物品是有用的、哪些是没用的、很少用的，或已经损坏的，把混在好材料、好工具、好配件、好文件中间的残次品、非必需品挑选出来，该处理的就地处理，该舍弃的毫不可惜。"特别是电子'垃圾'"，小林光一告诫管理人员："不断冒出来的文件查找、确认、比较工作，会浪费大量的工作时间，可以让你的工作效率大打折扣。"

接下来就是要对每个整理出来的"有用"的物品、工具、材料、电子文件，有序地进行标识和区分整顿，按照工作空间的合理布局，以及工作的实际需要，摆放在"伸手可及"、"醒目"的地方，以保证"随用随取"。

从小林光一的经验来看，整顿其实是很仔细的工作。例如，电脑文件目录，就是最好的例子。

"一般来说，时间、版本、工作性质、文件所有者，都可以成为文件分类的关键因素"，小林光一结合自己的体会，向大家详细介绍了"什么是电子化的办公"。对一个逐步使用电脑、网络进行生产过程管理和日常事务处理的公司而言，如何处理好纸质文件和电子文件的关系,是养成良好的"电子化办公"习惯的重要内容。

"电子化的过程中,如果把手工作业环境里的'脏、乱、差'的恶习带进来,危害是巨大的",小林光一说。这点华生负责人也是深有同感,在引进MIS之初,就是希望通过电子办公达到节约纸张减少浪费的目标,但是实施的结果却往往是纸张的使用量并没有显著的节约,电子文档反复修改版本的不同导致的纸张浪费非常惊人。

"清扫"与过去大家习惯说的"大扫除"还有一些不同,"大扫除"只是就事论事地解决"环境卫生"的问题,而"清扫"的落脚点在于"发现垃圾的源头"。用小林光一的话说,就是"在进行清洁工作的同时进行检查、检点、检视"。通过清扫,使设备保持到良好的使用状态。

作为企业,实行优质管理,创造最大的利润和社会效益是一个永恒的目标。5S的作用就是能彻底消除各种问题的隐患,强壮企业的"体魄",可以有效地将品质、成本、交期、服务、技术、管理六大要素都达到最佳的状态,提高免疫力,最终能实现企业的竞争方针与目标。它很像一种广谱抗菌药,能十分有效地治疗企业里的各种不良状况的"疾病",长期服用,能极大地提高免疫力,预防疾病的发生。所以说5S是现代企业管理的关键和基础。

5. 清理"意识死角"

随着3S的逐步深入,车间和办公室的窗户擦干净了,卫生死角也清理出来,库房、文件柜、电脑硬盘上的文件目录、各种表单台账等"重点整治对象"也有了全新的面貌。但是,所有人都没有觉得小林光一引进的"灵丹妙药"有什么特别之处。

不过,华生员工承认,大家的精神面貌还是有了一些微妙的变化:人们的心情似乎比过去好多了,一些"不拘小节"的人的散漫习惯,多少也有了收敛;报送上来的统计数据,不再是过去那种"经不住问"的"糊涂账";工作台面和办公环境,也清爽多了。

6. 这显然不是5S管理的全部

真正让大家感觉震撼的是,小林光一在整理阶段将仓库里面的各类纸张、材料分门别类,不仅仅提高了出入库时间,更是整理出了各类废料废纸4.2t,通过卖废品就回收了1.3万元。事实上这反映了企业管理人员的一种"意识死角",账面上的现金是钱,到了库房就不闻不问,形成资金的另一种沉淀。

通过考察企业的综合营运效益,小林给大家计算了这样一笔账,如果这1.3万元是流动的现金,一年带给企业的效益将是27万元,这个数字令企业上上下下的员工为之一振。

结合前一阶段整治的成果,小林光一向华生进言:"5S管理的要点,或者说难点,并非仅仅是纠正某处错误,或者打扫某处垃圾;5S管理的核心是要通过持续有效的改善活动,塑造一丝不苟的敬业精神,培养勤奋、节俭、务实、守纪的职业素养。"

"如果在现场有什么地方未加整理,很乱,习惯称之为'5S死角',这些还比较容易处理。但如果在人的观念习惯里,也有这么一种"死角",就不那么容易处理了。我称之为'意识死角'。推行5S活动要做到'形似而且神似',就必须在工作现场不留'5S死角'的同时,在员工心里也不留'意识死角'。"

通过深入沟通,华生负责人也对5S有了这样的认识,"很多事情不是做不到,而是想不到。原先以为员工总是推一下动一下,缺乏主动和实际动手的积极性,但是没有想到5S现场管理有这么大的作用","推行5S,面对的问题会很多,'意识死角'其实更多"。

按小林光一的建议,公司开始了推进5S管理的第二步:就是从意识的层面消除"5S死角",推行后两个"S",一个是清洁,另一个是素养。

清洁就是使有序的工作现场成为日常行为规范的标准;素养的基本含义是"陶冶情操,提高修养",也就是说,自觉自愿地在日常工作中贯彻这些非常基本的准则和规范,约束自己的行为,并形成一种风尚。

在这个阶段的实施中,小林光一所运用的其实是非常不起眼的简单的方框、线条、标识牌等道具,但是效果是非常明显的。

在印刷车间,小林按照生产的工序将划分为工作区(与油墨碳粉相关的工作工序)、清洁区(与油墨碳粉等无关的工序),并通过黄色警戒线和工作制服颜色加以区别,通过制度规定这两个区域的工人不能相互走动,工具混用,通过避免污染来减少原材料的浪费。

在库房,将产品的型号、种类通过图形的方式在墙上、地面做出标示,并通过指示牌的方式引导员工快速寻找到所需的物品。值得一提的是,小林光一与工人一起特别改进了备料箱,通过设计特殊的格子将不同型号的螺丝分别放置,这样,不仅仅加快了寻找的时间,而且对各种物料的消耗情况一目了然,这样就可以有效指导采购,不至于胡子眉毛一把抓,节省了采购成本。

流程制度上墙,看似平淡无奇,甚至很多国企在操作,但往往流于形式。而小林的手段不仅仅将工作流程整理归纳,更是通过制度与绩效考核联系到一起。为了促使员工形成习惯,小林采取了情景模拟的方式形象地将什么行为是严格禁止的,什么行为可以提高工作效率,让所有员工可以看到,容易理解。比如将废料按照可回收与不可回收分类摆置,与废品公司签订合同定期回收,仅仅增加一个回收桶,这样不仅仅减少了保洁人员的人力浪费,而且一年就可以为企业节约资金近10万元。

在此基础上,引入督导人员巡查,对违反制度的员工通报批评,另外还有经济处罚;对于执行优秀的员工,让他们成为榜样,不断总结交流经验还给予经济奖励。这样,企业上上下下形成了一种制度文化的氛围。

"5S这些看似简单的方框、线条、标识牌,其实不仅是规范了物品的位置,而且靠这些一丝不漏的规划线、标识及它所体现的一点一滴、一丝不苟的作风,还规范了我们日常的行为习惯。它令我们自觉地融入这些方方条条中,形成对待工作认真负责的态度。正如'万丈高楼平地起'这样浅显的道理,5S活动的点点滴滴就像是慢慢筑起管理这栋大厦的基石,它体现的是细微的地方,但不可或缺。"

"有些部门强调生产忙,没有时间进行5S,因此就委派几个人去做,少数代表多数,而没有全员参与,这样做的效果是不理想的。如果全体员工没有参与进来,他们怎么会珍惜别人的劳动成果,又怎么会切身体会到5S给自己带来的益处呢?'领导重视'和'全员参与'是保证5S列车健康、平稳、快速运行的两个轮子,缺一不可!"

在5S经验总结交流会上受到表彰的这两段文章分别出自一线员工和推行成员,这在企业推行5S之前是不敢想象的。小林光一进一步说明到,后两个"S"其实是公司文化的集中体现。很难想象,客户会对一个到处是垃圾、灰尘的公司产生信任感;也很难想象,员工会在一个纪律松弛、环境不佳、浪费随处可见的工作环境中,产生巨大的责任心,并确保生产质量和劳动效率;此外,更不用说在一个"脏、乱、差"的企业中,信息系统竟然会发挥巨大的作用。

在管理学中有一个破窗理论,说的就是环境与人的互动作用,在一个混乱的环境中会促使人们破坏规则，使整个系统更加趋于混乱。而在一个有秩序的环境中会无形地限制人们的行为，并能够以良好的习惯保留下来，这就是5S管理中的核心内容。

7. 脱胎换骨的感觉

几个月的时间已经过去了，又是一个春光明媚的日子，华生员工回想起来这些"鸡毛蒜皮的小事"，"有一种脱胎换骨的感觉"。

当华生的新客户参观自己的数字印刷车间时，在华生人心底里涌动着一种强烈的自豪感。车间布局整齐有序，货物码放井井有条，印刷设备光亮可鉴，各类标识完整、醒目。

公司的电脑网络和MIS，在没有增加新的投资的情况下，也好像"焕发了青春"，带给华生的是一系列"零报告"：发货差错率为零，设备故障率为零，事故率为零，客户投诉率为零，员工缺勤率为零，浪费为零……

在参观者的啧啧称赞中，华生人感到，引进一套先进设备的背后，原来是如此浅显又深奥的修养"功夫"，真应了那句老话：细节之中见功夫。

2004年年底，公司已取得了由中国包装技术协会颁发的中国包装技术协会会员证，通过了ISO 9001等各项认证，并荣获坪山镇年度十大纳税外资企业、广东印刷百强等多项荣誉。

企业有5S做基础，实施ISO 9001、全面质量等这几方面的管理，甚至是及时地管理，企业产生的效能、形象都会提升，而浪费大为减少，安全会有保证，员工的归属感和生产效率自然就会提升，产品的品质就会有保障。

资料来源：http：//www.chinatpm.com/tpm/5Swtzj_523_2548.html.

分析与讨论

（1）你对实施5S管理过程中的"鸡毛蒜皮的小事"的看法是什么？

（2）如何理解日方公司"苛刻的5S挑战"？

（3）总结分析华生实施5S管理的成功经验。

第4章

定置管理

本章教学要点

知识要点	掌握程度	相关知识
定置管理的概念	重点掌握	定置管理的定义,人、物、场所之间关系
定置管理的内容	掌握	定置的构成,定置管理的基本内容,定置管理效果评价
定置管理设计	熟悉	定置图设计,资讯媒介物设计
定置管理的实施	了解	设备定置、区域定置、仓库定置、特别定置、环境美化定置、工位器具定置、工具箱定置

本章技能要点

技能要点	熟练程度	应用方向
定置图设计	重点掌握	定置管理的实施
定置率	掌握	定置管理效果评价
定置管理标准	熟悉	定置管理的实施

定置管理起源

定置管理起源于日本，由日本工业工程研究所的青木龟男先生始创。他从 20 世纪 50 年代开始，根据日本企业生产现场管理实践，经过潜心钻研，提出了定置管理这一新的概念，后来，又由日本企业管理专家清水千里先生在应用的基础上，发展了定置管理，把定置管理总结和提炼成为一种科学的管理方法，并于 1982 年出版了《定置管理入门》一书。以后，这一科学方法在日本许多公司得到推广应用，都取得了明显的效果。定置管理是对生产现场中的人、物、场所三者之间的关系进行科学的分析研究，使之达到最佳结合状态的一门科学管理方法。

资料来源：http://www.aswiser.com/Lean33A.asp.

4.1 定置管理概述

定置管理是对现场中的人、物、场所三者之间的关系进行科学的分析研究，使之达到最佳结合状态的一门科学管理方法。它以物在场所的科学定置为前提，以完整的资讯系统为媒介，以实现人、物、场所的有效结合为目的，通过对现场的整理与整顿，把现场中不需要的物品清除掉，把需要的物品、工具等放在预定位置上，使其随手可得，促进现场管理规范化、科学化、文明化，实现高效生产、优质生产、安全生产。定置管理是 5S 活动的延续、深入和发展。

4.1.1 定置管理的含义、要素、原则

1. 定置管理的含义

定置不是字面上理解的"固定放置"，其区别如图 4.1 所示。"定置"是定置管理中的一个专业术语，是对物品进行有目的、有计划、有方法的科学放置。定置是根据生产或服务活动的目的，考虑生产或服务活动效率、质量等制约条件和物品自身的特殊要求（如时间、质量、数量、流程等），划分出适当的放置场所，确定物品在场所中的放置状态，完善生产或服务活动主体人与物品联系的信息媒介，从而有利于人、物、场所的结合，有效地进行生产或服务活动。定置管理是企业在现场活动中，研究人、物、场所三者关系，对现场物品进行设计、组织、实施、调整等活动，使之达到最佳结合状态的一门科学管理方法。

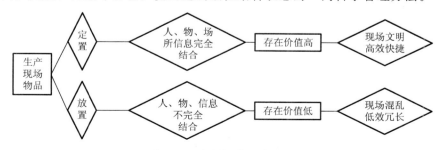

图 4.1 定置与放置的区别

2. 定置管理的要素

定置管理最终要实现人、物、场所的有效结合，以高效地完成预定的任务。为此，将现场中人、物、场所三要素分别划分为 3 种状态，并将三要素的结合状态也划分为 3 种，见表 4-1。

表 4-1　人、物、场所 3 种状态

要素 状态	人	物	场　所	人、物、场所的结合
A 状态	指劳动者本身的心理、生理、情绪均处在高昂、充沛、旺盛的状态，技术水平熟练，能高质量地连续作业	指设备、工具、加工工件等处于妥善、规范放置，随时、随手可获取可用状态的材料、零件、工具等	指良好的作业环境，如场所中工作面积、通道、加工方法、通风设施、安全设施、环境保护（包括温度、光照、噪声、粉尘、人的密度等）都符合规定	人、物、场所能马上结合并发挥效能状态，三要素均处于良好状态
B 状态	指需要改进的状态，如人的心理、生理、情绪、技术四要素，部分出现了波动和低潮状态	指物品处在寻找状态，如现场混乱，库房不整，需用的物品要浪费时间去寻找	指需改进的作业环境，如场所环境只能满足生产需要而不能满足人的生理需要，或只能满足人的生理需要，不能满足生产需要	人、物、场所不能马上结合并发挥效能状态，人与物处于尚能较好发挥效能的状态；三要素在配置上、结合程度上还有待进一步改进，还未能充分发挥各要素的潜力，或者部分要素处于不良状态等，也称为需改进状态
C 状态	指不允许出现的状态，如人的四要素均处于低潮，或某些要素，如身体、技术居于极低潮等	指物品与生产和工作失去联系，但处于生产现场的物品状态	指应消除或彻底改进的环境，如场所环境既不能满足生产需要，又不能满足人的生理需要	人、物、场所失去联系的状态，如严重影响作业，妨碍作业，不利于现场生产与管理

人与物在生产过程中结合程度

定置管理是现场中人、物、场所为主要对象，研究分析人、物、场所的状况，以及它们之间的关系，并通过整理、整顿、改善生产现场条件，促进人、机、原材料、制度、环境有机结合的一种方法。为实施定置管理，做到清洁生产，通常把定置物料按人与物在生产过程中结合程度分为 4 类，它们之间的关系如下。

第 1 类：人与物外部紧密结合状态，即 A 状态，如正在生产加工、装置、调试、交验的产品，以及在用的工量具、模具、设备、仪表等。

第 2 类：待用或待加工类，即 B 状态，如原材料、元器件、待装配的零部件、整件、模具等。此类物品可随时转化为 A 状态。

第 3 类：人与物处于待联系的状态，即 C 状态，如检验完待转运入库的产品，暂时不用的模具、材料等。

第 4 类：人与物已失去联系的物品，如报废的产品、废料、垃圾等，都处于待清理的状态。

在企业实施定置管理过程中，通常是把物料按第 1 类、第 2 类、第 3 类、第 4 类进行分类摆放，经常整理第 1 类，及时转运第 2 类，清除第 3 类和第 4 类，确保企业物流通畅便捷，安全生产。

资料来源：陈国华．生产运作管理（第三版）[M]．南京：南京大学出版社，2016．

定置管理对"物"的定置，不是简单地把"物"拿来定位，而是把"物"放置在固定的、适当的位置，从安全、质量和"物"的自身特征进行综合分析，以确定"物"的存放场所、存放姿态、现货表示等定置三要素的实施过程。因此，要对生产现场、仓库料场、办公现场定置的全过程进行诊断、设计、实施、调整、消除，使之达到"三化"的要求，即科学化、规范化、标准化。定置管理的实施就是要尽可能减少和不断清除 C 状态，改进 B 状态，保持 A 状态，同时还要逐步提高和完善 A 状态。

在企业定置管理过程中，最主要的要素是人、物、场所和信息，其中最基本的是人与物的因素。在场所中，所有物品都是为了满足人的需要而存在的，因而，必须使物品以一定的形式与人结合，其结合方式有两种。

（1）直接结合。直接结合是人所需要的物品能立即拿到手的结合。通常指随身携带或放在身边唾手可得之物。这种结合不需要寻找，不需要由于寻找物品而造成工时消耗，这是人所追求的理想结合。

（2）间接结合。间接结合即人和物处于分离状态，必须依靠信息的作用才能结合。通常处于间接结合状态的物品，是人在生产现场看不到摸不着的。例如，存放在仓库的工具，它放在仓库何处？数量多少？如无确切的信息是找不到的，当然也就不可能实现结合。

知识要点提醒

由于间接结合必须依靠信息，这种信息是指人的记忆、各种记录、标准化了的信息卡、物品的位置台账和计算机的储存装置等。信息齐全、准确、可靠和及时，就能在较短时间内找到所需物品，否则就要花很多时间寻找，造成工时浪费。所以定置管理的主要任务之一，就是研究如何建立科学有效的信息系统，使间接结合的物品处于良好的可控状态，随时可与人进行结合。高质量的定置管理要求信息媒介物（即在人与物、物与场所合理结合过程中起着引导、控制和确认等作用的载体）达到以下 5 个方面理想状态的要求：①场所标志清晰；②场所设有定置图；③位置台账齐全；④存放物的序号、编号齐备；⑤信息标准化（如物品流动时间标准、数量标准、摆放标准等）。

3．定置管理的原则

影响定置管理整体成效的工作是定置设计，定置设计应建立在工艺、工序分析、作业研究和动作分析的基础上，其目的是实现"定置必有图，有图必有物，有物必定区，有区必挂牌，有牌必分类，有类必定量，定量必定人，账物必一致"。定置设计要遵循以下原则：①有利于定置物规范化、标准化、科学化；②有利于提高生产、工作效率和产品质量；③有利于提高场地利用率；④有利于减轻劳动强度；⑤有利于场所的安全，保证通道畅通；⑥便于进行颜色管理和目视管理。

4.1.2 定置管理的构成和内容

1. 定置的构成

定置的构成较为复杂,企业定置中可粗略地分为生产(服务)现场定置、职能科室定置。具体构成见表4-2。

表4-2 定置的构成表

企业定置	生产(服务)现场定置	设备定置	
		区域定置	工具箱定置
			工位器具定置
		色调定置	
		仓库定置	
		特别定置	质控点定置
			安全定置
		环境定置	
	职能科室定置	文件柜定置	
		办公桌椅定置	

2. 定置管理的内容

企业定置管理的内容按照要素不同概括为以下几个方面。

(1)全系统定置管理。在整个企业各系统各部门实行定置管理,全系统定置管理包括生产(服务)子系统、经营子系统和行政后勤子系统等的定置管理。

(2)区域定置管理。按工艺或服务流程把生产或服务现场分为若干定置区域,对每一区域中的5M1E实行定置管理。区域定置是系统定置的最小单元,包括生产(服务)区和生活区。生产(服务)区包括总公司、分公司(车间)、库房定置;生活区定置包括道路建设、福利设施、园林修造、环境美化等。

(3)职能部门定置管理。企业的各职能部门对各种物品和文件资料实行定置管理,如文件定置标准化,办公桌及桌内物品摆放标准化,文件、资料能及时分类处理,工作椅定置标准化等。职能部门定置管理要求企业的各级管理人员按照工作标准化、程序化、系统化的工作方式,管理各种文件、资料,及时准确地按照定置内容、工作程序分类定置,便于及时处理各种信息,提高工作效率。

(4)生产(服务)要素定置管理。企业定置管理的生产(服务)要素主要有:定置管理基本方案和管理标准,总体定置管理平面图,分项定置管理设计图,区域线、通道线、待加工区、合格品、不良品等线标识及颜色,定置区域各类产品、物料、工位器具、周转车具等标识,定置管理检查、协调和考核办法。生产(服务)要素定置管理包括:设备定置,如设备易损件定置、保养与检查定置、运行情况定置、模具定置,如模具生产周期、消耗量、储备定额、套数等实行定置;器具定置;材料定置;人员定置等。

(5) 仓库定置管理。仓库是指原材料、外购产品、在制品、产成品、工位器具、工艺装备等物品储存场地，仓库定置管理是对仓库内存放物实行定置管理活动。仓库定置对各类在制品尤为重要，在制品仓库在企业物流系统中起着积蓄调节的枢纽作用。

(6) 特别定置管理，即对影响质量和安全的薄弱环节包括易燃易爆、有易变质的毒物品等的定置管理。在定置管理设计时，必须贯彻安全第一的方针，对有毒、有害、易污染环境、易燃、易爆物品，对不安全场所，都要实行特殊安全定置管理，明确规定物品在指定的地点使用、停放，放置状态和停放数量有要求，并有专人负责，按规定时间检查，确保物品放置的安全。其内容有质量控制点定置管理、安全定置管理等。

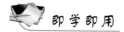

特殊安全型定置设计

特殊安全型定置设计主要内容如下。

(1) 易燃易爆、有毒物品定置设计，易燃易爆、易污染环境的物品在作业场所应保持最低的数量，注意安全及设施齐全，专人负责，定期检查，保持记录。

(2) 工作现场的电源、明火作业的场所，每日定时检查，并在场地配备灭火器具，实行定置。

(3) 灭火器具、消防器材实行定置，消防栓、灭火器具、电动机和接近电源的通道畅通。

(4) 吸烟室必须符合要求，安全可靠，专人负责检查。

(5) 加热器具和明火作业地点，必须定置在远离易燃、易爆物品，划分作业界线。

(6) 有毒、易污染环境的场所，应限定界线，定置在一定范围。

(7) 对不安全场所，应有明显的安全标记，确保通道安全。

(8) 公司、车间设有特殊定置图，便于值班人员按规定的路线图进行检查。

(9) 凡是实行特殊定置的场所，按国家规定的信息标志、标准进行定置。

(10) 标示牌下注明负责人，实行巡检，并有检查记录。

资料来源：https://www.gywx.net。

4.2 定置管理的实施

定置管理是以人、物、场所为对象的一门综合管理理论与方法，涉及企业的大系统，并由此伸向企业内部，由各层次、各部门和工作岗位所构成的相关或独立的子系统或分支系统。定置管理对于企业的综合效益体现是建立在系统论的基础上，值得一提的是在企业整体系统内，个别的某一子系统或分支系统孤立地实施定置管理，其对整个企业的作用并不明显。这是因为没有总体系统的统筹安排，即便该子系统在推行中产生了效益，也很容易被其他系统运转不能与之合拍协调的内耗相抵消。

4.2.1 制定定置管理文件

定置管理是现代化管理手段和方法之一，实施定置管理可以巩固企业管理的基础工作。定置管理寻求人和物的有效结合方法，通过制定规范的定置管理标准文件对现场整理、整顿，把需要的物品放在规定位置上，使其随手可得，促进现场管理的文明化、科学化，达到高效生产、优质服务、安全第一。同时，把生产或者服务中不需要的物品清除掉。制定定置管理文件的目的包括：①使定置管理标准化、规范化和秩序化；②使定置工作步调一致，有利于企业统一管理；③使定置管理工作检查有方法、考核有标准、奖罚有依据，能长期有效地坚持下去；④培养员工良好的文明生产和文明操作习惯。

定置管理文件的主要内容包括以下几个方面。

1. 定置物品的分类规定

企业从自己的实际出发，将现场的物品分为 A、B、C 这 3 类，以使人们直观而形象地理解人与物的结合关系，从而明确定置的方向。

2. 定置管理信息牌规定

信息牌是放置在定置现场、表示定置物所处状态、定置类型、定置区域的标示牌。信息牌的式样应按企业统一规定尺寸、形状、高低、颜色等制作，做到标准化、规范化、统一化。在现场管理过程中，要注意检查现场的定置区域划分和信息是否一致。

1) 检查现场区域划分的规定

一般分为 5 个区域：①成品、半成品待检区；②返修品区；③待处理品区；④废品区；⑤成品、半成品合格区。

2) 检查现场区域标准信息符号

区域标准信息符号一般要求是简单、易记、鲜明、形象和具有可解释性，见表 4-3。

表 4-3　区域信息符号表

符　号	标　示　区　域
□	表示成品、半成品待检区
→	表示返修品区
○	表示待处理品区
×	表示废品区
∨	表示成品、半成品合格区
∨	表示成品、半成品优等品区

3) 定置管理颜色要求

颜色在定置管理中，一般用于两种场合。一种用于现场定置物分类的颜色标志；另一种用于现场检查区域划分的颜色标志。前者如用红、蓝、白 3 种颜色表示物品的 A、B、C 分类；后者如将现场检查区域分别规定其颜色，并涂在标准信息牌上，如蓝色——待检查品区，绿色——合格品区，红色——返修品区，黄色——待处理品区，白色——废品区。为便于记忆，还可编成口诀"绿色通，红色停，黄色绕道行，蓝色没检查，白色不能用"。

4) 可移定置物符号要求

可移定置物在定置图中采用标准符号表示法，从而使定置图面清晰、简练、规范，且可使各部门之间便于简化手续，研究定置情况。

5) 动作记号

动作记号可采用动作研究的记号表示，详细内容见第 6 章。

3. 定置图绘制要求

定置图综合反映现场人、物、场所之间相互关系，定置图绘制的要求主要有：①统一规定各种定置图的图幅；②统一规定各类定置物的线型画法，包括机器设备、工位器具、流动物品、工具箱及现场定置区域等；③定置图中标准信息符号的规定，如规定定置图中的可移定置物，用信息符号表示后，还要在定置图的明细栏中加以说明；④各种定置图蓝白图的规定，如办公室可用白图，而办公桌、文件柜、资料柜则必须用蓝图；⑤各种定置的发放及保存，都须做统一规定。

定置物符号运用

在实施现场管理过程中，部分定置物符号见表 4-4。

表 4-4 定置物符号表

符　　号	表示内容	符　　号	表示内容
BC	搬运车	GX	工具箱
WG	文件柜	MQ	灭火器
GT	工作台		
▭	工艺装备	⌐_|	设备
◯	风扇	▭(虚线)	计划补充的设备工装
▭(斜线)	平台	▭	存放架
▭(虚线)	工具箱、文件柜	🚃	活动书架、小车
▭	办公桌、茶几	⌒	容器
⬠	散状材料堆放场地	▭(虚线)	计划补充的工具箱、办公桌

（续）

符　号	表示内容	符　号	表示内容
	工位区域分界线		铺砖场地
	铁道		人行道
	围墙		台阶、梯子

资料来源：http://www.doc88.com/p-313735087094.html。

4.2.2　定置管理设计与准备

定置管理设计与准备是对各种场地（如厂区、车间、仓库等）及物品（如机台、货架、箱柜、工位器具等）的科学、合理定置统筹安排和准备工作。定置管理设计主要包括定置图设计和信息媒介物设计。

1. 定置图设计

定置图是对现场所在物进行定置，并通过调整物品来改善场所中人与物、人与场所、物与场所相互关系的综合反映图。其种类有室外区域定置图，车间定置图，各作业区定置图，仓库、资料室、工具室、计量室、办公室等定置图和特殊要求定置图。

定置图的类型及其要求如下。

（1）车间定置图。它主要针对车间生产现场部分而绘制。由车间绘制，企业审定，车间企业各保存一份。

（2）区域定置图。它是针对现场某一工段、班组、作业或流程而绘制的定置图。由该区域所在部门绘制，部门及区域各保留一份。

（3）职能部门及办公室定置图。本部门自己完成。

（4）仓库定置图。由各部门自己完成。仓库及企业各保留一份。

（5）工具箱定置图。由各部门统一绘制，一份存部门，一份贴在工具箱门扇内。

（6）办公桌定置图。企业统一要求和绘制，一份存企业管理部门，一份贴于办公桌门扇内。

（7）文件资料柜定置图。企业统一绘制，一份存查，一份贴于文件柜门肩内。

还可以按需要绘制下列图，作为定置依据以指导各种定置的实施：①工厂平面布置图；②车间区域划分图；③生产区域图；④单元定置管理图。

定置图绘制的注意事项有哪些？

定置图绘制的注意事项如下：①现场中的所有物均应绘制在图上；②定置图绘制以简明、扼要、完整为原则，相对位置要准确，区域划分清晰鲜明；③现场暂时没有、但已定置并决定制作的物品，也应在图上表示出来，准备清理的无用之物不应该在图上出现；④定置物可用标准资讯符号或自定资讯符号进行标注，并均在图上加以说明；⑤定置图应按定置管理标准的要求绘制，但应随着定置关系的变化而进行修改。

2. 信息媒介物设计

信息媒介物设计，包括信息符号设计和示板图、标牌设计。在推行定置管理，进行工艺研究、各类物品停放布置、场所区域划分等都需要运用各种信息符号表示，以便人们形象地、直观地分析问题和实现目视管理，各个企业应根据实际情况设计和应用有关信息符号，并纳入定置管理标准。在信息符号设计时，若有国家规定的，如安全、环保、搬运、消防、交通等，应直接采用国家标准。其他符号，企业可以根据行业特点、产品特点、生产特点，从简明、形象、美观的角度设计符号。定置示板图是现场定置情况的综合信息标志，它是定置图的艺术表现和反映。标牌是指示定置物所处状态、标志区域、指示定置类型的标志，包括建筑物标牌，货架、货柜标牌，原材料、在制品、成品标牌等。它们都是实现目视管理的手段。各生产或服务现场、库房、办公室及其他场所都应悬挂示板图和标牌，示板图中内容应与蓝图一致。示板图和标牌的底色宜选用淡色调，图面应清洁、醒目且不易脱落。各类定置物、区（点）应分类规定颜色标准。

信息媒介设计步骤如下。

（1）绘制定置图，明确对象管理范围内的具体场所、位置。

（2）具体定置场所内的设施（料架、货架、箱柜、容器）结构和编号、流动器具的位置信息符号。

（3）设计能准确表示定置物的名称、规格、代号、数量、位置、日期的表示卡片。

（4）制定定置物收发、进出的定置管理办法。

知 识 要 点 提 醒

在信息媒介设计时，可以从便于查找物品和便于查找编号两个目的，分别设计甲型位置台账和乙型位置台账。甲型位置台账是以物品名为主体的台账，是为了便于查找物品；乙型位置台账是以位置编号为主体的台账，是为了便于查找编号。

信息媒介设计过程中，还应注意划分 C 状态物品，确定 C 状态物品在目的场所的废弃标准，如超期积压物品、损坏变质物品、停产产品及其零部件、报废的设备工具废料和切屑、废旧仪器、与本部门生产无关的物品等。对 C 状态物品登记造册，尚未确定的物品实行定置保管。

3. 定置管理准备

定置管理准备工作是指定置管理实施前所进行的一系列的准备工作，企业定置管理准备工作内容主要有：①制作各种定置容器、器具；②制作信息牌；③设定清除物存放地；④划分区域界线。

4.2.3 定置管理的实施要求

1. 定置物存放要求

定置实施是理论付诸实践的阶段，也是定置管理工作的重点，要做到"有物必有位，有位必分类,分类必标示,按图定置,按类存放,账图物一致"。对于定置物应按要求存放,定置物存放要求如下。

(1) 工件的定置摆放,要按区、按类存放,做到标志与实物相符。
(2) 工位器具使用合理。
(3) 工件摆放做到齐、方、正、直,且符合安全生产要求。
(4) 定置物的摆设与定置图相符。
(5) 信息牌放在规定的位置后,不得随意挪动。
(6) 定置物发生变化时,图、物、区域和牌均应进行相应调整。
(7) 定置物必须存放在本区域内,不得放在区域线或隔离围栏外。

2. 定置管理实施过程的要求

定置实施一般由生产部门牵头,因为生产部门与现场打交道多,最了解生产现场情况,在生产现场指挥调度也比较有权威,定置管理的实施过程的要求主要如下。

(1) 领导重视,纳入日程,培训骨干,建立机构。
(2) 分层试点,转变观念,消除思想阻力,逐步展开。
(3) 现场诊断,设计定置图。
(4) 确定标准容器,规范容器。
(5) 划分区域,待检区用蓝色,返修区用红色,合格区用绿色,废品区用白色。
(6) 妥善处理人与物、人与场所、物与场所的关系。
(7) 制定定置考核标准与办法,定置管理必须与经济手段相结合,加强考核管理。

定置管理开展的一般程序如图4.2所示,企业可按自己的实际情况进行调整。

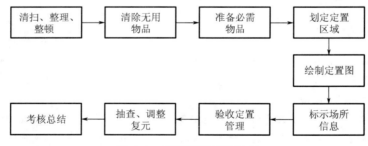

图 4.2 定置管理开展程序

3. 定置管理实施过程中所要做的工作

(1) 清除与生产或服务无关之物,现场中凡与生产或服务无关的物,都要清除干净。
(2) 按定置图实施定置,各车间、部门都应按照定置图的要求,将现场、器具等物品进行分类、搬、转、调整并予以定位。
(3) 放置标准信息铭牌,放置标准信息牌要做到牌、物、图相符,设专人管理,不得随意挪动。

4.2.4 定置管理技法

定置管理是一个动态的整理整顿体系,是在物流系统各工序中实现人与物的最佳结合。

因此，要根据场所现有的实际情况，运用现场诊断、作业研究、工艺分析、动作分析、环境因素分析等基本技法，对现场进行科学的分析。

1. 现场诊断

现场诊断是为了优化现场，首先要发现问题，制订改进的目标，然后对症下药，提出相应的改进措施。现场诊断需要深入进行调查研究，掌握现场管理的现状，发现存在的问题，确定现场管理的优化方向和措施。现场诊断的调查方法主要有现场观察、面谈、员工意见调查表、系统分析法等。

（1）现场观察。现场观察是对现场的现状进行观察分析，找出存在问题及其产生的原因，设计解决问题方案，使其达到预期制订的管理目标。现场观察的内容主要有：安全文明生产、目视管理、看板管理、工艺和质量管理、物流管理、作业计划和调度、设备管理、工艺装备、劳动组织、定额管理、设备开工率、搬运管理、在制品管理、仓库管理、劳动条件、职工精神面貌、生活设施。

（2）面谈。主要是同企业领导人面谈，一方面谈共同性的问题；另一方面谈专业性问题。

（3）员工意见调查表。通过员工意见调查表对各个方面的工作做出定性的判断，在此基础上采用简便实用的定量计算方法，将各个分项调查的判断综合起来，做出对现场管理的综合评价。

（4）系统分析法。系统分析方法以整体效益为目标，以问题为重点，运用科学的方法进行分析，依照价值大小进行判断。

2. 作业研究

作业研究是应用科学的方法、技巧与工具，对从事研究的作业系统的各项活动进行评估，寻求最优决策方案。作业研究广泛应用于计划、生产、现场、存货、市场、财务、人力等方面，用有限的资源做最佳的调配，并提高效率、降低成本、减少风险。在现场方面，作业研究内容主要有：①操作者动作分析；②分析操作者与机器的位置，需定置什么工具、物品；③通过作业者和班组作业的分析、人和机械的配置分析，研究作业者的工作效率，去掉作业中不合理状态，清除人和物结合的不紧密状态，消除生产、工作现场的无秩序状态，从而建立起高效率、合理文明的生产秩序。

作业研究详细内容见第6章。

3. 工艺分析

以工艺分析为原则，按物的加工处理过程，分成加工、搬运、检查、停滞和储存5个环节。同时，分析工序的加工条件、经过时间、移动距离，从而确定合理的工艺路线、运输路线，使改进后的现场环境达到人、物、场所一体化。

4. 动作分析

研究作业者动作，分析人与物的结合状态，发现合理的人、物结合状态，使作业标准化，使物品定置规范化，使人、物、场所结合高效化。有关动作分析内容见第3章。

5. 环境因素分析

凡环境因素有不符合国家环境标准要求的情况都必须改善，达到国家标准。

4.2.5 定置管理评价

为了巩固定置管理的成果，需要做到持之以恒，实施过程中发现存在的问题，不断完善定置管理，坚持定期考核与评价工作。定置管理的考核与评价一般分为两种情况：一是定置后的验收检查；二是定期对定置管理进行检查与考核。考核方法主要有定置率考核、定置管理的综合成本计算、定置管理的成果评价。

1. 定置率考核

定置率是指定置区域内，实有定置物数与实有物品总数的比率，它表明在现场中必须定置的物品已经实现定置的程度。实行定置管理需层层考核定置效果，定置率是考核某区域内定置面的基本指标，是检验定置管理水平的重要依据之一。定置率有利于改变那种认为文明生产就是"打扫卫生"的片面认识，提出了具体量值的评价标准，推动管理基础工作的深化。通过定置率的考核，有利于推动班组、车间经常保持现场文明生产水平，促进职工养成文明卫生、注意安全的良好习惯，增进身心健康，提高企业素质。定置率基本公式为

$$L = S_i / S_m \tag{4-1}$$

式中，L——定置率；

S_i——实际定置物；

S_m——规定的定置物。

定置率还可按统计对象的不同，划分为以下两类。

$$L_d = S_{in} / S_{mg} \tag{4-2}$$

式中，L_d——个数定置率；

S_{in}——已定置物品的个数；

S_{mg}——必须定置物品的个数。

$$L_D = S_{iy} / S_{mb} \tag{4-3}$$

式中，L_D——品种定置率；

S_{iy}——已定置物品的品种数；

S_{mb}——必须定置物品的品种数。

定置率的计算步骤如下。

（1）按每个类别分别计算物品的个数定置率。例如，某个定置点、作业单元、工具箱、附件柜等，只要其中物品的个数定置率达到要求（如90%），就可确定该处已定置了。

（2）按大类，根据已定置的定置点、作业单元、工具箱、附件柜等的数量和必须定置的数量，计算各大类的定置率。

（3）计算各大类的算术平均数。即车间或某区域的平均定置率。如果此平均定置率达到规定指标（如80%）以上时，则确认该车间或区域已定置。

（4）判断定置等级。定置率指标等级：优秀——95%，良好——90%，及格——85%。

（5）定置管理检查与评价。在进行定置管理检查时，一般只检查那些必须定置而未定置的物品。尚未定置的物品包括两类：一是完成定置的物品；二是曾经定置过而未能坚持定置的物品，即出现"崩垮"的物品。

例题 1

某车间按定置图的规定，有甲区 5 个、乙区 6 个、丙区 2 个、作业单元 70 个、柜子 20 个、桌子 10 张、椅子 80 把，其中作业单元有椅子 70 把、设备 70 台、工具箱 70 只、工具库 1 间、工装库 1 间、成品库 1 间。经检查发现：已定置的有甲区 4 个、乙区 5 个、丙区 2 个、作业单元 68 个、柜子 18 个、桌子 10 张、椅子 70 把，其中作业单元中椅子 65 把、设备 70 台、工具箱 65 只，工具库定置率为 95%、工装库定置率为 75%、成品库定置率为 85%，求该车间的平均定置率。

解：

(1) 作业单元个数定置率为

$$L_{d作} = \frac{68}{70} \times 100\% = 97\%$$

(2) 工具箱个数定量率为

$$L_{d工} = \frac{65}{70} \times 100\% = 93\%$$

(3) 其余物品定置率为

$$L_{d余} = \frac{4+5+2+18+10+5}{5+6+2+20+10+10} \times 100\% = \frac{44}{53} \times 100\% = 83\%$$

(4) 该车间的平均定置率为

$$\because L_{d工具} = 95\%$$
$$L_{d工装} = 75\%$$
$$L_{d成品} = 85\%$$
$$\therefore L_{d仓} = \frac{0.95 + 0.75 + 0.85}{3} \times 100\% = 85\%$$
$$\therefore L_{D均} = \frac{L_{d作} + L_{d箱} + L_{d余} + L_{d仓}}{4} \times 100\%$$
$$= \frac{0.97 + 0.93 + 0.83 + 0.85}{4} \times 100\%$$
$$= 89.5\%$$

从上述计算结果可知，该车间的平均定置率为 89.5%。

2. 定置管理的综合成本计算

在生产活动中，为实现人与物的结合，需要消耗劳动时间，支付劳动时间的工时费用，这种工时费用称为人与物的结合成本。结合成本，即物的使用费用。人与物的结合成本和人与物的结合状态有直接关系。当人与物的结合处于 A 状态时，结合成本可以忽略不计。当人与物的结合处于 B 状态时，如作业者因使用的工具未实现定置管理，工作时花费很多时间去寻找需要的工具，用于找工具的工时费用越多，结合成本就越高。结合成本高，也就是增加了物的使用费用。

定置管理的综合成本，要考虑人与物的结合成本，如存放成本和取出成本。设 C 为综合定置成本，C_a 为存放成本，C_b 为取出成本，则

$$C = C_a + C_b \tag{4-4}$$

由式(4-4)可知，放物或取物都要耗费一定的成本，即 C 由 C_a 和 C_b 所决定。如果减少 C_a，即定置方法简单和随便，则难以取出（如费劲、费时），C_b 将增大；如果增大 C_a，即定置方法周密、精细，则容易取出，C_b 将变小。

因为取出成本 C_b 完全取决于成本 C_a，则 C_b 是 C_a 的函数，即

$$C_b = F(C_a) \tag{4-5}$$

则 $C = C_a + F(C_a)$

可见若 C_a 确定，则综合定置成本 C 也就完全确定。

知识要点提醒

降低综合定置成本方法如下。

(1) 单独降低存放成本。这种方法只考虑放物容易，没有考虑取物困难，因而不一定能降低综合定置成本。未定置管理的企业，大都习惯这样做。

(2) 单独降低取出成本。这种方法只考虑取出成本减少，未考虑存放增大的程度，因而综合定置成本不会降低很多，且会产生容易取出而难以定置的结果。

(3) 综合考虑降低存放成本和取出成本。这种方法既有利于物的定置，又要降低综合定置成本，是一种较好的方法。

3. 定置管理的成果评价

定置管理的成果评价是将推行定置管理以后和定置管理以前的物的存在价值进行比较，确定其变化量大小。

若物的价值用 V 表示，V_0 表示物的初始价值，C_g 表示人与物结合成本，则

$$V = V_0 - C_g \tag{4-6}$$

若价值量的变化用 ΔV 表示，$V_前$ 表示定置前价值，$V_后$ 表示定置后价值，则

$$\Delta V = V_后 - V_前 \tag{4-7}$$

由式(4-6)和式(4-7)可得 $\Delta V = [V_0 - C_g]_后 - [V_0 - C_g]_前 = C_{g前} - C_{g后}$

式(4-7)表明定置管理后较之定置管理前"物"的价值的变化，等于定置管理前较之定置管理后人与物结合成本的变化，即定置管理后较之定置管理前"物"的存在价值的增加，等于其结合成本的降低。因此，要计算定置管理一年所取得的经济效益，可用式(4-8)计算：

$$E = \Delta C_g \times f - C_{a_j} \tag{4-8}$$

式中，E——一年的经济效益；

f——一年中人与物结合的次数，即年结合频率；

C_{a_j}——定置管理时新投入的定置成本，和一年中开展复元定置（指对已定置物的崩垮所实施的定置活动）所耗费的成本之和，又称为定置管理的增加成本。

知识要点提醒

如果结合成本的变化是结合时间、安全、质量多种因素所造成的,则推行定置管理年总效益可用式(4-9)计算。

$$E_总 = E_T + E_A + E_Z - C_g \qquad (4-9)$$

式中,$E_总$——推行定置管理一年的总经济效益;

E_T——一年内提高劳动生产率的总经济效益;

E_A——一年减少事故所获得的经济效益;

E_Z——一年因减少质量损失所获得的经济效益;

C_g——一年定置管理人物结合的结合成本(包括当年的复元定置成本)。

4. 定置管理考核评价中常见的问题

由于一些企业不是从本企业的实际出发,而是为了表面形式好看,在实施定置管理过程中缺乏明确的目的性、自觉性,对定置管理的艰巨性认识不足。此外,有的企业定置管理随意性很大,整顿中对于具体单位、具体场所、具体物品如何定置,缺乏周密的研究讨论,未制定系统改善的计划方案,提不出切实可行的措施办法,整齐划一地归堆摆放,实际上是物品搬家,是放置,而不是定置。所以,在定置管理考核过程中常遇到下述的问题。

(1) 追求表面形式好看的定置。把不用的东西堆在一起,临时掩盖起来,到处刷漆、划线搞所谓整齐划一的统一模式,临时好看几天,过段时间又恢复了原样。

(2) 应付上级式的定置。为了应付上级的检查,动员全厂职工突击搞整顿,检查组走后没有几天又都逐渐恢复原样。

(3) 刮风式的定置。一旦企业发生重大安全、质量事故,提出要抓紧整理、整顿,但对于如何整顿不做充分研究,也没有什么具体方案、办法,结果整顿的雷声大、雨点小,热闹几天就了事。

例题 2

某轴承厂装配车间一装配工人原装配需要 10min,因人与物的结合情况改善减少了 2min;如因定置管理的推行增加了成本 200 元,该工种的工时费用为 $c=10$ 元/h,试问定置管理年经济效益是多少?

解:设装配工人每天工作 8h,每年 300 个工作日,根据公式

$$E = \Delta C_g \times f - C_{a_j} = c\Delta t \times f - C_{a_j}$$

按题意有

$c = 10$ 元/h

$\Delta t = 2$min

$$f = [480/(10-8)] \times 300 = 18\,000(个)$$

$C_{a_j} = 200(元)$

分别代入公式,有

$$E = 10 \times (2 \div 60) \times 18\,000 - 200 = 5\,800（元）$$

该项定置管理成果，尽管每次只减少了 2min 的结合时间，但一年就可获得 5 800 元的经济效益。

4.3 区域定置管理

区域定置管理是指对企业现场某一场所布局的划分实行定置，使它有一个明确的区域规定，将现场划分为若干区域，规定各类物品摆放在规定的区域内，可通过区域责任制促进操作者及时处理停滞在自己责任区内的物品。

4.3.1 区域划分

区域划分为工厂区域、生产或服务现场区域。

1. 工厂区域

工厂区域一般分 3 个区域，即厂前区、生产区和生活区。

1）厂前区

厂前区是指工厂大门口的入口处到生产区域的中间地带。这个区域的要求是做好绿化及鲜花、草坪栽培，一年四季都有应时花卉开放，使职工上下班时，有进出花园之感，有助于消除疲劳。厂前区到生产区和生活区，道路要保持清洁，有路灯设施，道路两侧栽树、种花、种草，不得在厂前区随便堆放原材料、垃圾。

2）生产区

生产区包括总厂、分厂（车间）、库房，一般靠近厂前区。各车间、辅助车间、生产服务部门应按照工艺流程的顺序使材料、半成品的流向无交叉，无对流，各辅助车间、生产服务部门应设在其主要车间的附近，以保证缩短运输距离，车间应考虑采光、取暖、通风、照明、防火、防盗等要求。总厂定置包括分厂、车间界线划分，大件报废物摆放，改造厂房，拆除物临时存放，垃圾区、车辆存停等。分厂（车间）包括工段、工位、机器设备、工作台、工具箱、更衣箱等。库房包括货架、箱柜、贮存容器等。

3）生活区

生活区包括道路建设、福利设施、园林修造、环境美化等。生活区一般应设在厂前区和生产区域之外，严格防止职工住宅设施在生产区内，生活区的房屋建筑，集体福利设施应排列整齐，道路要整齐清洁，设立固定垃圾点，厕所有上下水干线，有专人管理，以保持生活区整齐清洁。

2. 生产或服务现场区域

生产或作业现场区域包括毛坯区、半成品区、成品区、返修区、废品区、易燃易爆污染物停放区以及服务现场中的作业区等。其具体内容包括：物或者流程的基本活动路线；体验区；排队等候区；防灾区域；成品、半成品待检区；成品、半成品合格区；成品、半成品一等品区；原材料、毛坯停滞区；废品区；返修品区；待处理品区；垃圾停滞区。

> **知识要点提醒**
>
> 检验现场划分5个区域：①半成品待检区、半成品合格区；②成品待检区、成品合格区；③废品区；④返修品区；⑤待处理区。

4.3.2 区域定置管理规则

区域定置管理规则如下。
（1）绘制区域定置图。
（2）对区域信息牌统一进行位置定置。
（3）进行图样架、技术文件、控制文件定置。
（4）对工卡量具、仪器仪表、工位器具在本区域机台停滞的位置定置。
（5）对加工物在本区域摆放的方式及数量定置。
（6）进行区域与区域卫生区域划分定置。

区域信息符号

可用下列信息符号来标明区域，见表4-5。

表4-5 区域信息符号表

符号	表示内容	符号	表示内容
单一符号			
◎	零部件加工	○	搬运
▢	数量检查	⊗	废品
⊕	组装	△	成品、半成品停滞区
◇	质量检查	✡	等待批量
▽	原材料、毛坯停滞区	⊖	等待工序

(续)

符　号	表示内容	符　号	表示内容
复合符号			
⊗	以质量检查为主同时进行数量检查	⊖	以数量检查为主同时进行质量检查
⊖	以加工为主同时进行数量检查	≋	以加工为主同时进行搬运
检查现场信息符号			
⊟	成品、半成品检验区	⊛	等待处理区
▽	成品、半成品合格区	⊗	废品区
▽	废品、半成品一等品区	▽	原材料区
△	返修品区		

4.3.3　区域定置管理内容

区域定置是按工艺或服务流程把现场分为若干定置区域，对每个区域实行定置管理。区域定置管理内容如下。

（1）根据工厂或设施占地，设计厂区定置图，对现场、通道、物品区合理划分，设置标识牌和标志线，对场所和物品依据定置图实行全面定置。

（2）对易燃、易爆、有毒、易变质的物品及重要场所、消防设施等实行特殊定置，按规定特别标识。

（3）建立车间、班组或服务场所绿化区域和卫生责任区域的定置管理，并设置责任标识牌，明确责任人。

（4）确定物品（成品、半成品、材料、工具）的停放区域。

（5）对垃圾、废品回收点定置。

（6）对车辆停放定置。

（7）按定置图要求，清除无关的物品。

4.4　车间定置管理

车间定置管理是根据生产需要、合理设计车间定置图，划分定置区域，对工段、班组、工序、工位、设备以及检查现场等定置。车间定置管理包括设备定置管理、仓库定置管理、特别定置管理、工位器具和工具箱定置管理、安全定置管理、环境美化定置管理等。

4.4.1 设备定置管理

设备定置是以完善的设备台账为依据,以提高工作程序中各环节的管理水平为手段,实现设备定位查找。设备定置管理是通过对现场中操作者、设备、场所进行科学分析、规划和整改,使三者的结合达到最佳效能状态的一种设备管理方法。

1. 设备定置管理的内容

设备定置场所是设备管理人员工作的地方,其定置管理水平反映设备管理人员的业务素质和工作态度,直接影响设备管理的工作效率和效果,体现设备管理的水平和形象。设备定置管理的内容有:①设备场所定置;②设备使用现场专项设备定置;③设备管理资料定置;④设备使用现场设备定置;⑤设备及周围环境卫生;⑥设备检查时间周期;⑦设备操作人员和维修人员的工作标准等要求。

2. 设备定置管理的要求

1)设备管理场所的定置管理要求

(1)公私分开。与工作相关的公用物品放在明显处;与工作相关的私人物品放在不明显处,以不影响工作和整体形象为原则;与工作无关的私人物品不应存放在设备场所内。

(2)专共明确。专用物品应定点存放;共用物品应放在所有人拿取都方便的地方;个人使用的物品应就近放置;两人以上的办公场所应明确每个定置物品的管理责任人。

(3)柜架标识。资料柜架左上角应贴柜架的名称、编号和责任人;资料柜架门内应贴柜架内资料、物品定置图表(透明玻璃门柜架的定置图位置自定)。

(4)桌面物品。物品摆放应整齐、规范、美观,一般允许有下列物品:待处理、处理中的文件(夹)或资料;电话、电话簿、文具盒、电脑、台历、水杯;玻璃板下允许放日历、电话表或必要资料。

(5)抽屉物品。公私分开,分类摆放;常用物品放在便于拿取的层面;及时清理无用物品。

(6)墙面张贴。粘贴物应尽量放入告示板内;粘贴物若直接粘在墙面上,应避免使墙面留下永久斑痕;及时清除过期粘贴物。

(7)其他物品。办公室内其他物品的摆放应定位且整齐、规范、美观。

2)设备管理资料的定置管理要求

做好设备管理资料的定置管理,可提高办公效率和资料管理水平,减少寻找时间,改善办公环境。

(1)纸件资料定置管理要求。纸件资料泛指以纸质形式存放的设备管理资料(书籍除外);纸件资料一般应装入文件盒(夹)内,定位存放;对需长期保存的纸件资料应有专(兼)职人员进行统一管理,不应私人占有纸件资料;纸件资料应整洁、规范;纸件资料格式应统一,一般为 A4 纸,特殊情况除外;无效和不用的纸件资料应及时清除;做好保密工作,严禁自由传播,不随意复印或使用复印件。

(2)电子资料定置管理要求。建立电子资料管理制度与电子资料档案库,各类电子资料应及时归档;电子资料分类原则一般应与纸件资料相同;防止电子资料外传或误操作损毁电子资料,计算机应设置开机口令;防止系统损坏丢失电子资料,应进行安全备份;防止误操作改动电子资料内容,应设置文档修改密码。

3) 设备使用现场设备的定置管理要求

(1) 设备使用现场通用设备定置管理要求。设备外观应整洁、规范;设备附件、护栏、护罩、台板应齐全、完好、紧固可靠;线路、管路走向合理、捆扎规范;设备铭牌齐全、清晰;不能工作的设备应挂牌警示;不该放置在设备上(内)的物品严禁出现在设备上(内);设备操作室、监控室、随机工具箱内的必要物品应规范摆放。

(2) 工厂式单位设备定置管理要求。工厂式单位是指主要生产设备固定于厂院或厂房内的单位,如机械制造、设备修理、通信等单位。

(3) 野外施工现场设备定置管理要求。工程施工设备使用现场要求。

4.4.2 仓库定置管理

仓库是指原材料、外购产品、在制品、产成品、工位器具、工艺装备等物品的贮存场地。仓库定置管理是对仓库内存放物实行定置管理。

1. 仓库定置管理的内容

仓库定置的内容主要有:①制订仓库定置管理计划;②设计仓库定置图;③实施仓库定置图;④检查仓库定置情况,考核仓库定置水平。

2. 仓库定置管理的要求

各类仓库定置设计,对于有效控制生产、保证生产均衡、有节奏地完成生产计划,以及保证产品质量、降低消耗、节约资金、实现文明生产都有重要作用。仓库定置要求如下:

(1) 要设计库房定置总图,按指定的地点定置。

(2) 仓库内必须整洁、文明、安全外,还要做到库内物品储存、运输工具、计量器具、消防设施等都应按规定定置摆放,贴好信息牌,物品的摆放要做到齐、方、正、直,设置合格区、不合格区、待验区、临时停滞区。

(3) 确定物品的搬运方式和搬运方法。

(4) 充分考虑减少库存和在制品停滞以及合理利用仓库空间,与生产无关的物品一律清除出仓库。

(5) 设计货架定置图,货架层、格应清洁、无污垢。

(6) 库房定置做到账、物、卡、号、图相符,出入库手续齐备。

(7) 确切地进行场所的区分和表示,各库房应设有待验收区,设置场所临时停放区,温度计、湿度计定置在易看得见的位置,仓库安全通道要保证畅通,有通道线标记,不得在通道线上堆放物品,通道宽度要适合搬运方法的需要,货架、箱柜、贮存容器合理排列并编号,有明显的场所标记。

(8) 仓库的温度、湿度、通风、采光和照明,都要满足物品的需要和人员的工作方便。

(9) 有储存期要求的物品,要求超期物品有单独区域放置,接近超期 1~3 个月的物品要设置期限标志,在库存报表上对超期物品也要用特定符号表示。

有保管期要求的零部件在保管场所要采取的措施?

生产应有保管期要求的零部件,如线路板,实行特殊定置。除执行先进先出的发料原则外,在保管场所要采取以下措施。

(1) 尚差一季到期的物品，有指定区域存放。
(2) 超期物品，有指定区域存放。
(3) 上述物品按规定的标准信息表示出来。
(4) 库存报表按规定的信息提前发出，以便引起管理者的注意。
(5) 库房不得存放其他物品，不要的物品清出去，暂保管品在库房另行定置保管。

3. 仓库定置管理的步骤

仓库定置管理的步骤如下。
(1) 决定定置的物品和场所，选定区域或货架。
(2) 清扫生产现场和现货的灰尘脏物。
(3) 检查货物有无标示、是否齐全、是否和货物一致，并相应地进行补充和修改。
(4) 对场所位置进行标示和编号。
(5) 进行定置调查。
(6) 对物品进行定置。根据新位号定置区分表，逐位地将不该放在该位的物品取出，置于临时存放台、箱，再将要定入该位的物品从原号取出放入，这样逐一进行，直至所有的货位完成。
(7) 制作位置台账。根据定置调查表制定甲型位置台账，根据定置区分表制定乙型位置台账。

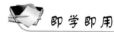
即学即用

仓库物品定置要求如下。
(1) 对"不要"的物品，应先取出，放到"不要"物区或箱内。
(2) 对"修正"物品的物态（物品存放姿态）、包装等进行修正。
(3) 对"不急需"物品，通常放在不易拿取的最上层或最下层。
(4) 为避免差错和提高效率，调查和定置应由两人配合进行。定置调查表，见表4-6。

表4-6 定置调查表

序号	物品名	数量	原位号	不要	待定	物态	新位号	备注

定置调查是逐一地对货物进行鉴定，是否本仓库所需，货物的存放姿态是否合理，应对"不要""待定"、存放姿态不合理、保养、包装不善的货物，分表的相关栏内划"0"。完成定置调查后，再根据货物的重量、体积、形状和存放的频数，确定新的货位号：①重的、大的物品一般放下层；②存取频数多的物品，放在最容易取放的层位；③按表中新位置定置，将"不要"物放在"不要"物区或箱内；④将"待定"物请专业人员协助鉴定。

资料来源：陈国华. 生产运作管理（第三版）[M]. 南京大学出版社，2016.

4.4.3 特别定置管理

1. 特别定置管理的内容

特别定置管理是指在生产或服务过程中，把影响质量、安全问题的薄弱环节，切实实行人定置、物定置、时定置。在定置管理设计时，对有毒、有害、易污染环境、易燃、易爆物品，以及不安全场所，必须强调安全第一的思想，实行特别定置管理。在实施特别定置管理过程中,明确规定物品在指定地点使用、停放的状态和停放数量,并配备专人负责,按规定时间检查,确保物品放置的安全。对于易燃、易爆、易污染及有毒物品实行特别定置能有效避免、控制不安全因素,其内容主要有质量控制点定置管理、安全定置管理等。

2. 特别定置管理的要求

特别定置管理的主要要求如下。

(1) 公司、车间设有特别定置图,便于值班人员按规定的路线图进行检查。

(2) 易燃、易爆、有毒物品存放地,要把门窗锁牢,室内定置的消防设施齐全,通道畅通无阻,并有专人负责,每日实行定时检查,并有记录。

(3) 现场电源、电路、电器设施要有定置要求,工作现场的电源、电路、电器设施每日定时检查。

(4) 消防栓、灭火器具、电动机和接近电源的通道不得定置物品,保证在使用时方便,道路畅通。

(5) 吸烟室必须有烟灰缸,烟灰缸定置处要安全可靠,下班前半小时禁止吸烟,并有专人负责检查。

(6) 加热器具和明火作业地点,必须定置在远离易燃、易爆物品的安全地,在场地配备灭火器具,在作业界线范围内实行定置,每日定时检查。

(7) 各场所的灭火器具、消防器材放在方便使用的地方,实行定置。

(8) 使用易燃、易爆、易污染环境的物品,在作业场所应保持最低的数量,并有停放状态要求,在安全存放地定置。

(9) 有毒、易污染环境的场所,应限定界线,定置在一定范围。

(10) 对不安全场所,如建筑施工现场,机械安装现场,吊物作业、易坠落、易塌方、易发生机械伤人的场所,应有明显的安全标记,确保通道安全。

(11) 凡是实行特别定置管理的场所,按国家规定的信息标志、标准进行定置,标志牌下注明负责人,实行巡检,并有检查记录。

(12) 现场精、大、稀设备的重点作业场所和区域实行特别定置管理。

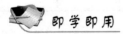

有储存期要求的物品信息符号要特别规定,有储存期要求的物品标记如图4.3所示。

图 4.3 有储存期要求的物品标记

4.4.4 工位器具和工具箱定置管理

工位器具、工具箱和容器必须满足生产活动的质量、效率、安全等要求,使现场的物流处于最佳状态,发挥固有功能,并使生产或服务秩序化、规范化和高效化。

1. 工位器具定置的内容

工位器具定置的内容如下。

(1) 工位器具设计图纸和技术文件定置存放。

(2) 划分工位器具定置区域。

(3) 确定工位器具在区域中的定置位置。

(4) 对工位器具在区域中的存放方式和数量实行定置。

(5) 对工位器具的分类和编号实行定置。

(6) 工位器具的管理,实行人员定置。

(7) 做到工位器具的账、物、号一致。

容器器具定置内容如下。

(1) 各种储存容器、器具中摆放与生产控制有关的物品,无关的物品不得摆放其中。

(2) 将各储存种物品分类,按使用频次排列成合理的顺序,整齐有序地摆放在容器和器具中,使用频次多的物品,一般应放入每层中间且与操作者较近的位置。

(3) 物品放好后,依次编号,号码与定置图的标注相符,做到以物对号,以号对位,以位对图,图、号、位、物相符。

(4) 在容器、器具门内或是合适的表面下方贴定置图。

(5) 保持各种容器、器具层格的清洁,无污垢,按规定的时间进行清洗和整理。

(6) 统一部门内的容器和器具。

2. 工位器具定置的要求

工位器具定置的要求如下。

(1) 由车间或部门统一绘制工位器具定置图。

(2) 现场的工位器具的式样、结构、尺寸和颜色应统一。

(3) 工位器具放置位置要整齐划一,符合车间或部门定置图要求。

(4) 工位器具的存放要按定置图的要求进行。

(5) 工位器具应有定置图和定置台账。

知 识 要 点 提 醒

工位器具定置规则如下。

(1) 设计工位器具区域定置图。

(2) 设计定置标准信息符号。

(3) 区域划分应满足工位器具放置的要求。

(4) 工位器具不准占用通道。

4.4.5 安全定置管理

1. 安全定置管理的内容

安全定置管理的内容如下。

(1) 做到安全定置相对稳定,持续改进,不断完善。安全定置管理有很强的辐射功能,通过推行安全定置管理，可带动现场各项工作的改进，如工艺流程的理顺、跑冒滴漏的治理，管线乱搭、乱接的治理，加料抛撒、运料散落、堆放混乱问题的治理，设备清洁、泄漏和泄漏污染的治理，开关箱破损的治理，废物、垃圾乱扔的治理，作业场所卫生整洁的治理，有害化学品随意堆放的治理，废水、废气随意排放的治理等。因此，应充分发挥安全定置管理的辐射作用，深化现场的安全治理，带动现场各项管理工作的积极开展，如文明生产、能源管理、物资管理、设备管理、质量管理、环境管理、安全管理等。

（2）安全定置从实际出发，因地制宜，讲究实用。安全定置应注重从实际出发，具体分析生产和服务活动中人、物、场所的情况和企业自身特点和客观条件，制定切实可行的定置方案和办法，如现场环境优美整洁、作业场所物品摆放有序、灭火器材合理设置和摆放数量合适的器材、运行设备的安全防护等。

2. 安全定置管理的要求

安全定置管理的一般要求如下。

（1）安全定置应规范化，建立、健全各项制度，如定置图的绘制应认真、细致、规范并采用安全标准信息符号进行标注，应加强色调定置管理，以便识别、操作和检修，应完善现场检查制度。

（2）实行群体参与。安全定置管理应当是实实在在的内容，形式上不应该空泛和概念化，必须便于检查、考核，又能见到实效。

（3）动静态定置管理相结合。

（4）信息符号标志牌颜色规范。

知识要点提醒

为了有效实施安全定置，必须明确区域的责任者，划分区域信息符号。

（1）待检区：由检查员负责。

（2）合格区：由物流员负责。

（3）待处理区：由车间工艺技术员负责。

（4）废品区：由检查员负责。

（5）返修区：由车间管理者和操作者负责。

区域信息符号颜色分类如下。

（1）合格区信息符号标志牌为绿色。

（2）返修区信息符号标志牌为红色。

（3）待检区信息符号标志牌为蓝色。

（4）废品区信息符号标志牌为白色。

（5）待处理区信息符号标志牌为黄色。

4.4.6 环境美化定置管理

1. 环境美化定置管理的内容

定置管理优秀的企业都有良好的工作环境、和谐融洽的管理气氛。环境美化定置凭借造就安全、明朗、舒适的工作环境，激发员工的团队意识，提升员工真、善、美的品质，从而塑造企业良好的形象，提升企业竞争力。环境美化定置主要内容有：设计绿化区、美化区、卫生责任区定置图，物品停滞区定置，设计垃圾、废品回收点定置图，绿化、美化区域定置，废水、废气、废渣定置等。

2. 环境美化定置管理的要求

环境美化定置要求如下。
（1）对精密加工或组装车间实行绿化、美化管理，防止灰尘飞扬，防止污染车间。
（2）对废水、废气、废渣综合治理，防止烟尘和砂粉危害。
（3）对物品停滞区定置，确定建筑物、砖沙、石、水泥等建材存放区，大杂物品停滞区，产品包装物停放区，露天仓库占用界线，废品停滞区和污染环境物品停滞区及界线。
（4）对绿化区域、卫生责任区实行定置。
（5）垃圾、废品回收点定置，确定垃圾、废品回收点区域，划分垃圾废品回收点的使用单位，制造垃圾、废品回收箱，并用规定的符号和颜色表示。
（6）对厂区绿化区域实行定置管理。

4.5 职能部门定置管理

职能部门是指组织中对下属单位具有计划、组织、指挥权力的部门。职能部门定置管理是以职能科室办公现场为主要对象，研究分析人、物、场所的状况，以及它们之间的关系，并通过整理、整顿改善办公现场条件，促进人、方法、制度、环境有机结合的一种方法。把职能部门中不需要的东西清除掉，不断改善办公现场条件，科学地利用场所，促进人与物的有效结合，使办公中需要的资料、物品随手可得，从而实现办公现场管理规范化与科学化，有效提高现场管理水平。

4.5.1 职能部门定置管理的内容

职能部门定置管理要求企业的各级管理人员按照工作标准化、程序化、系统化的工作方式，管理各种文件、资料，及时准确地按照内容、工作程序分类定置，便于及时处理各种信息，提高工作效率，其主要内容有：①设计各种文件、资料、流程图；②文件定置标准化；③办公桌及室内物品定置；④文件柜及柜内文件、资料定置，并及时分类处理，各急用文件、资料以及用于服务基层一线、亟待解决的各种信息实行特别定置；⑤信息示准化，各类信息按与生产相关性分类，做到时间和顺序定置；⑥卫生及生活用品定置。

即学即用

职能部门定置信息符号如下。
（1）A-1——日常工作紧密结合物。
（2）A-2——日常工作周期结合物。
（3）A-3——日常工作学习资料。
（4）A-4——日常工作各种储存资料及生活用品。

4.5.2 办公室定置管理

办公室定置管理主要是设计各类文件资料流程，实施办公桌定置、文件资料柜定置、卫生及生活用品定置、急办文件和信息特殊定置。

1. 办公室定置管理的要求

办公室定置管理要求企业的各级管理人员按照工作标准化、程序化、系统化的工作方式，管理各种文件、资料，及时准确的按照内容，工作程序分类定置，便于及时处理各种信息，提高工作效率。办公室定置要求如下。

（1）办公室定置图应贴在各自的门板内或墙壁的适当位置上。
（2）办公室的物品要按定置图的编号顺序依次摆放，做到整齐、方便、美观、大方。
（3）办公室内与工作无关的物品，一律清除出办公室。
（4）文件资料柜要按第（2）项要求，贴墙摆放。
（5）每天排人值班，负责当天卫生清扫及物品的定置摆放。

某公司办公室定置管理规定

为规范公司办公环境，给员工创造清新、整洁的办公场所，便于统一管理，现对办公室设施、物品定置摆放做如下规定，办公室定置管理如图4.4、图4.5和图4.6所示。

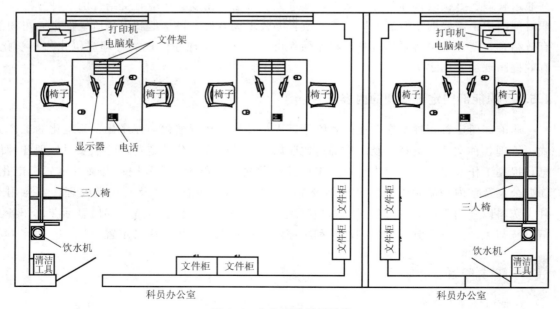

图 4.4　办公室定置管理①

1. 科员办公室

（1）办公桌距离墙边 80cm（如没有打印机可靠墙放置），两张桌子前沿并齐并对准窗户中线，文件柜放置在侧墙。如果房间内有沙发或三人椅，放置在文件柜对侧。

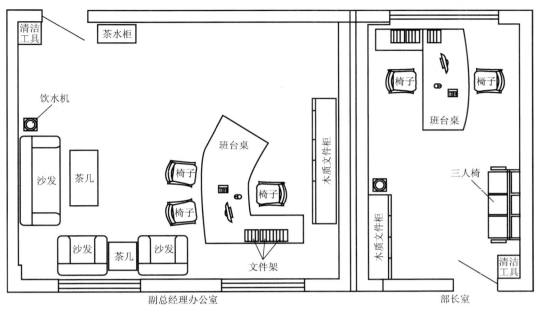

图 4.5　办公室定置管理②

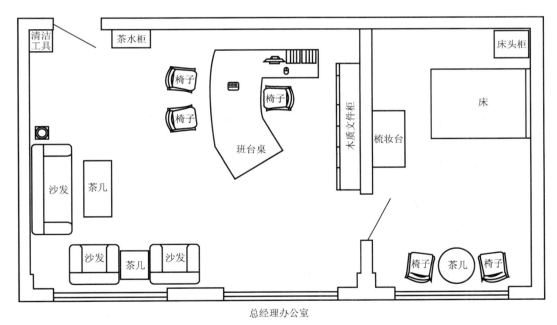

图 4.6　办公室定置管理③

(2) 房间内其他设备较多的，如扫描仪、打印机、传真机等，可先配置一张电脑桌，放置在靠窗一侧的墙壁与办公桌空隙。

(3) 有其他物品的房间（如沙发、茶几）可放置在与文件柜相对的一侧。

(4) 有饮水机的房间将饮水机靠门放置。

2. 部长办公室、副总经理办公室

3. 总经理办公室

总经理办公室各房间根据房间门所在位置自行调整摆放方向。

4. 其他要求

(1) 各房间借用或调换办公椅、饮水机、电话机、打印机不得超过一星期。

(2) 办公桌、电脑、文件柜、茶几、沙发不得私自转借、调换或改变放置位置。

(3) 对房间卫生及物品摆设做如下规定。

① 各房间办公桌上用品应保持整洁。

② 安全帽放在文件柜里或办公桌橱柜里。

③ 不得随意在墙壁上张贴纸张。

④ 窗台上不得放置杂物。

⑤ 房间内要求每天清扫,桌面、窗台不积灰,地面无杂物。

⑥ 办公桌上允许临时堆放两摞 A4 尺寸纸张或文件、书刊等,要求摆放整齐。

资料来源:http://www.doc88.com/p－313735087094.html.

2. 办公桌、椅、文件柜定置要求

1) 办公桌定置要求

(1) 定置时按物品分门别类,分每天用和经常用;物品摆放符合方便、顺手、整洁、美观和提高工作效率的要求。

(2) 定置图统一贴在规定的地方。

(3) 办公桌中无用的物品清除走。

(4) 有用物品编号并标在定置图中,使图、号、位、物相符。

2) 办公椅定置要求

(1) 人离开办公室(在办公楼内或未远离),座位原位放置。

(2) 人离开办公室短时外出,座位半推进。

(3) 人离开办公室超过 4 小时或休息,座位全推进。

3) 文件柜定置要求

(1) 与工作和生产无关之物彻底清除。

(2) 文件资料柜的摆放要做到合理、整齐、美观并便于提高工作效率。

(3) 各类物品必须编号并注于定置图中,做到号、物、位、图相符。

(4) 定置图贴在文件资料柜门扇内。

(5) 定期进行整理、整顿,保持柜内整齐和整洁。

3. 档案的定置管理要求

档案的定置管理是为了实现档案管理工作标准化。由于企业各类管理文件、产品繁多,产品规格复杂,设计图纸、工艺文件资料储备量和修改工作量很大。因而,运用定置管理的技法,科学地管理好各类档案,是企业提高管理水平的需要。档案的定置管理,就是研究分析档案管理的五要素,实现五要素的一体化。档案管理的五要素是:人——档案员的素质、工作效率;料——文件、图纸及各种资料;柜——档案箱、专用设备;法——管理方法、人物结合的信息管理手段;环——管理中的环境因素、文明管理、文明服务。档案的定置管理具体要求如下。

(1) 建立档案管理制度。

(2) 设置档案管理定置图。

(3) 档案文件定置标准化,文件资料做到归类合理、摆放整齐,便于检索查询。

(4) 文件、资料目录在指定的格内，标识文件、资料位置（架、箱、格）和文件、资料号。

(5) 文件、资料、成套图纸等档案，按文件、资料、图纸等目录进行编号。

(6) 文件、资料等档案材料及时分类处理。

对于技术档案，首先按设备、基建、产品等分大类；其次再分产品的小类；再把档案柜排号；然后把产品拼音字头相同的放入同一个档案柜内。如 A 字头产品放入一号柜，B 字头的产品放入二号柜，这样既做到合理定置，又便于查找，提高效率。

本 章 小 结

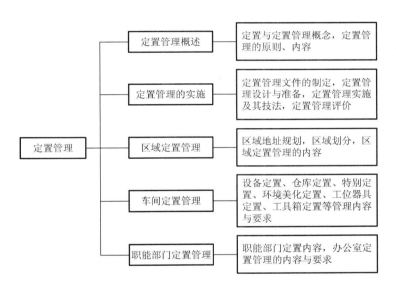

关键术语

定置管理（Fixation Management）

定置率（Fixation Rate）

定置管理设计（Fixation Management Design）

直接结合（Direct Combination）

间接结合（Indirect Combination）

定置图（Fixation Graph）

知识链接

[1] 梁勤峰．丰田精益管理：现场管理与改善 [M]．北京：人民邮电出版社，2015．

[2] 李家林．目视精细化管理 [M]．深圳：海天出版社，2011．

[3] 冶金部体制改革司．冶金工业企业定置管理理论及其应用 [M]．沈阳：辽宁人民出版社，2011．

[4] 金仲信．铸造车间定置管理的方法 [J]．中国铸造装备与技术，2004，(4)：61-63．

[5] 陆愈. 实现场定置管理技术 [M]. 北京：中国工人出版社，2002.

[6] [日] 青木龟南. 定置管理——科学的整理整顿 [M]. 董培杰、宋贵宗、薛秋，译. 北京：科学普及出版社，1990.

习 题

1. 选择题

(1) 定置设计遵循的原则包括（   ）。

A. 有利于减轻劳动强度　　　　　　B. 有利于提高效率和产品质量

C. 有利于提高场地利用率　　　　　D. 以上选项都正确

(2) 定置管理最终要实现人、物、场所的有效结合，高效地完成预定的任务。为此，将生产现场中人、物、场所三要素分别划分为（   ）。

A. 两种状态　　　B. 3 种状态　　　C. 4 种状态　　　D. 5 种状态

(3) 在生产场所中，所有物品都是为了满足人的需要而存在的，因而，必须使物品以一定的形式与人结合，其结合方式有（   ）。

A. 直接结合与间接结合　　　　　　B. 有效结合与无效结合

C. 紧密结合与松散结合　　　　　　D. 重点结合与一般结合

(4) 定置管理起源于（   ）。

A. 美国　　　　　B. 英国　　　　　C. 中国　　　　　D. 日本

(5) 生产现场中人、物、场所三要素的结合状态也划分为（   ）。

A. A、B 状态　　　　　　　　　　B. A、B、C 状态

C. A、B、C、D 状态　　　　　　　D. A、B、C、D、E 状态

(6) 定置内容较为复杂，在企业中可粗略地分为（   ）。

A. 区域定置和特别定置　　　　　　B. 车间定置和职能科室定置

C. 办公室定置和仓库定置　　　　　D. 都不是

2. 填空题

(1) 定置管理将生产现场中所_____素分别划分为_____状态。

(2) 在生产场所中，物品以一定的形式与人结合，其结合方式有_____、_____。

(3) 定置管理设计主要包括_____、_____。

(4) 检查现场区域一般分为_____、_____、_____、_____、_____。

(5) 通常把定置物料按人与物在生产过程中结合程度分为_____、_____、_____。

(6) 定置管理的范围是对生产现场物品的定量过程中进行_____、_____、_____。

3. 简答题

(1) 什么是定置管理？

(2) 什么是定置率？

(3) 简述人、物、场所三者之间的关系。

(4) 定置的原则和目的是什么？

（5）简述定置管理的工作程序。
（6）简述定置管理的内容。

大连三洋制冷有限公司消除现场工作的 7 种浪费

大连三洋制冷有限公司加强生产现场管理，消除生产现场的 7 种浪费。他们将所有浪费归纳成 7 种：①搬运的浪费；②等待的浪费；③不良品的浪费；④动作的浪费；⑤加工的浪费；⑥库存的浪费；⑦制造过多（早）的浪费。

1. 7 种浪费之一：搬运的浪费

生产管理部和制造部每月均对总生产工时进行汇总分析，发现在实际作业时间减少的同时，总工时却在增加，经仔细分析后发现，是两个工厂间的运输工时居高不下，特别是由二工厂向一工厂搬运原材料的工时占大多数。怎么样克服？大连三洋制冷有限公司为减少搬运，把 4 个车间合并成两个，一些零部件的加工由原来在别处加工变成在生产线旁进行加工，从而减少搬运。在不可能完全消除搬运的情况下，运用定置原理，重新调整生产布局，尽量减少搬运的距离。

2. 7 种浪费之二：等待的浪费

等待就是闲着没事，等着下一个动作的来临，这种浪费是毋庸置疑的。造成等待的原因通常有：作业不平衡、安排作业不当、停工待料、品质不良等。以制造部性能试验课等待电控盘为例，由于电控盘不能按要求及时入厂，有可能无法按期交货，而当电控盘入厂后，又需要抢进度，可能会出现加班、质量问题等。

3. 7 种浪费之三：不良品的浪费

产品制造过程中，任何的不良品产生，都会造成材料、机器、人工等的浪费，任何修补都是额外的成本支出。大连三洋制冷有限公司的推行"3C 现场质量管理法"，即"确认上道工序零部件的加工质量，确认本工序加工的技术、工艺要求和加工质量，确认交付到下道工序的完成品质量"（注："3C 现场质量管理法"荣获 2001 年度辽宁省管理创新成果一等奖）。及早发掘不良品，确定不良的来源，从而减少不良品的产生，用一切办法来消除、减少一切非增值活动。例如，检验、搬运和等待等造成的浪费，具体方法就是推行"零返修率"，必须做一个零件合格一个零件，第一次就做好，更重要的是在生产的源头就杜绝不合格零部件、原材料流入生产后道工序，追求零废品率。管理工作中是否也存在类似的浪费情况？对于管理过程实施精益生产来减少浪费，实施起来就比较困难。

4. 7 种浪费之四：动作的浪费

运用"动作研究"的基本思想，反思一下日常工作中有哪些动作不合理？如何改进？要达到同样作业的目的，会有不同的动作，哪些动作是不必要的呢？是不是要拿上、拿下如此频繁？反转的动作、步行的动作、弯腰的动作、对准的动作、直角转弯的动作等有没有必要？

5. 7 种浪费之五：加工的浪费

在制造过程中，为了达到作业的目的，有一些加工程序是可以省略、替代、重组或合并的，若是仔细地加以检查，可发现又有不少的浪费等着去改善。

大连三洋制冷有限公司管理人员在参观日本三洋家用空调机生产线时，日方课长把他们领到热交换器的组装线旁，给他们讲述了如何通过重组和合并来消除浪费。

原来的热交换器组装流水线是需要一个员工把穿完管的热交换器装箱后，用手推车运送到涨管设备旁，然后由另一个员工操作设备涨管，最后再由第3名员工把涨完管后的热交搬运到另一条悬臂运输线上。经过革新，他们把热交组装线的传送带延伸到涨管设备旁，可减少一名运输工人，今后还准备把涨管设备迁移到悬臂线旁，由涨管工人直接把热交送到悬挂臂上，又节省一名搬运工人。通过两次对工序进行重组和合并，操作人员由3人减为1人。

6. 7种浪费之六：库存的浪费

精益生产方式认为："库存是万恶之源。"这是丰田对浪费的见解与传统见解最大不同的地方，也是丰田能带给企业很大利益的原动力。

精益生产方式中几乎所有的改善行动皆会直接或间接地和消除库存有关。精益生产方式为什么将库存视为万恶之根源，而要想尽办法来降低它呢？因为库存会造成下列的浪费。

(1) 产生不必要的搬运、堆积、放置、防护处理、找寻等浪费。
(2) 使先进先出的作业困难。
(3) 损失利息及增加管理费用。
(4) 物品的价值会减低，变成呆滞品。
(5) 占用厂房空间，造成多余的工场、仓库建设投资的浪费。
(6) 设备能力及人员需求的误判。

到底为什么要有库存量，最大的理由是"怕出问题"——出现故障怎么办？会不会因部分设备出问题，而影响整条生产线或工厂的生产呢？于是为了不使影响扩大，库存便成了必要，众多的问题也被隐藏起来，所有进步、赚钱（发现问题、解决问题就是赚钱）的步调自然变慢了。无怪乎精益生产方式称库存为万恶之源，绝对不允许它存在，如果现在已经有了库存，也要行进一切办法，将之降低，力争零库存。（注：零库存的"零"并非指数学意义上的"完全没有"的意思，而是指把库存"尽量减到最少的必要程度"。）

7. 7种浪费之七：制造过多（早）的浪费

精益生产方式所强调的是"及时生产"，也就是在必要的时候，做出必要数量的必要东西，此外都属于浪费。而所谓必要的东西和必要的时候，就是指顾客已决定要买的数量与时间。假设客户只要100个，而每个1元，如果生产了150个，这售价却不会是150元，因为多余的50个并没有卖出去，仅是变成库存，因此利润也就无从产生，换句话说，多做了是浪费。

而制造过早同样也是浪费，但为什么有很多工厂会一而再地过多与过早制造呢？最大的原因在于他们不明白这是一种浪费，反而以为多做能提高效率，提早做好能减少产能损失，显然这是一种极大的误解。

大连三洋制冷有限公司一些制造部的老员工还会记得1995年和1996年间在制造部各课间发生的自制件放置场所的事情：因为生产能力的增长大于销售能力的增长，没有控制住产量，各工序都在"努力"生产，现场中堆满了自制零部件，各车间为放置场所争执不休，最后需要部门协调才解决，"零库存"的生产管理思想一文就是在此背景下写出的。在此后的工作中虽然有较大的改进，但仍然存在一些问题，有待大家群策群力加以解决。除在制品外，产成品制造过多显得更为可怕。1998 年年初成品库存超过百台的场景仿佛就在眼前：绿色通道上已开始摆上了产品；产品的转序几乎变得不可能，一台产品要从总装移动到核检，至少要先后吊装 3 台产品来腾出空地；产品间的距离一个人侧身也进不去，吊装时多次发生产品相撞事故。要求寻找一个能存放大型机产品仓库的呼声日益高涨。

以上 7 种浪费，都是横亘在大连三洋制冷有限公司面前的敌人，对它了解得越多，将来获得的利益也越多。对于这 7 种浪费，绝对不能半信半疑，否则效果便会打折扣。敌人就是敌人，一定要想尽办法消灭它！要知道，消灭它的同时，利益就产生了。在竞争激烈的环境中，大连三洋制冷有限公司要比别人获得更多的效益，才能够顺利地生存下去。但是仅仅认识到浪费还是远远不够的，还需要通过管理方法尽可能把这些浪费进行量化，才能使大家真正重视起来，投入到减少浪费的工作中去。上面 7 种浪费所提出的问题仅是大连三洋制冷有限公司诸多问题中的冰山露出海面的部分，大量的问题隐藏在水面之下，而且生产现场中的问题由于目视可见，解决起来相对容易一些，而管理部门存在的问题则隐藏较深，解决起来较困难，但如果解决了，则见效大。避免重复出现生产一线轰轰烈烈，而管理部门春风拂面的局面，真正从思想上认清"浪费"带来的危害，从而真正在行动上去消除"浪费"，降低成本，提高效率，增加效益。

资料来源：http：//www.aswiser.com/Lean_show.asp? ArticleID=3490.

分析与讨论

（1）总结分析大连三洋制冷有限公司消除现场工作的 7 种浪费的经验。

（2）如何理解"不能直接创造出价值的一切活动，均视为浪费"？

（3）结合大连三洋制冷有限公司谈谈运用定置管理促进企业精益生产，减少浪费的方法。

第 5 章

目 视 管 理

本章教学要点

知识要点	掌握程度	相关知识
目视管理的含义和作用	掌握	目视管理与 5S 的区别
目视管理的分类管理	熟悉	设备的目视管理、工具的目视管理等
目视管理的内容和原则	重点掌握	目视管理的内容和原则
目视管理的常用工具	掌握	看板管理、行灯系统等

本章技能要点

技能要点	熟练程度	应用方向
目视管理推行	重点掌握	在组织内具体实施目视管理
目视管理的分类管理	熟悉	运用目视管理的分类管理来提高现场工作人员工作效率

庖 丁 解 牛

厨师庖丁给文惠君宰杀牛,分解牛的肢体时手接触的地方、肩靠着的地方、脚踩踏的地方、膝抵住的地方,都发出哗哗的声响,快速进刀时嚯嚯的声音,无不像美妙的音乐旋律,合乎《桑林》舞乐的节拍,又合乎《经首》乐曲的节奏。

文惠君说:"嘻,妙呀!(你解牛的)技术怎么达到如此高超的地步呢?"

厨师放下刀回答说:"我所喜好的是摸索事物的规律,比起一般的技术、技巧又进了一层。我开始分解牛体的时候,所看见的没有不是一头整牛的。几年之后,就不曾再看到整体的牛了。现在,我只用心神去接触而不必用眼睛去观察,眼睛的官能似乎停了下来而精神世界还在不停地运行。依照牛的生理结构,劈击肌肉骨路间大的缝隙,把刀导向那些骨节间大的空处,顺着牛体的天然结构去解剖;从不曾碰拾经络结聚的部位和骨肉紧密连接的地方,何况那些大骨头呢!优秀的厨师一年更换一把刀,因为他们是在用刀割肉;普通的厨师一个月就更换一把刀,因为他们是在用刀砍骨头。如今我使用的这把刀已经19年了,所宰杀的牛上千头了,而刀刃锋利得就像刚从磨刀石上磨过一样。牛的骨头乃至各个组合部位之间是有空隙的,而刀刃几乎没有什么厚度,用薄薄的刀刃插入有空隙的骨节和组合部位间,对于刀刃的运转和回旋来说那是多么宽绰而有余地呀。所以我的刀使用了19年刀锋仍像刚从磨刀石上磨过一样。虽然这样,每当遇上筋腔、骨节聚结交错的地方,我看到难于下刀,为此而格外谨慎不敢大意,目光专注,动作迟缓,动刀十分轻微。牛体全部分解开来,就像是一堆泥土堆放在地上。我提着刀站在那儿,为此而环顾四周,为此而踌躇满志,这才擦拭好刀收藏起来。"

文惠君说:"妙啊,我听了厨师这一席话,从中得到养生的道理了。"

文惠君从庖丁解牛中懂得了养生的道理,而人们也可以从其中悟得管理工作的3层境界。

第一层:一般的管理者做事情的态度,相当于最原始的第一个境界,眼中所看到的是一只全牛,则宰牛的人就是拿刀具直接切牛,分解各部位即可,结果是以硬碰硬,折刀换刀。

第二层:如果注意到了依不同部位特性程度,而又善用刀割的着力点时,则可以进入第二个层次,即良庖一年换一次刀。

第三层:如果能看穿筋、骨、节支和肉之间的空隙,而以实的刀刃精确地分解虚的空隙时,那么刀子即使用了19年也和新刀一样。

其实,目视管理的真正目标就是要达到第3个层次,即通过实施目视管理,尽管部门之间、全员之间并不相互了解,但通过眼睛观察就能正确地把握企业的现场运行状况,判断工作的正常与异常,省却无谓的请示、命令、询问,使得管理系统能高效率地运作。

在很大程度上,目视管理实施得如何,反映了一个企业的现场管理水平。无论是在现场,还是在办公室,目视管理均大有用武之地。在领会其要点及水准的基础上,大量使用目视管理将会给企业内部管理带来巨大的好处。

资料来源:http://baike.baidu.com/view/72770.htm。

5.1 目视管理概述

目视管理作为一种管理手段,能使企业全体人员减少差错、轻松地进行各种管理工作,是现场管理的一种有效方法。

5.1.1 目视管理的含义

在日常活动中,人们是通过人体的"五感(视觉、嗅觉、听觉、触觉、味觉)"来感知事物。其中,最常用的是"视觉"。因为人的行动60%是从"视觉"感知开始的,所以在企业管理中,使用目视管理能够让员工容易明白、易于遵守、自主性地接受、执行各项工作,这将给管理带来极大的好处。例如,包装箱的箭头管理,有零件的箱表面箭头朝上(↑),无零件的箱倒置箭头朝下(↓);排气扇上绑一根小布条,看见布条飘起即可知道正在运行等。

所谓目视管理就是指通过形象直观、色彩适宜的不同类型的视觉感知和信息来组织现场生产或服务活动,以此来提高生产效率的一种管理方式。它以企业内一切看得见摸得着的物品为对象,进行统一管理,使现场规范化、标准化。它通过对工具、物品等运用定位、画线、挂标示牌等方法实现管理的可视化,使员工能及时发现现场发生的问题、异常、浪费现象,从而能及时解决或预防存在的问题。另外,对于现场各种管理信息也进行目视管理,如对仪表的允许范围、管理流程、计划指标等的执行情况进行看板管理,方便员工正确迅速掌握正常与异常情况及执行情况,进行事先预防并及时迅速地采取相应措施。

知识要点提醒

目视管理中涉及的有关概念如下。
(1) 视觉感知——目视管理就是用"看"进行的管理。
(2) 组织现场生产活动——以企业内一切看得见摸得着的物品为对象,进行统一管理,使现场规范化、标准化。

5.1.2 目视管理的优点

同其他管理工作相比,目视管理独特之处主要有:一是它以视觉信号显示为基本手段,大家都能看得见;二是它以公开化为基本原则,尽可能地将管理者的要求和意图让大家都看见,借以推动自主管理、自我控制。所以目视管理是一种以公开化和视觉显示为特征的管理方式,亦可称之为"看得见的管理"。这种管理方式可以贯穿于现场管理的各个领域之中。

带有目视管理特点的某些活动在我国企业中早已存在。例如,在安全生产管理制度中一般都规定:停机检修机器设备时,应在电源开关处挂上标示牌;凡危险处所,均应挂警告牌。这就是目视管理的具体应用。然而,明确提出并且系统实施目视管理,在我国时间还不长。它是改革开放以来引进国外企业管理经验,并加以消化吸收后出现的新事物。因此,很多企业对它还不太熟悉。从一些企业实行目视管理的经验来看,这种管理方式充分发挥了视觉信号显示的特长,具有诸多优越性,是一种符合大机器生产要求和人们生理及心理需要的科学管理方式,值得提倡和推广。其优越性主要表现在以下几个方面。

1. 形象直观、简单方便、工作效率高

现场管理人员组织指挥生产,实质就是在发布各种信息。操作工人有秩序地进行生产作业,就是接受信息后采取行动的过程。在机器化大生产条件下,生产系统高速运转,要求信息传递和处理要快而准。如果与每个操作工人有关的信息都要由管理人员直接传达,那么不难想象,拥有成百上千工人的生产现场,将要配备多少管理人员。

目视管理为解决这个问题找到了简捷之路。它告诉我们,操作工人接受信息最常用的感

觉器官是眼、耳和神经末梢，其中又以利用视觉最为普遍。可以发出视觉信号的手段有仪表、电视、信号灯、标志牌、图表等。视觉信号的特点是形象直观，容易认读和识别，简单方便。在有条件的生产岗位，充分利用视觉信号显示手段，可以迅速而准确地传递信息，无须管理人员现场指挥，也可有效地组织生产。

2. 管理透明度高，便于人员相互监督，发挥激励作用

实行目视管理，对生产或服务作业的各种要求可以做到公开化、指标化。干什么、怎么干、干多少、什么时间干、在何处干等问题一目了然，这就有利于人们配合默契，互相监督，使违反劳动纪律的现象不容易隐藏。

例如，根据不同车间和工种的特点，规定穿戴不同的工作服和工作帽，很容易使那些擅离职守、串岗聊天的人陷于众目睽睽之下，促使其自我约束，逐渐养成良好的习惯。再如，地方政府对企业实行挂牌制度，企业按照产品质量、税收、计划生育、合同守信、环境保护等方面经过考核，按优秀、良好、较差、劣 4 个等级挂上不同颜色的标志牌。又如，生产工人按照产品合格率、成本、考勤等指标进行考核，合格者佩戴臂章，不合格者无标志。这样，目视管理就能起到鼓励先进、鞭策后进的激励作用。

总之，大机器生产既要求有严格的管理制度，又需要培养人们自主管理、自我控制的习惯与能力，目视管理为此提供了有效的管理方法。

3. 能产生良好的生理和心理效应

对于改善生产或服务条件和环境，人们往往比较注意从物质技术方面着手，而忽视现场人员生理、心理和社会因素产生的要求。例如，控制机器设备和生产流程的仪器、仪表必须配齐，要按照规定进行检修，这是加强现场管理不可缺少的物质技术条件。不过，如果要问：哪种形状的刻度表容易认读？数字和字母的线条粗细、高低与宽窄的比例怎样才最好？白底黑字是否优于黑底白字？人们对此一般考虑不多。然而这些却是降低误读率、减少事故所必须认真考虑的。又如，谁都承认车间环境必须干净整洁。但是，不同车间（如机加工车间和热处理车间），其墙壁是否均应"四白落地"，还是采用不同颜色？什么颜色最适宜？诸如此类的色彩问题也同人们的生理、心理和社会特征有关。目视管理的长处就在于，它十分重视综合运用管理学、生理学、心理学和社会学等多学科的研究成果，能够比较科学、完善地改善同现场人员视觉感知有关的各种环境因素，使之既符合现代技术要求，又适应人们的生理和心理特点，产生良好的生理和心理效应，调动并保护工人的生产积极性。

4. 问题明显化

企业在追求利润最大化的同时，一方面要扩大生产或服务的种类和数量；另一方面要减少生产或服务人员和管理人员。人员的减少、工作范围的增加，就会使生产或服务的内部管理无法面面俱到，问题被隐瞒的机会自然会加大。而这种管理上的差异，如果不去发现它们的话，就很可能一直以潜伏的形式存在于企业的某个角落里，慢慢地吞蚀企业的利益。

而目视管理，则能通过视觉将各种不利的差异和现象，自然、直观、及时地呈现在人们的视野中，也不必花费太多的人力，就能将这种差异化的问题显现化。管理者就能随时了解生产计划和实际数量之间的差异，并及时进行修正，确保生产或服务计划的顺利完成。

5. 信息传递快速、准确、量化

目视管理的最大优点就是直观。它把对问题的发现、与标准的对照和量化，做到非常的

及时、准确,并通过直接的对话,把对这种差异的修改意见和措施,准确地进行传递。

综上所述,目视管理的显著优点就在于,它综合运用了管理学、生理学、心理学和社会学等多学科的研究成果,能够比较科学地改善同现场人员视觉感知有关的各种环境因素,使之既符合现代技术的要求,又适应人们的生理和心理特点,这样就会产生良好的生理和心理效应,调动并保护员工的生产积极性。

企业目视管理的道具可以有哪些?
(1) 油漆、胶带、看板、颜色。
(2) 文字、数字、线条、箭头。
(3) 一览表、图表、照片、风车。
(4) 感温纸、灯信号、有声信号。
(5) 特殊设施、傻瓜装置等。

5.1.3 目视管理的分类管理

对于目视管理来说,科学、合理的分类管理方法可以有效提高现场人员的工作效率。目视管理方法一般包括设备的目视管理、工具及模具的目视管理、物料的目视管理、品质的目视管理、作业的目视管理及安全的目视管理等方面的内容。

1. 设备的目视管理

设备目视管理的目的是做到正确、高效率地实施清扫、点检、加油、紧固等日常保养工作。在设备管理体系中除了建立系统的点检保养制度外,一般还要对存放区域进行规划、标示及目视管理。

根据生产型企业的特点,在实施设备的目视管理时,需要注意以下几个方面,具体如图5.1所示。

注意事项	
	事项一:标示出计量仪器的正常和异常范围及管理界限,如一般红色表示异常状况,绿色则表示正常
	事项二:设置能迅速发现温度异常的装置,如在马达、泵上使用温度感应标贴或者涂刷温度感应油漆等
	事项三:在设备上标注出应有的周期和运作速度,便于查看设备是否按要求的性能、速度在运转
	事项四:查看设备供给是否正常、运转是否清楚的方法是在设备旁边设置联通玻璃管、小飘带、小风车等标志物
	事项五:清楚明了地显示出维护保养的部位,具体做法是对管道、阀门等分别用不同的颜色区别管理
	事项六:实施让员工"看得见"的目视管理,如在设备盖板的极小化、透明化上下功夫,尤其是驱动部分,做出鲜明的标示

图5.1 实施设备的目视管理需要注意的事项

2. 工具及模具的目视管理

现场工具和模具的目视管理是企业现场管理非常重要的一个组成部分。

对于这些问题，有些企业做得就比较好，他们的工具和模具目视管理做得比较到位，他们的具体做法如下。

（1）为工具和模具提供一个驻足的地方，为它们建立一个温馨的"家"。

（2）给它们一个明确的身份，具体方法是为它们刷上或贴上颜色，以便使用者辨别不同的工具和模具的身份。

（3）为了防止工具和模具"走失"，可以建立"工具和模具离库看板表"，见表5-1，以此来掌握工具和模具的动态情况。

表 5-1 工具/模具离库看板表

××离库看板						
名称	离库原因	离库日期	使用人/部门	预计回库日期	负责人	备注

很多企业都存在工具和模具管理混乱的问题，工具和模具经常不知去向，当使用时找不到，只有买新的，但是过一段时间，"走失"的工具又现身了。这种情况增加了成本不说，还占用了大量的存放空间。

（4）用履历表来掌握工具模具的使用情况及性能状况。

一般来说，仅仅从外观辨认工具或者模具，不能准确了解它们的实际状况，如这个工具的使用期限是否到期了、某个模具的冲子是否该更换了等。所以需要建立工具和模具的履历表来使这些情况一目了然，具体见表5-2。

表 5-2 工具/模具履历表

××履历表			
工具/模具名称		统一编号	
规格		模具编号	
零件代号		使用冲床	
制造日期	年　月　日	冲件材料	
模具类别		材料规格	
工具/模具材质		工具/模具寿命	
制造厂商		折扣年龄	
制造成本		出厂日期	
售价		零件图	
备注			

3. 物料的目视管理

在现场管理的日常工作中,需要进行目视管理的物料主要包括消耗品、物料、在制品、产成品等。

对这些物料管理时,需遵循以下原则。

(1) 按类放置。按照物料的种类放置,设立专门区域。

(2) 按物料形态放置。物料形态主要包括固态、液态及粉末状,不同形态的物料储存标准是不一样的,所以要根据物料形态及属性设置放置点。

(3) 根据使用频率放置。有些物料使用频繁,可以放在伸手可及的地方。有些物料的使用具有一定的间隔性,可以放置距离适中的区域。

所有的放置原则都应在遵守省时省力的大原则基础上,确保不影响工作效率。

4. 品质的目视管理

做好现场中的品质管理,关键在于做好品质管理中的目视管理。

很多企业会出现合格品和不合格品混放的现象,这样会给企业带来这样或那样的损失。因此,做好预防工作还是必要的。

(1) 为防止"人为失误"出现质量问题,现场产品在存放上可以将合格品与不合格品分开放置,并用相应的颜色加以区分。

(2) 为使操作人员一目了然,可悬挂比较图,形象说明不同质量的产品所处的状态。

(3) 为有效区分物品的检查状态,应从区域上设立待检区和已检区,将检查过的物品分区摆放。对于装箱物品,可以挂上合格证或粘贴相应的标志。如果采用这样的方法,就可以避免返工,节省劳力及工作时间。

(4) 为加强现场人员的质量意识及工作责任心,可以在相应的位置张贴质量管理的宣传标语和质量谚语。

5. 作业的目视管理

现场作业是通过各种各样的工序及人员组合而成的。各作业是否按计划进行?在作业管理中,是否有异常发生?如果有异常发生,应如何应对?这些问题要想得到有效预防,必须注意在实施作业目视管理时的几个要点及解决方法,具体如图5.2所示。

6. 安全的目视管理

安全是企业生存之本。现在,事故发生率依然是一个敏感数字,安全无小事,隐患藏于细节之中。所以,要求企业在安全管理工作上一定要有谨慎的态度。做好安全的目视管理主要是做好如下工作。

(1) 对员工进行正确辨认安全标志的教育,开展安全教育普及活动,加强员工安全意识。

(2) 明确消防器及消防材料的正确摆放和使用标准。

(3) 在安全禁区设置鲜明标志,非专业人员不得擅自入内。

(4) 根据企业实际情况在易燃易爆物品区域、有毒有害区域、高压电区域等设置相关禁止标志牌,并设立相应违反处罚条例。

(5) 对易于出现安全隐患的环节,设置好应急响应预案,在出现状况时,能够正确、快速地应对。

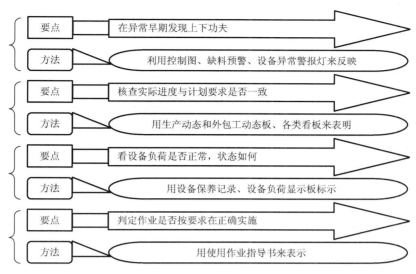

图 5.2　作业的目视管理要点及解决方法

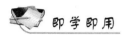

电脑上有许多形状各异的接口，有圆的、扁的、长的、方的，将这些接口制作成各种不同形状的目的就是防止插错。而现在新购买的电脑上，其接口不仅形状各异，并且各接口的颜色也是不同的。除此之外，各连接线的插头也与接口的颜色相对应。这样只要看颜色插线，又快又准。"效率高、不易错"正是很多情况下目视管理所带来的结果。

资料来源：http://www.6sq.net/thread-215809-1-1.html.

5.1.4　目视管理的作用

1. 迅速快捷地传递信息

目视管理的作用，用很简单的一句话表示就是：迅速地传递信息。

2. 形象直观地将潜在的问题和浪费现象都显现出来

目视管理依据人类的生理特征，充分利用信号灯、标识牌、符号颜色等方式来发出视觉信号，鲜明准确地刺激人的神经末梢，快速地传递信息，形象直观地将潜在的问题和浪费现象都显现出来。新进的员工可以与其他员工一样，一看就知道、就懂、就明白问题在哪里。它是一个在管理上具有独特作用的好办法。

3. 特别强调的是客观、公正、透明化

目视管理有利于统一识别，可以提高士气，让全体员工上下一心去完成工作。要做的理由、工作的内容或担当者、工作场所、时间的限制、把握的程度、具体的方法，这些构成了管理中的5W2H，即Why（要做的理由）；Where（工作场所）；Who（担当者）；What（工作内容）；When（时间限制）；How（具体办法）；How much（程度把握）。

4. 促进企业文化的建立和形成

通过对员工的合理化建议的展示、优秀事迹和对先进的表彰、公开讨论栏、关怀温情专栏、企业宗旨方向、远景规划等各种健康向上的内容，能使所有员工形成一种非常强烈的凝聚力和向心力，这些都是建立优秀企业文化的一种良好开端。

广州高露洁的目视管理

广州高露洁工厂在目视管理方面的做法值得借鉴。在车间入口的走道边是生产绩效的展示橱窗，采用透明玻璃管与不同颜色的填料表示绩效水平。在生产线的适当位置悬挂电子显示屏，随时反映生产效率与异常状况，而在经理的办公间也有显示终端，方便对生产现场实时监控。车间柱子上漂亮醒目的"外衣"，是公司产品的电视或平面广告。当然，这些广告会定期更换，不仅随时提醒员工要关注客户需求的变化，也起到了对外宣传产品的作用。

资料来源：常博宇，张江燕，张彤臻. 点燃冬天里的三把火：当下中国制造企业如何自救（下）[J]. 今日工程机械，2009(2)：108-111.

5.2 目视管理的内容与原则

为了维护统一的组织和严格的纪律，保持企业生产所要求的连续性、比例性和节奏性，提高劳动生产率，实现安全生产和文明生产，现场应以视觉信号为基本手段，以公开化为基本原则，尽可能地将管理者的要求和意图让大家都看得见，借以推动看得见的管理、自主管理、自我控制。

5.2.1 目视管理的内容

目视管理的内容主要包括以下几个方面，如图 5.3 所示。

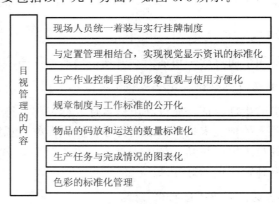

图 5.3 目视管理的内容

1. 现场人员统一着装与实行挂牌制度

现场人员的着装不仅起到劳动保护的作用，在机器生产条件下，也是正规化、标准化的内容之一。它体现了职工队伍的优良素养，显示企业内部不同单位、工种与职务之间的区别，还具有一定的心理作用，使人产生归属感、荣誉感、责任心等，对于组织指挥生产，也可创造一定的方便条件。

挂牌制度包括单位挂牌和个人佩戴标志。按照企业内部各种检查评比制度，将那些与实现企业战略任务和目标有重要关系的考评项目的结果，以形象、直观的方式给单位挂牌，能够激励先进单位"更上一层楼"，鞭策后进单位"奋起直追"。个人佩戴标志，如胸章、胸标、臂章等，其作用同着装类似。另外，还可同考评相结合，给人以压力和动力，达到催人进取、推动工作的目的。

2. 与定置管理相结合，实现视觉显示资讯的标准化

在定置管理中，为了消除物品混放和误置，必须有完善而准确的标志显示，包括标志线、标志牌和标志色。可见，目视管理在这里便自然而然地与定置管理融为一体了。按定置管理的要求，采用清晰的、标准化的信息显示符号，将各种区域、通道，各种辅助工具（如料架、工具箱、工位器具、生活柜等）均应运用标准颜色，不得任意涂抹。

3. 作业控制手段的形象直接与使用方便化

为了有效地进行作业控制，使每个生产或服务环节能严格按照作业操作标准进行生产或服务，必须采用与现场工作状况相适应的、简便实用的标志传导信号，以便在后续工序或作业发生故障或由于其他原因停止、不需要前道工序或作业供应在制品或提供服务时，操作人员看到信号，能及时停止投入。广告牌就是一种能起到这种作用的标志传导手段。

各生产或服务环节和工种之间的联络，也要设立方便实用的信息传导信号，以尽量减少工时损失，提高生产的连续性与协调性。例如，在机器设备上安装红灯，在流水线上配置工位故障显示屏，一旦发生停机，即可发出信号，巡回检修工看到后就会及时前来修理。作业控制包括期量控制、质量控制和成本控制，也要实行目视管理。例如，质量控制，在各质量控制点设置有质量控制图，清楚地显示质量波动情况，以便及时发现异常，及时处理。车间也可以利用板报形式，将"不良品统计日报"公布于众。当天出现的废品还可以陈列在展台上，由有关人员会诊分析，确定改进措施，防止再度发生类似情况。

4. 规章制度与工作标准的公开化

为维护统一的组织和严格的纪律，提高生产或服务效率，实现安全生产和文明服务，凡是与现场人员密切相关的规章制度、标准及定额，都要公布于众、制板上墙；与岗位工人直接有关的，如岗位责任制、操作程序图、工艺卡片等，应分别展示在岗位上，并要始终保持完整、正确和洁净。

5. 物品的码放和运送的数量标准化

物品码放和运送实行标准化，可以充分发挥目视管理的长处。例如，各类物品实行"五五码放"，各类工位器具，包括盘、盒、箱、小车等，都应根据物品的属性严格执行标准数量堆放，这样，操作、搬运和检验人员点数时就比较方便、快捷、准确。

6. 生产任务与完成情况的图表化

现场是全员协作劳动的场所，因此，凡是需要大家共同完成的任务都应公布于众。计划指标要定期层层分解，落实到车间、班组和个人，并列表张贴在墙上；实际完成情况也要进行定时定期的公布，使大家随时可以看出各项计划指标完成中出现的问题和发展趋势，以促进集体和个人都能按期、按质、按量地完成各自的任务。

7. 色彩的标准化管理

色彩是现场管理中常使用的一种视觉信号，目视管理要求科学、合理、巧妙地运用色彩，并实施统一的标准化管理，不允许随意涂抹。

目视管理中的色彩运用，须注意以下几种制约因素。

1) 生理和心理因素

一般来说，色彩存在冷色系和暖色系两大类。不同色彩会给人以不同的重量感、空间感、冷暖感、软硬感、清洁感等情感效应。

在实际工作中，人们也会看到这样的情况：高温车间通常以浅蓝、蓝绿、白色等冷色系为基调，让人有清爽舒心之感；低温车间则相反常采用红、橙、黄等暖色，使人感觉温暖。热处理设备多用属冷色的铅灰色，能起到降低"心理温度"的作用。家具厂每天看到的是属暖色的木质颜色，木料加工设备则宜涂成浅绿色，可缓解操作者被暖色包围时所产生的烦躁。

据权威研究报告显示，人的生理也会受到色彩的影响，如果一个人长时间受一种或几种杂乱的颜色刺激，会产生视觉疲劳。所以，很多企业在工作场所和休息场所涂刷的色彩是不一样的，如纺织工人的休息室宜用暖色；冶炼工人的休息室宜用冷色。这样，有利于消除职业疲劳。

2) 技术因素

从技术的角度讲，不同色彩有不同的物理指标，因为它们存在波长及反射系数等差异。强光照射的设备，多涂成蓝灰色，是因为其反射系数适度，不会过分刺激眼睛。危险信号多用红色，因为红色的穿透力较强，信号显示鲜明。

3) 民俗因素

不同国家、地区和民族，都有不同的色彩偏好。我国人民普遍喜欢绿色，因为它是生命、青春的象征。但在日本，绿色则被认为是不吉祥的。

总体而言，色彩包含着丰富的内涵，现场管理中凡是需要用到色彩的，都应有标准化的要求。

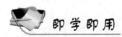 即学即用

颜色的警示作用

由于颜色的醒目效应，把它们用在提醒、警告方面可以发挥很不错的功效。根据美国标准协会制定的标准，如下颜色具有专门的警示作用。

(1) 红色：消防器材。
(2) 橘色或黄色：危险器材。
(3) 橘色：常用于警告该机器为危险机器。
(4) 蓝色：防护及警告标示，用于炉、梯、电梯、干燥炉窖等。
(5) 紫色：代表放射性物品及其设备。

资料来源：李胜强，李华. 目视管理365 [M]. 深圳：海天出版社，2004.

5.2.2 目视管理的原则

目视管理要符合以下3个原则：①无论是谁都能判明是好是坏（异常）；②能迅速判断，精度高；③判断结果不会因人而异。

目视管理的第一个原则，是要使问题曝光。现场一旦有事故苗头，就能让人立即发现，生产线即能停止生产。当生产线停止时，每一个人都能意识到发生了问题，通过追究原因，以确保此生产线不会再因相同的原因停止，这是现场目视管理较好的例子之一。

目视管理的第二个原则，是要使作业人员及督导人员能当场直接接触到现场的事实。目视管理是一种很可行的方法，可以判定每件事是否在控制状态之下，在发生异常时即能马上发送警告的信息。当目视管理发挥功能时，现场每个人就能做好流程管理及现场改善，实现"自主管理"的目的，从而实现管理的目标。

目视管理的第三个原则，是要使改善的目标清晰化。改善的终极目标，就是要实现最高管理部门的方针。最高管理部门的职责之一，就是要设定公司的长期和中期方针以及年度方针，并且要通过目视化陈列让员工知道。通常这些方针都是用文字或图表等绘制成展板陈列在企业的大门口处、餐厅以及现场，让这些方针逐层地向下一个管理阶层贯彻，最后可使作业人员发掘许多的改善机会，增强他们自己的工作绩效。

目视管理与5S之间的关系是什么？

5S和目视管理之间有很大的关联。

实行5S，推行建立明亮的、一目了然的工作场所，清除不需要的物品，设定好所需物品的放置场所并进行正确的标识，就可以很容易地发现异常和浪费。

(1) 5S是目视管理的基础。没有5S就没有目视管理，谁也不能想象在一个乱七八糟的现场，可以看得出什么是正常、什么是异常。

(2) 目视管理是在整理、整顿的基础上增加一些内容的标识，如什么物品、保管期限、负责人等。

(3) 目视管理进一步推动5S管理。例如，到了保管期限却还没有处理，一看就一目了然；库存超过最大量，引发出必须进行库存控制的信号。表5-3描述了目视管理和5S的具体区别。

表5-3 目视管理和5S的具体区别

管理对象	5S	目视管理
材料、半成品、成品	(1) 设置合适的库量（最大、最小）； (2) 限制放置场所的空间大小； (3) 合适在库量的表示：最大在库、最小在库； (4) 最小包装量期限表示：入库期限、有效期限	决定放置场所，进行所属区域和品名的标示
停滞品	(1) 决定放置场所，进行能明白异常状态和处理情况的标示； (2) 停滞理由（异常内容）； (3) 处理期限	决定放置场所，标示为停滞品
工具、量测器	设定所需数量、进行固定放置管理、绘制指示图等	所属的放置场所标示

5.3　目视管理的常用工具

目视管理是利用形象直观以及色彩适宜的各种视觉感知信息来组织现场生产活动，达到提高劳动生产率的一种管理手段，也是一种利用视觉来进行管理的科学方法。所以目视管理是一种以公开化和视觉显示为特征的管理方式，是综合运用管理学、生理学、心理学、社会学等多学科的研究成果。

5.3.1　红牌作战

红牌作战，指的是在企业内，找到问题点，并悬挂红牌，让大家都明白并积极地去改善，从而达到整理、整顿的目的。

1. 红牌作战的步骤

实施红牌作战应遵循如下步骤。
1）红牌方案的出台
（1）成员：每个部门的领导。
（2）时间：一至两个月。
（3）重点：教育现场人员不可以将无用的东西藏起来，以制造假象。
2）挂红牌的对象
（1）库房：原材料、零部件、半成品、成品设备、机械。
（2）设备工具：夹具、模具、桌椅。
（3）防护用品：储存、货架、流水线、电梯、车辆、卡板等。
（4）注意：人不是挂红牌的对象，否则容易打击士气，或引起矛盾冲突。
3）判定的标准
明确什么是必需品，什么是非必需品，要把标准明确下来。例如，工作台上当天要用的是必需品，其他都是非必需品，非必需品放在工作台上就要挂红牌。目的就是要引导或要让所有的员工都养成习惯，把非必需品全部改放在应该放的位置。
4）红牌的发行
红牌应使用醒目的红色纸，记明发现区的问题、内容、理由。
5）挂红牌
红牌要挂在引人注目的地方，不要让现场的人员自己贴，要理直气壮地贴红牌，不要顾及面子。红牌就是命令，不容置疑。挂红牌一定要集中，时间的跨度不可过长，也不要让大家感觉到挂红牌而感到厌烦。
6）挂牌的对策与评价
对红牌要跟进，一旦这个区域或这个组，或这个机器挂出红牌，所有的人都应该有一种意识，马上都要跟进，赶上进度，对实施的效果要进行评价，甚至要对改善前后的实际状况拍照下来，作为经验或成果向大家展示。

2. 红牌作战的注意事项

（1）向全体职工说明挂红牌是为了把工作做得更好，要以正确的态度来对待，不可以置之不理，也不应认为是一种奇耻大辱。

挂红牌是为了要使工作做得更好，所以在实施红牌的过程之前，一定要向所有的员工说明红牌作战的正确意义。什么样是最好的，什么样不好，每个人都可以正确地判断。

（2）挂红牌时，理由一定要充分，事实一定要确凿，而且要区分严重的程度，已经是事实，就要实实在在地把问题表现出来。仅仅是提醒注意的，可以挂黄牌。

（3）挂红牌频率不宜太多，一般一个月一次，最多一周一次。

挂红牌不是随时随地，不能像开罚单一样违规就开，而是非不得已，一定要改进时，就要挂红牌。但是一般可以马上改进或修改的，就没有必要去挂红牌，而用黄牌来表示就可以了。

"红牌作战"的质量管理活动

在日本，有一种称作"红牌作战"的质量管理活动。
（1）清理：清楚地区分要与不要的东西，找出需要改善的事物。
（2）整顿：将不要的东西贴上"红牌"。

"红牌作战"的目的是，借助这一活动让工作场所得以整齐清洁，塑造舒爽的工作环境，久而久之，大家遵守规则，认真工作。许多人认为，这样做太简单，芝麻小事，没什么意义。但是，一个企业产品质量是否有保障的一个重要标志，就是生产现场是否整洁。更重要的一个方面可能在于，企业中对待随时可能发生的一些"小奸小恶"的态度，特别是对于触犯企业核心价值观念的一些"小奸小恶"，小题大做的处理是非常必要的。

美国有一家以极少炒员工著称的公司。一天，资深熟手车工杰瑞为了赶在中午休息之前完成2/3的零件，在切割台上工作了一会儿之后，就把切割刀前的防护挡板卸下放在一旁，没有防护挡板加工起零件来更方便更快捷。大约过了一个多小时，杰瑞的举动被无意间走进车间巡视的主管逮了个正着。主管雷霆大发，除看着杰瑞立即将防护板装上之外，又站在那里控制不住地大声训斥了半天，并声称要作废杰瑞一整天的工作量。事到此时，杰瑞以为结束了，没想到，第二天一上班，有人通知杰瑞去见老板。在那间杰瑞受过好多次鼓励和表彰的总裁室里，杰瑞听到了要将他辞退的处罚通知。总裁说："身为老员工，你应该比任何人都明白安全对于公司意味着什么。你今天少完成几个零件，少实现利润，公司可以换个人换个时间把它们补回来，可你一旦发生事故失去健康乃至生命，那是公司永远都补偿不起的……"

离开公司那天，杰瑞流泪了，工作了几年时间，杰瑞有过风光，也有过不尽如人意的地方，但公司从没有人对他说过不行。可这一次不同，杰瑞知道，他这次碰到的是公司灵魂的东西。

资料来源：http://www.docin.com.

5.3.2 看板管理

看板管理是丰田生产模式中的重要概念，指为了达到准时生产方式（Just In Time，JIT）控制现场生产流程的工具。看板管理是目视管理的一种表现形式，即对数据、情报等的状况一目了然地表现，主要是对于管理项目、特别是情报进行的透明化管理活动。它通过各种形式如标语、现况板、图表、电子屏等把文件上、头脑中或现场等隐藏的情报揭示出来，以便任何人都可以及时掌握管理现状和必要的情报，从而能够快速制订并实施应对措施。看板的使用范围非常广，各企业可依据目视管理的目的、自身的特点，设计出具有特色的看板。企业常用的看板形式主要有以下8种。

1. 目标分解展示板

目标分解展示板能使高层领导从日常管理里解脱出来。所谓目标分解，是公司经营管理的一级指标向二级、三级指标层层展开的一个系统验证图。制订时必须根据公司经营方针，对主要的指标进行重点分解管理。

2. 设备计划保全日历

设备计划保全日历是指设备预防保全计划，包括定期检查、定期加油及大修的日程，以日历的形式预先制订好，并按日程实施。其优点是就像查看日历一样方便，而且日历上已经记载了必须做的事项。

3. 区域分担图

区域分担图也叫责任看板，是将部门所在的区域（包括设备等）划分给不同的班组，由其负责清扫、点检等日常管理工作。这种看板的优点是从全局考虑，不会遗漏某区域或设备，是彻底落实责任制的有效方法。

4. 安全无灾害板

安全无灾害板的目的是预防安全事故的发生而开展的每日提醒活动，包括安全无灾害持续天数、安全每日一句、安全教育资料与信息，一般设置在大门口员工出入或集中的地方。

5. 班组管理现况板

班组管理现况板是集合部门目标、出勤管理、业务联络、通信联络、资料、合理化建议、信箱等内容，是班组的日常管理看板，一般设置在休息室或早会的地方。

6. 定期更换板

定期更换板是根据备件的使用寿命定期进行更换的管理看板，一般张贴在需要更换作业的部位，方便任何人检查或监督。其优点是能将文件上或电脑里要求的作业事项直观表现于现物上，不容易遗忘。

7. QC 工具

QC 工具是开展主题活动必要的手段，主要是针对特定的工作失误或品质不良运用 QC 工具展开分析讨论，并将结果整理在大家容易看到的地方，以提醒防止再发生这样的问题，而且大家随时可以提出新的建议并进行讨论修订，一般适合于工作比较单一的情况，或特定的课题活动，并不是每个小课题都这样。

8. TPM 诊断现况板

TPM 诊断现况板是为了持续推进 TPM 活动而进行的分阶段的企业内部认证记录板，体现小组活动水平的高低，阶段越高水平越高。

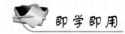

管理看板的影响

全面而有效地使用管理看板，将在 6 个方面产生良好的影响。

（1）展示改善成绩，让参与者有成就感、自豪感。

(2) 营造竞争的氛围。
(3) 营造现场活力的强有力手段。
(4) 明确管理状况，营造有形及无形的压力，有利于工作的推进。
(5) 树立良好的企业形象（让客户或其他人员由衷地赞叹公司的管理水平）。
(6) 展示改善的过程，让大家都能学到好的方法及技巧。

看板是一种高效而又轻松的管理方法，对于企业管理者来说是一种管理上的大解放。

资源来源：李胜强．李华．目视管理365［M］．深圳：海天出版社，2004．

5.3.3 信号灯或异常信号灯

在现场，第一线的管理人员必须随时知道，作业员或机器是否在正常地开动，是否在正常作业。信号灯是工序内发生异常时，用于通知管理人员的工具。信号灯的种类主要有以下几种。

1. 发音信号灯

该信号灯适用于物料请求通知，当工序内物料用完时，或者该供需的信号灯亮时，扩音器马上会通知搬送人员立刻及时地供应，大部分的企业主管都一定很了解，信号灯必须随时让它亮，信号灯在看板管理中也是一个重要的项目。

2. 异常信号灯

该信号灯用于产品质量不良及作业异常等异常发生的场合，通常安装在大型企业较长的生产、装配流水线上。

一般设置红或黄这样两种信号灯，由员工来控制，当发生零部件用完，出现不良产品及机器的故障等异常时，往往影响到生产指标的完成，这时由员工马上按下红灯的按钮，等红灯一亮，生产管理人员和厂长都要停下手中的工作，马上前往现场，予以调查处理，异常被排除以后，管理人员就可以把这个信号灯关掉，然后继续维持作业和生产。

3. 运转指示灯

该信号灯用于检查显示设备状态的运转、机器开动、转换或停止的状况，停止时还显示设备的停止原因。

4. 进度灯

进度灯是比较常见的，安在组装生产线，在手动或半自动生产线，它的每一道工序间隔大概是1～2分钟，用于组装节拍的控制，以保证产量。但当节拍间隔有几分钟的长度时，它用于作业。进度灯一般分为10分，对应于作业的步骤和顺序，标准化程序，它的要求也比较高。

随着电器技术的不断发展，信号灯系统进化到了呼叫系统，呼叫系统由两部分组成，一部分安装于生产现场，安装于现场的部分为灯光、蜂鸣器及呼叫控制盘。呼叫控制盘如图5.4所示。

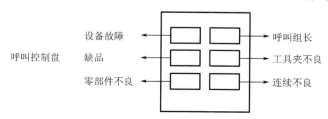

图5.4　呼叫控制盘

呼叫系统的另一部分安装在办公室的显示屏及蜂鸣器上，显示屏显示是哪条生产线、出了何种问题。当现场员工按下按钮以后，先由组长进行判断，如不能解决，组长再按下按钮呼叫相关人员，相关人员听到声音后，看是哪一条生产线的问题，然后相关人员赶到现场进行解决，解决好以后消除警报。由于呼叫系统是用 PLC（Programmable Logic Controller，可编程逻辑控制）与计算机进行的控制，所以，什么线路、何种故障、处理时间等都可以记录下来，对掌握现状、改善生产线的运转率都有作用。

丰田的行灯系统

现场是生产附加价值的地方，好的企业管理是一切都围绕现场进行高速运转，不让生产线停一分钟。但现实的情况是许多企业的二线部门高高在上，认为自己是管理部门，身在办公室里，一点都不了解现场情况，对现场的诉求反应非常慢。结果导致现场的节奏混乱、员工劳动纪律松懈。

如何来解决这一问题？日本丰田汽车公司发明了一套行灯系统，如图 5.5 所示，行灯系统安装在每条流水线上，一旦流水线上发生品质问题、缺品问题、设备问题，生产线上的任何人都可以停止流水线，然后开启行灯系统，行灯系统会以声和光报警，相关人员会立刻赶到现场来处理。行灯系统的灯由绿、红、黄 3 种组成，示意不同的信号。生产线运转中绿灯亮，但异常时红、黄灯亮。通常发生机械故障、缺品、调试时，红灯亮。要求补充零部件及呼叫监督者时（要求支援、故障、一时交替、产品切换预告等）黄灯亮。声音由蜂鸣器发出。

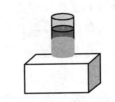

图 5.5　丰田行灯系统

资料来源：陈建龙. 生产现场优化管理［M］. 上海：复旦大学出版社，2008.

5.3.4　其他工具

1. 操作流程图

操作流程图本身是描述工序重点和作业顺序的简明指示书，也称为步骤图，用于指导生产作业。在一般的车间内，特别是工序比较复杂的车间，在看板管理上一定要有个操作流程图。原材料进来后，第 1 个工序可能是签收，第 2 个工序可能是点料，第 3 个工序可能是转换或转制，这就叫作操作流程图。

2. 反面教材

反面教材一般是结合现物和帕累托图的表示，就是让现场的作业人员明白不良现象及其后果。一般放在人多的显著位置，让人一看就明白，给人以警示作用。

3. 提醒板

提醒板用于防止遗漏。健忘是人的本性，不可能杜绝，只有通过一些自主管理的方法来最大限度地尽量减少遗漏或遗忘。例如，有的车间内的进出口处，有一块板子，今天有多少产品要在何时送到何处，或者什么产品一定要在何时生产完毕；或者下午两点钟有一个什么检查；或是某某领导来视察。这些都统称为提醒板。提醒板还有另一个作用，即记录正常、不良或次品的情况。一般通过图示的方式显示，用纵轴表示时间，横轴表示日期，纵轴的时间间隔通常为一小时，一天用 8 个小时来区分，每一小时，就是每一个时间段记录正常、不良或者是次品的情况，让作业者自己记录。提醒板一个月统计一次，在每个月的例会中总结，与上个月进行比较，看是否有进步，并确定下个月的目录。

4．区域线

区域线就是对半成品放置的场所或通道等区域，用线条画出，主要用于整理与整顿、异常原因、停线故障等。

5．警示线

警示线就是在仓库或其他物品放置处用来表示最大或最小库存量的，涂在地面上的彩色漆线，用于看板作战中。

6．告示板

告示板是一种及时管理的道具。例如，今天下午两点钟开会，告示板就是书写这些内容的工具。

7．生产管理板

生产管理板是揭示生产线的生产状况、进度的表示板，记入生产实绩、设备开动率、异常原因（停线、故障）等，用于看板管理。

> **思考**
>
> 目视管理工具的制作要点是什么？
> (1) 字体和颜色的选择，即使从远处都能一看就知。
> (2) 要把希望加以管理的对象、目标清楚地表示出来。
> (3) 能使任何人都能判别执行结果的好坏。
> (4) 大家都能遵守且能立即改正。
> (5) 加以利用后，生产现场环境整齐、明亮、有效。
>
> 资料来源：吴明星，王生平．目视管理简单讲［M］．广州：广东经济出版社，2006．

5.4 目视管理的实施

实施目视管理，即使部门之间、全员之间并不相互了解，但通过眼睛观察就能正确地把握企业的现场运行状况，判断工作的正常与异常，这就能够实现"自主管理"的目的。

5.4.1 目视管理实施的要求

实施目视管理，一定要从企业实际出发，有重点、有计划地逐步展开，谨防形式主义。在这个过程中，应符合推行目视管理的基本要求。

推行目视管理的基本要求是统一、实用、简约、鲜明、严格，具体内容如下。

(1) 统一。目视管理要实行标准化，消除五花八门的杂乱现象，图像、卡片、表格、标牌、色彩都应该规范化、标准化，使现场每个工作人员都能识别，产生统一的理解。凡是有国际标准的按国际标准实施；没有国际标准的有国家标准的，按国家标准进行；没有国家标准有行业标准的，按行业标准做；如果没有行业标准，企业里面就要先制订标准，然后再实行。例如，如果在一车间红色表示停止，在二车间表示通过，那就会让人无所适从。

（2）实用。即不摆花架子、少花钱、多办事、讲究实效。目视管理应该强调实用性，内容一定要从企业现场实际需要出发，要讲究实效，不要照搬、照抄、搞形式主义。凡是与现场管理无关的视觉信息，应该一律去除，这样才能使有用的视觉信息、信号更突出。

（3）简约。即各种视觉显示信号应该简明、易懂、一目了然。无论是谁都应该能迅速辨别，判断清楚它的用意。它所表达的含义精确度要比较高，表示的意思也不会因人而异。

（4）鲜明。即各种视觉信号要清晰、位置要适宜，让现场作业人员都能看得见、看得清。

（5）严格。即现场所有人员都必须严格遵守和执行有关规定，有错必纠，奖罚分明。

厕所的目视管理

有一个笑话说，一个去美国旅游的外国人不懂英语，到美国后想上厕所，来到公厕一看，傻眼了，虽然厕所门上写着"MAN"和"WOMAN"，但他不懂英文不敢进去，后来实在憋不住了，情急之下跑进了女厕所。事后这位外国人抱怨说："如果在门上贴个男人的照片我也不至于跑错"，于是就有了今天的厕所标志，不但有中英文说明还加上男士和女士的特征像。这样做的好处是，容易判断，不会因人而异，不论你是哪国人，识字不识字，都不会进错厕所。

资料来源：http://doc.mbalib.com/view/e83acd67fa4a75fed61b1aa6b466dc96.html。

5.4.2 目视管理的分类

目视管理的实施通常是按照物品、信息传递和异常情况这3个方向来进行的。

1. 物品的目视管理

对物品这种有形的东西，在管理上要让它们堆放有序，同时又要能很容易地掌握每一个物品的情况。那么，在管理上如何能达到这个目标呢？目视管理给人们带来极大的便利，针对企业那些看得到、摸得着的物品，如原物料、机器设备、工具等，进行用看就能掌握住一切的管理。

物品的目视管理，就是利用5S——整理、整顿、清扫、清洁、素养这5种方法，来消除企业内的许多盲点，使现场更有秩序，产品或服务的品质就能够得到有效的保障，许多不合理的浪费得以消除。

这样一来，无论是谁都能一眼就看出现场存在的问题，包括违反企业的规章制度也能及时发现，从而让员工做到自主管理，提高工作效率，减少管理成本。

2. 信息传递的目视管理

信息的传递对现场的管理是十分重要的，然而信息是一种无形的东西，想要让它们能通过目视来管理，首先得将这些无形的东西，变成有形的东西。如何让这种无形的东西变成有形呢？可以通过看板来帮忙。

一般而言，现场内所传达的信息，大致可以归纳成以下几个方面。

1）依传递的对象来划分

（1）传递给特定的对象。

所谓传递给特定的对象，是指传达这些信息的目的，是因为遇到了麻烦，需要特定的对象来协助解决，或是有某些信息，要传递给相关的人员，供他们参考。

传递给特定对象的目视管理方法，在现场常见的有以下几种。

① 人力短缺指示灯。

当某一个作业单位人手不够，急需人力支持时，采用呼叫系统，通过这个灯号的显示，有余力的个人或单位就能立刻前往支援。

② 异常指示灯。

异常指示灯通常安装在生产线上。当生产线发生零件不足、零件不良、机械故障、紧急事故或是其他原因，足以造成生产延误时，现场人员可按下有关的呼叫按钮通知相关人员。

③ 缺料指示灯。

这个指示灯安装在仓库或是其他容易被送货人员注意到的地方，当生产线发现原材料快用完时，只要把按钮一按，缺料指示灯就会亮，通过这个讯号，通知仓库或是供料单位赶快供料。

（2）公布给大众。

希望全公司的员工们都能知晓的信息，也可以通过一些号志看板来传达。

① 进度指示灯。

可以通过进度指示灯把有关生产状况显示出来，便于作业人员随时掌握自己的生产进度，而发挥其督促功能。

② 运作指示灯。

这是表示机器运行状态的一种装置。当机器停止运行时，可以根据停止的原因，亮起不同颜色的灯光信号。

③ 异常信息看板。

将一定时间内所发生的异常情况予以公布，以引起大家的注意并加以纠正。

2）依部门区划分

依部门区划分，号志看板的种类见表5-4。

表5-4　不同部门号志看板的种类

部门	号志看板种类
计划	生产计划看板
采购	交货进度看板、催料看板、供货商管理看板
派工	派工看板、样品看板、岗前训练看板
仓库	呼叫看板、随货看板、物料指示看板、仓库看板、红线管理
现场	责任位置看板、作业指示看板、检验标准看板、效率看板 运作指示看板、异常指示看板、安全看板、激励看板
出货	出货指示看板、货品说明看板

3. 异常情况的目视管理

一般情况下，企业可能会出现的异常大致可分为物品异常和信息异常两类，不同的异常类型要采取不同的目视管理手法。

1) 物品异常

生产过程中出现的不良现象，要引起足够的重视，否则会给企业带来不应有的损失。目视管理的目的，就是要利用醒目的方法，来提醒全体员工注意不良品的发生，用自我约束来达到寓禁于视的目标。

如何将目视管理运用于企业内部来控制不良现象的发生呢？

（1）将不良品放置区独立并醒目标示。

存放不良品的区域应该和其他成品、原物料等区分开来，以免发生管理上的混淆。当然不良品放置区不宜放置在企业的死角或偏远地区，否则难以发挥目视管理的功能。

为了让大家一目了然，知道这个区域放置的全部是不良品，同时也清楚这些不良品的名称、规格、数量、发生日期、生产人员等，可以将这些信息写在"不良品看板"上。

① 招牌看板：在不良品放置区的明显处挂上一个"不良品处"的看板，让大家一看就知道这里是不良品的放置区。

② 路标看板：如果不良品区的面积足够大的话，最好也能仿效仓库的管理一样，在不良品区的大门上立上一个标示看板，这样可以很容易地发现要找的不良品的具体位置。

当然，最好是不要有这种可能性出现，否则的话，大批的不良品是会拖垮企业的。

③ 品质看板：在每一箱（包）不良品上挂上一个品名看板，上面标示着这箱（包）不良品的名称、数量、不良原因、发生日期及生产人员等。

（2）设置现场不良品箱。

生产过程产生不良品在所难免，有些企业员工为了不被主管责备，或是为了隐瞒问题，往往会把自己所产生的不良品，找个地方给藏起来，这种报喜不报忧的行为会隐藏企业的真相；再者，因为看不到，所以不会给当事人及相关的人员带来压力，就会让不良品问题一直蔓延下去，对企业造成更大的伤害。

为了杜绝这种问题的再发生，企业可以在生产现场，设置不良品放置箱，并规定生产中出现的不良品，必须把不良品放置箱内。要让员工知道，设置这个箱子的目的是让大家知道今天有多少个不良品的出现。不良品放置箱的设计要遵循以下几个原则。

① 不良品箱的位置应放在大家容易看得见的地方，只要看得到，才会有警示的效果。

② 箱子要漆成红色，力求吸引大家的注意和重视。

③ 不良品箱目视的那一面，要用透明材料制成，这样从箱子外面就能看到不良品的数量。

④ 如果产品不良率偏高，不良品箱要设计成带有分格板样式，把不同的不良品加以分类存放，便于处理这些不良品的人拿取方便，提高效率。

（3）设立不良品展示看板。

在员工流动量大的位置，设立不良品看板，将经常出现或重大事故的不良品每天都能让员工看见，产生强烈的心理冲击，从而从思想上树立杜绝不良品出现的观念。

当然，不良品除了由企业内部产生，供货商或协作厂商的进料中也可能夹杂不良品，此时也可利用不良品看板，来加强进料检验人员的印象。

2）信息异常

将各种异常信息，快速而且正确地反映给有关单位或个人，让他们能在第一时间来协助解决和排除异常，使生产能顺利进行。

企业可以借用下面两种目视管理方法来对异常信息进行处理。

（1）异常号志看板。

当生产发生异常时，会立即反映在异常看板上，让大家能马上了解到存在的问题点，而做必要的处理。例如，在纺纱车间的重要地点设置一个"断线看板"，当纺纱生产线连续发生断线时，这个看板会立刻显示问题，让大家有所警觉并采取应急措施。

（2）标线。

场内某些地方因为管理、安全等方面的需要加以禁止通行，但这种禁止在没有人员管理的情况下，往往容易被人忽略，而造成管理、安全方面不必要的困扰。标线的方式，就是解决这个问题的最好的办法。举个例子来讲，处于安全作业上的考虑，企业消防通道前禁止停放车辆，或堆置物品的，但这一点往往会被忽视。如果在消防通道前面，用标线画出一个禁止停放或禁止堆置区，将有助于做好消防这方面的安全管理。

银行柜台前一米处的黄线

在银行柜台前一米处都画有一道黄线，这道黄线的意思是告诉所有顾客，为了安全，在办理银行业务手续时，离正在办业务的前一位顾客要保持一米的距离，也就是不可超越黄线。相信用这条黄线来管理顾客办事的秩序，一定要比工作人员用手来指挥有效很多。

资料来源：李胜强，李华. 目视管理365 [M]. 深圳：海天出版社，2004.

5.4.3 进行目视管理要注意的事项

1. 要清楚认识目视管理的真正目的

某企业行政管理部在企业大门的公告栏上，张贴上几张花花绿绿的目视管理调查表，乍一看五彩缤纷、煞有其事。然而仔细看来，那些调查表设计不合理，似乎与目视管理没有什么联系，统计表的内容也没有什么实用价值。

目视管理是现代现场管理三大法宝之一，尤其适合资源有限的中小企业运用，因为它可以将有限的资源做最有效的分配，发挥出最高的生产力。然而，像上述企业不是因为真正的需要，而是为了应付上级检查，这种基于形式主义而实施的目视管理，其成效便可想而知了。

目视管理作为使问题"显露化"的工具，有非常大的效果。但是，仅仅使用颜色，不依据具体情况而在"便于使用"上下功夫，是没有多大意义的。因此，发挥全员的智慧，下功夫使大家"都能用、都好用"是实施目视管理的目的所在。

所以在策划目视管理项目时，一定要以真正对自己的管理有帮助为出发点，这样设计出来的目视管理，才具有实际操作性，才能真正发挥应有的功效。

2. 调动全员参与的积极性

虽然目视管理是一种非常行之有效的现场管理方法，但必须是全体员工愿意去遵循它，才能发挥其功效，否则，再好的管理到头来可能只是纸上谈兵，或者收效甚微。另外，目视管理是一种全员参与的管理行为，需要全体员工的互相配合，如果实施目视管理前缺乏培训和教育，那么大家对一个新的管理方法会缺乏应有的积极性，大家的配合意愿非常之低，到后来这个新方法肯定是不了了之。

那么，如何调动大家对推行目视管理的积极性呢？企业在推动这项活动前，一定要让全体员工参与到管理中来，也就是从活动的策划开始，就要把今后要参与执行的人一齐拖下水，让他们为这项活动付出心思与时间，这样才能强化他们对这项活动的认同与重视。

同时，目视管理所发现出来的问题，一定要让相关的单位与人员去参与处理，这样所设计的目视管理办法，才会发挥出它的权威性，才会得到大家的重视。

3. 创建属于全员的目视管理

员工每天要接受的企业内部信息实在是太多了，再加上要面对纷杂的人际关系，他们无法全部接受来自上级的各种信息，或是为了要了解某个信息，跑到相关部门去专门了解。所以企业就要靠目视管理来解决这个难题，以便借用人们的五官，来协助企业做好管理工作。例如，在很多企业，只有在总经理的办公室里才能看到有关企业业务进度一览表。企业总经理固然需要了解整个企业的业务进度，但是，除了总经理之外，还有许多的部门或个人也应该掌握整个业务状况，才能够发挥整体的力量。既然全体员工要同舟共济，共创事业，如何让大家能够快捷地了解企业的运营状况，这可是一个重要的、不可忽视的环节。不管是用什么样的方式来进行目视管理，一定要让大家能很容易地看得到或听得到，而不能把大家都需要的信息只放在领导的办公室内。

换言之，目视管理是属于全员的行为管理，只有创建出属于全员的目视管理，才能够使目视管理真正发挥出预期的功效。

4. 道具要看得见、看得懂

企业在规划目视管理时，所使用的目视管理道具一定要使大家看得到、看得懂。有以下几个技巧供大家参考。

1）简洁明了

"简洁、易懂、易执行"是目视管理设计的重要原则。一家保健品营销企业的墙上，用一个看板写上营销员的"五千精神"，简单明了，很有鼓舞的效果，而另外一家销售同样产品的企业，墙上挂的是"营销人员十项管理制度"，结果内容太多，营销人员反而看不清。

2）语句完整

在进行目视管理设计时，一定要做到语句明确、完整，才能发挥应有的效果。

3）颜色统一

颜色的统一性，是指当遇到工业安全上有特殊规定的就要依规定着色；如果是惯例要求，最好依惯例行事。企业也要事先对目视管理运用的色彩进行统一的规定。

4）定期刷漆

企业通常都是使用油漆作为目视管理的色彩运用。由于油漆是一种化学物质，经常暴露在日晒雨淋的环境之下容易脱落，当油漆脱落到某一个程度时，不但影响观瞻，更容易造成管理上的误导,还很可能会影响员工们对企业推行目视管理这项活动的信心。所以,对用来作为目视管理的颜色,要定期粉刷或补漆。

5) 教育培训

目视管理虽然是一个很好的管理辅助工具,可是,它并没有标准的做法可依循;也就是说它们的出现,完全是会因时、因地、因目的而有所不同的。再加上企业内部人员的异动,如果事先不能把目视管理的方法、目的向相关人员做详尽的解说,加以传承,一旦人事异动,人家都一知半解,目视管理的效果将大打折扣。

所以,一个成功的目视管理,不但要让所有相关的人了解操作的方法,更要让大家了解这些目视管理所显示出来的信息,要如何处理,这样的目视管理才真正的有意义。

如何让大家能对企业所设计的目视管理真正地了解与掌握呢?教育是唯一的方法,就是不断地通过内部教育、培训让相关的人员知道该如何去重视和运用目视管理。

某车间的告示板

某生产车间在现场挂了一块告示板,上面写着"注意机器温度",本意是提醒维修工巡检时监测马达的运行温度,以免因过热而造成事故。但是从这个看板无法知道当机器的温度多高时,要采取相应的措施,不如改成"马达温度超过65℃时请关机检修",使维修工明了管制的要点,这才是目视管理宗旨所在。

资料来源:李胜强,李华. 目视管理365 [M]. 深圳:海天出版社,2004.

5.5 目视管理的水平

通过实施目视管理,现场各种管理状态和方法便能够一目了然,员工通过眼睛的观察就能把握现场运行状况,让员工能及时、准确地判断问题,达到自主管理的目的。

目视管理的水平分为3个等级,如表5-5所示。

表5-5 目视管理的水平、判断标准、具体内容

目视管理水平	判 断 标 准	具 体 内 容
基本水平	(1) 决定要遵守的事项 (2) 要遵守已决定的事项	4M1E的标识及5S管理
中级水平	对目前状况的良否进行判断,并迅速采取行动	(1) 工作的结果:品质、生产计划完成情况等 (2) 客户的声音:投诉、客户反馈信息等
最高水平	异常处置方法明确	明确揭示异常的管理方法

5.5.1 目视管理的基本水平

目视管理基本水平就是按规定的去做,没有规定的要制定规定,但我国大部分企业连第

一档都做不到。没有规定的企业到处都是，或虽有规定却把它放在文件柜里以应付各种检查。许多企业根本没有理解实行 ISO 9001 标准、ISO 14001 标准的目的，委托咨询公司不切实际地制订了一套标准，但没有把标准教育贯彻下去，只为了拿到所谓的第三方认证而已。有些企业由于对规定的意义理解不透，片面地认为制定规定是一项非常复杂的工作，缩手缩脚、没有自信，这样只会使企业永远止步不前。有些企业的规定几年一个样，一成不变，说明管理者根本没有理解遵守规定是为了改善规定这一要点。

5.5.2 目视管理的中级水平

目视管理的中级水平是能对目前情况做出判断并迅速采取行动。在出现安全问题时、出现品质问题时、计划没有完成时、出现异常时要采取行动。要进行迅速的判断必须有明确的目标、明确的品质基准，否则无从谈起。

按规定去做发现工作中的异常，通过报告、商量、联系等沟通方式及时向上汇报后，马上处理，避免产生不正确的工作结果。表 5-6 列举了制造业生产现场某些项目正常与异常的区别，列出本表的目的是要让大家在平时工作中注意一些细微的异常点，通过排除这些异常点，可能会避免一件重大的品质安全等问题的产生。

表 5-6 正常与异常的区别

项 目	正 常	异 常
不良品	放在规定的红色标识区域	没有放在规定的红色标识区域
在制品的数量	没有超出规定的存放区域	超出规定的存放区域，如放在走道等通路上
生产计划	按计划完成日完成	提前或延迟完成
点检项目	在规定值以内	超过规定值
产品检查	同一不良品在同一批中不超过规定台数	同一不良在同一批中超过规定台数
生产计划指示项目	与原来一样	与原来不一样，多了一些项目
零部件、产品	与作业指导书上的形状、颜色一样	形状、颜色好像有差异
异物	产品或工具夹中无异物	产品或工具夹中有异物，如头发、零部件、焊锡渣等
设备	声音、温度和平时一样	声音、温度等与平时有区别
作业员	按规定生产	不按规定进行生产
作业方法	作业与作业指导书内容一致	作业员无法按作业指导书进行生产，只有按经验生产
零部件混放	零部件应为同一版本	零部件中既有 A 版的也有 B 版的

1）异常

所谓异常是指与平常的不一样，其具体包括以下几个方面。

（1）依据以往方法不能作业。

（2）偏差较大。

（3）连续发生不良（如 3 次连续以上）。

（4）出现了从来没有出现过的不良。

（5）材料、设备出现与平时不一样的状态。

（6）发现外观、光泽等异常。

（7）出现怪声音、异味等。

2）处理异常的规则

处理异常的规则包括以下几个方面。

（1）停止作业。

（2）向上级报告。

（3）等待指示。

完成处理异常后，根据指示重新作业，实施首件产品确认。

5.5.3 目视管理的最高水平

目视管理的最高水平是企业有明确的异常处置办法，有对异常的清晰认识和解决计划。通过对这些项目的目视管理，能使员工深刻理解企业的发展目标。

实施目视管理时可以先易后难，先从基本水平开始，逐步过渡到最高水平。

砸冰箱与敲零部件

海尔集团总裁张瑞敏 1984 年到海尔，当时的海尔是一家只生产冰箱的街道企业，已经濒临倒闭，资产只有 300 万元，亏损 147 万元，销售额 348 万元。张瑞敏从抓品质开始谋求企业的发展，当时的观念是把产品分为一等品、二等品、三等品，甚至还有等外品，只要产品还可以用就可以出厂。但张瑞敏一开始就强调"有缺陷的产品就是废品"的观念，他对已经入库的冰箱重新进行检查，发现有 76 台存在品质缺陷。当时一台冰箱的价格相当于一个员工两年的工资，冰箱对大家来说是非常昂贵的东西。但为了改变大家的思想观念，张瑞敏决定把这些不良品砸掉。当员工们含泪看着张瑞敏亲自带头把有缺陷的 76 台冰箱砸碎之后，内心受到的震动是可想而知的。

美国《远东经济评论》的记者说，这把大铁锤是海尔发展的功臣。现在海尔展览馆还放着这把砸冰箱的大铁锤。

电子产品中的电子零部件如电容、印刷线路板等有一个保管期限的问题，如果到规定的保管期限还未用完，就必须报废。另外，现在产品的更新换代非常快，不断有老的产品停止生产，如果采购人员不以 JIT 的方式进行采购，就会造成采购过多的情况，一旦生产停止，将来不用的零部件必须报废。20 世纪 90 年代初某企业刚成立 3 年，在企业年底的仓库盘点后有近 100 万元的零部件必须报废。此时员工、干部都觉得非常心痛，但该报废的必须报废。总经理带领生产计划科的全体员工拿着榔头到操场上，花了半个小时把所有的零部件都敲坏，并留下了照片。为什么总经理要与员工一起把零部件敲坏呢？这样做的目的有两个：一是通过大家一起敲坏零部件让大家切身体会到多采购零部件会给公司造成多大的损失；二是担心不敲坏的零部件流出公司后会让一些不法制造商重新利用，造成对社会的危害。

砸冰箱与敲零部件虽然是两个不同的事件，但目的是一样的，即通过不良品的可视化、当事人对不良品处理的亲身参与，给相关人员一个极大的触动，以避免类似的错误再次发生。这比有些企业领导动不动就扣相关人员奖金效果要好、水平要高。

资料来源：陈建龙．生产现场优化管理［M］．上海：复旦大学出版社，2008．

下面列举实例说明目视管理用于设备管理的事例，见表 5-7～表 5-9，可以观察到基本水平、中级水平、最高水平 3 个目视管理水平的差别。

表 5-7 目视管理用于设备管理（基本水平）

目视管理水平	目视管理内容	参考例（故障件数）
基本水平	对应该管理的项目，通过结果推移图可以了解	故障件数通过日推移图可以了解 ×月度故障件数推移（日推移） ×线日常管理表

表 5-8 目视管理用于设备管理（中级水平）

目视管理水平	目视管理内容	参考例（故障件数）
中级水平	（1）对应该管理的项目，通过结果推移图就可以了解 （2）对应该管理的项目，明确其计划目标、管理范围及结果，且对异常与否的判断能一目了然	以日、月为单位，对目标进行管理

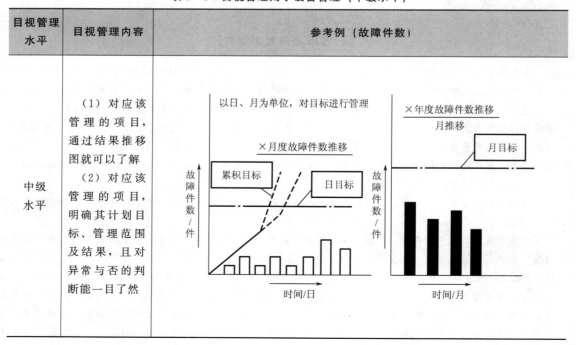

表 5-9　目视管理用于设备管理（最高水平）

目视管理水平	目视管理内容	参考例（故障件数）
高级标准	（1）对应该管理的项目，通过结果推移图可以了解 （2）对应该管理的项目，明确其处理流程、方法等 （3）明确揭示物的管理方法（记入者、记入日等）	（图示：×月度故障件数推移、×年度故障件数推移月推移、记入者×××、记入时间：PM5:00、故障多发报告书、超出目标时的处理程序：操作者→班长→报告书）

本 章 小 结

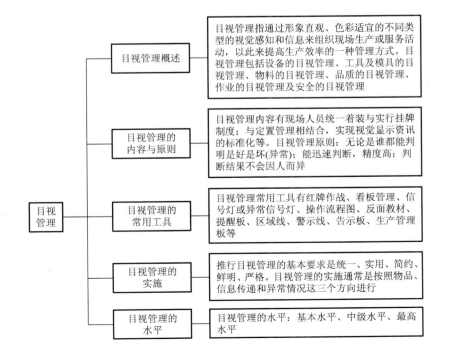

关键术语

目视管理（Visual Management）
红牌作战（Card Battle）
看板管理（Kanban Management）
信号灯（Signal Lamp）

知识链接

[1] 涂高发. 图说工厂目视管理：工厂目视管理 [M]. 北京：人民邮电出版社，2014.
[2] 陈建龙. 生产现场优化管理 [M]. 上海：复旦大学出版社，2008.
[3] 邱绍军. 现场管理 36 招 [M]. 杭州：浙江大学出版社，2006.
[4] 吴明星，王生平. 目视管理简单讲 [M]. 广州：广东经济出版社，2006.
[5] 中世. 都是心软惹的祸：一分钟现场管理故事 [M]. 北京：西苑出版社，2005.
[6] 李胜强，李华. 目视管理 365 [M]. 深圳：海天出版社，2004.
[7] 朱昊. 如何进行现场管理 [M]. 北京：北京大学出版社，2003.

习 题

1. 选择题

（1）目视管理的作用，用很简单的一句话表示就是（　　）。
　　A. 提高管理效率　　B. 直观　　C. 快捷地传递信息　　D. 提高管理者能力
（2）异常情况的目视管理中，一般情况下，企业可能会出现的异常大致可分为（　　）异常。
　　A. 人和信息　　B. 物品和信息　　C. 物品和人　　D. 物品和场所
（3）挂红牌频率不宜太多，一般（　　）。
　　A. 一个月一次　　B. 一周一次　　C. 一个季度一次　　D. 一年一次
（4）目视管理就是指生产活动现场通过形象直观、色彩适宜的不同类型的（　　）感知方式来进行现场工作管理，以此来提高生产效率的一种管理方式。
　　A. 视觉　　B. 听觉　　C. 触觉　　D. 味觉
（5）目视管理方法一般包括设备的目视管理、工具的目视管理、物料的目视管理、品质的目视管理、作业的目视管理及（　　）的目视管理等方面的内容。
　　A. 仓库　　B. 安全　　C. 生产现场　　D. 辅料
（6）推行目视管理的基本要求是统一、（　　）、鲜明、实用、严格。
　　A. 安全　　B. 严肃　　C. 简约　　D. 明确

2. 判断题

（1）目视管理就是管理者亲自来到作业现场进行现场监督的管理方式，因为管理者可以亲眼看到作业过程，即称为目视管理。　　（　　）
（2）只要将同类物品放在一起即可，没有必要将位置固定，而且还做上标记。　（　　）
（3）不良品一定要清楚地标明物品的名称，并用黑色的盒子盛放。　　（　　）

(4) 安全技术措施主要针对车间的生产活动，由各车间讨论后制定即可，不需涉及企业管理层。（　　）

(5) 为了节省堆放空间，物料应堆放得尽可能高。（　　）

(6) 物料堆放可以采用"五五"堆放，使物料叠放整齐，便于点数、盘点和运输。（　　）

(7) 看板是为了让每个人容易看出物品放置场所而做的表示板。（　　）

(8) 行灯系统是让管理监督者随时看到工程中异常情形的工具。（　　）

(9) 视觉信号是目视管理的基本手段。（　　）

(10) 目视管理的实施可以先易后难，先从初级水准开始，逐步过渡到高级水准。（　　）

3. 简答题

(1) 简述目视管理的含义。

(2) 目视管理与 5S 的主要区别是什么？

(3) 目视管理的内容是什么？目视管理的常用工具有哪些？

4. 思考题

(1) 在我国工业企业中具备什么条件才能更好地推行目视管理？

(2) 目视管理在我国企业实施的现状、问题、对策各是什么？

5. 实际操作题

1. 试通过看板管理来提高学生的学习成绩，促使学生自主管理。

2. 通过开展目视管理活动解决宿舍卫生问题。

金陵公司的目视管理

随着经济全球化的加速，世界范围内新一轮的产业转移正在兴起，发达国家的传统产业特别是制造业正在向发展中国家转移。由于中国的成本低、各层次人力资源充足以及被世界公认为是最具潜力的巨大市场，全世界最具有竞争力的企业纷纷来中国投资建厂，对于中国传统制造业是机遇，但更大的是挑战。市场经济的法则是优胜劣汰、适者生存，中国传统制造业要有一席之地，必须实行自我改革以满足市场的要求。

上海金陵股份有限公司下属的全资控股公司上海金陵表面贴装有限公司早在 1984 年就从国外引进 SMD（Surface Mounted Devices，表面贴装器件）设备，不仅是中国国内第二家掌握这种技术的公司，也是中国国内最早提供 SMD 加工制造服务的公司。由于独有的生产技术优势，公司前几年的发展非常顺利，经营业绩也蒸蒸日上。然而，随着改革开放的深入，这种优势逐步丧失，与外资企业相比，其在管理方面的劣势越发明显，许多知名企业都来考察过，但因其管理方面的不足尤其是现场管理差，使其失去了一次次机会，严重影响了公司的发展。

面对这种困境，2003 年年末，上海金陵股份有限公司决定接受挑战，他们请来了在外资企业有相当经验的高管来管理这个在上海的全资子公司，争取在管理上迅速有突破。经过一段时间的综合调查分析后,上海金陵表面贴装有限公司提出了"现场支持市场"的口号。

公司提出了5S的行动方针,即"全员动手、每天动手、立即动手",并将其张贴在公司最明显的位置。公司认识到没有全员的参与、没有每天的坚持、没有一发现问题立即解决的意识,要彻底搞好5S是不可能的。公司还揭示了5S的责任区域图,让每个人都明确自己的职责,并能相互监督检查。此外,公司还每周开展一次5S评比,将评比结果揭示出来,优胜的部门则在他们的区域挂上流动红旗。对于各部门的不足之处,则全部用照片的形式张贴出来。5S管理的可视化,非常有效地激励了全体人员参与和进行5S的决心。5S管理一方面创造了整洁整齐的环境,另一方面成为公司提高员工纪律性的手段。

5S推行了一段时间后,公司发现生产线高高低低,作业台各式各样且作业光线非常暗,生产现场的状况很难被一眼收尽。于是公司对生产设备进行了改造,根据公司人员身高的普遍特征,决定了作业台高度非特殊原因不能超过1.5m。于是公司将生产线的脚锯短,推行小型化作业台,将各部门间的各种隔板拆除,将生产线上的灯全部拆除同时将吊顶上的灯降低高度均匀分布,保证现场每处的照度都在300～350lax。此外,公司还在关键设备和各区域安装了信号灯,保证一旦发生异常能被及时发现和处理。生产现场经过改造后有一种豁然开朗的感觉,一个身高160cm的人就能将现场的一切尽收眼底,为真正实现目视管理跨出了一大步。

整体高度是明显降低了,但这时问题也确实暴露出来了。公司四周的墙面的颜色有两种,生产设备五颜六色,同一颜色也深浅不一,生产现场的员工不管部门、职务工作服都是一种颜色和式样,根本看不出生产现场是否有管理、品质和技术人员的存在。公司物品的堆放整齐了,高度也一致了,但堆放的区域太多,没有规划好,感觉很凌乱。此外,在生产现场人和物的移动过程都是交叉在一起的,就像马路上没有交通规则且乱闯红灯一样。

那么,该如何解决上述问题呢?

这时上海金陵表面贴装有限公司又进行了大改革,对生产现场按生产工艺流程合理地划分了生产区域,集中区分了成品区、半成品、零部件区、待检区、不良品区、备件区等,划分了物流和人流通道,并且都用不同颜色的色带和吊牌来加以明确标记和区分。对现场人员作业服和帽子的颜色也进行了区分,品质检验人员穿黄色作业服、SMD作业人员穿淡蓝色作业服、间接人员穿灰色作业服、测试装配人员穿白色作业服、技术人员穿深蓝色作业服、组长全部戴红帽子等。因为人对颜色的反应是最快的,如果将里面的动态物体作为演员,那四周的墙壁和静止在原地的设备就是布景,就像放电影一样,则要求布景的颜色是单一的淡色,所以公司将四周墙壁都粉刷成白色,将设备都漆成米色。经过这一轮改造,能非常清晰地揭示现场无论是人还是物、动态的还是静止的实时的状态。

粗线条的目视管理解决了,再来看细线条的。公司对于生产线的进度、品质、机种切换时间、设备的运转率等无法及时了解,于是便组织大家制作了生产进度揭示板、生产合格率揭示板、缺员情况揭示板、物料损耗揭示板、生产效率揭示板等,同时完善了各类点检表,如静电点检表、首件产品点检表、仪器设备点检表、机器切换点检表等,从而实现了生产过程管理的可视化。

可视的目视管理问题解决了,那如何让不可视的也能可视化呢?例如,如何让员工知道领导的想法是什么、作业工人是否在理解的基础上从事作业等。于是,公司为发挥大家的聪明才智做了"我的揭示板";为了保证作业工人在理解的基础上进行生产作业,要求管理人员开展"说给你听,做给你看"的活动;为了检验作业工人开展"说给我听,做给我看"活动的效果,将检查结果揭示出来,对于检查不合格的员工戴紫色帽子,以便管理人员对其进行重点培训。公司还定期召开各类发布会,一方面可以将自己的成果展示出来从而得到成就感,增强自信心;另一方面在提供给其他部门参考的同时也能得到各种好的建议,从而实现共同进步。

公司考虑到员工来自全国各地,各地的文化和风土人情不尽相同,为了让大家在工作和交流中能相互理解,制作"员工天地"揭示板。为在工作中没机会发挥的员工提供表现的舞台,这对提倡"以人为本、和谐社会"的当今大环境来说是非常必要的也是极其有意义的。

上海金陵表面贴装有限公司从目视管理的推进过程中尝到了甜头,公司的管理水平不断地提高,现场很有力地支持了市场的开拓,与许多国内外知名企业建立了合作关系,公司规模不断壮大,经营业绩也节节攀升,成了华东地区首屈一指的OEM(Original Equipment Manufacturer,定点生产)企业。

资料来源:陈建龙. 生产现场优化管理 [M]. 上海:复旦大学出版社,2008.

分析与讨论

(1) 金陵公司的目视管理有哪些主要内容?有哪些揭示板?

(2) 金陵公司为什么要进行目视管理?目视管理有哪些优点?给金陵公司带来了什么益处?

第 6 章

生产过程与作业分析

本章教学要点

知识要点	掌握程度	相关知识
生产过程与作业分析	掌握	生产过程的概念、方法研究的内容
程序分析	重点掌握	程序分析符号、ECRS 四原则 工艺程序分析、流程程序分析、布置和经路分析、管理程序分析
操作分析	熟悉	人机分析
动作分析	掌握	动作分析符号、动作经济原则

本章技能要点

技能要点	熟练程度	应用方向
程序分析图、5W1H 方法、ECRS 原则	重点掌握	应用程序分析图解决实际管理问题
操作分析图	掌握	通过操作分析图解决实际管理问题
动素分类	熟悉	通过动素分析优化作业问题
动作经济原则	熟悉	运用动作经济原则改善现场作业

一汽的"红旗生产方式"

2011年11月22日上午,一汽轿车总部会议室,副总经理汪玉春站在大屏幕前讲解着红旗生产方式(Hongqi Production System, HPS)总体架构图(一张形象又抽象的牛形图)。

汪玉春解释说,"HPS"脱胎于丰田 TPS 管理方式和奥迪、马自达生产方式的融合,在与优秀的"红旗精神"和一汽企业文化特性的结合过程中诞生。其英文缩写 HPS 中,"H"代表的是"红旗"的第一个汉语拼音字母。牛形图源自一汽轿车开发的全新自主品牌奔腾——其造型设计理念来自华尔街标志性的雕塑牛,同时它也代表着脚踏实地、埋头苦干的品行和忠诚、自强、学习、创新的红旗精神。

"'HPS'是面向全制造过程的生产管理模式的本质突破,是在效率、质量、成本、安全、知识集成、人才培养和环境改善等方面的功夫,我们就是靠这10项主体要素把车造出来的。"

从2008年开始,一汽轿车连续3年在"清华 IE 亮剑"大赛上拿金奖,获奖者来自一汽轿车不同车间班组,其共同点都是"全员改善"创新活动中涌现出来的普通工人代表。

一汽轿车创新活动为何如此活跃?"问渠哪得清如许,为有源头活水来。"汪玉春说。"HPS"三大支撑方法之一就是"标准化作业"。它是在系统、方法研究和时间研究基础上,建立起来的面向作业流程、每个操作人员、加工设备和作业速度的一整套作业规范。它以简化的动作、精准的节奏、确定的顺序、最小的制品存货、最快的速度完成所有作业过程。经过标准化作业,2011年一汽轿车公司全员效率提升优化1 042(岗位)人。

资料来源:张兆军,张亦弛. 一汽的"红旗生产方式"解析[J]. 汽车工业研究, 2012, (3):42-44.

现场是生产的第一线,是产品由原料转化为成品的具体场所。在这个转化过程,是由每个一线生产人员的操作,经过一道道的工序和流程来实现的。从大的方面来看,物料和人员在生产过程中要经过加工、检验、等待、储藏、搬运等环节。如果对这些环节深入分析,找到可以优化的方向,就可以提高生产效率,节约成本,提升产品质量。如果分析每个工作小组或生产人员的作业,优化他们与机器的配合,或完成某项工作的具体操作,就可以减轻他们的劳动负荷,增加工作的舒适度,也能实现高效标准化的生产。本章将具体介绍有关生产过程和作业分析的一些基本方法和案例。

6.1 生产过程与作业分析概述

IE 起源于20世纪初的美国,它以现代工业化生产为背景,在发达国家得到了广泛应用。美国工程师泰勒发表的《科学管理的原理》是工业工程的经典著作。从1910年前后开始,美国的吉尔布雷斯夫妇从事动作(方法)研究和工作流程研究,还设定了17种动作的基本因素(动素,Therbligs)。泰勒和吉尔布雷斯都是最著名的 IE 创始人。

生产过程的研究和作业分析是工业工程方法的重要组成部分,对于优化企业生产过程,提高企业生产效率,科学有效地利用人力、机器、材料等具有重要意义。

工作研究与 IE

工作研究又称为基础 IE，最显著的特点是：只需很少投资或不需要投资的情况下，通过改进作业流程和操作方法，实行先进合理的工作定额，充分利用企业自身的人力、物力和财力等资源，走内涵式发展的道路，挖掘企业内部潜力，提高企业的生产效率和效益，降低成本，增强企业的竞争能力。

英国标准协会对工作研究的定义是：对现有的或拟定的工作（加工、制造、装配、操作）方法进行系统的记录和严格的考查，作为开发和应用更容易、更有效的工作方法以及降低成本的一种手段。一般工作研究的对象包括两个方面：一是以物（产品）为对象，研究产品生产过程（包括工艺、检测、包装、物流等）的变化；二是以人为对象（生产主体），研究人的操作活动（包括动作研究）。

IE 是从科学管理的基础上发展起来的一门应用性工程专业技术。美国工业工程学会（American Institute of Industrial Engineering，AIIE）对 IE 的定义是：IE 是对人、物料、设备、能源、和信息等所组成的集成系统，进行设计、改善和实施的一门学科，它综合运用数学、物理、和社会科学的专门知识和技术，结合工程分析和设计的原理与方法，对该系统所取得的成果进行确认、预测和评价。IE 的主要工作范围：工程分析、工作标准、方法研究、作业测定、价值分析（Value Analysis，VA）、工厂布置、搬运设计等。

世界各国都将工作研究作为提高生产率的首选技术。美国 90% 以上的企业都应用了工作研究，企业的生产率普遍提高 50% 以上。我国与发达国家比较，在科学技术和管理上都落后于发达国家，相对来说，管理水平更落后。自 20 世纪 80 年代以来，一些部门和企业开始学习和应用 IE 的基本原理和方法，取得了显著的效果。深圳富士康集团公司等运用 IE 进行流程优化、制定标准工时定额和现场改善，取得了较大的成绩。

在生产或非生产性活动中，方法研究的主要目的有以下几个方面：①改进工艺（加工、制造、装配等）和程序（工作、生产系统）；②改进车间、工厂和工作场所的平面布置；③改进工厂和设备的设计；④经济合理地使用人力，减少不必要的疲劳；⑤改进人力和机器、物料的利用，提高生产效率；⑥改善实际工作环境，实现文明生产；⑦降低劳动强度。

资料来源：易树平．基础工业工程［M］．北京：机械工业出版社，2007．

6.1.1　生产过程概述

生产过程是指从产品投产前的一系列生产、技术、组织工作开始，到将合格产品生产出来为止的全过程。生产过程分为自然过程和劳动过程，如图 6.1 所示。自然过程是指借助自然力作用于劳动对象，完成过程的一部分。例如，铸铁件置于室外进行自然时效处理。劳动过程是指采用工具作用于劳动对象，成为合格产品的过程。例如，自行车的生产过程，由原材料或毛坯件经机械加工（包括表面处理等）成为零件，再经组装、调试、检验，成为合格的自行车产品。

生产过程由一道道工序组成。工序是指一个工人（或一组工人）在一个场地，对一个劳动对象（或一组劳动对象）进行加工。工序是完成产品加工的基本单元。工序在生产过程中按其性质和特点可分为：①工艺工序，即使劳动对象直接发生物理或化学变化的加工工序；②检验工序，指对原料、材料、毛坯、半成品、在制品、成品等进行技术质量检查的工序；③运输工序，指劳动对象在上述工序之间流动的工序。按照工序的性质，又可把工序分为基本工序和辅助工序。

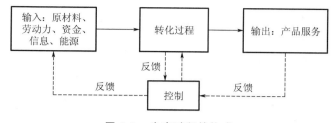

图 6.1　生产过程的构成

6.1.2 方法研究

方法研究是工业工程的重要组成部分，是对现有的或未来的工作（加工、制造、装配、操作）方法进行系统的记录和严格的考查，作为开发和应用更容易、更有效的工作方法以及降低成本的一种手段。方法研究按分析对象不同，一般分 3 个分析层次。

1. 程序分析

程序是指完成某一工作所需要经过的路线和手续。程序分析则主要以整个生产过程为对象，分析研究一个完整的工艺程序，分析是否有多余或重复的作业；程序是否合理，搬运是否需要或太多，等待时间是否太长等，并力求进一步改善工作程序和工作方法。

2. 操作分析

该层次主要分析研究以人为主体的程序，使操作者、操作对象和操作工具三者科学组织，合理地布局与安排，以减少作业时间，保证工作质量，减轻操作者的劳动强度。

3. 动作分析

该层次主要分析研究人在进行各种操作时的细微动作，以消除多余动作，使操作简便有效，减轻劳动强度，由此制定最佳动作程序。

实际应用上述分析技术时，要从整体到局部，从宏观到微观，进行系统的优化研究。

6.2　程序分析方法

程序分析是按照工作流程，从第一个工作地到最后一个工作地全面地分析，改进流程中不经济、不均衡、不合理的现象，提高工作效率的一种研究方法。

程序分析具体应用分析技术时，要根据不同的分析对象，采用记录图形符号、工作改进检查表、提问技术、四大原则［取消（Eliminate）、合并（Combine）、重排（Rearrange）、简化（Simplify）］等分析方法，去发现问题、分析问题和解决问题。

按照分析对象不同，程序分析可分为工艺程序分析、流程程序分析、布置和经路分析、管理事务流程分析几类。

6.2.1 程序分析方法概述

程序分析一般把材料变更的过程分成加工、检查、搬运、等待和存储 5 类，美国机械工程师学会规定了用表 6-1 所示的 5 种分析符号来分别表示 5 种基本活动。

表 6-1　程序分析的常用符号

符号	名称	表示的意义	举例
○	加工	指原材料、零件或半成品按照生产目的承受物理、化学、形态、颜色等的变化	车削、磨削、刨铣、炼钢、搅拌、打字等
□	检查	对原材料、零件、半成品、成品的特性和数量进行测量，或者说将某目的物与标准物进行对比，并判断是否合格的过程	对照图纸检验产品的加工尺寸，查看仪器盘，检查设备的正常运转情况
→	搬运	表示工人、材料或设备从一处向另一处在物理位置上的移动过程	物料的运输、操作工人的移动
D	等待或暂存	指在生产过程中出现的不必要的时间耽误	等待被加工、被运输、被检查等
△	储存	为了控制目的而保存货物的活动	物料在某种授权下存入仓库中

这 5 类过程中只有加工过程是产生附加价值的，检查过程是为了确保产品的品质以防止不良产品的流出。但搬运过程和等待过程无论是从产生附加价值的角度，还是品质第一的角度来看都是不需要的，因此要尽量地消除这些过程或使其最小化。

企业领导的巡视：停滞品就是问题

某企业领导到现场巡视主要观察停滞品的情况，看到停滞品后他进行如下调查。

(1) 是否有标识，明确停滞的理由和管理者、期限。

(2) 是否属于正常停滞：过程设计的需要、正常排队等。

检查了以上两点以后，发现以下问题：①前工序没有按时完成任务造成停滞；②后工序由于设备故障、人员问题造成停滞；③缺货造成后工序进行不下去；④不良造成停滞；⑤前工序对某一产品进行大批量生产，造成后工序严重超负荷；⑥虽然进行了设计变更，但相关手续还没有完成。

针对以上问题，随行的相关部门领导大吃一惊，因为反映在表面上是这些问题都没有上报，进一步调查发现工作中存在许多的问题。

现场是企业的窗口，企业领导到现场去巡视可以发现企业中存在的许多问题。

资料来源：陈建龙．生产现场优化管理［M］．上海：复旦大学出版社，2008.

1. 5W1H

"5W1H" 提问技术是指对研究工作以及每项活动从目的、原因、时间、地点、人员、方法上进行提问，为了清楚地发现问题可以连续几次提问，根据提问的答案，弄清问题所在，并进一步探讨改进的可能性。由于前 5 个提问英语单词的字首字母都含有 "W"，而最后一个提问的字首字母为 "H"，因此，常称之为 "5W1H" 提问技术。"5W1H" 提问技术见表 6-2。表 6-2 中前两次提问在于弄清问题现状，第 3 次提问在于研究和探讨改进的可能性。

表6-2 "5W1H"提问技术

考查点	第一次提问	第二次提问	第三次提问
目的	做什么（What）	是否必要	有无其他更合适的对象
原因	为何做（Why）	为什么要这样做	是否不需要做
时间	何时做（When）	为何需要此时做	有无其他更合适的时间
地点	何处做（Where）	为何需要此处做	有无其他更合适的地点
人员	何人做（Who）	为何需要此人做	有无其他更合适的人
方法	如何做（How）	为何要这样做	有无其他更合适的方法和工具

2. 四大原则

在程序分析和改进时常遵循"ECRS"四大原则。

（1）E。

E即Eliminate（取消），在经过"做什么""是否必要"等问题的提问，而答复为不必要则予以取消。取消为改善的最佳效果，如取消目的、取消不必要的工序、作业和动作等以及取消不需要投资等，取消是改善的最高原则。

（2）C。

C即Combine（合并），对于无法取消而又必要者，看能否合并，以达到省时简化的目的，如合并一些工序或动作，或将原来由多人进行的操作改为由一人或一台设备完成。

（3）R。

R即Rearrange（重排），不能取消或合并的工序，可再根据"何人、何事、何时"的提问进行重排，使其作业顺序达到最佳状况。

（4）S。

S即Simplify（简化），经过取消、合并和重排后的工作，可考虑采用最简单、最快捷的方法来完成，如增加工装夹具、增加附件、采用机械化或自动化等措施，简化工作方法，使新的工作方法更加有效。

改善时一般遵循对目的进行取消，对地点、时间、人员进行合并或重排，对方法进行简化的原则，"ECRS"四大原则运用示例见表6-3。

即学即用

表6-3 "ECRS"四大原则的运用示例

原则	目标	示例
E	（1）是否可以不做 （2）如果不做将会怎么样	（1）省略检查 （2）通过变换布局省略搬运
C	两个及以上的工序内容是否可以合并起来	（1）同时进行两个及以上的加工作业 （2）同时进行加工和检查作业
R	是否可以调换顺序	更换加工顺序提高作业效率
S	是否可以更简单	（1）进行流程优化 （2）实现机械化或自动化

3. 程序分析符号

为了便捷、准确、标准地记录工作现状的全部事实和便于对其进行分析、归纳、整理，必须规定专用的图形符号。美国国家标准（ANSI15.3M—1979）工艺程序图、日本工业标准工序图（JIS8206—1982）对记录图形符号均作了详细的规定。我国根据美国机械工程师学会（American Society of Mechanical Engineers，ASME）中标准，结合国情，制定颁布了中华人民共和国国家标准《工艺流程图表及图形符号》（GB/T 24742—2009）。上述标准中规定的图形符号包括基本符号、辅助符号和复合符号。其中，基本符号及其含义基本相同，实际上已经通用。表6-4为我国国家标准《工艺流程图表及图形符号》（GB/T 24742—2009）中的基本符号、辅助符号和复合符号。

表6-4　工艺流程图形符号

符　号	符号名称	符号含义
○	加工	使生产对象发生物理变化或化学变化的作业
⇨	搬运	生产对象或作业人员的位置变化
□	检验	对生产对象的数量、质量等的检验
D	停滞	生产对象在工作地或工作地附近的临时停放或等待
▽	储存	生产对象在保管地的存放
｜	① 流程线	工序间的顺序连接
⋎⋎	① 分区	划分管理区域的界限
＝	① 省略	工序序列的省略部分
⌻	② 在给定的时间内，加工与数量检验同时进行	
⌺	② 在给定的时间内，加工与质量检验同时进行	
⊖	② 在给定的时间内，加工与搬运同时进行	
◇	② 在给定的时间内，质量检验与数量检验同时进行	

注：表中的①为辅助符号，②为复合符号，其余为基本符号。

使用上述工艺流程图形符号时，如实际需要，可视具体情况，设计出各种其他派生符号，见表6-5。

表6-5　各种派生图形符号

符　号	符号含义
②	第2道加工工序
Ⓑ3	B零件的第3道加工工序
⇨m	由男性工人运输
Ⓣ	用汽车运输

（续）

符　号	符　号　含　义
◇	对生产对象进行质量检查
□	对生产对象进行数量检查
△	材料的保管
▽	成品、半成品的保管
▽ (双线)	工序间的存放
✡	加工中的暂时存放

应用工艺流程图形符号的方法，一般分两种：一是图示法，如图 6.2 所示；二是表格法，见表 6-6。

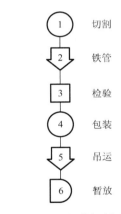

图 6.2　钢管切割流程

表 6-6　钢管切割流程

作业说明	工　序				
	○	⇨	□	D	▽
切割	●				
铁管		●			
检验			●		
包装	●				
吊运		●			
暂放				●	

6.2.2　工艺程序分析

工艺程序分析是对整个生产系统的全过程进行概略分析，只分析"加工"和"检验"工序,从宏观上发现问题,改善整个生产过程中不合理的工艺内容、工艺方法和作业现场的空间配置,通过分析设计出经济合理以及最优化的方案,为后面的流程程序分析、布置与经路分析作铺垫。

1. 工艺程序图

工艺程序图是记录产品从原料投入开始,经各道工序加工制造成品的全部生产过程的图,即对产品所完成或将完成的工序的一种图形、符号的表示,可为设计新产品的生产线,或改进企业管理提供技术资料。由于工艺程序图仅显示程序中的"操作"和"检验"动作,故图形简明,可方便地研究整个程序的先后次序,如图6.3所示。

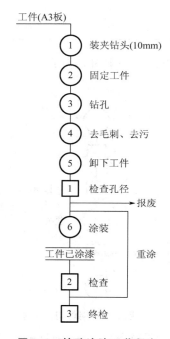

图6.3 钻孔涂漆工艺程序

2. 工艺程序图的构成

在工艺程序图中,其工艺程序的次序以垂线表示,垂线(指两个工序之间)一般约为6mm。而水平线表示材料(或零部件)的引入,且不论自制件还是外购件,均以水平线直接引入加工地。

绘制工艺程序图时,如图6.4所示,最右侧作为基准作业线,即从右侧开始,自上而下垂直地表示基准件或主要零部件或主要的加工过程。其余件(或零部件)均按加工(或进入装配线)的次序从左至右排列。加工件加工次序由上向下依次排列。在"操作"或"检验"符号的右边,标注加工或检验的内容。在操作符号的左边,记录定额时间、地点、距离等应注明的数据。然后按时间次序,由上而下,从左至右对操作和检验进行编号,并写入符号内。

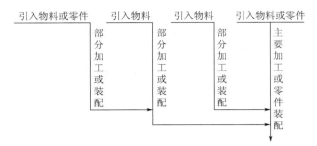

图 6.4 工艺程序图的常用结构

6.2.3 流程程序分析

流程程序分析是进一步对生产现场的整个生产制造过程进行详细分析，是对生产过程中的加工、检验、搬运、等待和储存进行详细的记录和分析，特别是对搬运距离、等待和储存等隐形成本浪费进行分析改善。

其特点包括：①对某一产品或某个主要零件的加工制造全过程进行单独分析和研究；②比工艺程序分析更具体、更详细；③除了分析加工、检查工序外，还要分析搬运、等待和储存工序；④记录产品生产过程的全部工序、时间定额和移动距离。

流程程序分析的工具是流程程序图。

1. 流程程序图

流程程序图根据其研究对象可分为两类：①材料和产品流程程序图（物型），主要用于记录生产过程中材料、零件、部件等被处理、加工的全部过程；②人员流程程序图（人型），主要用于记录生产过程中工作人员的一连串活动。

2. 流程程序分析的步骤

流程程序的分析步骤与工艺程序分析相似，主要有 7 个步骤，见表 6-7。

表 6-7 流程程序分析步骤

步骤	项 目	内 容
1	现场调查	（1）了解产品的工艺流程 （2）了解产品的内容、计划量实际产出等 （3）了解设备配备情况、原材料消耗情况等 （4）了解质量检验方法、手段
2	绘制流程程序	将流程程序图绘制成直列型或图表型
3	测定并记录工序中的项目	测定各工序的必要项目，并填入表中
4	整理分析结果	详细分析加工、检查、搬运、等待以及储存所花的时间、配备的人员等情况，发现影响效率的原因和存在的问题
5	制定改善方案	提出改善方案、措施
6	改善方案的实施和评价	实施改善方案，必要时对不妥之处进行修正
7	改善方案标准化	一旦确认改善方案达到了预期目的，就应该使改善方案标准化，杜绝再回到原来的作业方式中去

某公司主轴产品流程程序分析

1. 现场调查

该产品制造工艺程序见表 6-8，绘出其现行方法的流程程序如图 6.5 左边所示。

表 6-8 产品生产制造工艺流程

序 号	工作内容	所用设备	时间/min	人 数	距离/m
1	下料	切割机	35	2	—
2	搬到下一工序	叉车	10	1	100
3	测定尺寸	游标卡尺	10	1	—
4	暂时放置	托盘	60	1	—
5	搬到下一工序	叉车	8	1	50
6	粗车外圆	车床	20	1	—
7	搬到下一工序	叉车	7	1	40
8	精车外圆	车床	5	1	—
9	搬到下一工序	叉车	5	1	30
10	检查	游标卡尺	6	1	—
11	搬到下一工序	叉车	4	1	20
12	保管	仓库	60	1	—
合计		叉车：5 辆	230	13	240

2. 现存问题

从现行流程图可以看出搬运次数太多，每进行一次加工或检查工序都需要搬运，搬运次数多，搬运距离长达 240m，搬运成本高。

3. 分析改进

运用"5W1H"提问技术与"ECRS"四大原则逐项进行综合分析，并对原有工艺流程提出改善方案，见表 6-9。改善后的流程程序如图 6.5 右边所示。

表 6-9 提问分析表

问	答
为什么要先下料再测定尺寸	工艺要求
为什么下料和测尺寸不在同一工作地	原工艺是这样的
下料与测定尺寸能否合并	可以
下料与测定尺寸之间的搬动能否消除	可能消除，合并两工序后就可以消除
是什么原因造成了第 4 道工序的暂存，是否可以消除	因为原工艺下料时间需要 35min，搬运、测定尺寸各需要 10min，所以 55min 内可以制成 1 个。原工艺需要暂存多个在制品后再一起搬运到下一工序，以保证后面工序的顺利进行
第 5 道工序搬运可否消除	不可以，因为操作需要在两种机器上完成，需要变更工作地
粗车外圆与精车外圆可否合并，工序之间的搬运可否消除	与技术人员进行沟通，可以考虑重新布置车床的位置，降低原来 40m 的搬运距离
检查、保管是否必要	必要
检查与保管可否合并	可以合并，在合并以后，可以消除第 11 道工序

工作部别：4车间		编号：		统计表			
工作名称：某产品加工		编号：		项别	现行方法	改良方法	节省
开　　始：原材料待加工				加工次数：○	4	3	1
结　　束：加工出成品保管				搬动次数：→	5	2	3
研 究 者：		日期：		检查次数：□	1	1	
审 阅 者：		日期：		等待次数：D	0	0	
				储存次数：▽	2	1	1
				搬运距离/m	240	80	160
				供需时间/min	230	149	81

	现行方法									改良方法						
步骤	情况					工作说明	距离/m	需时/min	改善要点				步骤	情况					工作说明	距离/m	需时/min
	加工	搬运	检查	等待	储存				取消	合并	重排	简化		加工	搬运	检查	等待	储存			
1	●	→	□	D	▽	下料		35		√			1	●	→	□	D	▽	下料并测定尺寸		45
2	○	→	□	D	▽	搬到下一工序	100	10	√				2	○	→	□	D	▽	搬到下一工序	50	3
3	●	→	□	D	▽	测定尺寸		10		√			3	●	→	□	D	▽	粗车外圆		20
4	○	→	□	D	▽	暂时放置		60	√				4	●	→	□	D	▽	精车外圆		5
5	○	→	□	D	▽	搬到下一工序	50	8					5	○	→	□	D	▽	搬到下一工序	50	8
6	●	→	□	D	▽	粗车外圆		20					6	○	→	■	D	▽	检查		6
7	○	→	□	D	▽	搬到下一工序	50	8	√				7	○	→	□	D	▼	保管		60
8	●	→	□	D	▽	精车外圆		5													
9	○	→	□	D	▽	搬到下一工序	30	5													
10	○	→	■	D	▽	检查		6													
11	○	→	□	D	▽	搬到下一工序	20	4	√												
12	○	→	□	D	▼	保管		60													

图 6.5　某公司主轴加工生产流程程序

4. 改善效果

原工艺需要的总时间为230min，总搬运距离为240m，而改进后的工艺需要的总时间为149min，节省了81min；总搬运距离为80m，缩短了160m；减少搬运次数为3次，降低了成本，节省了空间。

6.2.4 布置和经路分析

布置和经路分析是指以作业现场为分析对象，对产品、零件的现场布置或作业者的移动路线进行的分析。对产品、零件或人与物的移动路线进行分析，通过优化设施布置，改变不合理的流向，减少移动距离，达到降低运输成本的目的。

布置和经路分析特征如下。

(1) 重点对"搬运"和"移动"的路线进行分析，常与流程程序图配合使用，以达到缩短搬运距离和改变不合理流向的目的。

(2) 通过流程程序分析可以了解产品的搬运距离或工人的移动距离，但产品或工人在现场的具体流经线路并不清楚。通过布置和经路分析可以更详细地了解产品或工人在现场的实际流通线路或移动线路。

1. 布置和经路分析的工具

布置和经路分析可以分为线路图和线图两种。

1) 线路图

线路图是依比例缩小绘制的工厂简图或车间平面布置图。它将机器、工作台、运行路线等的相互位置一一绘制于图上，以图示方式表明产品或工人的实际流通线路。绘制线路图时，首先应按比例绘出工作地的平面布置图，然后将流程程序图中表示加工、检查、搬运、储存等的工序用规定的符号标示在线路图中，并用线条将这些符号连接起来。注意在线与线的交叉处，应用半圆型线避开。如果在制品数量较多，则可采用实线、虚线条将其区别开来，如果产品或零件要进行立体移动，宜用空间图来表示。

2) 线图

线图是按比例绘制的平面布置图模型，用线条表示并度量工人或物料在一系列活动中所移动的路线。线图是线路图的工种特殊形式，是完全按比例绘制的线路图。绘制线路图时，首先找到一个画有方格的软质木板或图样，将与研究对象相关的机器、工作台、库房、各工作点以及可能影响移动线路的门、柱隔墙等均按一定的比例剪成硬纸片，然后用图钉按照实际位置钉于软质木板或图样上，再用一段长线，从图钉钉子起点开始，即从第一道工序开始，按照实际加工顺序，依次绕过各点，直至完成最后一道工序为止。最后，将这些线段取下来，测量其长度，并按一定的比例扩大，这样就较准确地测量出该产品或该零件的实际移动距离。如果同一工作区域内有两个以上的产品或零件在移动，则可用不同颜色的线条来区别表示，包含线条越多的区域，表示活动越频繁。线图的结构形式，如图6.6所示。

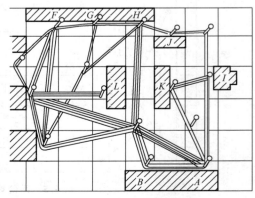

图 6.6 线图结构

2. "5W1H"及"ECRS"四大原则在布置和经路分析中的应用

使用"5W1H"及"ECRS"四大原则进行具体分析时，可参考表 6-10 的内容来辅助思考。

表 6-10 经路图和线图改善分析

	内　　容
平面移动	移动距离能否缩小
	移动路线是否采用了"—""L""U"字形等简单形式或封闭系统
	有没有相向流动
	通道和路面状况是否良好
立体移动	高度能否降低
	上下移动次数能否减少
	是否使用起重设备
	厂房设备配置是否合理
	物流路线配置是否合理
	运输方法是否恰当
	运输通道、起重设备、行车路线、作业面积、标识是否符合要求
	设备配置是否与工艺路线相适应
	占地面积、摆放方向（与通道及采光的关系）是否恰当
	车间办公室及检查工序的位置是否合适

6.2.5　管理事务流程分析

在日常生产工作中，除了工艺程序分析、流程程序分析以外，还有各种各样的信息交流活动与事务工作，如生产计划、生产控制、质量管理、作业人员的出勤记录和绩效考核等。这些工作花费了大量的人力、物力，因此研究事务性工作，对提高生产效率、降低成本同样具有重要的作用。

管理事务分析是以事务处理、生产控制、办公自动化等管理过程为研究对象，通过对现行管理事务流程的调查分析，改善不合理的流程，设计出科学、合理流程的一种分析方法。管理事务分析是以信息传达为主要目的，因而，它不是某一个人单独所能完成的作业，可能涉及多个工作人员和多个工作岗位。因此，在管理事务分析中，作业人员和工作岗位之间的协调非常重要。另外，管理事务分析所包含的信息必须可靠。

1. 管理事务分析的目的

管理事务分析的目的如下。

（1）使管理流程科学化。通过对现行管理事务流程的了解，发现其中不增值、不合理、不经济的环节和活动，提出改善方案，使管理流程科学化。

(2) 使管理作业标准化。通过详细地调查了解和分析思考，明确作业人员的作业内容，制定相关的作业规程，使管理作业规程标准化。

(3) 使管理作业自动化。随着信息技术的不断发展和计算机的广泛应用，原来手工记录工作、统计工作、报表工作等都可以通过Internet和Intranet来传输，工作人员只需打开计算机，单击鼠标，查看屏幕就可以完成统计、报表等工作。

(4) 达到信息共享，实现无纸化办公。

2. 管理事务分析的工具

管理事务流程图是管理事务分析的工具。参考美国国家标准学会（American National Standards Institute，ANSI）的规定，定义管理实务流程设计中的标准符号见表6-11。

表6-11 管理事务工序分析符号

名　称	符　号	含　义	备　注
椭圆	⬭	流程的开始或结束	
流程线	→	票据和实物信息等从一地移向另一地	
矩形	▭	加工、检验、处理、实施等具体的任务或工作	
平行四边形	▱	单据、信息等的存储与输出	
判断	◇	判定	

某公司管理事务分析的应用

某公司外购件的接收事务涉及仓库管理员、采购员、验货员、会计员，这一事务花费时间较多，中途转记事务不合理，需要对其进行改进。

1. 调查研究

调查内容主要包括以下几个方面：①账本的种类、内容、频度、张数；②相关的部门、人员；③账本信息的流程以及移动方法、移动时间；④账本的制作方法（转记、复印、核对）以及制作时间；⑤作业与货物之间的关系等。

现行外购件接收事务管理流程如下：①采购员根据仓库状况下达采购任务，并将采购单交给外购厂；②外购厂根据采购单进行出货处理，并将货物及相关单据送交仓库管理员；③仓库管理员进行收货处理，将收货单一份交回外购厂，另一份交给采购员，并将货物交给验货员，采购员开具验货单并交给库房管理员，库房管理员在验货单上签字后交给验货员；④验货员收到验货单后，检查货物质量、数量，对不合格品进行退货，合格品签字后交入库房保管，并将签字后的验货单一份给会计员记账，另两份交给库房管理员登记台账；⑤仓库管理员接纳货物并根据验货单登记台账，之后验货单一份自己保留，一份给采购员保管。

2. 绘制管理事务流程

根据外购件接收事务流程,用表 6-11 中规定的符号绘图,如图 6.7 所示。

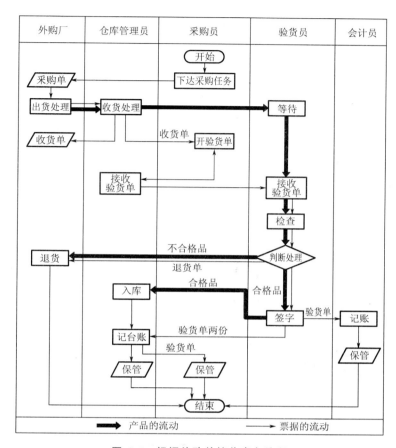

图 6.7 根据外购件接收事务流程

3. 分析与改善

1) 统计结果

经过分析,发现外购件接收事务共有 13 次加工处理,8 次搬运,3 次保管,1 次检查,1 次等待,1 次判断。

2) 现行方案存在的问题

在分析现行方案存在的问题时,可参考如下几方面来辅助分析:①各账本是否真正有必要,份数、内容是否存在问题;②制作账本是否费时、费工,转记作业、核对作业是否过多;③流程是否畅通,是否存在滞留现象;④传送方式是否有改善的余地;⑤时机把握是否与现场作业十分吻合。

运用"5W1H"提问技术,发现现行方案存在如下问题。

首先,仓库管理员将收货单交给采购员,采购员根据收货单开具验货单交给仓库管理员,再由仓库管理员交给验货员的工序是多余的,应该取消。

其次,验货员存在待工现象。验货只有接到从仓库管理员处来的验货单之后才能进行验货,从而造成验货员待工。

最后,验货员将签字后的验货单交给仓库管理员,再由仓库管理员转交给采购员的工序是多余的,应该改善为由验货员直接交给采购员。

3) 制定改善方案

运用 "ECRS" 四大原则和改善分析表，对外购件接收事物进行分析改进，得到如下改善方案。

（1）取消采购员开设验货单工序。

（2）取消由仓库管理员将签字后的验货单转交给采购员工序，改为由验货员将检查合格签字后的验货单直接交给采购员。

（3）收货单以及货物一起直接由仓库管理员交给验货员。

（4）验货员检查与接收验货单进行合并。

改善后外购件接收事务流程如下。

（1）采购员下达采购任务，并将采购单交给外购厂。

（2）外购厂根据采购单进行出货处理，并将产品和相关单据交给仓库管理员。

（3）仓库管理员进行收货处理，并将货物与收货单一起交给验货员，另一份收货单返回厂家。

（4）验货员根据收到的货物对照票据进行数量及质量检验，并进行判断处理，对不合格品进行退货，合格品则签字后交入库房保管，并出具入库单给仓库管理员登记台账，验货单给会计记账。

（5）会计员根据验货单进行记账处理，并保存验货单。

（6）仓库管理员对合格品进行入库，并根据入库单登记台账并保管台账。根据改进后的流程，绘出改善后外购件接收事务流程如图 6.8 所示。

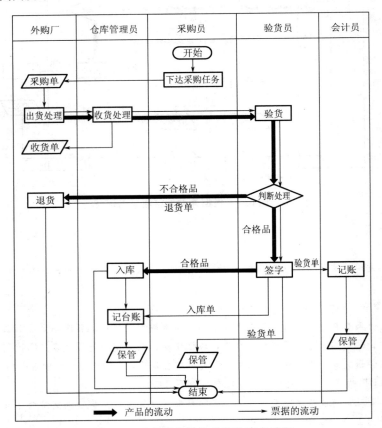

图 6.8 改善后外购件的接收事务流程

4) 改善效果

通过改善，操作次数从原来的 13 次减少为 9 次，搬运次数从 8 次减少为 6 次，大大简化了工作流程，缩短了验货等待时间，提高了工作效率。

5) 实施和评价改善方案

由于管理事务工作涉及的人员较多，因此，当改善方案提出来以后，需要向有关部门说清楚，得到他们的协助，并让全体人员了解改善方案的宗旨，真正使改善方案落到实处。改善方案一旦实施，需要对改善方案进行评价，了解是否达到了预期效果，还存在哪些不足，今后如何改进等。

6) 改善方案的标准化

在改善方案的实施过程中，要使其逐步完善。在事务作业进行改善的情况下，从试行到标准化往往不是一帆风顺的，因此，先要进行充分的研究，再实施使之标准化，并制作实施指南，对相关人员进行教育。

当今以办公自动化为代表的事务作业发展非常迅速，所以也要时常对自己的事务作业重新认识，这样才能日臻完善。

资料来源：http：//www.docin/p-429324502.html

6.3 操 作 分 析

操作是工作的基本单元，分为有效操作和无效操作。操作分析通过对操作进行分析，找出工作中的问题，取消不必要、不合理、不经济和不平衡的动作，对其进行改善，从而提高工作效率。

操作分析可以分为人机操作分析、联合操作分析和双手操作分析。不同的操作分析方法研究的内容不同，但分析工具和步骤类似，并且都以提高工作效率为核心。

操作分析与程序分析的区别在于：程序分析是研究某个产品的整个生产过程的各个工序，操作分析是研究某个产品的某道工序的各个操作；操作分析研究的内容比程序分析研究的内容更加细微、详细。

6.3.1 人机操作分析

人机操作分析是对人和机器的共同操作进行分析，通过绘制人机操作分析图，分析工作人员和机器的时间利用状况，调查工作人员和机器"待工"现象的产生原因，取消不必要的"待工"，不但可以提高生产率，而且可以在确保产量的前提下减少机器数量，降低生产成本。

一般，人机操作分析有两种组合形式：①一个工作人员、一台机器；②一个二作人员多台机器。

1. 人机操作分析图

人机操作分析图是进行人机操作分析的图表。通过人机操作分析图分析机器的作业情况，可以发现人和机器的空闲时间状况，进而提出改进措施，以减少人和机器的空闲时间，提高人和机器的工作效率。

人机操作分析图一般由上、中、下三部分构成，如图 6.9 所示。上部主要填写工作部门、产品名称、作业名称、图号、工作人员、研究者等相关信息。中部分别记录人和机器的作业状态。中部左边的第一列是工作人员操作的动作单元，由上而下按照工艺流程进行分解；左边的第二列表示工作人员的工作时间；左边第三列表示工作人员的工作状态，当工作人员处于忙碌状态时，用深色粗线（或其他方式）表示。当工作人员处于空闲状态时，用空白（或其他方式）表示。边上 3 列分别表示机器作业状态、作业时间和动作单元。下部是对工作人员和工作时间的统计，记录工作人员和机器的空闲时间、操作时间、周程时间和利用率等信息。

工作部门：××	产品名称：××		作业名称：××	图号：××	
工作人员：××	研究者：××		日期：××		
工作人员			机器		
内容描述	时间/s	状态	状态	时间/s	内容描述
操作A	5			15	空闲
操作B	5				
操作C	5				
空闲	10			10	操作I
操作D	5			10	空闲
操作E	5				
统计	工作人员	空闲时间：10s；操作时间：25s；周程时间：35s；利用率：71.4%。			
	机器	空闲时间：25s；操作时间：10s；周程时间：35s；利用率：28.6%。			

图 6.9 人机操作分析

2. 人机操作分析的步骤

（1）观察和记录操作者与机器设备在一个作业周期（称周程）内各自的操作步骤和操作内容。

（2）用作业测定法确定这些操作活动的时间，按照操作者和机器设备操作活动的时间配合关系，在作业分析图中清晰地表示出来。

（3）运用工作简化、合并与并行的原则，研究改进操作的各种可能性，提出切实可行的改进方案。

（4）绘出新的操作分析图。新的操作方法经过现场验证以后，应用于生产，并对改进的效果进行评价。

6.3.2 联合操作分析

联合操作分析是指几个工作人员操作一台机器或多台机器或共同完成一项任务时，对工作人员和机器进行时间分析，进而排除工作人员和机器作业过程中时间的浪费，提高工作人员和机器工作效率的分析方法。

一般，联合操作分析有两种组合形式：多个工作人员一台机器和多个工作人员多台机器。

联合操作分析图能够清楚地反映工作人员、机器在一个作业循环周期内的作业情况，以及工作人员、机器的操作活动相互衔接、交叉情况。通过分析联合操作分析图，可以清楚地了解工作人员和机器的以下情况：①工作人员和机器的待工情况；②工作人员和机器的工作效率；③联合操作中最费时的操作是哪一步，是由谁（工作人员或机器）完成的。

联合操作分析图的绘制和人机操作分析图的绘制相似，不同的是联合操作分析图记录的工作人员可能不止一个、机器可能不止一台，而且增加了记录内容。因此，联合操作分析图增加了研究人员分析和制订改进方案的难度。

6.3.3 双手操作分析

双手操作主要靠工作人员的双手来完成，由于操作的特点和工作人员习惯使用右手的缘故，经常会发生工作人员右手忙碌左手空闲的情况，导致两只手的负荷不平衡，影响工作效率。双手操作分析是记录和研究如何在操作时平衡左右手的负荷、提高作业效率的一种分析方法。

双手操作分析图的绘制方法与人机操作分析图的绘制方法类似，不同的是在图中要清楚记录左右手的操作活动，如图 6.10 所示。双手操作分析图一般由上、中、下三部分构成。上部分与人机操作分析图一样，主要填写工作部门、产品名称、作业名称、图号、工作人员、研究者等相关信息。中部主要记录双手操作的内容、时间和动作符号，左边第 1 列记录左手操作的每一个动作内容，左边第 2 列记录左手对应动作的完成时间，左边第 3 列记录左手对应动作的相关符号；右边与左边对称，记录右手相关情况。下部统计双手每种动作的次数。

工作部门：××	产品名称：××	作业名称：××		图号：××	
工作人员：××	研究者：××	日期：××			
左手	时间/s	动作符号	动作符号	时间/s	右手
操作A	10	○	D	10	空闲a
操作B	10	⇨	⇨	5	移动b
操作C	10	○	▽	16	持住c
操作D	10	▽	D	30	空闲d
统计	左手	操作2次、移动1次、保持1次			
	右手	移动1次、保持1次、空闲2次			

图 6.10　用动作符号表示的双手操作分析
○—操作；⇨—移动；D—空闲；▽—持住；□—检查

思考

如何绘制双手操作图？

双手操作分析图可参照图 6.11 的方法绘制。

工作部门：××				产品名称：××				作业名称：××		图号：××
工作人员：××				研究者：××				日期：××		
左手操作			操作符号				操作符号			右手操作
	○	⇨	▽	□	D	○	⇨	▽	□	D
空闲a										操作A
移动b										操作B
持住c										操作C
空闲d										操作D
总计	0	1	1	0	2	2	1	1	0	0

图 6.11　用连线表示的双手操作分析

双手操作分析的步骤与人机操作分析的步骤基本一致。双手操作分析图绘制好以后，根据统计结果运用提问技术和四大原则操作分析方法对双手的每个操作动作进行改进。

6.4　动　作　分　析

动作研究的主要发明者是 E. B. 吉尔布雷斯和 L. M. 吉尔布雷斯。E. B. 吉尔布雷斯于 1885 年受雇于一建筑商时进行了著名的"砌砖研究"。在该研究中，他通过对砌砖动作进行分析和改进，使工人的砌砖效率提高了近 200%。1912 年，吉尔布雷斯夫妇在美国机械工程师学会会议上，首次发表了题为《细微动作研究》的论文，在文中他们首创用电影摄影机和计时器将作业动作拍摄成影片并进行分析的方法，同时通过自己的研究将人的作业动作分解成三大类共 17 种基本动作（命名为"动素"）。这些基本动作是：伸手、握取、移物、装配、应用、拆卸、放手、检验、寻找、选择、计划、对准、预对、持住、休息、迟延和故延。其中前 8 种动作称为"必需动作"，中间 5 种动作称为"辅助动作"，最后 4 种动作称为"无效动作"。他们指出，为提高动作效率必须尽可能地删减第二、第三类动作。以后，E. B. 吉尔布雷斯又独创性地发明了"灯光示迹摄影"和"设计灯光示迹摄影"两种摄影方法，使动作分析的准确性和有效性有了很大的提高。为了缓和、消除工人对早期动作研究的抵触和不满，在富有心理学造诣的 L. M. 吉尔布雷斯的帮助下，E. B. 吉尔布雷斯又逐渐地将动作研究范围扩大到工作疲劳与单调、动机及工作态度等方面。

6.4.1 动作分析符号

吉尔布雷斯把这些基本动作区分为 17 种，称为动素，归纳成为三类，见表 6-12。

表 6-12 基本动作要素及其符号表

类别	序号	名称	文字符号	形象符号	说明
第一类	1	伸手	RE	∨	接近或离开目的物的动作
	2	抓取	G	∩	用手抓取或触及目的物
	3	移动	TL	∪	保持目的物由某位置移至另一位置的动作
	4	装配	A	#	使两个以上目的物相组合的动作
	5	使用	U	U	借器具或设备改变目的物的动作
	6	分解	DA	⧺	将一物分解为两个以上目的物的动作
	7	放开	RL	⌒	放下目的物的动作
	8	检查	I	◯	将目的物与规定标准相比较的动作
第二类	9	寻找	Sh	⊙	为确定目的物的位置而进行的动作
	10	选择	St	→	为选定目的物的动作
	11	思考	Pn	℗	为考虑作业方法而延迟的动作
	12	定位	P	9	为便于使用目的物而校正位置的动作
	13	预置	PP	⌐	调整对象物使之与某一轴线或方向相适应
第三类	14	拿住	H	⌂	保持目的物的状态
	15	休息	R	ℓ	不含有用动作而以休息为目的的动作
	16	延迟	UD	⌒	不含有用动作但作业者本身所不能控制者
	17	故延	AD	⌒	不含有用动作但作业者本身可以控制的延迟

第一类：进行工作必要的动素，共计 8 个。

这是对工作具有正面积极效益的部分，是动作改善最后考虑的对象。

第二类：会阻碍第一类动素进行的动素，共计 5 个。

这些动素会使工作延缓，是对工作具有消极负面的部分，是要积极改善的对象。

第三类：对工作完全无益的动素，共计 4 个。

这些动素是工作之"癌"，因为单纯消耗工时与人体资源，是首要摒除的对象。

开启啤酒瓶的动素分析

（1）开启啤酒瓶过程的问题提出。

在日常生活中，经常见到开启啤酒瓶，但这一个简单的动作，却包含很多动素。如果运用提问技术和四大原则对这一过程的动素进行分析和改进，同样可以简化开启啤酒瓶的过程。以餐桌旁为起点，开启一瓶啤酒的动作过程，如表 6-13 所示。

表 6-13　改进前开启啤酒瓶过程的动素

序号	动素内容	动素名称	动素符号
1	寻找啤酒位置	寻找	⊖
2	走到放置啤酒的地方	移动	∪
3	伸手到啤酒	伸手	∪
4	抓住啤酒	抓取	∩
5	把啤酒拿到身前	搬运	ω
6	寻找开瓶器	寻找	⊖
7	走到放置开瓶器的工具箱	移动	∪
8	伸手到工具箱	伸手	∪
9	选择开瓶器	选择	→
10	拿取开瓶器	抓取	∩
11	把开瓶器拿到身前	搬运	ω
12	移动开瓶器到啤酒瓶盖	搬运	ω
13	校正开瓶器的位置	定位	ﻭ
14	开启啤酒瓶	使用	U
15	把开瓶器送回工具箱	搬运	ω
16	放下开瓶器	放下	⌒
17	把啤酒带回餐桌	搬运	ω

根据表 6-13 统计开启啤酒瓶过程三类动素的个数：第一类动素 13 个，第二类动素 4 个，第三类动素 0 个。可见，第二类动素偏多。第二类动素是辅助性动素，对开启啤酒瓶没有直接的价值贡献，故应该取

消。第一类动素虽然对开启啤酒瓶产生直接影响，但由于开瓶器的摆放不符合作业现场布置的经济原则，给开启啤酒瓶造成移动浪费，因此，通过动作经济原则，取消不必要的第一类动素。

（2）开启啤酒瓶的问题分析及改进。

由表6-13可知，为了拿啤酒瓶和开瓶器需要2次寻找、3次身体移动，给开启过程造成时间浪费。考虑到开瓶器是专门用来开启啤酒瓶的，如果能将开瓶器和啤酒放在同一个地方，就可以使寻找动作减少为一次，身体移动减少为两次；如果再能将开瓶器和啤酒放在餐桌上，那么就可以避免寻找和身体移动的动作。由于开瓶器和其他工具统一放在工具箱，所以需要选择这一动作，然而开瓶器是使用比较频繁的工具，应该把开瓶器单独置于显眼、拿取方便的地方，这样会节省很多时间。在本案例中，最后将啤酒瓶和开瓶器都固定放在餐桌一角。根据以上分析，同样以餐桌为起点，对开启一瓶啤酒的过程进行改进，如表6-14所示。改进后，开启啤酒瓶的过程就简单了。

表6-14　改进后开启啤酒瓶过程的动素

序　号	动素内容	动素名称	动素符号
1	伸左手到啤酒	伸手	∪
2	伸右手到开瓶器	伸手	∪
3	左手抓住啤酒	抓取	∩
4	右手抓住开瓶器	抓取	∩
5	把啤酒拿到身前	搬运	ω
6	移动开瓶器移动到啤酒瓶盖	搬运	ω
7	校正开瓶器的位置	定位	9
8	开启啤酒瓶	使用	U
9	把开瓶器送回原位	搬运	ω
10	放下开瓶器	放下	∩

开启啤酒瓶过程改进前后对比见表6-15。从整个改进的过程来看，第一类动素减少了4个，第二类动素减少了3个，主要是取消了身体移动、搬运、寻找啤酒和开瓶器、选择开瓶器移动的动作。假如开启啤酒瓶的过程需要批量进行，则本研究将明显提高工作效率。

表6-15　开启啤酒瓶过程改进前后对比

项　目	第一类动素	第二类动素	第三类动素
改进前	13	4	0
改进后	9	1	0
改进效果（节省）	4	3	0

资料来源：https://wenku.baidu.com。

6.4.2　动作经济原则

在传统的生产现场，最必要的是人、机器和物料，称为生产的三要素。

在生产的三要素中，操作者的体力是不能储存起来的。为此，应重视在生产中省力装置和机构的使用，推进机械化的实施，将操作者用在非用人不可完成的工位上；改善作业环境，实施合理化的作业方法；取消作业中的不合理、不稳定因素和浪费，充分发挥人的潜力。因此，有必要遵循动作经济原则来分析和研究生产现场的作业动作。

1. 动作经济原则的定义

按照吉尔布雷斯的定义，动作经济原则就是人为了以最低限的疲劳获得最高的效率，寻求最合理的作业动作时应遵循的原则。根据这些原则，任何人都能检查作业动作是否合理，不仅要改善操作方法以便轻快动作，还要改善相关的物料、工夹具与机器的功能、布置和形状，以便于对这个法则能好好地学习与使用。在工厂内，人们可以在许多地方发现许多不合乎此法则的动作，当然工作效率会低，人员易于疲劳。动作经济原则可划分为三大类，共22项。

在改善动作时，有必要按下述动作要素分别讨论：动作方法、作业现场布置、工夹具与机器。在第一线直接从事生产的管理者和操作者，要根据作业经验和IE知识不断改善上述三要素。

1）动作方法

要实现某一作业，有多种方法。即使用相同方法，其作业的实施方法也因人、因事而异。

但是，其中必然存在一种最好的方法。因此，要根据动作经济原则，分析观察作业，发现和取消无用的动作，合并两个以上的动作。

2）作业现场布置

一般在生产中处理物料、工具、夹具所花的时间比制造产品所花的时间要多。事实上，作业时间的大部分是移物、握取和放置物品。这些动作与物料、工夹具和机器的放置场所、位置、方向、高度、放置方法密切相关，影响手的移动距离、伸展方向和高度，也影响作业的时间和作业疲劳。因此，必须根据操作者动作的方便性来考虑作业场所的配置与放置方式。

3）工夹具与机器

工夹具和机器有取代人的手、足、眼和头，协助作业的作用。根据其使用方法，可以减轻操作者的疲劳，获得数倍于人的力量与正确性。为此，应在操作者正在从事的作业和细微动作中找出并非一定靠人才能完成的工作，探讨其是否能用工具、夹具和机器来代替。另外，要重视把操作动作与必须怎样做才最有效率、怎样利用才好等联系起来。

22项动作经济原则

1. 关于人体之运用

(1) 双手应同时开始并同时完成其动作。

(2) 除规定时间外，双手不应同时空闲。

(3) 双臂之动作应对称，并同时作业。

(4) 手的动作应以用最低等级而能得到满意结果者为妥。

(5) 物体的动作量应尽可能利用之，但如需肌力制止时，则应将其减至最小度。

(6) 连续的曲线运动，较含有方向突变的直线运动为佳。

(7) 弹道式的运动，较受限制的运动轻快确定。
(8) 动作应尽可能使用轻松自然、富有节奏，因节奏能使动作流畅、自发。

2. 关于操作场所布置
(1) 工具物料放置于固定场所。
(2) 工具物料及装置应布置于工作者的前面近处。
(3) 零件物料的供给，应利用自重坠至工作者手边。
(4) 应尽可能利用坠送方法。
(5) 工具物料应依照最佳的工作顺序排列。
(6) 应有适当的照明设备，使视觉满意舒适。
(7) 工作台及椅之高度，应使工作者坐立适宜。
(8) 工作椅式样及高度，应使工作者保持良好的姿势。

3. 关于工具设备
(1) 尽量解除手的工作，采用工装夹具或足踏工具代替。
(2) 可能时，应将两种工具合并为一。
(3) 工具物料应尽可能预放在工作位置。
(4) 手指分别工作时，其各个负荷按照其本能予以分配。
(5) 手柄的设计，应尽可能使与手的接触面积增大。
(6) 机器上杠杆，十字杠及手轮的位置，应能使工作者极少变动其姿势，且能利用机械的最大能力。

资料来源：https://wenku.baidu.com/view/1516476e59eef8c75fbfb3ed.html。

2. 运用动作经济原则进行改善的构思方向

1) 身体运用动作原则之一：双手同时动作
(1) 双手应同时开始，并同时完成其动作。
(2) 除规定的休息时间外，双手不应同时空闲。
(3) 双臂的动作应对称，反向并同时为之。

表 6-16 所示为双手对称与非对称动作的轨迹与实施动作的难易程度。将双手作业的轨迹试着写在纸上，与此表比较，就可得知现在的双手作业状态是否是最佳的状态。

表 6-16　对称与非对称双手动作与实施作业的难易程度

非对称图形		对称图形
无法作业	能作业但没有节奏	最容易作业且有节奏
左手　右手	左手　右手	左手　右手
左手　右手	左手　右手	左手　右手

(4) 关于工夹具与机器。

要遵循双手同时动作原则,对于工夹具与机器要考虑以下 3 个问题。

① 当要长时间拿住目的物时,应尽量采用固定工具。

② 简单的作业与需要力量的作业,应尽量采用能利用足进行作业的工具。对于简单的作业,如果不用手也能完成,那么应尽量用足完成,以便把手空出来进行非用手不能完成的复杂作业。对需要力量的作业,如压入零件、铆接等直线弹动型且需要一定力量的作业,用足比用手操作更有效,还能减轻手的疲劳。

③ 设计能进行双手同时作业的夹具。例如,用一只手代替虎钳之类的固定工具拿住目的物,将降低作业效率。此时应考虑通过使用固定工具,解放拿住目的物的手,以便能使用双手同时作业。这样,既能稳定产品质量,也便于作业,减轻操作者的疲劳。

2) 身体运用动作原则之二:只要能达到作业目的,应缩短动作距离

(1) 手的动作等级越低越好。动作可分下列五级。

① 手指动作一级次最低,速度最快。

② 手指及手腕动作——上臂及下臂保持不动,手指及手腕移动。

③ 手指、手腕及前臂动作——限制在肘部动作,肘以上不动,此通常视为最有效,不致引起疲劳之动作。

④ 手指、手腕、前臂及上臂动作。

⑤ 手指、手腕、前臂及躯干之动作,此动作最耗体力,也最慢。

(2) 便于用最适当的人体部位动作。为完成所规定的作业,把人体的活动部位限制到最小的范围,工作效率最高,同时也最不容易疲劳。例如,所设计的作业动作应尽量不移动肩和胳膊,仅通过活动手腕和手指来完成作业,要避免从背后和地板上取物件。图 6.12 所示为人体中手、足、眼动作的最佳顺序(应尽量使用靠前部位的动作)。

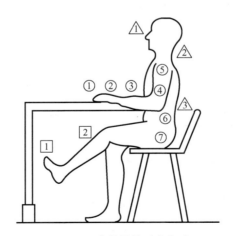

图 6.12 人体最佳动作顺序

手的活动(○记号),手指→手腕→小臂→大臂→肩→躯体→腰;足的活动(□记号),足→腿;
眼的活动(△记号),眼→头→躯体

(3) 利用现场。在进行作业时,尽量不要转动肩、弯腰屈身,也不要在背后、地板上放置物品,要尽量使作业区域狭窄。如果作业区域过宽,则既要增加作业动作(特别是步行动

作),又要多占据作业现场的面积。装配作业的场地关系到放置的机器数量,占据过多会降低工作效率,发生质量问题和疏忽性错误。因此应尽可能缩窄作业区域,以防止不合理性、不稳定性和浪费。

(4) 关于工夹具与机器。利用重力和机械动力送进、取出物料。可以在夹具上做出斜度以便于工件的取出。另外,利用滑槽等送出工件,可以取消下道工序运送工件的动作,缩短运送距离与作业时间。

3) 身体运用原则之三:取消不必要的动作

(1) 取消不必要的动作。通过改变动作顺序、改组动作、整理作业现场等来减少动作数,缩短作业循环时间。特别是通过动素分析,尽量减少第 2 类、第 3 类动作数。

(2) 减少眼的活动。要尽量将定神直接观看改成大致观看,并减少在观看过程中的人体活动。

(3) 合并两个及以上的动作。

4) 身体运用原则之四:轻快动作

(1) 连续的曲线运动,较含有方向突变的直线运动为佳。

(2) 弹道式之运动,较受限制或受控制之运动轻快确实。

(3) 利用重力及其他机械、电磁力动作。

(4) 动作节奏应尽可能轻松自然,因为节奏能使动作流畅及自发。

5) 操作场所的布置

(1) 应该在不妨碍作业的前提下尽量使作业区域狭窄。

(2) 工具、物料放在操作者前面的固定位置处。

(3) 把工具、物料放置成便于作业的状态。

(4) 零件物料的供给,应利用自重坠至工作者手边。

(5) 工具物料应依照最佳的工作顺序排列。

6) 工具设备的设计

(1) 把两个及以上的工具合并成一个。通过把频繁使用的多件工具合并成一件,可以减少用手操作使用工具和寻找动作的次数,如铅笔与橡皮、榔头与起钉器等。

(2) 应用漏斗物料箱,减少抓取的难度。从物料箱中抓取零件容易程度的比较,见表 6-17。

表 6-17 从物料箱中抓取物料的难易程度比较

容器的种类	漏斗型容器		矩形容器		带盆的漏斗型容器	
	螺母	螺钉	螺母	螺钉	螺母	螺钉
动作时间/min	0.014	0.016	0.015	0.016	0.012	0.014
动作时间比较(最短时间=100%)	119%	110%	128%	113%	100%	100%

（3）当需要空间或平面对准位置时，若存在基面或基准轴，以此设计出夹具或导轨对工件定位或限制其运动，就能够实现固定循环的动作，取消作业过程中的定位动作，使作业变得容易，还能减少作业过程中的误操作。

（4）插入夹具的部位是否处于可观察的位置？确认位置是否对准既花时间，又影响作业的难易程度和工作效率。因此，要在夹具的对准作业中使操作者能轻松、合理地动作，应注意以下两点：

① 不改变操作姿势就能对准，即在普通的作业位置对准。

② 不依靠感觉来确定。

（5）把工件夹紧在夹具中的作业，属于机械加工工序的辅助作业，夹紧应操作简单，还要满足夹紧要求。表6-18为各种夹紧方式下的操作时间。

表6-18 夹紧机构的夹紧时间

夹 紧 机 构	夹 紧 时 间	夹 紧 机 构	夹 紧 时 间
螺母夹紧/s	4.7	凸轮夹紧/s	1.1
手柄螺旋夹紧/s	3.4		

从此表可知，夹紧机构不同，夹紧操作时间也不相同。应特别注意，螺旋夹紧机构是一种慢速夹紧机构。在设计夹紧机构时，应尽量选用快速动作夹紧机构。

另外，现场也经常通过操作按键，用气压或液压夹紧作业。这样，既可以实现夹紧作业的机械化、同时化，又可以减轻作业疲劳，缩短作业时间。

（6）把机器的运动方向设计成与身体的动作方向相反，操作要花相当多的时间才能熟悉。即使熟悉了，也经常会出现失误操作。因此，要尽量避免这种设计。

（7）工具沉重，不仅会使人疲劳，而且还会造成动作迟缓，多花时间。通过减轻工具自重，或将工具吊起来，能轻巧地操作使用，可以有效解决工具过重的问题。

7）关于操作场所布置

（1）应有适当的照明设备，使视觉满意舒适。弱的光线会使工作人员的视觉容易疲劳，进而影响到工作效率；随着光线的逐渐增强，工作人员的工作效率逐渐提高，但光线过强反而会降低工作人员的生产效率，如图6.13所示。

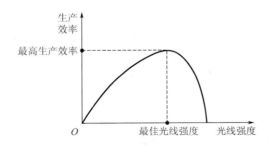

图6.13 光线强度与生产效率的关系

（2）工作台及椅子的高度，应使工作者坐立适宜。一般座椅高度设为75~85cm，脚垫高度设为25~36cm。男女身高不同，正常的工作高度当然有异，因此桌椅高度需要适当的设计。此外，女性适合坐着作业，最好不要让她们有太多的站立作业，如图6.14所示。

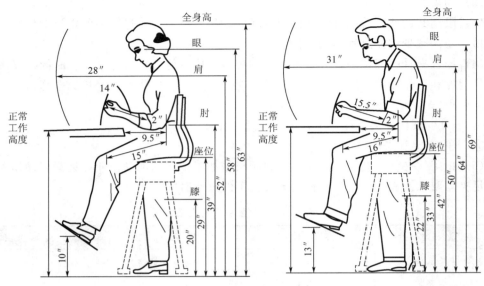

图 6.14 男女工作桌椅设计参考规格

（3）工作椅式样及高度，应使工作者保持良好的姿势。一般工作台的台面高度设为 95～112cm，如图 6.15～图 6.17 所示。

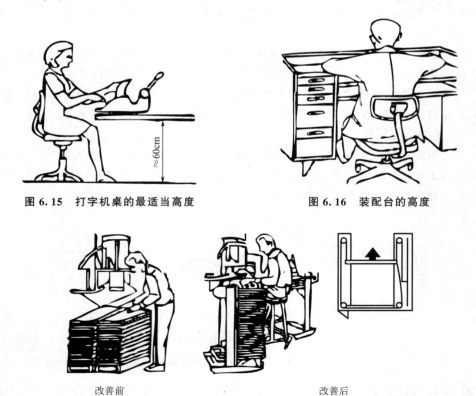

图 6.15 打字机桌的最适当高度　　　　图 6.16 装配台的高度

改善前　　　　　　　　改善后

图 6.17 固定作业的高度

本 章 小 结

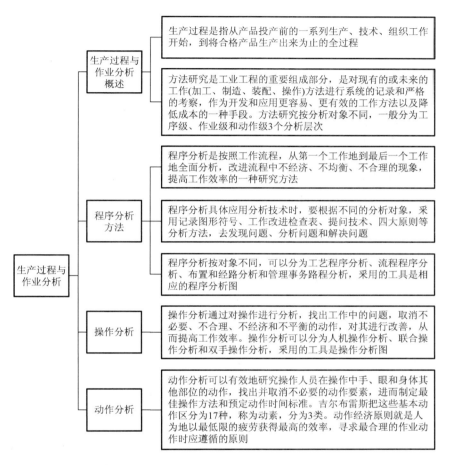

 关键术语

生产过程（Production Process）
方法研究（Method Analysis）
动作研究（Motion Study）
流程图（Flowcharts）
人类功效学（Human-Factors Engineering）
动作经济原则（Principle of Motion Economy）

知识链接

[1] 易树平．工作研究与人因工程［M］．北京：清华大学出版社，2011．
[2] 孔庆华，周娜．工作研究基础与案例［M］．北京：化学工业出版社，2009．
[3] 张平亮．现代生产现场管理［M］．北京：机械工业出版社，2009．
[4] 陈建龙．生产现场优化管理［M］．上海：复旦大学出版社，2008．

[5] 魏法杰，张人千. 面向作业过程的企业生产理论与成本理论 [M]. 北京：北京航空航天大学出版社，2007.

[6] 易树平，郭伏. 基础工业工程 [M]. 北京：机械工业出版社，2007.

习　题

1. 判断题

（1）程序分析则主要以整个某个作业为对象。（　　）

（2）工艺程序分析是对整个生产系统的全过程进行概略分析。（　　）

（3）流程程序分析的工具是工艺程序图。（　　）

（4）通过流程程序分析可以了解产品的搬运距离或工人的移动距离。（　　）

（5）管理事务流程图是管理事务分析的工具。（　　）

（6）运用动作经济原则进行改善时，双臂的动作应对称，同向并同时为之。（　　）

2. 简答题

（1）程序分析的概念、特点和工具是什么？

（2）有几种图表可供程序分析用？每一种图的应用对象是什么？

（3）说明程序分析时的提问技术、四项原则。

（4）程序分析一般分析哪几个生产过程？

（5）布置和经路分析的概念、特点和目的是什么？

（6）说明双手分析的要点。

（7）如何绘制人机操作分析图、联合操作分析图和双手操作分析图？

（8）举例说明动作分析的目的和方法。

（9）简要介绍动素的种类及每类动素包含的动素内容。

（10）简述动作经济原则的基本内容。

3. 思考题

（1）如果要优化生产过程，可以从哪些角度分析？需要消除哪些浪费？

（2）是否在任何情况下都能同时动作？同时动作的条件是什么？

4. 实际操作题

1. 今天由你下厨，做两道菜，如何安排做饭的顺序，能在最短时间内把饭做好。用操作程序图画出做饭的过程，并尝试改进。

2. 某空气压缩泵的装配全过程包括六大工艺，如图 6.18 所示：①工件定置，即把压缩泵的 6 大核心部件（气缸、上轴承、下轴承、曲轴、滚套、叶片）摆放在固定的定置托盘上，进入流水线；②上轴承定位，即把上轴承和气缸用螺栓固定，并且用扫描仪调节上轴承和气缸的同轴度和扫描间隙；③上消声盖压入上轴承，并紧固螺栓；④工件预装，即将曲轴、滚套、叶片、下轴承与先前加工的上轴承/气缸安装在一起；⑤下轴承定位，即紧固下轴承螺栓，并加入润滑油；⑥压入上油管并加入弹簧。

在第 1 道工序中，人的移动路线如图 6.18 所示，其余 5 道工序的具体生产过程如下：校对测量头→测量滚套/曲轴→测量气缸→调节同轴度→调节扫描间隙→预紧上轴承/气缸螺栓→紧固上轴承/气缸螺栓→测量上轴承气缸→等待→送至下一工位。

（1）试绘制出整个空气压缩泵装配的工艺程序图。
（2）试分析第 1 道工序工件定置的线路图，提出改进意见，并绘制出改进后的线路图。
（3）试分析其余 5 道工序的流程，提出改进意见，并绘制出改进后的流程程序图。

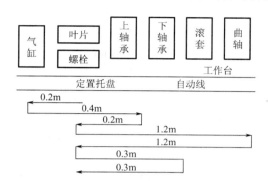

图 6.18　改进前的线路

注：——► 人移动路线

3. 某汽车零部件生产厂家要组装汽车内部用来连接电气零部件的电线，并将其制作成一个车用组合电线。现行设施布置以及物流线路图如图 6.19 所示，作业相关内容见表 6-19。绘出流程程序图，并进行分析改进，绘出改进后的流程程序图并评价改进效果。

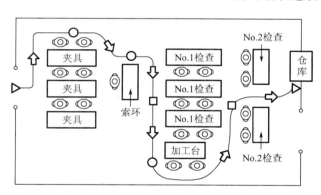

图 6.19　现行设施布置以及物流线路

表 6-19　作业相关内容

作业名称	距离/m	时间/min	作业名称	距离/m	时间/min
将电线插入机架		3	搬到加工台	2	0.16
用胶带缠好		40	组装		2.5
移到嵌入索环台	1	0.5	搬到 No.2 检验台	1.5	0.08
嵌入索环		0.9	No.2 检验		4
搬到 No.1 检验台	2	0.08	搬到下一工序	7	
No.1 检验		5	保管		
暂存		5			

4. 任意选定一个超市,绘制其设施布置简图以及顾客移动线路图,分析现行布置的优缺点,提出改进意见。

5. 某公司应收账款的管理事务流程如下。

(1) 销售人员在与客户签订供货合同之前,对于有历史交易的客户,销售人员负责提供客户信用等级和历史交易记录,以便财务部确定回款方式。

(2) 对于首次交易的客户,销售人员负责协助财务部收集或提供客户相关资料,资料包括信誉度和财务状况等。利用信用等级决定收款方式,以降低不能如期回款的可能性。

(3) 回款方式的确定,存在金额权限问题,在一定的范围之内,销售人员能决定回款方式并与客户签订合同;超过一定金额的时候,则需要公司主管领导来决定回款方式。

(4) 财务部应收账款管理人员在接到销售人员的开票通知时,直接根据销售合同和开票通知单开票。

(5) 应收账款管理人员依据合同日常检查账款是否如期到账,如果没有如期到账,在第一时间通知销售人员进行催款。

(6) 若催款不能成功,销售人员组织财务人员一起与客户协商解决,解决方式有抵账、冲账等。

(7) 销售人员记录该客户的交易情况,以便进行信用分析,评价信用等级等情况。

根据描述,画出该公司应收账款的管理事务流程图,分析存在的问题,并提出一些改进方案。

6. 试做出半自动洗衣机洗衣过程的人机操作分析图。

7. 试用双手操作分析"包书皮"的过程,并从中寻找出改进空间。

8. 日常生活中经常有打开啤酒瓶盖的动作,其要素动作有:①左手拿起一瓶啤酒到身边;②右手用开瓶器打开瓶盖。请做出打开啤酒瓶盖的动素分析表。

9. 螺丝组装配

假设有一家工作机床装配厂,在试装完成一台车床之后,再予拆解,运送到客户处,节省运费,再进行组装。因此组装所需的螺丝组都要事先装配成半成品组。

假设该螺丝组的组成结构见表 6-20。

表 6-20 螺丝组的组成结构

长形螺栓	1 支
弹簧(开口)垫圈	1 个
圆孔平垫圈	1 个
螺帽	1 个

(1) 请尝试不借助于任何辅助工具或导具、夹具,以徒手方式装配,把其中两者套装入长形螺栓中,再把螺帽旋转多圈予以封上。请绘出此方法的单元对动图与动素对动图。

(2) 请考虑改善的可能性,绘出改善后的单元对动图与动素对动图,尽可能也绘出改善后需要用的辅助工具草图、工作桌面配置图。

10. 观察日常生活与生产,找出一些违反动作经济原则的事例,并指出应如何改善。

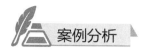 案例分析

降低 RSI/CTD 风险，提高工作效率的途径在哪里？

一个美国知名的人类工程学家（也译作人因工程）小组提供了几个有关工作场所的改进是如何降低 RSI/CTD（重复性进度疲劳伤害（Repelitive Strain InJuries，RSI），累积性创伤失调（Cumulative Trauma Disorders，CTD））风险并提高工作效率的案例。这些改进并不复杂而且投资很小。同时，这些改进常最先由现场人员提出。

在美国的企业界，近来对现场人员授权已在工厂的人类工程学方面产生了显著成果。操作人员、领导人员和其他办公人员受到培训，使他们能够进行工作分析并提出业务改进的建议。这些人员经过培训，借助改进效果分析表和其他管理工具能够对各自的业务进行改进。令人鼓舞的是，他们所给出的解决方案在大多数情况下花费很少，有时甚至不需要增加任何投资和费用。

毫无疑问，在进行业务优化时，总是要求有人类工程学方面的专家介入。这些专家既是培训师，又是指导者，以确保所提出的方案朝着正确的方向得到实施。这些专家还负责介绍他们的成功经验及其所具有的敏锐的洞察力。他们会提出巧妙的设想以及用于鉴定改进成效的评价标准。当然，上述努力是针对一个团队而不是单个人员。

因为办公人员对人类工程学的程序已很熟悉，所以，对他们来说，开展改进工作就没必要采取循规蹈矩的方式。而对难以确定的工作，采取正规的方式进行将是有益的，其中包括填写分析表、对工作进行录像、采取头脑风暴法等。至此，令人关心的问题是：这种团队方法的效果如何呢？

下面是 4 个案例，从中可以看到团队工作方式是如何在他们的工作中发挥巨大作用并带来实质性改进的。

1) 改善木工工作台

工作描述：工作团队主要考察一种木材加工机器的操作人员的动作。

存在问题：从人类工程学角度主要问题是为了使工作台保持一定的倾斜度，操作者必须使用一种曲颈和曲腕。

改进：把机器的后脚骑跨在一小堆木材上，这样就可使机器向下倾斜，曲颈和曲腕的姿势得到了纠正，从而降低了 RSI/CTD 的危害。

改进费用：无。

2) 改进屠宰场砍肉工作

工作描述：屠宰工用砍刀砍肉。

存在问题：屠宰工挥动手臂大力砍肉，摆动范围往往超出手臂腕所允许的范围。

改进：在肢解某部位的鲜肉时，可把操作板的前部搁在一个可拆卸的挡板上，从而使操作板倾斜 45°，并远离屠宰工。这样屠宰工就可向下用力，而不是向前用力，利用了重力惯性及其肌肉群。手臂和手腕的姿势摆放也更加合理。

改进费用：不多于 100 美元。

3) 改进肉食包装工作

工作描述：用剔刀切除器官。

存在问题：屠宰工使用连续的、固定不变的握力来把持刀具，同时用重复的移动来割肉并把持肉扇。

改进：制造一种夹具并把它跨在工作台上以便夹持刀具。这种器具设有独特，能够快速更换钝了的刀具。每个班次要更换 5~6 次刀具（要说明的是，这种夹具也有相应的安挡板、刀具就位以后，双手就可用来把持肉扇，这样割起肉来既快捷又安全）。

改进费用：少于 50 美元。

4）改进生产线

工作描述：生产线上的操作。

存在问题：反复地从生产线上拿下产品到工作台，处理后再放回传送带。

改进：在工作台和主传送带之间增加一个滚轴，使产品自动滑下工作台而不是由操作工取下。

改进费用：少于 50 美元。

资料来源：史蒂文森 WJ. 运营管理 [M]. 张群，等译.8 版. 北京：机械工业出版社，2005.

分析与讨论

（1）为采取人类工程学的方法对工作现场进行改进，需要做哪些准备呢？

（2）实际的操作人员在工作改进中起到的作用是什么呢？

（3）试用动作经济原则，解释为什么在案例 1~4 中要采取这些改进方式？

（4）你认为这样的改进是有效的吗？你还有其他更好的方法吗？

第 7 章

现场质量管理

本章教学要点

知识要点	掌握程度	相关知识
现场质量管理	熟悉	全面质量管理、质量保证
工序质量控制	掌握	工序质量、质量控制点
质量检验	熟悉	质量检验的程序与方法
现场质量控制方法	重点掌握	基本QC七大方法和现场问题解决七步法

本章技能要点

技能要点	熟练程度	应用方向
质量控制点的设置	重点掌握	工序质量控制
质量检验方法	熟悉	工序和产品质量检验
现场质量控制方法	掌握	现场质量问题分析、现场质量改进

强化现场质量控制 精准把握每一细节

雅迪集团是国内生产大型电动车、特种车、三轮车、摩托车的集研发、生产与销售于一体的专业化、现代化集团公司。公司拥有无锡、天津、浙江、广州四大生产基地，年产能达 500 万辆。发展至今，雅迪是行业内唯一一个产品覆盖五大洲 98 个国家的中国电动车企业，产品畅销国内外，产销量连年攀升，逐步成为行业领导者。

电动车作为一种节能环保并且集便捷性及经济性于一体的交通工具，在短短十几年的时间里得到了迅猛发展，现已经成为许多人的日常交通代步工具。由于电动车产品标准模糊不定、行业厂家资质参差不齐，许多质量堪忧的电动车流向市场，不仅给消费者的人身及财产安全造成了损害，还影响了电动车产业的健康发展，雅迪公司作为电动车行业的领军企业，始终狠抓产品质量不放松，积极开展生产现场质量管理提升产品质量，使得雅迪公司的产品质量稳定性大大提升，顾客满意度也不断提高。

为了确保车间生产产品质量的稳定性和一致性，生产管理部坚持质量第一的原则，不仅加强员工的质量意识灌输和操作能力培训，还在车间全面实施 6S 管理，并专门成立了工艺检查科，从各个环节、各个工序进行 360 度全方位扫描式检查，可以说是用 100% 的细心重视 1% 的细节，从线检、巡检、调试、复检、终检、成车抽查等每个细节都层层把关，严格控制。该部门在公司质量管理部的大力配合下，通过贯彻 ISO 9001 质量管理体系，实施过程控制技术与专业检测相结合的方式，建立了完善的现代化现场质量管理模式。据相关管理人员介绍，车间在生产每一批次的车型时，都要进行首检，既对首例车型在流水线上进行结构件装配的检验，在车型下线后还要进行性能调试和整车的综合检验；在自检互检方面，生产管理部要对现场来料进行严格检验，采用先检后装的原则控制上游来件质量，员工不仅要检查固有工序的合格性，还要对上一道工序进行检查，不仅自己要检查，各工序之间的员工也要进行协助性互检，同时在质量管理部和现场人员的通力配合下，从线检、巡检、调试到复检、终检、成车抽检等各个工序严格把关，精于每一个细节，一丝不苟，始终保持稳定高效的产品质量。

通过不懈的努力，2006 年雅迪电动车作为中国电动车行业唯一代表列入《中国质量万里行》质量信誉跟踪产品。2008 年雅迪电动车再次荣膺《中国质量万里行》质量信誉跟踪产品。2011 年，江苏雅迪科技发展有限公司与小天鹅、春兰集团等行业翘楚企业共同被评选为"2011—2013 年度江苏省重点培育和发展的国际知名品牌"。

资料来源：http://www.yadea.com.cn/index.html.

质量是品牌的基础，是企业的生命，具有质量保证的产品则是企业的形象，是企业发展的根本。生产或服务过程是质量形成的重要阶段，同时也是质量控制的关键点。质量变异一般发生在生产或服务现场，现场质量管理是实现质量目标的重要保证，也是企业质量管理中工作量较大的工作。其目的是要达到经济合理地生产符合设计要求的产品或提供质量标准服务的目标，保证和提高产品和服务质量。因此，加强和提高以保证产品和服务质量为目标的现场管理，具有重大的现实意义。

7.1 现场质量管理概述

企业现场管理的基本任务，是保证提供合格的产品和用户需要的服务。而满足需要的基本点是质量符合要求，具有"适用性"。所以，企业在现场管理工作中，必须把产品或服务的质量管理放在首位。

7.1.1 现场质量管理的含义及意义

1. 现场质量管理的含义

现场质量管理是质量管理的一个重要组成部分，它的工作和活动的重点大部分在生产或者服务现场。因此，现场质量管理是生产或者服务第一线的质量管理，又称生产过程质量管理或服务过程质量管理，是全面质量管理中一种重要的方法。它是产品形成或者服务提供整个现场所进行的质量管理活动。现场质量管理以现场为对象，以对现场影响产品或者服务质量的有关因素和质量行为的控制和管理为核心，通过建立有效的管理点，制定严格的现场监督、检验和评价制度以及现场信息反馈制度，进而形成强化的现场质量保证体系，使整个生产或服务过程中的工序（作业）质量处在严格的控制状态，从而确保现场能够稳定地生产出合格品和优质品或提供顾客满意的服务。

由于现场是影响产品或服务质量的诸要素的集中点，因此做好现场质量管理可以确保现场生产合格产品或者提供满足顾客要求的服务，提高企业的经济效益。国内外许多企业通过加强现场质量管理，取得了稳定和提高产品或服务质量的效果。

影响产品质量的要素有哪些？其中哪个因素最重要？

影响产品质量的要素有 6 个，即人员、设备、物料、方法、信息和环境，由于这 6 个因素的英文名称第一个字母是 M 和 E，所以常简称为 5M1E。在影响产品质量的 6 个因素中，人员是最重要的因素。

2. 现场质量管理的意义

现场质量管理的重要意义主要体现在 4 个方面，如图 7.1 所示。

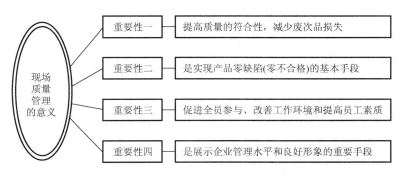

图 7.1 现场质量管理的意义

（1）提高质量的符合性，减少废次品损失。

众所周知，产品质量是设计和制造出来的，设计质量往往决定了产品的适用性质量，而制造质量则决定了产品的符合性质量。现场质量管理主要是为了提高产品的符合性质量，也就是通过控制产品的制造或加工过程确保产品符合标准，或者通过控制服务提供过程确保服务符合服务规范，从而能够稳定地向顾客提供符合要求的产品和服务。而且，通过现场质量管理采取控制手段，能够减少质量的波动，可以降低因废次品和不良服务造成的损失，有利于降低成本，提高产品交付能力和降低顾客不满意的程度，从而使企业稳定地向顾客提供符合要求的产品和服务，增强企业的市场竞争能力和提高经济效益。

(2) 是实现产品零缺陷（零不合格）的基本手段。

追求产品和服务的零缺陷或零不良，是当前众多企业的质量目标。产品的缺陷（不合格）和服务的不良，除了设计上的原因之外，基本上都是在产品加工和服务提供过程中产生的，因此，要实现产品的零缺陷和服务的零不良，必须要依靠现场质量管理，通过在生产和服务的现场开展各项质量管理活动，才能有效地防止和减少缺陷或不良的产生。

(3) 促进全员参与、改善工作环境和提高员工素质。

产品和服务质量是企业全体职工共同努力的结果，提高质量必须要有全员的参与。而现场一般都是员工最集中的工作场所，通过开展扎实有效的现场质量管理活动，可以促进现场的员工积极参与质量活动，为提高质量做出自己的贡献。同时，通过加强现场质量管理，可以为员工创造一个安全、整洁的工作环境，有利于员工的身心健康和培养员工良好的工作习惯，还可以为员工增加知识、提高技能提供更多的机会，有利于员工的个人发展。

(4) 是展示企业管理水平和良好形象的重要手段。

实践证明，一流的产品或一流的服务是在一流的现场表现出来的，企业要参与市场竞争，首先要从加强现场质量管理入手，如一些企业明确提出"现场就是市场，抓现场促市场"等类似的管理要求。而且，通过加强现场质量管理，可以优化生产和服务现场的各个要素，提高企业的整体素质，一个管理有序的现场能向企业的顾客（包括潜在的顾客）和有关各方展示企业的良好形象。

7.1.2 现场质量管理的目标和任务

1. 现场质量管理的目标

质量管理中的很多问题必然会在现场得到反映，如通过鉴定符合质量标准的新产品，批量生产后，能否保证达到质量标准，能否加工出优质产品，能否提供顾客满意的服务，这在很大程度上取决于有关部门的现场质量管理水平。

现场质量管理的目标，就是要生产符合设计要求的产品，或提供符合质量标准的服务。一个企业有了能正确体现用户适用性要求的设计图纸和标准，并不等于就能生产出优质、合格的产品，或提供优质服务。如果企业的生产和服务现场等有关部门的技术水平和管理不能满足现场质量管理的要求，同样不能经济合理地生产出符合规定要求的产品和优质服务。

2. 现场质量管理的任务

根据现场质量管理的特点和要求，为了达到符合质量目标，稳定、经济地生产出用户满意的产品，现场质量管理有以下 4 个任务，如图 7.2 所示。

(1) 质量缺陷的预防。质量缺陷指的是产品加工后出现的不符合图纸工艺、标准的情况。产品出现了质量缺陷，就会造成产品报废、返修等情况，不仅会给企业带来经济损失，而且有可能会使企业生产处于被动局面。因此，要做好质量缺陷的预防工作，把产品缺陷消除在出产之前，这是现场质量管理的重要途径之一。

(2) 质量维持。质量维持即维持现有的质量水平，指利用科学的管理方法和技术措施去及时发现并消除质量下降或不稳定的趋势，把产品或服务质量控制在规定的水平上。通常，

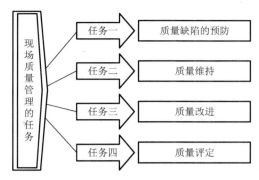

图 7.2　现场质量管理的任务

企业可采取的措施有两种：一是补救性措施，如返修等；二是预防性措施，如开展预防缺陷发生的活动等。

（3）质量改进。质量改进即不断提高产品质量和服务质量，指企业运用质量管理的科学思想和方法，经常不断地去发现可以改进的主要问题，并组织实施改进，使产品合格率从已经达到的水平向更高的水平突破。如使产品合格率从已经达到的 86% 提高到 93% 的过程，就是质量改进的过程。它有助于企业不断地改进产品质量，提高企业在市场的竞争能力。

（4）质量评定。质量评定指企业组织有关人员对产品评定其符合设计、工艺及标准要求的程度。它与单纯的检验把关不同。单纯的检验把关，是指从加工出的产品中挑出不合格的产品，使不合格品不流入下道工序，不入库或不出厂，而被挑出来的不合格品所造成的经济损失和对正常生产活动的影响已成事实，无法避免。质量评定则是在单纯检验把关的基础上加以扩展，不仅要把关，而且要预防质量缺陷的产生，以维持现有质量水平和在现有质量水平上为进行质量改进提供有价值的信息。

7.1.3　现场质量管理的内容

现场质量管理以现场为对象，以对现场影响产品质量的有关因素和质量行为的控制和管理为核心，通过有效过程识别，明确流程，建立质量预防体系，建立质控点，制定严格的现场监督、检验和评价制度以及质量改进制度等，使整个生产或服务过程中的工序质量处在严格的控制状态，从而确保现场能够稳定地生产出合格产品和满意服务。现场质量管理实施涉及人、机、料、法、环、量，是一项系统工程。人、机、料、法、环、量要达到预定的标准，过程才会稳定受控，产品一致性才会好，因此，现场质量管理的内容主要包括以下 6 个方面，如图 7.3 所示。

1. 人员管理的主要内容

（1）明确不同岗位人员的能力需求，确保其能力是胜任的。

（2）提供必要的培训或采取其他措施，以满足并提高岗位人员的任职能力。

（3）鼓励员工参与，以加强对过程的控制和改进。

2. 设备（设施）管理的主要内容

（1）制定设备（设施）维护保养制度，包括对设备（设施）的关键部位的日点检制度，确保设备（设施）处于完好状态。

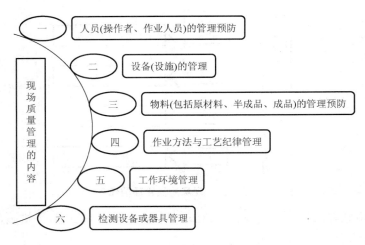

图 7.3　现场质量管理的内容

（2）按规定做好设备（设施）的维护保养，定期检测设备（设施）的关键精度和性能项目。

（3）制订设备（设施）的操作规程，确保正确使用设备（设施），并做好设备故障记录。服务业的服务设施，如商场的电梯、空调，医院的治疗设备，运输公司的车辆，旅店的客房设备、通信等都属于设备（设施）的管理范围。

3. 物料管理的主要内容

（1）对现场使用的各种物料的质量应有明确规定，在进料及投产时，应验证物料的规范和质量，确保其符合要求。

（2）易混淆的物料应对其牌号、品种、规范等有明确的标识，确保可追溯性，并在加工流转中做好标识的移植。

（3）检验状态清楚，确保不合格物料不投产、不合格在制品不转序。

（4）做好物料在储存、搬运过程中的防护工作，配置必要的工位器具、运输工具，防止磕碰损伤。

（5）物料堆放整齐，并坚持先进先出的原则。

4. 作业方法与工艺纪律管理的主要内容

（1）确定适宜的加工方法、工艺流程、服务规范，选用合理的工艺参数和工艺装备，编制必要的作业文件。

（2）确保岗位人员持有必要的作业指导文件，并通过培训或技术交底等活动，确保岗位人员理解和掌握工艺规定和操作要求。

（3）提供工艺规定所必需的资源，如设备、工装、工位器具、运输工具、检测器具、记录表等。

（4）严格工艺纪律，坚持"三按（按图样、按标准或规程、按工艺）"生产，并落实"三自（自我检验、自己区分合格与不合格、自做标识）""一控（控制自检正确率）"的要求。

5. 工作环境管理的主要内容

(1) 确定并管理为达到产品和服务符合要求、确保现场人员的健康和工作环境的安全。

(2) 开展5S管理，建立适宜的工作环境，提高作业人员的能动性。

6. 检测设备或器具管理的主要内容

(1) 配合管理部门确定测量任务及所要求的准确度，选择适用的、具有所需准确度和精密度的检测设备。

(2) 使用经校准并在有效期内的测量器具，检定或校准的标识清晰。

(3) 明确检测点，包括检测的项目、频次、使用的器具、控制的范围和记录的需求等。

(4) 在使用和搬运中确保检测器具的准确性。

7.1.4 现场质量管理制度

为了更好地开展质量管理活动，应建立一系列现场质量管理制度，现场质量管理制度因行业和企业规模等特点有所不同。质量管理制度是控制产品质量、工作质量和工程质量的管理依据，只有严格执行科学合理的质量制度，产品质量才有保证，经济效益才有提高的可能。根据企业现场质量管理的实践经验，质量管理制度的执行与控制应做到以下几点，如图7.4所示。

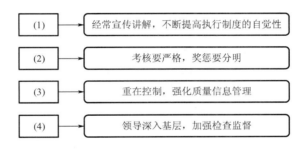

图 7.4　质量管理制度的执行与控制应做到的方面

(1) 经常宣传讲解，不断提高执行制度的自觉性。重要的质量管理制度要经常讲、反复讲，不过讲解要富有新意，不能老生常谈。讲解要有针对性，要通过讲解制度告诉职工做什么、怎么做、做到什么程度，注意什么问题，使全体职工把管理制度变成提高质量的武器。

(2) 考核要严格，奖惩要分明。质量管理部门年年制定考核指标，如果只发文件，不严格考核，那只是一张废纸。只有严格考核，奖惩分明，说到做到，才能言而有信，信必有果。制度不可太多，否则就会导致人人手足无措。但必要的制度不可没有，有了就字字千金，不能随意违反，违必究，究必严，长期坚持，必能养成严格执行规章制度的风气。

(3) 重在控制，强化质量信息管理。质量管理制度重点在质量事故预防和质量标准控制。而质量控制的关键在于是否有准确、灵敏、可靠的信息。没有质量信息，控制是无本之木，无源之水，想要控制也控制不了。充分发挥班组质量信息员的作用，是做好质量控制的基础，也是严格执行规章制度的基本依靠力量。

(4) 领导深入基层，加强检查监督。领导和机关要转变作风，废弃文山会海的形式主义，深入到班组工段，了解情况，进行检查监督，掌握质量制度执行情况，对不符合实际的不科学的制度及时修订，对行之有效的管理制度严格实施，坚持贯彻执行。

7.1.5 现场质量保证体系

现场质量保证体系是企业质量保证体系的核心和基础,是组成企业质量保证体系的一个重要子体系,企业建立质量保证体系应首先从这里着手进行。

建立和健全现场质量保证体系是保证现场制造质量稳定合格的关键。它可以把各环节、各工序的质量管理职能纳入一个统一的质量管理系统,形成有机整体;把现场的工作质量和产品质量联系起来;把现场内的质量管理活动同设计质量、市场信息反馈沟通起来,联结成一体;从而使现场质量管理工作制度化、经常化,有效地保证企业产品的最终质量。建立这样的质量保证体系可以使现场的质量问题做到自动发现、自动调整、自动改善、自动反馈。由此可见,现场质量管理不仅要抓好某个时期、某批产品的质量,更重要的是要建立一个完善的高效率的现场质量保证体系。

现场质量保证体系是企业全面质量管理保证体系的组成部分,它的活动既要有自己的特性,又要服从企业质量保证系统活动的需要,形成质量管理活动的一体化。

现场质量保证体系一般由"质量预防—工序管理"和"质量把关—质量检验"两方面组成,如图7.5所示。

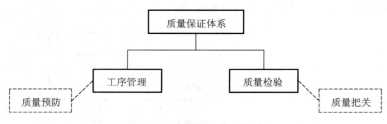

图 7.5 质量保证体系构成

> **知识要点提醒**
>
> 现场质量保证,就是上工序向下工序担保自己所提供的在制品或半成品及服务的质量,满足下工序在质量上的要求,最终确保产品的整体质量。现场质量保证体现了生产现场上、下工序之间新型的生产管理关系。从生产的角度看,上工序要为下工序提供质量合格的在制品或半成品,保证不合格的原材料不投产,不合格的零部件不转序,不合格的半成品不使用,强化生产现场各环节质量自我控制的机制。从管理的角度看,上、下工序之间是通过质量保证的有关文件或担保条件(如保单、质量保证书、质量契约等)联系起来的,加强彼此之间的信任,减少推诿,形成良好的相互监督、相互促进的循环。因此,现场质量保证是现场质量管理的一项重要内容。

7.2 工序质量控制

工序是产品、零组部件制造以及服务流程的基本环节,也是组织生产过程或服务流程的基本单位。这里的工序是指加工产品或者服务作业的工序,对于制造业来说工序是使材料发生物理或化学变化的过程,因而它是质量控制与质量检验的基本环节。产品是由零组部件组成,零组部件又是由若干道工序加工而成。因此工序质量将最终决定产品的制造质量。工序质量是工序的成果符合设计、工艺要求、服务标准的程度。因此工序质量控制是现场质量控制的重点。

7.2.1　工序质量控制概述

1. 工序质量控制的概念

所谓工序质量控制，就是采取各种措施和方法，使工序按标准、规程进行操作，使质量特性值保持在标准范围内；或一旦发生超标准波动，能立即发现，并及时分析波动原因，采取有效措施加以排除，以便使工序加工始终处于受控状态。简单地说，工序质量控制是把工序质量的波动限制在要求界限内所进行的质量控制活动。工序质量控制活动一般由生产、技术系统进行规划、设计及准备，而贯彻、实施及控制由生产制造系统或服务流程系统完成。因此工序质量控制活动是由生产、技术、制造和运作单位的质量职能共同来实现的。质量部门进行检验、监督和审核工作，起到控制、预防和把关作用。

2. 工序质量控制的目的

工序质量控制的目的是保证受控的工序能稳定地生产出合格产品或者提供满意服务。

3. 工序质量控制的内容

工序质量控制的内容，就是按工序控制目的来控制工序形成质量特性值（如几何尺寸、粗糙度、形位公差、服务要求等）的波动范围，即控制其分散程度（和过程能力比），同时应尽量控制特性值接近标准的中心位置。

由于形成工序质量特性值的波动范围和中心值受众多因素的影响，因此工序质量控制的内容，实质上是对工序因素的控制。实践证明，控制住主导因素，工序就能稳定，就能保证工序质量，也就保证了产品或服务质量。所以工序质量控制的核心是工序因素，即重点控制工作质量，而不是单纯地控制结果。

> **知识要点提醒**
>
> 质量特性一般分为3类。
> (1) 关键特性指该特性如果失效或损坏，可能危及人身安全或导致产品或服务无法执行规定的任务。
> (2) 重要特性指该特性如果失效或损坏，可能迅速导致或显著影响最终产品或服务不能完成要求的使命，但不会发生危及人身安全的后果。
> (3) 一般特性指除关键特性、重要特性之外的所有特性。

7.2.2　工序质量控制的基本要求

为保证产品和服务质量，提高产品和服务的可靠性，应对影响工序质量的主导因素进行全面有效的控制，并采取切实可行的防误措施。由于产品和服务特点不同，实施工序的条件不同，影响工序的主导因素也不同。一般在企业中把防误和控制措施归纳为工序质量控制的基本要求，在现场实施，以达到对工序质量进行控制的目的。工序质量控制的基本要求有以下几方面，如图7.6所示。

1. 设立质量控制点

1）质量控制点的含义

控制产品质量，不但要控制各个工序的质量，全面控制各个方面的工作质量，而且特别要控制影响甚至决定产品质量水平的关键环节的质量。按常规做法就是设立质量控制点。

质量控制点又称为"质量管理点"，是指生产现场或服务现场在一定时间内，一定条件下对需要重点控制的质量特性、关键部位、薄弱环节以及主导因素等采取特殊的管理措施和方法，实行强化管理，使工序处于良好的状态，保证产品达到规定的质量要求。质量控制点是全面质量管理中的"关键的少数，次要的多数"原理在质量控制中的具体运用。

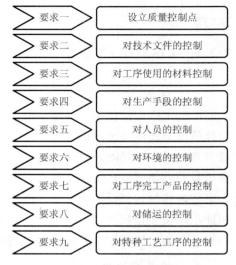

图7.6 工序质量控制的基本要求

2）质量控制点的设置及原则

（1）质量控制点的设置。质量控制点的设置就是指确定质量控制点的对象。一个质量控制点的对象，可以是这道工序的产品或零件的某一项加工特性值，例如性能、精度、光洁度、硬度、成分中某种元素的含量等；也可以是一道工序的关键特性或主要工艺条件，例如化工产品的反应温度、压力、时间，陶瓷烧成的温度，陶瓷泥料的水分等。一般来说，确定质量控制点对象的工作主要在产品研制、设计和制造工艺阶段进行。设计、工艺部门根据产品质量的要求，运用技术经济分析，对产品（或零件）质量特性的重要性以及对不合格的严重性加以分类分级。

不合格的概念及分类如下。

凡是单位产品不符合产品技术标准、工艺文件、图纸等规定的技术要求中的任何一点，即构成单位产品的一个"不合格"。

按照单位产品不符合技术要求的严重程度，不合格又可分为：致命不合格（A级）、严重不合格（B级）和轻微不合格（C级）3个等级。

分级、分类以后都要在技术文件、图纸上给予明显的标记。这就为制造现场进一步落实和实施质量控制点提供了技术依据。

（2）质量控制点的设置原则。在什么地方设置质量控制点，需要对产品的质量特性要求和制造过程中各个工序进行全面分析来确定。质量控制点设置原则，如图7.7所示。

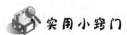

一种产品在制造过程中应建立多少质量控制点，应根据产品的复杂程度以及技术文件上标记的特性分类、不合格分级要求而定。

质量控制点一般可分为长期性和短期性两种。对于设计、工艺要求方面的关键项目是必须长期重点控制的；而对工序质量不稳定、不合格品多或用户反馈的项目，或因为材料供应、生产安排等在某一时期的

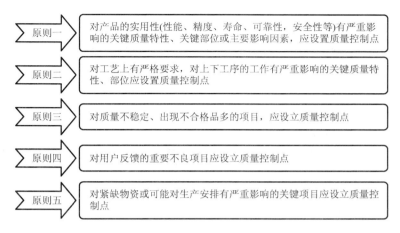

图 7.7　质量控制点设置原则

特殊需要应设置短期质量控制点。当技术改进项目的实施、新材料的代用、控制措施的标准化等经过一段时间有效性验证有效后,可以相应撤销,转入一般的质量控制。

3) 质量控制点的实施

质量控制点的实施阶段要针对关键质量特性,运用因果图等方法找出主要因素,再把主要因素逐渐展开,可展开二次、三次或多次,直至能够采取对策措施,便于控制为止。然后,需要建立管理办法,规定这些主要因素的管理项目及其允许的界限,并通过管理这些主要因素来保证其在标准范围内波动。随着某项技术改进项目的实施、新材料的选用、控制的标准化等,经过一段时间的有效性验证,过程能力指数或产品合格率均已达到企业规定的工序质量水平时,可以将控制点转入日常管理。

质量控制点实施内容主要有以下几个。

(1) 确定质量控制点。质量控制点明细表见表 7-1,明细表上应标明各个质量控制点的名称、技术要求、检验方式、检测工具、检测频次、质量特性重要程度分级及其控制手段等。

表 7-1　质量控制点明细表

序号	产品（零件）号及名称	工序号	控制点编号	质量控制点明细表			检测工具	检验频次	质量特性分级			控制手段
				控制点的名称	技术要求	检验方式			A	B	C	

(2) 设计绘制工作质量控制点流程图。在流程图上明确建立质量控制点的工序、控制点序号、控制内容、技术要求、检验方式、检验次数等。

（3）进行工序分析。找出影响工序质量特性的主导因素以及各因素间的相互关系。实际上工序分析就是对要建立控制点的工序开展调查、试验分析，应用因果分析图等数理统计方法进行整理，找出影响工序质量特性的主导因素，以及特性之间的相互关系。

（4）编制工序质量表。对各个影响质量特性的主导因素规定出明确的控制范围和有关控制要求。

（5）编制质量控制点的作业指导书（或工艺操作卡）和自检表。以上技术文件均应按企业规定的程序，经审定批准后执行。

（6）编制设备定期检修记录表，夹具定期检修记录表，量、检具周期定期汇总表，检验指导书。

（7）计算并绘制控制点所有的控制图和记录表。

（8）起草质量控制点的管理办法和工序管理制度。纳入企业的质量责任制，并与经济责任制挂钩，经批准后由生产车间和有关责任部门组织实施。

（9）组织操作工人、检验人员学习有关质量控制点的文件和制度。

（10）组织有关部门提供控制点所需要的实施条件，如补充测量工具、工位工具、应用图表、配备相应人员以及组织均衡生产等。

（11）组织人员正式验收质量控制点。对符合规定的要求并达到预期控制目标的质量控制点给予合格标志。

知识要点提醒

工序分析的顺序如下。
(1) 对拟建立质量控制点的质量特性、关键部位或薄弱环节确定责任部门和人员，进行调查核实。
(2) 掌握质量控制点的现状，明确改善目标。
(3) 应用因果图、相关图等进行具体的工序分析。
(4) 拟订试验方案，对策计划（确定控制标准草案）。
(5) 试验或试行方案，找出质量特性和影响因素的确定性关系，经审查、签订，确认试验结果。
(6) 确定控制标准和规划等。

2. 对技术文件的控制

现场使用的技术文件，包括设计文件、工艺文件、质量控制文件等，都必须是正确、统一、协调、有效的现行版本。同时，关键、重要工序的工艺文件和检验文件按照制度规定都要经过质量部门会签，使得检验工序更加合理可行。

3. 对工序使用的材料控制

对转入工序的材料（原材料、毛坯、半成品、元器件、零组部件、外购件及辅助材料等）必须按规定进行检验，并具有合格证明文件。材料代用、零件超差使用必须按现行有效的规定程序办理正式手续。

4. 对生产手段的控制

生产手段主要指生产中所使用的设备、工艺装备、仪器、工具及计量器具等。工序的加工手段应符合工艺规程规定，有些还应按规定具有合格证明文件和标志，按周期进行检定，保持其精度。新制、维修或返修后的设备、工艺装备、计量器具要经过试用或鉴定，确认合格后，方可投入使用。

当工序质量特性需由设备、工艺装备等保证时，在安装调试后，还必须经过试加工检查，确认能满足质量特性要求，才能正式投入使用。

5. 对人员的控制

坚持质量第一思想教育，使每个职工把保证质量摆在工作首位。担任制造、检验、试验或工序控制的人员，应具有相应的技能，并严格遵守工艺纪律。关键工种上岗前，应先进行培训，并接受资格考核，持合格证上岗，同时要规定合格证的有效期，期满重新考核。

6. 对环境的控制

现场环境条件，是保证产品质量的重要因素，应严格控制管理。现场工作环境必须符合工序加工的技术要求和标准。成品、半成品、在制品按不同要求分别摆放在指定位置，有的要用合格的工位器具摆放，返修品、废品应有明显标志并分别隔离。要严格执行预防多余物的保证措施，严防产品出现多余物。卫生、清洁度、亮度、温湿度等都必须符合国家和企业的有关标准和规定。

7. 对工序完工产品的控制

工序完工后提交检验的产品，必须经过自检，在指定位置用适当方式做好标记，将产品、记录及规定的有关文件资料交检验。检验后开具证明文件。需要返修的产品，都要有相应的手续并严格执行。合格产品应按产品特性做好防错等保护措施，并按规定及时流转或入库。

8. 对储运的控制

产品在加工工序间的周转、运输或储存，必须采用安全可靠的器具，严防因储运或器具不当而损伤产品。对于易燃、易爆、易挥发、毒性、放射性等特性的产品，应制定相应的规定并严格执行。

产品在加工、停放及工序间周转运输，对易腐品应制订相应的防腐防锈措施并严格执行。

9. 对特种工艺工序的控制

特种工艺一般指化学、冶金、生物、光学、声学、电子、放射性、锻造、焊接、表面处理、热处理等工艺。由于特种工艺形成的质量特性，大都是直观不易发现的，因此，应特别注意加强对特种工艺的质量控制，主要是通过控制加工工序相应参数及影响参数波动的各种因素，严格控制工艺操作、设备仪表、工作介质、工作环境及人员因素等。特种工艺都应制定专用的技术文件和质量控制程序等。

实用小窍门

特种工艺工序的控制内容如下。

（1）技术文件除明确工艺参数外，对工艺参数的控制方法和环境条件都应做具体规定，在加工中严格控制其执行情况。

（2）工艺参数及影响工艺加工的环境条件等变更，都要经过试验、试生产，结果经认可后，才能纳入文件正式投产。

（3）操作、检验人员必须持有相应的合格证书。

（4）各种槽液、介质，要严格按技术文件要求定期进行分析、复验，保证符合质量要求，如不合格，检验人员应在明显位置挂"禁用"标志，严禁使用。

（5）供监测用的仪器仪表，一般应专用，有特殊要求的应配置双份，或设置安全报警装置。

（6）所有的辅助材料，如有特殊要求，应有进口合格证明文件或需经（本企业）复验合格。

（7）有特殊要求的加工工序，检验人员应在生产现场进行质量跟踪控制。

（8）各种质量检验记录凭证、物理化学试验分析报告、控制图表等均应按规定做好收集、整理、分析、传递、归档等工作。

7.3 质量检验

7.3.1 质量检验概述

质量检验是全面质量管理的重要环节，是保证和提高产品质量必不可少的手段。企业在生产经营的过程中都必须十分注意加强质量检验工作。

1. 质量检验的含义

质量检验是人们借助于某种手段或方法，测定产品的质量特性，然后把测定的结果同规定的质量标准比较，从而判断该产品合格或不合格的活动。

知识要点提醒

一般来说，质量检验有以下 3 个方面的含义。

（1）检验是人们借助某种工具或方法，测定产品的质量特性。

（2）把测定的结果同规定的质量要求标准进行比较，从而判断该产品合格或不合格。

（3）在产品合格的情况下还要做出适用或不适用的判断。

通常判断产品合格与否的过程叫作符合性判断；在合格情况下做出适用或不适用的判断，叫作适用性判断。在企业内部，符合性判断一般由检验员或操作员负责执行，而适用性判断一般由企业管理部门或专门组成的委员会负责执行。

2. 质量检验的程序

质量检验是生产和服务过程中的一个工序，也是生产和服务过程的组成部分，其程序如图 7.8 所示。

在质量检验中，检验员和操作者必须按规定对所测得的数据进行认真记录。原始数据记录不准、不全，便会影响对产品质量的全面评价和进一步改进提高。

3. 质量检验的职能

质量检验的职能概括地说就是严格把关、反馈数据、预防、监督和保证产品和服务的质量，促进产品和服务质量的提高。具体地说，有 3 项职能，如图 7.9 所示。

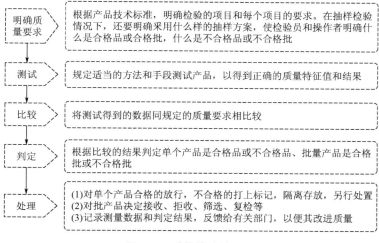

图 7.8　质量检验的程序

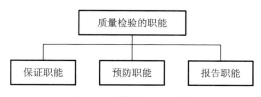

图 7.9　质量检验的职能

（1）保证职能。也就是把关的职能，制造业通过对原材料、半成品以及成品的检验、鉴别、分选，剔除不合格品，并决定该产品或该批产品是否接收；服务业通过对服务流程或作业的检验、督查、规范、评价。

（2）预防职能。通过首件检验或工序中规定频次的抽检，及时发现质量问题，为及时采取纠正措施，以防止同类问题再发生提供依据，预防或减少不合格品或不合格项目的产生。

（3）报告职能。把在检验中收集的数据、信息做好记录，进行分析和评价，并及时向上级和有关部门进行报告，为加强管理、改进设计、提高产品和服务质量提供必要的依据。

长期以来，传统的观念往往把质量检验看成仅仅是把关，而忽视了预防和报告职能是与保证职能紧密相连、互为相关的统一体。

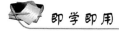

即学即用

按照质量检验保证职能的要求，在质量检验过程中应严格贯彻执行"五不"原则：不合格的原材料不投料；不合格的半成品不往下道工序流；不合格的零部件不装配；不合格的产品不出厂；没有标准的产品不能生产。

资源来源：陈国华. 生产运作管理（第三版）[M]. 南京：南京大学出版社，2016.

7.3.2　质量检验的种类

按照质量检验在企业整个生产过程中所处的不同阶段，以及按照不同的检验对象和具体工作内容，检验工作一般可分为进货检验（入厂检验）、工序检验（中间检验）和成品检验（出厂检验）3 种，如图 7.10 所示。

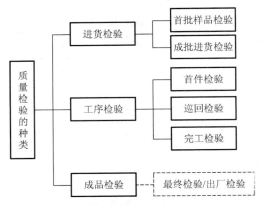

图 7.10 质量检验的种类

1. 进货检验

进货检验是对原材料、外购件和外协件等进货物质进行的质量检验，目的是确保产品质量和生产的正常进行。所以，进货检验是在货物入库或投入之前进行的，它包括两个内容，即进货的首批样品检验和成批进货的入厂检验。

（1）首批样品检验。首批样品检验是对供应单位的样品检验。它是外协件管理的重要组成部分，在一定意义上可以说是对供应单位进行的质量认证，其目的在于审核供应单位有无质量保证的能力，同时也为以后成批进货的质量水平提供衡量的依据。

（2）成批进货检验。成批进货检验是对供应单位正常交货时的成批物质进行检验，其目的是防止不符合质量要求的原材料、外购件和外协件等进入生产过程，并为稳定的秩序和保证成品质量提供必要的条件，这也是对供应单位质量保证能力的连续性评定的重要手段。

2. 工序检验

工序检验是指工序在加工中的检验，其目的是防止产生大批不合格产品，防止不合格品流入下道工序。它一般有 3 种方式：首件检验、巡回检验和完工检验。

（1）首件检验。在生产开始时或工序因素调整后，对制造的第一件或前几件产品的检验。

（2）巡回检验。检验员在现场按一定的时间间隔或加工产品的一定数量间隔对有关工序的产品质量进行的检验。

（3）完工检验。对一批产品中最后制造的产品检验。

3. 成品检验

成品检验也称最终检验或出厂检验，是对完工后的产品质量进行检验，其目的是保证不合格的成品不出厂，以确保用户利益和企业自身的信誉。

成品检验也是质量信息反馈的一个质量来源，检验员应该把检验中发现的一切故障记录下来，并依次整理、分类，及时向有关部门报告。

7.3.3 质量检验的方法

在质量检验中，准确地判断该产品合格或不合格是十分重要的。而要做好这一点，须恰当地运用质量检验方法。通常，企业采用的质量检验方法有以下几种。

1. 单位产品检验法

单位产品就是组成产品总体的基本单位,如一台收音机、一平方米布等。单位产品的质量检验就是借助于一定的检测方法,测出产品的质量特性,然后把测出的结果同产品的技术标准比较,从而判断产品是合格品还是不合格品。

2. 批产品检验法

批产品是指在一定条件下生产出来的一定数量的产品,它是由若干个单位产品组成的产品总体。批产品的质量检验就是判定整批产品质量好坏的检验方法有两种。

1) 全数检验

全数检验是对提交检验的一批产品逐个进行试验或测定,划分为合格品或不合格的检验。

2) 抽样检验

抽样检验,就是从一批产品中或一个完整服务流程中随机抽取一部分进行检验,通过这部分产品或服务检验来对整批产品或服务流程的质量进行评价,并对这批产品或服务流程做出合格与否或满意与否的结论。

抽样检验与全数检验相比,检验的产品或服务数量少,检验或评审费用低,但抽样检验不是对检验批的全部产品或整个服务流程进行测量和评审,所以即使判定合格或符合,其中也或多或少地含有一些不合格品或者一些不满意服务。

人们往往认为,只有通过全数检验,产品或服务质量才有保证,抽样检验不可靠。我国各工业部门对具有非破坏性的产品质量检验,很多仍采取全数检验的方法。实践证明,这种做法是不经济的,当产品数量很大时,全数检验并不能保证产品百分之百都是合格品。这是因为检验员长时间地进行检验,容易产生疲劳,不可避免出现错检或漏检现象。例如某厂对一批电子元件进行 4 次全数检验,结果第一次剔除了不合格品为总数的 68%;第二次为 18%;第三次为 8%;第四次为 4%;最后还有不合格总数的 2%残留在合格品中。

正确地采用抽样检验,可以把交检批中的不合格品数控制在允许的范围之内,因此,在产品检验中,应大力推广抽样检验方法。

为何说抽样检验可以促进生产者加强质量管理?

全数检验退给生产者的只是不合格品,而抽样检验退给生产者的是不合格批,由于不合格批中含有相当比率的合格品,不论如何处置,其损失都很大。因此,对于生产者来说,只有提供高于批质量标准的产品批才有利,正由于这个原因,采用抽样检验,可以刺激生产者加强质量管理工作,进一步提高产品质量。

7.4 现场质量控制方法

现场质量控制的基本方法有基本 QC 七大方法和现场问题解决七步法。

7.4.1 基本 QC 七大方法

用于现场改进的质量控制 QC 七大基本方法是 1962 年由日本科学技术联盟最先提出的,20 世纪 70 年代备受日本工业界推崇,并在日本的现场质量改进方面起到了重要作用。

1. 基本 QC 七大方法之一：调查表

调查表，又叫检查表、核对表，它是利用图表记录、搜集和积累数据，并能整理和粗略分清原因的一种工具。

调查表的形式多种多样，可以根据调查质量的目的不同而灵活设计适用的调查表，常用的调查表有以下几种：①缺陷位置调查表；②不良原因调查表；③不良项目调查表。

2. 基本 QC 七大方法之二：分层法

分层法又叫分类法或分组法，它是加工整理数据的一种重要方法，目的是通过分类把不同性质的数据划分清楚，理出头绪，并找出解决方法。

知识要点提醒

常用分层标志方法有 7 种。
（1）按时间分。如按季、月、日、班次等分。
（2）按操作者分。如按性别、年龄、技术水平等分。
（3）按使用设备分。如按设备的类型、新旧程度、不同生产方式和工具等分。
（4）按原材料分。如按产地、制造厂、成分规格、领料时间、批量等分。
（5）按操作方法分。如按不同操作条件、工艺要求、生产快慢、操作环境等分。
（6）按检测分。如按测量者、测量仪器、取样方法和条件等分。
（7）其他方面。如按地区、气候、使用条件、缺陷部分、不良品的内容等分。

3. 基本 QC 七大方法之三：因果图

因果图又叫鱼刺图、石川图（日本石川馨发明），是一种用于分析影响产品质量的因果关系，从一个发生质量问题结果去寻找影响产品质量原因的分析图。在图 7.11 中，大枝对应大原因，中枝对应中原因，细枝对应小原因。因果图对生产现场人员收集到的信息进行分类，同时必须将这些原因细化到可采取措施的程度。

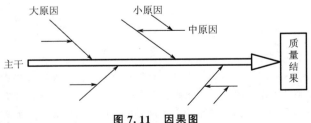

图 7.11　因果图

知识要点提醒

作因果图的注意事项主要有 4 个。
（1）要充分发挥民主，把各种意见都记录下来。
（2）原因分析尽可能深入细致，细到直接采取措施为止，原因表达要简练、明确。
（3）主要原因项目的确定采用排列图、投票或结合专业技术进行分析。
（4）画出因果图，确定主要原因后，还要到现场进行调查研究、核实，并落实到主要原因的项目上，然后制定对策加以解决。

4. 基本 QC 七大方法之四：排列图

排列图也叫主次因素图或帕累托图（Pareto），最早是由意大利经济学家帕累托分析社会财富分布状况而提出，他发现了少数人占有大量财富这一现象，即所谓"关键的少数和非关键的多数"的关系。这适用于许多领域，如市场销售中，20%的主要顾客占有 80%的销售量；人事方面，职员中的少数人构成缺勤的多数；在质量控制方面，大量质量不合格品消耗的费用，可归结于极其重要的少数因素。美国的 J. M. Juran 将其引进 QC 中用以寻找关键因素。

在质量管理活动中，人们常感到质量问题非常多，如果一起抓，恐怕办不到，也解决不了。要集中精力打歼灭战就要分清主次，这样才能很快收到效果。排列图是寻找影响产品质量的主要问题，确定质量改进关键项目的图。

排列图由两个纵坐标、一个横坐标、若干个直方形和一条折线（帕累托曲线）组成，如图 7.12 所示。横坐标表示影响产品质量的因素或项目，按其影响程度大小，从左到右依次排列。左纵坐标表示频数，右纵坐标表示频率，直方形的高度表示某个因素影响大小，从高到低，从左到右，顺序排列。折线表示影响因素大小的累计百分数，是由左到右逐渐上升的，这条折线就称为帕累托曲线。

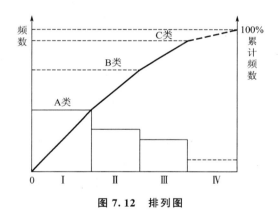

图 7.12 排列图

一般地，把因素分成 A、B、C 这 3 类：A 类，累计百分数在 80%以下的因素；B 类，累计百分数在 80%～90%的因素；C 类，累计百分数在 90%～100%的因素。

知 识 要 点 提 醒

制作排列图应注意如下事项。

（1）一般情况下，主要原因的数量不宜过多，一般不超过 3 个，以免分散注意力。

（2）左侧纵坐标可以是金额、件数、时间等，选择的依据是不良品件数要与价值成正比，即要把造成损失大的项目放在前面。

（3）有时能找出很多影响产品质量的因素，这时可将那些相对不重要的因素归并成一类，标以"其他"类。

（4）通过画排列图，找出主要因素，解决以后，必然能将质量提高一大步，而后循此方法，最终能使质量达到十分完美的境界。

5. 基本 QC 七大方法之五：散布图

散布图（也叫相关图）是研究两个非确定性变量之间关系的图。在原因分析中，经常遇到一些变量共处于一个统一体中。这些变量之间的关系，有些是属于确定性的关系，即它们之间的关系可以用函数关系来表达，如圆面积 $s=\pi r^2$；而有些则属于非确定性关系，即不能由一个变量的数值精确地求出另一个变量的数值。散布图就是将两个非确定性关系变量的数据对应列出，用点号画在坐标图上，来观察它们之间的关系。对散布图可以进行定性分析，也可以进行定量分析。

制作散布图就是把实验或搜集到的统计资料用点子在平面图上表示出来即可。

知识要点提醒

常见的散布图有 6 种典型形式，反映了两个变量 y 与 x 间不同的相关关系。
(1) y 随 x 的增大而增大，且点子分散程度小，称之为强正相关。
(2) y 随 x 的增大而增大，但点子分散程度大，称之为弱正相关。
(3) y 随 x 的增大而减少，且点子分散程度小，称之为强负相关。
(4) y 随 x 的增大而减少，但点子分散程度大，称之为弱负相关。
(5) x 与 y 变化时无明显规律，故称 x 与 y 不相关。
(6) x 与 y 呈曲线变化关系，称之为非线性相关或曲线相关。

6. 基本 QC 七大方法之六：直方图

1) 直方图的概念

产品的质量总是有波动的，但波动是有规律的。直方图用于分析数据分布状态及其特征，它是连续随机变量子样频数分布的图形表示。

直方图是质量管理中常用的统计分析方法之一，用直方图来加工整理质量数据，分析和掌握质量数据的分布状况，预测工序质量的好坏和估算工序不合格品率。直方图是将收集的全部质量数据分成若干组，以组距为底边，以该组相对应的频数为高，按比例而构成的若干矩形。

2) 直方图的常见类型

直方图常见类型有以下几种，如图 7.13 所示。

(1) 标准型（对称型）。数据的平均值与最大和最小值的中间值相同或接近，平均值附近的数据频数最多，频数在中间值向两边缓慢下降，并且以平均值左右对称。这种形状是最常见的。

(2) 锯齿型。频数直方图呈锯齿状。这多因测量方法或读数有问题，也可能是整理数据时分组不当（一般是分组过多）所引起的。

(3) 偏向型。画出的频数直方图的顶峰偏向一侧，形状不对称。有时像机械加工中的形位公差，如摆差、不圆度、不直度等都属于这种分布。有时也因加工习惯或心理上的原因造成这种分布，如机械加工时的孔加工往往偏小，轴加工往往偏大等。

(4) 平顶型。频数直方图呈平顶型，往往是由于生产过程中某种缓慢的倾向在起作用所造成的，如工具的磨损、操作者的疲劳等的影响。

(5) 双峰型。频数直方图有两个高峰。这多是两个不同分布混在一起所致。例如，两批不同的材质加工出来的产品或是两个工人、两台设备加工出来的产品统计在一起所画的频数直方图，即分层不清就会出现这种情况。

（6）孤岛型，即在远离主分布的地方又出现小的直方图。这表示有某种异常情况产生，可能是加工条件有变动。例如，一时原材料发生变化，或在短时间内由不熟练工人替班加工出的产品所画的频数直方图。

（7）陡壁型。可能是由于工序能力不足，进行了全数检验后的形状，也可能是剔除不合格品后进行的抽检。

除标准型外，其他6种类型都属于非正常型直方图。对于非正常的图形多少有些参差不齐，不必太注意，而应着眼于整个图形的形状。例如，在标准规格界限以内的锯齿型分布可能算作一种良好的分布；反之，越出界限的正态分布可能是一种坏的分布。这是因为一个平顶、锯齿或偏向型分布的实际效用，不一定低于一个光滑的正态分布。分布图形大部分属于纯理论研究方面的问题。

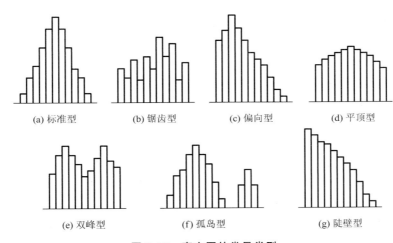

图 7.13　直方图的常见类型

这种非正常分布图形在实际中之所以适用，理由如下。

（1）所有分布形状的图形都可用平均数和标准偏差来度量，重要的是实际分布与正态分布的近似程度。

（2）很多分布的应用并不特别强调数理统计分析，分布本身只作简单的图形分析之用。

（3）如果有些地方需要进行数理统计分析，经验证明，大量的实际分布和正态分布非常近似。

（4）当一个分布偏向得很厉害或呈其他形状时，该分布可在改进措施方面提供线索。

（5）许多企业实际情况的分析并不十分精确，因此，实际中分布的正态性并无重大关系。

（6）有些地方根本不需要用正态曲线进行分析。一个有经验的人只要看一下图形的形状，就可以采取各种改正方法。

3）直方图的用途

直方图的用途可以概括如下。

（1）比较直观地看出产品质量特性值的分布状态，以便掌握产品质量分析情况。

(2) 判断工序是否处于稳定状态,当工序不稳定时,推测是哪个因素造成的。
(3) 掌握过程能力及过程能力保证产品质量的程度,推测生产过程的不合格品率。

4) 直方图的作图步骤

作直方图前,要求分层,然后收集整理数据。

(1) 收集计量数据 N。一般在 50～100 之间,最少不少于 30 个。
(2) 求极差 R。找出数据中的最大值 x_{max} 与最小值 x_{min},$R=x_{max}-x_{min}$。
(3) 确定分组的组数 K。这个数可用公式计算或查经验数据表。

① 经验数据见表 7-2。

表 7-2 经验数据表

数 据 个 数	分组 K
50 以下	5～7
50～100	6～10
100～250	7～12
250 以上	10～20

② 公式法:$K=1+3.33\lg N$。

(4) 计算组距 h。即确定组的宽度,$h=R/K$。
(5) 确定组界。为使数据值不与组的边界值重合,组的边界值的单位取测量值最末位数单位的 1/2,如测量值为 10.1mm,则边界值的单位为 0.1/2=0.05mm,即比测量值多取了一位数,这样测量值就不会与边值重合。第一组的下限值为最小值减去测量单位的 1/2,上限值为下限值加上 h。以后每个组的组界均在上一组组界的基础上增加一个组距,则加上 h 直到组界,直至包含 x_{max} 为止。
(6) 计算各组频数 f_i 和中心值 x_i,并列入频数分布表中。每组的上下界限值相加除以 2,即为组中值。
(7) 画出直方图。
(8) 在直方图的空白区域,记上有关数据的资料。如样本数、平均值、标准差等。

7. 基本 QC 七大方法之七:控制图

控制图又称管理图,它是 1924 年由美国贝尔电话研究所休哈特博士所创立的,因此又称为休哈特控制图,简称为控制图。

控制图是生产过程质量的一种记录图形,如图 7.14 所示。图中中心线记为 CL (Center Line),上控制界限记为 UCL (Upper Control Limit),下控制界限记为 LCL (Lower Control Limit)。中心线是控制的统计量的平均值。上、下控制界限与中心线相距 3 倍标准偏差,它是用来区分质量波动究竟是由偶然因素引起,还是由系统因素引起的准则,从而判明生产过程是否处于控制状态。可见,控制图是能够提供系统因素存在的信息,便于查明系统因素和进一步采取对策的一种统计工具。

1) 控制图的种类及控制界限

控制图根据数据的种类不同可分为两大类,即计量值与计数值控制图。计量值控制图一般适用于以计量值为控制对象的场合,这类控制图常见的有单值控制图(x 控制图)、平均值和极差控制图（$\bar{x}-R$ 控制图）等。计数值控制图是以计数值数据的质量特性值为控制对象，这类控制图有不合格品率控制图（p 控制图）和不合格品数控制图（p_n 控制图），这两种控制图称为计件值控制图；还有缺陷数控制图（c 控制图）和单位缺陷数控制图（u 控制图），这两种控制图称为计点值控制图。分类具体内容见表 7-3。

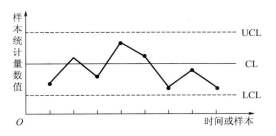

图 7.14　控制图

表 7-3　常用的控制图种类

控制图分类	分布	控制图名称	代号	控制界限 中心线	控制界限 上下控制限	应用范围
计量值控制图	正态分布	平均值-极差控制图	$\bar{x}-R$	$\bar{x}$ $\bar{R}$	$\bar{x}\pm A_2\bar{R}$ $D_4\bar{R}$，$D_3\bar{R}$	计量值数据控制
		中位数-极差控制图	$\tilde{x}-R$	$\tilde{x}$ $\bar{R}$	$\tilde{x}\pm m_3 A_2\bar{R}$ $D_4\bar{R}$，$D_3\bar{R}$	计量值数据控制，检出力差
		平均值-标准差控制图	$\bar{x}-S$	$\bar{x}$ $\bar{s}$	$\bar{x}\pm A_3\bar{s}$ $B_4\bar{s}$，$B_3\bar{s}$	$n>10$ 的计量值控制图
		单值控制图	x	$\bar{x}$	$\bar{x}\pm 3s$	计量值数据控制，检验时间短
		单值-移动极差控制图	$x-R_s$	$\bar{x}$ $\bar{R}_s$	$\bar{x}+2.66\bar{R}_s$ $3.627\bar{R}_s$，0	计量值数据控制，但用于一定时间内只能获取一个数据的过程控制
计数值控制图	二项分布	不合格品数控制图	P_n	$\bar{P}_n$	$\bar{P}_n\pm\sqrt{\bar{P}_n(1-\bar{P})}$	样本容量 n 一定的场合
		不合格品率控制图	P	$\bar{P}$	$\bar{P}\pm 3\sqrt{\dfrac{\bar{P}(1-\bar{P})}{n}}$	关键件全检场合
	泊松分布	缺陷数控制图	C	$\bar{C}$	$\bar{C}\pm 3\sqrt{\bar{C}}$	要求每次检测样本容量 n 一定的场合
		单位缺陷数控制图	u	$\bar{u}$	$\bar{u}\pm 3\sqrt{\dfrac{\bar{u}}{n}}$	全数检验控制单位不合格数场合

在工序控制中，利用控制图判断与区分工序质量的正常波动与异常波动，而进行判断与分析的客观标准就是控制界限线，当前，我国与大多数工业国家都是根据 u±3σ 来确定控制界限线，对于控制图来说，其控制界限线为

$$\left.\begin{array}{l} UCL = E(x) + 3\sigma(x) \\ LCL = E(x) - 3\sigma(x) \\ CL = E(x) \end{array}\right\} \quad (7-1)$$

常用控制图控制界限计算及应用范围见表 7-3。详细内容可查 GB/T 4091—2001《常规控制图》标准。

2) 控制图的绘制

控制图绘制步骤如下。

（1）确定质量特性。一般来说，质量特性已在设计文件或工艺文件中给出。

（2）收集数据，并进行数据的分析整理。

（3）确定控制界限线。根据表 7-3 确定控制图的界限线，相关的系数可通过查表 7-4 获得。

（4）绘制控制图。

表 7-4 控制图用系数表

系数	A_2	A_3	m_3	$m_3 A_2$	d_2	d_3	D_1	D_2	D_3	D_4	D_5	D_6	E_2
2	1.880	2.224	1.000	1.880	1.128	0.853		3.686		3.267		3.864	2.660
3	1.023	1.097	1.160	1.187	1.693	0.888		4.358		2.575		2.744	1.772
4	0.729	0.758	1.092	0.796	2.059	0.880		4.698		2.282		2.375	1.457
5	0.577	0.594	1.198	0.691	2.326	0.864		4.918		2.115		2.179	1.290
6	0.483	0.495	1.135	0.549	2.534	0.848		5.078		2.004		2.005	1.184
7	0.373	0.429	1.214	0.509	2.704	0.833	0.205	5.203	0.076	1.924	0.078	1.967	1.109
8	0.337	0.380	1.166	0.432	2.847	0.820	0.387	5.307	0.136	1.864	0.139	1.902	1.054
9	0.308	0.343	1.223	0.412	2.970	0.808	0.546	5.394	0.184	1.816	0.187	1.850	1.010
10	0.308	0.314	1.177	0.363	3.173	0.797	0.687	5.469	0.223	1.777	0.227	1.808	0.975

3) 控制图分析

工序控制仅仅画出了控制图是不够的，重要的是通过观察分析控制图，来判断工序是否处于控制（稳定）状态，以便确定是否有必要采取措施，消除异常因素，保证生产合格品的能力维持下去。控制图的判断一般依据数量统计中的"小概率事件"原理。

（1）分析用控制图的判断准则。

当分析用控制图满足下列两个条件，则认为生产过程处于控制状态。

① 几乎没有点子跳出控制图界限。

② 点子的排列无异常。

（2）控制用控制图。

当控制用控制图满足下列两个条件，则认为生产过程处于控制状态，否则，生产过程判为异常。

① 没有点子跳出控制图界限。

② 点子的排列无异常。

（3）几乎没有点子跳出控制图界限的说明。

点子排列随机的情况下，符合下列条件之一，可认为几乎没有点子跳出控制图界限。

① 连续 25 点在控制界限线内。

② 连续 35 点最多有 1 个点出界（超出控制界限线）或在界限上（控制界限线上）。

③ 连续 100 点最多有两点出界或在界限上。

（4）点子排列有异常的判断。

点子在控制图中排列有异常的情况主要有下列几种。

① 点子屡屡接近控制界限线。

② 链。链分为简单链和间断链。简单链指控制图中心线一侧连续出现 7 点或更多的点子。

③ 趋势（倾向）。连续 7 点或更多的点子呈上升或下降的状态。

④ 周期。点子的排列随时间的推移呈周期性的变化。

⑤ "好的异常"。所有的点子都集中在中心线一倍标准偏差控制线之间，这称为"好的异常"。此时企业经济效益受影响。

知识要点提醒

控制图在应用中常见的错误如下。

(1) 在 5M1E 未加控制、工序处于不稳定状态或工序能力不足（即 $Cp<1$）的情况下使用控制图。

(2) 当工序生产条件 5M1E 发生变化时，不及时调整控制界限线。

(3) 用质量特性的规格线或用压缩的规格线代替控制界限线。

(4) 在现场应用时，控制图的打点不做分析判断或打点不及时，失去控制图的"报警"作用。

(5) 画法不规范、不完整，控制界限线和中心线的代表符号、控制图的类型、样本容量 n 等标志不完全或有错误，控制图的类型使用不当，以及上、下控制图的位置不对应等。

当前，有不少企业以质量特性规格线作为控制界限线，这不是控制图，而是质量波动图。

7.4.2 现场问题解决七步法

现场问题解决七步法是开展现场改善的基本方法，具有广泛的适用性。现场问题解决七步法要解决的不只是单个问题，而是如何去解决成百上千问题的思路。将通常进行改善的 PDCA 过程，即按照计划（P）、执行（D）、检查（C）、处理（A）这 4 个阶段的顺序不断循环的改进过程，细分成 7 个关键的步骤，整理出来形成指导改善开展的方法，就是问题解决七步法。

图 7.15 表示的是整个改进过程的 PDCA 大循环。实际工作中，因为对策实施的效果往往存在一些局部的不足，这时通常进行局部的 PDCA 小循环，如图 7.16 所示。

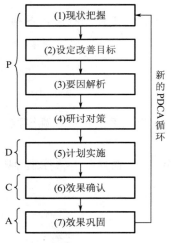

图 7.15 现场问题解决七步法

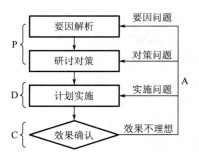

图 7.16 PDCA 小循环

1. 现状把握

现状把握告诉人们在解决问题之前,首先要明白问题之所在,这是有效解决所有问题的前提。仅仅笼统地说这里不好、那里不好,并不能帮你更好地分析问题。以下方法有助于更准确地把握问题之所在。

(1) 以公司方针目标、部门的基本机能与职责为基准,对比现状找出问题点。
(2) 以开展工作的"期待值"为基准,对比"实际值"找出问题点。
(3) 以好的样板或高水准的标杆为基准,找出问题点。
(4) 以各种检查标准为基准,逐条对照找出问题点,见表 7-5。
(5) 运用统计数据、报告分析,找出问题点。
(6) 根据客户或相关工序的反馈信息,找出问题点。

表 7-5 4M 检查表

4M	问 题 点
设备(Machine)	设备经常停机吗? 对精度的控制有效吗? 有无确实开展维修和点检? 设备使用方便、安全吗? 生产能力是否合适? 设备配置和布置好不好?
人员(Man)	是否遵守作业标准? 是否经常出现失误、差错? 工作技能足够吗?全面吗? 工作干劲高不高? 作业条件、作业环境如何?

(续)

4M	问 题 点
物料（Material）	物料品质状况如何？ 物料库存数量是否合适？ 物料存放、搬运方式好不好？ 物料成本如何？能否更便宜？
方法（Method）	作业标准内容是否合适？ 作业前后的准备工作是否经济高效？ 前后工序的衔接好吗？ 作业安全性如何？

2．设定改善目标

设定改善目标的目的是及早明确计划达成的时间、确定评价的项目和设立挑战水准。在初步了解现状及其影响的前提下，及早设定目标是很重要的，而且这里的目标往往是一种自我挑战的、高要求的目标。设定改善目标的常用方法有以下几点。

（1）用量化的方法明确评价项目和特性、数据化的目标值及计划达成的期限。

（2）设立有挑战性但可能达到的目标。

（3）分阶段设定目标进度，如图 7.17 所示。

（4）根据公司方针和上级指示设立目标。

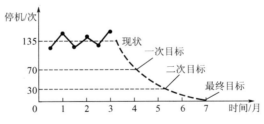

图 7.17　分阶段设定目标进度

3．要因解析

要因解析将现状问题点中最明显的地方加以突出分析，它常常跟对策的研讨紧密相关。当原因很明显时，往往对策也很明显了，在这个阶段通常会形成解决问题的初步思路。在要因解析过程中应该针对不同的问题类型，运用相关手法展开对应分析。常用方法有以下几种。

（1）先将问题细化，再进行调查，收集信息。

（2）运用发散思维的技术（如特性要因图）理清主要原因。

（3）运用数据量化的方法调查要因的影响程度。

（4）用层别的手法（层次图、系统图）对问题做更深一层的区分。

4．研讨对策

研讨对策是根据要因解析的结果，将解决问题的初步思路具体化，同时评估其现实可行性。这一点非常重要,对策不能只是实验室的方案,还必须得到现实的认可,如效果、经济性、实施难易度等。

一旦确认可行,就应制订行动计划。要注意行动计划不是一成不变的,特别是现实情况往往复杂多变,因此除了主方案,再准备一两个备用方案,同时预先对可能遇到的阻力或困难加以估计,准备一些应对方法,也是很有用的。研讨对策具体方法如下。

(1) 先制订理想化的整体方案。
(2) 准备选择和备用的多种方案。
(3) 运用构思检查单、头脑风暴法等激发思维的方法。
(4) 选择目前最利于实施的方案。
(5) 制订行动计划。

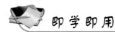

某种零件来货箱数特别多,占用了大量仓位和入库时间,在分析要因的基础上研讨对策。

通过前面的分析发现该零件箱入数少(4PCS/箱),箱内空间利用不当是导致箱数过多问题的主要原因。经过与供应商研讨,对方首先提出了尽量少改动现有包装的希望(因为已大量供应,出于减少重复投资的考虑)。最后权衡利弊,将对策定为原有包装材料不变,将 4PCS/箱变更为 8PCS/箱,方法是零件一正一反相扣放置,这样原内包装的隔板也不需要改变,装箱数量却提高了1倍。因为方案得到了供应商和本方领导的充分认同,所以很快就付诸实施了。

资料来源:http://coc.mbalib.com/view/ed7e3735.

5. 计划实施

计划实施通常先确定重点的实施项目及其完成时间,再明确责任分工,绘制出进度甘特图进行管理。具体方法如下。

(1) 先行获取上级的认同和支持。
(2) 经过试行对方案进行调整。
(3) 事先动员、通知相关人员。
(4) 落实每个人的责任。
(5) 跟踪日程进度。
(6) 及时处理意外情况。

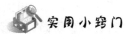

有了对策不去实施,无异于纸上谈兵。虽然道理大家都懂,真正实施起来却容易忽略要点。例如,没有事先取得各方面的支持,计划实施变成了一个人的呐喊。又或者没有对可能的意外状况有所准备,导致一处受阻,全盘被动。如果希望项目顺利推行,有16个字请牢记在心,即"领导重视(支持)、试点先行、全员参与、制度落实",这也是计划实施阶段的要点。

6. 效果确认

效果确认是对实施成效的评价。评价的方法应尽可能量化,并与设定的目标相比较。具体方法如下。

(1) 以改善目标为评价基准,确认效果。

(2) 将改善前后的效果进行量化对照。
(3) 关注有形效果,同时还要关注无形效果。
(4) 反省得失,效果不佳的再改善。

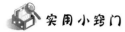 实用小窍门

效果确认过程中有些效果很难量化,一个有效的方法是把效果分成有形效果和无形效果。以前述箱入数问题为例。

有形效果如下。
① 入库时间缩短:120min/月→60min/月。
② 仓位占用量变少:30块踏板位置→15块踏板位置。
③ 节约了踏板占用资金:64元/块×15块/月×12月=11520元/年。
④ 运输费降低:3 100元/车×(15/40)车×12月=13 950元。

无形效果如下。
① 作业量减少,降低劳动强度。
② 节省时间,提高供需双方效率。
③ 零件摆放合理,保证品质、安全。
④ 节省包装材料,有利于环境保护。

在实际工作中,因为实施的效果往往存在一些局部的不足,这时可以借助局部的PDCA小循环来调整。例如,实施的效果不理想,到底是实施的问题,还是对策的问题或要因的问题,又或者是综合的问题,需要有一个重新评估和改进。

7. 效果巩固

有意识地采取巩固效果的措施,把改善的成果纳入日常管理之中,让一时的活动变成一直的做法。

常见的效果巩固方法包括标准化、规格化、制度化,以及消除人为因素的装置化。因为任何制度都要靠人来维护,因此对相关人员的培训教育也非常重要,不仅是教会他们遵守新的要求,更是通过问题改善的过程,引导他们懂得不断反省、持续改进,也可以说是把问题解决七步法的思路融入成员日常的工作习惯中。具体方法如下。

(1) 作业方法的标准化。
(2) 技术规格的标准化。
(3) 改进内容的装置化,彻底防止人为的差错。
(4) 改善过程的交流与教育,重视员工之间思想、技能的交流。
(5) 进一步对现场质量问题进行改进。

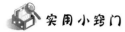 实用小窍门

将问题的解决分成7个步骤,并不是一成不变的,可以用更简单的四步法解决,也可以用10个步骤去解决,分几步并不重要,关键在于提供了解决问题的有效思路。

对解决问题来说,七步法只是其形,使用者之心才是其神:在现状把握时是否有细致之心,在设定目标时是否有挑战之心,在要因分析时是否有斟酌之心,在对策研讨时是否有创新之心,在计划实施时是否有务实之心,在效果确认时是否有客观之心,在效果巩固时是否有反省之心。

本 章 小 结

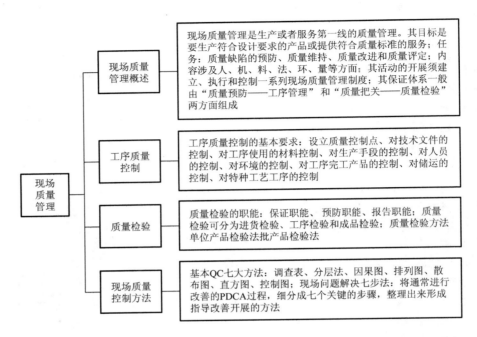

 关键术语

现场质量管理（Field Quality Management）

质量控制点（Quality Control Points）

质量检验（Quality Inspection）

质量改进（Quality Improvement）

质量控制（Quality Control）

知识链接

[1] 金应锡. 班组现场质量管理（实战图解版）[M]. 北京：人民邮电出版社，2015.

[2] 嵇国光. 现场精益质量管理 [M]. 北京：中国标准出版社，2014.

[3] 张平亮. 现代生产现场管理 [M]. 北京：机械工业出版社，2011.

[4] 陈俊芳. 质量改进与质量管理 [M]. 北京：北京师范大学出版社，2007.

[5] 张公绪. 新编质量管理学 [M]. 2版. 北京：高等教育出版社，2003.

习 题

1. 选择题

（1）质量检验的种类有（　　）。

A. 入厂检验、工序检验和中间检验 3 种

B. 进货检验、工序检验和中间检验 3 种

C. 进货检验、工序检验和成品检验 3 种
D. 工序检验、产品检验和出厂检验 3 种

（2）设置质量控制点考虑的原则之一是（　　）。
A. 对产品的实用性有严重影响的关键质量特性、关键部位或主要影响因素
B. 对质量工作有严重影响的质量特性
C. 工序时间长的项目
D. 顾客满意度大的产品

（3）以下（　　）可用于明确"关键的少数"。
A. 排列图　　　　B. 因果图　　　　C. 直方图　　　　D. 调查表

（4）现场质量管理应做好（　　）4 个方面工作。
A. 质量控制、质量维持、质量改进、质量评定
B. 质量缺陷预防、质量维持、质量改进、质量评定
C. 质量提高、质量维持、质量改进、质量评定
D. 质量培训教育、质量维持、质量改进、质量评定

（5）数据分组过多或测量读数错误而形成的直方图形状为（　　）。
A. 锯齿型　　　　B. 平顶型　　　　C. 孤岛型　　　　D. 偏峰型

（6）控制图的控制界限，一般取（　　）。
A. 两倍的标准差　　　　　　　　B. 3 倍的标准差
C. 4 倍的标准差　　　　　　　　D. 6 倍的标准差

2. 判断题

（1）在控制图中，只要点子都在上、下控制界限内，就说明生产过程处于控制状态。
（　　）
（2）生产现场质量保证体系一般由"质量预防—工序管理"和"质量把关—质量检验"组成。（　　）
（3）把不同材料、不同加工者、不同操作方法、不同设备生产的两批产品混在一起时，直方图形状为平顶型。（　　）
（4）现场质量管理是生产第一线的质量管理。（　　）
（5）质量检验是全面质量管理的重要环节，是保证和提高产品质量必不可少的手段。
（　　）
（6）因果图的作用是为了确定"关键的少数"。（　　）
（7）对产品的价值有严重影响的关键质量特性、关键部位或主要影响因素，应设置质量控制点。（　　）
（8）虽然不同企业的行业、规模等特点不同，但其现场质量管理制度是相同的。（　　）
（9）现场问题解决七步法是开展现场改善的基本方法，具有广泛的适用性。（　　）

3. 简答题

（1）做好现场质量管理的意义是什么？
（2）现场质量管理的任务是什么？
（3）质量控制点的设置及其原则是什么？
（4）简述现场问题解决七步法。

4. 计算分析题

某铸造厂某年生产的柴油机缸体铸件的废品率占总废品率的 35.3%，这个问题引起了工厂的高度重视。厂领导决心解决缸体铸件废品率过高的问题，并提出了要在下一年年底使不良品减半的目标，运用排列图找出气孔是关键问题，试用因果图找出气孔问题的主要原因。

5. 实际操作题

1. 确定某产品在制造工艺阶段质量控制的关键控制点。
2. 用"现场问题解决七步法"解决企业某一工序现场质量改进问题。

长虹现场质量控制

长虹始创于 1958 年，历经多年的发展，已逐步成为全球具有竞争力和影响力的 3C 信息家电综合产品与服务提供商。2005 年，长虹跨入世界品牌 500 强。目前，长虹品牌价值 705.69 亿元。长虹的成功有很多因素，其中，优良的产品质量是其能够不断前进的动力，而这离不开现场质量控制。

1. 确立以全面质量管理为中心的企业质量文化

自推行全面质量管理以来，长虹公司已逐步确立以全面质量管理为中心的企业质量文化，从理论、方法到每个员工的行为准则，形成了具有长虹特色的质量管理模式，认识到质量在企业发展中的主导地位，使全体员工树立鲜明的质量意识、永不满足的质量观念和连续不断地进行质量改进的思想。

（1）长虹的领导和员工清楚地认识到全面质量管理是市场经济条件下企业经营管理的核心。质量体系是有效提高市场竞争力、获取最佳经济效益的经营管理体系。长虹公司从管理体制到各项质量立法都体现出一种对工作精益求精、追求改进和发展的质量文化，不是把质量停留在口头上，而是时刻保持全员高度的质量责任感，让员工自觉地为维护和改进质量而工作。

（2）长虹充分认识到全面质量管理是现代化企业经营管理科学，认识到满足顾客需求与经营目标的一致性。企业需要顾客，顾客更需要质量，彻底抛弃过去符合性质量观，牢固树立以顾客需求为质量标准，不断把功能全、款式新、质量好的产品投放市场，以高于同行、部门标准的适应市场需求的标准组织生产和控制出厂产品质量，赢得了市场的主动权。通过完善质量体系和过程控制，把追求最大效益的经营目标同满足顾客的要求牢固地联系在一起，使公司连续多年实现利税增长速度超过 30%，取得了良好的经营效果。

（3）长虹的高层领导始终是全面质量管理的推动者。他们不断深化全面质量管理的理论和实践，反复强调企业"就是要念好全面质量管理这本经"，把不断深化全面质量管理，加强质量控制作为公司的中心工作，明确提出"质量第一，生产第二"的生产经营原则，要求企业基层各单位的领导必须对本单位的产品质量负责；要求设计、营销、质量等有关人员，随时密切关注顾客需求、市场动向，使新产品开发、生产营销充分满足市场和顾客要求，把使顾客满意的口号变成公司全体员工的自觉行动，维护公司的质量信誉。

2. 建立健全质量体系

长虹公司的质量体系是根据企业面向的市场、产品的性质、生产过程和用户需求等因素进行质量职能展开、设计评审、程序检证、产品检验、设立控制点、分供方评审、质量审核、质量改进等活动，随着企业经营机制的转变，为适应社会主义市场经济需要和企业生产发展需要，按照 ISO 9001 质量管理体系的要求，长虹公司质量体系的质量手册、质量控制程序文件，系统有条理地陈述了公司的质量方针，明确了质量职能和质量体系所采用要素的要求和规定，并组织实施、监督、检查、考核。

长虹公司的组织机构按照精简、统一、效能的原则设置，强调各个职能部门对质量各司其职、各负其责，从公司领导层到每个员工质量责任明确，建立了公司、生产厂和生产线三级质量管理体制，强化各专业厂的质量责任，形成了产品质量层层控制，责任落实到每个员工的控制机制。质量保证机构健全，有一支适应公司生产经营需要的精干高效、坚强有力的质量工作队伍，职责明确，负责对产品质量进行全过程的质量验证、试验、监督，制定了奖罚分明的质量奖惩制度，从而使公司在政策、制度和资源上保证质量机构行使质量管理职责和质量否决权，保证质量体系的有效运行。

3. 控制设计质量

产品的技术水平、档次、适用性主要取决于开发设计，在市场经济条件下，为适应电子产品技术更新与市场需求变化的快节奏，公司在开发新产品抢占市场上，注入了很大的人力、物力、财力，增加新产品的投入，保证研制经费，通过引进技术人才，配备研制、试验的技术装备，新产品产值率达 80% 以上，为公司赢得了显著的经济效益。

在新产品开发中，严格控制设计质量，实施设计验证和设计评审，对评审、验证中发现的问题认真组织质量改进，没有解决不转入下一工序，保证产品上线不带遗留问题。在新产品投入批量生产前，组织"投产前准备状态检查"，通过对产品的技术状态和质量水平、生产线的保证能力和质量控制、质量责任分配等内容审定，并经公司开发部、生产部和质量部的领导审批方可投入批量生产。

在新产品开发中积极采用国际先进标准，根据市场需求和质量竞争的需要制定企业的内控标准，保证了新产品开发的高起点。1994 年、1995 年开发的 29 英寸和 34 英寸大屏幕彩电图像清晰、艳丽、稳定、音质优美、临场感强，并具有多制式多功能等特点，得到了广大消费者的青睐。

从新产品设计开始，就重视产品的安全、电磁兼容和可靠性的设计、评审和验证，长虹公司开发的各种型号电视产品在投放市场前全部通过安全认证。

4. 依靠技术进步，提高质量保证能力

"科技是第一生产力"，狠抓技术进步、技术引进和技术改造，采用先进技术提高劳动生产率和资金利用率，保证产品上档次、生产上规模，增强市场竞争实力，在长虹公司的决策层有着深刻而广泛的共识。公司瞄准国际先进技术水平，坚持引进与创新、移植与改造、外引与内育 3 个结合，应用 CAD（Computer Aided Design，计算机辅助设计）、CAM（Computer Aided Manufacturing，计算机辅助制造）、CAT（Computer Aided Translation，计算机辅助翻译）等先进技术，依靠技术进步，加速产品更新换代上档次，加速技术改造产品上规模，走科技兴厂的道路。

技术进步的成果最终通过产品体现出来，长虹公司以产品为龙头，将技术引进、技术应用、技术开发和技术改造等环节有机地结合起来，整机、零部整件、配套件各个生产环节协调一致地改造，形成从前端加工到终端装配全系统的技术进步，不断提高内配能力，促进规模经济的快速发展。

不断提高设计、试验的技术装备水平，增加配置检测手段的技术装备；以最终生产线的建设为中心，开发和改进前端生产的技术；在生产制造环节大量采用国内外的新技术、新工艺、新材料；公司还每年用相当比例的自留资金进行技术改造，由此做到产品不断翻新，产量不断增长，质量稳定提高，效益连年增加。

5. 现场管理有序

生产现场是产品质量形成的场所，现场管理的好坏体现了企业各项基础管理的水平，长虹公司通过抓生产线管理，推动企业各项管理工作，建立受控生产线，坚持以操作者为主体，以现场为中心，以专业厂厂长为首的现场管理体制，其主要特点如下。

（1）物流路线畅通。长虹公司17条生产线，每天产量为15 000台，配套中心保证有条不紊地将配套件按时按量配到生产线。

（2）有从严治厂的纪律，公司全体员工遵守劳动纪律，每天上班前准时召开班前会，在生产过程中严格执行工艺纪律。

（3）有一个整洁文明的生产工作环境，公司推行定置管理，对生产现场的5M1E进行综合治理和控制。

（4）关键工序设置质量控制点。对工位（工序）的质量因素进行严格控制，重点监督质控点的控制功能。

（5）质量检验严格把关，生产线按工艺设计设置专门检验工位质量部门按远高于国家标准的企业内控标准进行逐批抽样检验，保证出厂产品质量。

（6）生产现场建立灵敏的质量信息管理制度，生产过程中的质量问题由质量部门认真组织协调、处理和监督，质量信息反馈迅速，各职能部门处理及时。

（7）现场管理中质量责任明确，问题落实到工位，监督考核制度严格。

公司的生产线组织管理严格，现场清洁整齐，生产过程控制和质量检验合格，原始记录完善，建立了良好的质量管理环境，使生产线的装配速率达到每20s组装一台彩电，高于国内彩电生产线的平均装配速率，相当于国际主要生产厂的装配能力。

资料来源：陈国华，贝金兰. 质量管理 [M]. 2版. 北京：北京大学出版社，2014.

分析与讨论

（1）长虹公司成功的关键因素是什么？

（2）长虹公司现场质量控制工作值得肯定的方面有哪些？

第 8 章

现场设备管理

本章教学要点

知 识 要 点	掌握程度	相 关 知 识
现场设备管理内容	熟悉	设备、设备管理
现场设备合理使用	重点掌握	设备的磨损与故障规律
现场设备维护保养	掌握	设备维护保养制度
设备预防维修制度	熟悉	现场设备的检查与修理

本章技能要点

技 能 要 点	熟练程度	应 用 方 向
全员生产维护	重点掌握	提高设备生产率
设备维护保养制度	掌握	现场设备的运行
修理定额	熟悉	现场维修

以创新带动 TPM 互动小组活动

青岛海尔设备管理有限公司为了提高维修人员与操作工端对端、实现零距离服务的意识,提出由现场维修工和操作工共同成立 TPM 互动小组。要求各支持处所有人员必须自主面对市场,主动与操作工沟通,从完好、节拍等项着手抓好存在停机隐患设备的维护及预防工作;通过与产品事业部的沟通,进一步了解其需求;对到动小组提出的各种问题都进行有效改进,更好地满足了生产需要。通过小组活动解决了很多设备节拍及产品质量提高等方面的问题,涌现了很多较好的小组,如电子事业部的波峰焊 TPM 互动小组、中一的发泡吸附小组、住宅设施小区、中二的钣金小组等。

设备事业部通过实施"设备例保市场链",重点抓现场设备管理工作,主要抓设备完好率和设备例保润滑维护。按照 TPM 工作思路,从设备事业部、设备处、维修工到产品事业部、分厂管理员、操作工、全员开展设备场工作,分别从横向和纵向制订标准平台并检查考评。

设备事业部对各产品事业部制订"海尔集团设备维护保养 9A 评价平台",每周由审核队对集团所有产品事业部进行设备例保检查。结果在集团内部网上通报;设备事业部对各设备处制订"设备完好维护保养 9A 评价标准平台",每周由审核队对 13 个设备处进行设备完好、维护保养检查及优劣考评;设备处组织产品事业部各分厂每周进行现场联检,在事业部范围内排序,并制订考核平台进行优劣考评;设备处根据每台设备的完好标准进行检查,将红黄牌挂在设备上。依据红黄牌机台考核平台激励操作工作和班长、车间主任。

公司各给人员均以 30%的工资作为设备现场状况考核的奖励基金。设备处根据每台设备的考评结果对维修工打分,再乘以 30%工资作为设备完好率考核结果。同时维修工对操作工继续通过索赔培训单进行考核。

资料来源:率雷,陶喜冰,宋长敏. 思路创新带来管理创新:海尔集团设备管理创新侧记 [J]. 中国设备工程,2004,(6):12-15.

8.1 现场设备管理概述

设备是指供长期生产或服务使用,并在使用过程中基本保持其原有物质形态,能够持续使用或反复使用的各种机械、装备、仪器、器具等的总称。设备是现代生产和服务的手段和工具,是社会生产力的关键要素。工具是人类改造自然能力的物质标志,工具越先进,标志着人们对客观自然的认识支配能力越强,也就意味着生产力水平越高。加强设备管理,对于保证企业生产和服务的正常秩序,提高经济效益,有着十分重要的意义。设备就其范围来说包括生产工艺设备、辅助生产设备、服务设备、科学研究设备、管理设备及公用设备。

8.1.1 现场设备管理的内容

设备是进行生产或提供服务的物质基础和必要条件,它反映了企业机械化、自动化、现代化等的程度。设备状况不仅直接影响所产品或服务的量,而且也影响产品或服务的质量及效率、成本、利润、交期、安全、环保。现场设备管理的内容包括生产和服务现场中设备的合理使用、维护保养与预防维修等管理过程，具体包括正确使用设备和操作设备、日常点检、现场维护和保养及现场设备的维修，保证设备处于良好的运行状态。

现场设备可分为六大类型。

（1）生产设备和服务设备。生产设备是指直接改变原材料属性和形态的各种工作机器和设备，如机床制造企业使用的金属切削机床、锻压设备；冶金企业使用的乎炉、高炉、斩炉；纺织企业使用的各种纺织机械；化工企业使用的塔、罐、锅、炉、窑等。它们是生产设备的主体，是狭义的设备范畴，可直接作用于生产过程。服务设备是指企业在提供服务过程中的各种设备和设施，如交通工具、通信工具、电梯、安全设备等。

（2）管理和公用设备。管理和公共设备是指用于生产经营管理和提供服务的设备，如通信设备、打印设备、监控设备、卫生设备等。

（3）交通运输设备。交通运输设备是指在生产中必不可少的用于运送货物、原材料等物资以及载人的各种运输工具，如各类汽车、铲车、吊车和其他搬运车辆等。

（4）传导设备。传导设备是指用于传导电力、热力、风力和其他动力，用于传送固体、液体、气体的各种设备，如各种输变电线、电力网、管道、传送带等。

（5）仪器仪表和计量器具。仪器仪表是指具有独立用途的各种工作用具、生产用具、仪表和计量器具等。

（6）动力设备和辅助设备。动力设备是指为生产型设备提供电力、热力、风力和其他动力支持的各种机器设备，如发电机、蒸汽锅炉、空气压缩机等。辅助设备主要是指工夹具、模具、桶、罐、缸、箱等各种容器具。

8.1.2 现场设备管理的任务

现场设备管理的任务是为企业的生产或服务提供先进适用的技术装备，使企业的生产经营活动建立在技术先进、经济合理的物质技术基础上，以保证经营目标的实现。它的具体任务如下。

（1）以设备的寿命周期作为设备管理的对象，力求设备在一生中消耗的费用最少，设备综合效率最高。

（2）合理使用设备，做好设备的维修和保养工作，保证设备经常处于最佳技术状态。

（3）提高设备管理的经济效益。

（4）制定和推行先进的设备管理和维修制度，以较低的费用保证设备处于最佳技术状态，提高设备完好率和设备利用率。

（5）加强技术培训和思想政治教育，造就一支素质较高的技术队伍。

（6）组织全员参与设备管理，发动全体员工参与，形成从领导到员工，从设备管理部门到各有关组织机构齐抓共管的局面。

知 识 要 点 提 醒

设备综合管理是在设备维修的管理的基础上为了提高设备的管理技术、经济效益和社会效益，以适应市场经济的进一步发展要求，运用设备综合工程学的成果，吸取了现代管理理论，综合了现代科学技术的新成果，而逐步发展起来的设备管理理论和方法。

8.2 现场设备的合理使用和维护保养

为使现场设备处于正常完好的状态，保证设备的运转可靠，设备操作人员应正确、合理使用设备，并要做好日常维护保养工作。

8.2.1 现场设备的合理使用

现场设备使用过程中由于受到各种力的作用和环境、工作条件等因素的影响，其零件和机构会逐渐磨损而引起设备内部发生一系列变化，从而使设备的技术状态不断变坏，使设备的工作能力逐渐下降。合理使用设备可以延长设备无故障工作时间，充分发挥设备效能，合理使用设备应做好以下工作。

（1）合理安排任务。必须根据各种设备的性能、结构和技术经济特点合理安排任务，注意设备的负荷情况。

（2）遵守规章制度。为确保设备的合理使用，需要严格遵守设备管理规章制度，如安全操作规程、岗位责任制、润滑管理制度及操作合格证等。

（3）提高设备的利用率。提高设备的利用率要注意以下 3 个方面：一是设备的数量利用，企业拥有的设备不一定都安装在现场，即便已安装在现场的设备，在一定时间内也不一定全部投入运行。所以对企业拥有的设备，可按其使用情况分为实有数、安装数和使用数（运转数）三类。二是提高设备的时间利用率，即充分利用设备可能工作的时间，不让设备闲置。三是提高设备的利用强度，就是要使设备在单位时间内生产出尽可能多的合格产品。

8.2.2 现场设备的维护保养

设备的维护保养，是指设备使用人员和专业维护人员在规定的时间内及维护保养范围内，分别对设备进行预防性的技术护理。设备维护保养一般分为三级，称三级保养制度，有的是推行四级保养制度。四级保养制度的内容如下。

1. 日常维护保养

日常维护保养亦称例行保养或"日保"，这是操作人员每天在班前、后进行的通常保养。按照机械企业设备保养的四项要求是整齐、整洁、润滑、安全。

2. 一级保养

一级保养是以操作人员为主，维修人员为辅对设备进行局部检查、清洗，一般 500～700h 进行一次。

3. 二级保养

二级保养是以维修人员为主，操作人员参加，对设备进行部分解体、检查、修理、更换、或修复磨损件，局部恢复精度、润滑和调整。设备一般运行 2 500～3 500h 进行一次二级保养。

4. 三级保养

三级保养是对设备的主体部分进行分解检查与调整工作，及时更换磨损限度已到的零件。设备维护保养制度因设备的性能、工作条件不同而各企业有具体规定。

> **知识要点提醒**
>
> 实有设备是指企业实际拥有,可供调配的全部设备。包括企业自有的、租用的、借用的设备,但不包括已批准报废的和租(借)出的设备。
>
> 实际使用设备是指已安装设备中实际投入运转的设备,包括正常开动和暂停运转的设备,但不包括已安装而未开动过的设备。
>
> 备用设备是指当常用设备出现故障时用来替换的设备。平时总使用的叫常用设备,十分重要的常用设备一旦出现故障可能造成重大生产或者安全隐患,通常会有一个备用设备,备用设备平时不使用一旦常用设备出现故障可以立即投入工作而避免发生严重的后果。备用设备是影响设备利用率的重要因素,备用设备越多,设备利用率就越低,但是备用设备不足,则因设备故障时造成的停机损失就大,特别是对于某些关键生产设备就更是如此。

8.3 现场设备检查与维修

设备检查与维修是设备质量保证的关键,是设备使用完好率的保障,直接影响企业的经济效益和社会效益。设备的检查和维修是企业发展过程中必须开展的基础工作,只有确保设备的完好无损,才能有效提高生产或服务的效率和质量。因此,企业务必做好设备检查和维修工作,确保设备的正常运行,从而提高设备的生产率。

8.3.1 设备的磨损与故障规律

1. 设备的磨损规律

设备在使用过程中会逐渐发生磨损,其一般分为以下两种形式。

(1) 有形磨损。有形磨损指设备在工作中,由于其零件受摩擦、振动而磨损或损坏,以致设备的技术状态劣化或设备在闲置中由于自然力的作用,而使设备失去精度和工作能力,以上两种情况都称有形磨损。

(2) 无形磨损。两种设备使用价值相同或类似,由于科学技术进步产生的技术水平差距,使得一种与另一种在制造成本、使用成本、生产成果上的比较价值差,称无形磨损。或者这样解释:设备的技术结构、性能没有变化,但由于劳动生产率的提高,使这种设备的再生产费用下降,而使原有同种设备发生贬值或是由于新的性能更完善的效率更高的设备出现和推广,使原有的设备的经济效能相对降低而形成的一种消耗。

设备有形磨损过程,大致分3个阶段,如图8.1所示。

Ⅰ:初期磨损阶段。在此阶段中,机器零件表面的高低不平处,以及氧化脱炭层,由于零件的运转,互相摩擦作用,很快被磨损,这一磨损速度快,但时间短。

Ⅱ:正常磨损阶段。零件磨损趋于缓慢,基本上是匀速增加。

Ⅲ:剧烈磨损阶段。零件磨损由量变到质变,超过一定限度,正常磨损关系被破坏,接触情况恶化,磨损加快,设备的工作性能也迅速降低,如不停止使用,进行维修,设备可能被损坏。

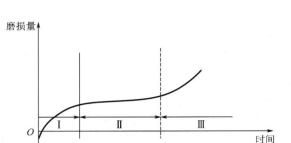

图 8.1　设备有形磨损曲线

2. 设备的故障规律

设备故障一般分为突发故障和劣化故障。突发故障是突然发生的故障，其特点是发生时间是随机性的；劣化故障是由于设备性能逐渐劣化所造成的故障，其特点是发生故障有一定的规律，故障发生速度是缓慢的，程度多是局部功能损坏。

劣化故障规律呈盆浴曲线，如图 8.2 所示。

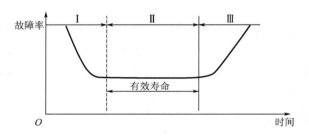

图 8.2　设备典型故障曲线

Ⅰ：初期故障期。这一阶段的故障主要是由于设计上的缺陷，制造质量欠佳和操作不良习惯引起的，开始故障较高，随后逐渐减少。

Ⅱ：偶发故障期。在这一阶段，设备已进入正常运转阶段，故障很少，一般都是由于维护不好和操作失误引起的偶发故障。

Ⅲ：磨损故障期（劣化故障期）。在这阶段，构成设备的零件已磨损，老化因而故障率急剧上升。

针对不同故障，应采取如下相应措施。

在初期，找出设备可靠性低的原因，进行调整，保持稳定性。

在偶发期，应注意加强工人的技术教育，提高操作工人与维修工人的技术水平。

在磨损期，应加强对设备的检查、监测和计划修理工作。

什么是设备自然磨损？

设备在寿命期内，无论是在使用还是闲置，在其形态上都会产生变化而逐渐损坏，由于自然力量的作用或因保管不善而造成的锈蚀、老化、腐朽，甚至引起工作精度和工作能力的丧失，即称为自然磨损。这种磨损无论在设备使用还是闲置过程都会发生。但因设备闲置中容易失去正常的维护，因此设备闲置中的自然磨损比使用中更明显。

8.3.2 现场设备的检查与修理

1. 设备检查

设备检查是对设备的运行状况、工作精度、磨损或腐蚀情况进行检查和校验,及时消除隐患。设备检查分类如下。

(1) 按间隔时间不同可分为日常检查和定期检查。

(2) 按技术功能分为机能检查和精度检查。

2. 设备修理

1) 设备修理的种类

设备修理种类按修理程度分为大修理、中修理、小修理。

(1) 大修理。大修理是工作量很大的一种修理,它需要把设备全部拆卸、更换和修复全部磨损件,恢复其精度、性能和效率。其特点是修理次数少,修理间隔长,工作量大,修理时间长,费用多。大修理费用由专提的大修理基金支付。

(2) 中修理。中修理则是对设备进行部分解体,修理更换部分主要零件和数量较多的其他磨损件,并校正设备的基准。以恢复和达到规定的精度和其他技术要求,其特点是发生次数较多,时间较短,工作量不很大,修理时间较短,支付费用少,且由生产费用开支。

(3) 小修理。小修理是对设备的局部修理,它主要是更换和修复少量的磨损零件,并调整设备的局部机构,其特点是修理次数多,工作量小,一般在生产现场,由车间专职维修工执行,修理费用计入生产费用。

2) 设备修理的方法

设备修理的方法主要有以下几种。

(1) 标准修理法。其根据设备零件的寿命,预先编制具体的修理计划,明确修理日期、类别和内容。设备运转了一定时间后,不管其技术状态如何,必须按计划进行修理。这种方法便于做好修理前准备工作,设备停歇时间短,能有效地保证设备正常运转。但容易脱离实际,产生过度修理,增加修理费用。

(2) 定期修理法。它是根据设备的使用寿命、生产类型、工作条件和有关定额资料,事先规定各类计划修理的固定顺序、计划修理间隔及其修理工作量。修理内容事先不作规定,而在修理前根据设备状态来确定。

(3) 检查后修理法。它是根据设备零部件的磨损资料,事先只规定设备检查总次数和时间,而每次修理的具体期限、类别和内容均由检查后的结果来决定。这种方法简便易行、节约费用。但修理期限和内容要等检查后决定,修理计划性差,而且检查时有可能对设备状况的主观判断差误引起零件的过度磨损或故障。

8.3.3 设备的预防维修制度

1. 计划预防修理制度

计划预防修理制度是我国 20 世纪 50 年代开始普遍推行的一种设备维修制度。它是进行有计划的维护、检查和修理,以保证设备经常处于完好状态的一种组织技术措施。其内容包括日常维护、定期检查、计划修理（大、中、小）。其特点是通过计划来实现修理的预防性。其编制修理计划的依据之一是修理的各种定额标准。

2. 修理定额

1）修理周期

修理周期指相邻两次大修理之间设备工作时间间隔。修理周期长短取决于主要零部件的使用期限，不同设备在不同生产类型、生产条件下其主要零件使用期限不同，修理周期也不相同。

2）修理间隔期

修理间隔期指两次修理（相邻）之间的时间间隔。

3）修理周期结构

修理周期结构指在一个修理周期内，大、中、小修的次数和排列顺序，如图 8.3 所示。

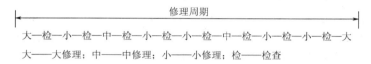

图 8.3 修理周期结构

4）修理复杂系数

修理复杂系数是表示设备修理复杂程度的一个基本单位，也是表示修理复杂程度和修理工作量的假定单位，它是由设备的结构特点、工艺性、零部件尺寸等因素决定。设备越复杂，加工精度越高，零部件尺寸越大，修理工作量越大，则修理复杂系数也越大。机械工业中通常是选择中心高 200mm，顶尖距 1 000mm 和 C620 车床为标准机床，将其修理复杂系数定为 10，其他设备都与该标准机床比较确定。比其复杂的设备，其复杂系数大于 10，反之小于 10，不同型号的设备，复杂系数计算不一样。

5）修理劳动定额

修理劳动定额是为完成机器设备的工作所需要的劳动时间标准。它通常用一个修理复杂系数所需要的劳动时间来表示。机械加工企业一个修理复杂系数的劳动量如表 8-1 所示。

表 8-1 一个修理复杂系数的劳动量

修理类别	钳工工时/h	机工工时/h	电工工时/h
修前检查	3～4		
小修	7～10		
中修	32～42	15	7～9
大修	50～60	30	15～20

强化现场管理　确保设备检修质量

2015 年新疆建设兵团第五师 89 团加工厂对棉花加工设备检修工作高度重视，提出了以设备检修质量保棉花加工质量的口号，对各车间设备维修工作量进行摸底，制定和完善设备检修标准和奖罚措施，设备检修以承包形式实施，实行五定、三验收、一挂钩制度。五定即"定人员、定时间、定报酬、定质量、定耗材"，三验收即"车间自查自验，厂单机验收，师综合验收"，一挂钩即"检修质量和设备运转率与工资挂钩"，并建立设备检修档案，制定谁检修谁负责的岗位责任制。

设备检修完成后通过验收达标厂支付检修工资的60%，部分设备检修没有达标的返修费由车间主任个人支付。检修其余的工资在轧花一个月根据设备运转率支付。一个月设备运转率达到98%，奖励车间检修人员5 000元。每下降1%扣车间检修费1 000元，主管生产副厂长及车间主任各承担20%。制定各车间开展设备检修劳动竞赛评比办法，设备检修的质量评比以师验收小组综合验收结果为依据，评出一、二名，车间对第一和最后一名分别给予1 000~5 000元的奖励和处罚。2015年6月1日，四条棉花加工生产线设备检修工作全面开始，7月15日设备检修工作结束。

资料来源：吴国江，顾新．强化现场管理，确保设备检修质量[J]．中国棉花加工，2015，(4)：24．

8.4　TPM

开展TPM可以使企业充分发挥设备的生产潜力，使企业获得良好的经济效益，并使企业树立起良好的社会形象。

8.4.1　TPM概述

TPM是日本设备工程协会倡导的一种设备管理与维修制度。它以美国的预防维修为维修的主体，英国设备综合工程学的主要观点，总结了日本某些企业推行全面质量管理的实践经验，继承了日本管理的传统而逐步形成发展起来的。

1. 推行全效率、全系统、全员参加的"三全"设备管理

全效率是指设备的综合，包括产量（P）、质量（Q）、成本（C）、交货期（D）、安全（S）、劳动情绪（M）六方面。其公式为

$$设备的综合效率 = 设备的输出 / 设备的输入 \qquad (8-1)$$

从式（8-1）可以看出，设备输出量越大，而设备的输入量越小，设备的效率就越高。

全系统是指对设备的生产进行系统的管理，包括从设备研究、设计、制造、安装、使用、维修、改造、更新等全系统进行管理，并建立信息情报的反馈系统。

全员参加是指从企业领导，管理人员一直到第一线的主要员工都参加设备管理工作。

2. 推行"5S"活动，做好设备管理工作的基础

设备的"5S"活动的内容如下。

（1）整理指把设备及设备周边场地紊乱的物品全部收拾好和整理好；

（2）整顿指把设备使用所需的物品备齐，按工作次序整整齐齐地排好；

（3）清洁指设备和场地做到没有污染；

（4）清扫指随时地做好打扫工作，保证设备和场地一直能保持干净；

（5）素养指设备使用和管理人员的举止、态度和作风，培养具有良好的工作和生活习惯。

3. 设备的检查工作

以明确和严密的制度保证做好设备的检查工作。日常检查由操作工人负责。定期检查和专题检查由维修部门负责，主要是对重点设备。

实行明确项目、内容及检查顺序的点检制度，每次检查后都要有明确的记录标志，如良好（O）、可以（S）、差（X）以作为设备维修的依据。

4. 重点设备的预防修理、大修理和改善修理

将设备按照"设备的输出"的要求来划分其是重点设备，还是一般设备。对重点设备实行预防修理，对一般设备非重点设备，尽量采用事后修理和故障预防的办法。这样可以节约修理费用。每年根据生产的发展变化，按设备输出总要求，对重点设备进行一次调整。

5. 加强设备维修人员的培养工作

这是推行 TPM 体系十分重要的环节，每年要制订对维修人员的教育计划，包括技术人员、工长和组长、老工人和新工人工作的教育训练，针对不同人员提出不同的教育内容和要求。对于维修工人要注意多面手的培养，包括机械工和电工等操作技能，定期进行考核，对于七年以上工龄的维修工，一般要参加两种或三种技能的考试。要使每个工人感到掌握一种技能是莫大的光荣。

6. 重视维修记录及其分析研究

完整地记录设备维修实施的原始资料，对原始资料进行分析研究，包括各种故障原因分析，平均故障间隔时间的分析等；绘制各种比较醒目的图表、编写维修月报；制定各种标准化资料，包括检查标准、维修作业标准等。制订各种 TPM 评价指标作为考核标准。

8.4.2 TPM 的实施

设备尤其对于生产型企业来说，其关系到生产效率与生产成本。对设备进行日常保养，可以延长使用周期降低成本。TPM 实施中强调设备点检的"八定"。

1. 定人员

点检作业的核心是专职点检员的点检，它不是巡回检查，而是固定点检区的人员，做到定人员，不轻易变动人员。

人员不必很多，一般是 2~4 人，不超过 5 人，负责几十台设备，甚至上百台设备，实行常日班工作制。他们不同于维护工人、检修工人，也不同于维护技术人员，而是经过特殊训练的专门人员。其要求如下：

（1）有一定设备点检的管理理论，有实际经验，会使用简易诊断仪器。
（2）有办公桌、交通工具和点检手段（如摩托车、照相机和点检的专用工器具等）。
（3）半天点检作业，半天实行管理、协调业务。
（4）具备三分维修技术、三分交际协调、四分管理技能的素质。

2. 定地点

预先设定好设备的点检计划表，包括明确设备的点检部位、项目和内容，以使点检人员能够心中有数，做到有目的、有方向地进行点检。

3. 定方法

对不同的点，采用不同的点检方法，常称"五感"，即"听、看、闻、摸、尝"。在点检的同时，把技术诊断和倾向性管理结合起来，对有磨损、变形、腐蚀等减损量的点，根据维

修技术标准的要求，进行劣化倾向的定量化管理，以测定其劣化倾向程度，达到预知维修的目的，实现较为完善的现代设备技术和科学 TPM 管理方法的统一。

4．定周期

对于故障点的部位、项目、内容均有明确预先设定的周期，并通过点检人员素质的提高和经验的积累，进行不断的修改、完整，摸索出最佳的点检周期。

5．定标准

点检标准是衡量或判别点检部位是否正常的依据，也是判别此部位是否劣化的尺度。因此，凡是对象设备点检都有固定的判定标准，以使点检者掌握、熟悉，以便采取对策，消除偏离标准的劣化点，恢复设备功能的正常。

6．定计划

点检计划表（或点检作业卡）是点检员实施点检作业的指南，也是点检员心中的一份自主管理蓝图。点检员根据预先编制好的点检计划表，沿着规定的路线去实行作业。

7．定流程

点检作业和点检结果的处理对策称为点检业务流程。明确规定其处理程序，急需处理的隐患和不良点由点检员直接通知维护人员立即处理。不急的问题则做好记录，纳入计划检修中加以解决。这简化了设备维修管理的程序，实现了 5S 管理现场作业的功效，能做到应急反应快，计划项目落实，并把这些实绩进行改善研究，反馈检查，修正标准，以提高工作效率。

8．定记录

点检实绩记录有固定的格式，包括作业记录、异常记录、故障记录和倾向记录等。这些完整的记录为点检业务的信息传递提供了有价值的原始数据。

8.4.3 开展全员自主维护

根据维护工作的实施责任不同，维护可分为自主维护和专业维护两大类。自主维护是由设备的使用者自己实施对设备的维护活动，专业维护是由专业人员进行的维护活动。狭义地理解自主维护和专业维护，则由设备和场所的使用者本身实施的维护活动为自主维护，由设备管理部门实施的维护活动为专业维护；广义地理解则由公司内部员工完成的维护活动为自主维护，而委托外部专业机构或专业人员完成的维护活动为专业维护。

自主维护是 TPM 中的重要内容，即操作者本人以及企业员工自己对设备和企业负有实施自主维护和管理的责任。然而这并不排斥专业人员进行维护工作，仅是指通过不断扩展自主维护的范围，减少专业维护的分量，降低对外委托所需花费的维护费用；同时，提高操作者对设备使用的责任感，将操作者的积极性调动起来，使他们成为熟悉设备的操作者，能对设备进行清扫、润滑、调整和日常检查确认等工作，并具有早期发现设备故障和进行修理修复的能力。自主维护活动包括 5 个部分的内容，这 5 个部分也是开展自主维护活动的 5 个步骤，按顺序分别是初期清扫、发生源与难点问题对策、总点检、提高点检作业效率和自主管理体制的建立初期清扫。

1) 初期清扫

初期清扫即 5S 活动，通过整理、整顿、清扫、清洁、素养活动对员工实施教育，建立制度，使员工养成保持设备整洁的习惯。同时，清扫活动本身也是对设备进行维护的重要内容，它对培养员工自己的设备自己维护的意识是十分重要的。清洁的过程，也是点检的过程。

2) 发生源与难点问题对策

发生源是指对环境和设备造成污染的污染物及污染物的出处，包括液体、粉尘、刺激性气体、噪声、振动、热风等的产生场所，或者导致问题产生的直接原因。困难处是指由于受场所位置过高，需很多工时，需他人协助，需较大投资或一时还找不到合适办法等客观原因所限，即在初期清扫阶段的工作中较难对应的场所或还没有解决的难题。解决这类问题，一般遵循以下步骤。

(1) 难点问题登录。

(2) 解决问题的计划和目标。

(3) 对策的检讨和任务的分配。

(4) 对策的实施。

(5) 改善成果的总结。

3) 总点检

点检是指对设备的运行状态进行日常和周期性的确认，以及对设备进行日常和周期性的维护。日常检查是由操作工人和维修工人每天按照规定标准和要求，对设备进行有无异常、是否能正常运转的检查。检查方法是利用人的感官，通过听、看、触、嗅及简单的工具或装在设备上的仪表和信号标志（如压力、温度、电流、电压的检测仪表和油标等），判断设备的技术状态，以及发现设备的缺陷和隐患，采取措施，防止发生突发故障，减少故障损失。

4) 提高点检作业效率

随着点检工作的进行、点检经验的积累、技术水平的提高、维修备用品与维修工具条件的改善，需要对点检项目进行优化，以实现自主维护水平的提高和点检作业的效率化。

(1) 点检项目以及点检频度的简化和优化。

(2) 目视管理。目视管理是一种通过把事物（设备、材料、品质、工具、文件等）的数量或特性值的管理极限进行可视化描述，以便不借助于工具即可实施有效管理的手法。

(3) 点检通道的设置是指在设备较集中的场所标识出点检者进行一次点检作业所要移动的路径和沿路径各站点所要实施的点检项目。

5) 自主管理体制的建立

自主管理体制的建立包括以下 5 个方面的内容：

(1) 活动方针及管理文件的制定。

(2) 自主维护工作的实施。

(3) 检查与纠正措施。

(4) 诊断与认证活动。

(5) 及时反馈。

知识要点提醒

TPM中的关键绩效指标主要有设备完好率、设备的可用率、设备综合效率、设备完全有效生产率、设备故障率、平均故障间隔期、平均修理时间、设备备件库存周转率、备件资金率、维修费用率、检修质量一次合格率、返修率等。不同的指标用于度量不同的管理方向。

本 章 小 结

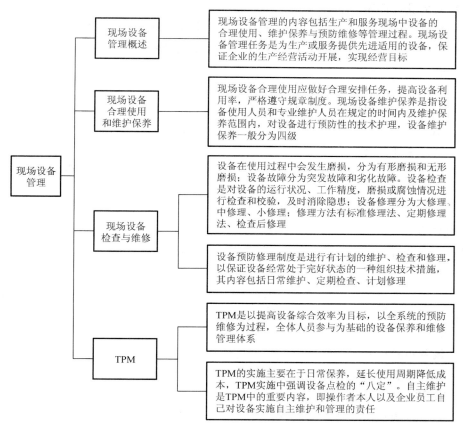

关键术语

全员生产维护（Total Productive Maintenance）
设备检查（Equipment Inspection）
设备预防修理制度（Equipment Preventive Repair System）
设备保养（Equipment Maintenance）
设备修理（Equipment Repairing）

知识链接

[1] 陈国华．生产运作管理［M］．3版．南京：南京大学出版社，2016．
[2] 夏洪胜，张世贤．设备管理［M］．北京：经济管理出版社，2014．

[3] 韦建华. 设备管理关键点精细化设计 [M]. 北京：人民邮电出版社，2013.
[4] 率雷，陶喜冰，宋长敏. 思路创新带来管理创新：海尔集团设备管理创新侧记 [J]. 中国设备工程，2004，(6)：12-15.
[5] 高丽，孔造杰. 全员生产维护下的设备自主维护 [J]. 工业工程，2003，6(2)：20-24.

习　题

1. 选择题

(1) 关键设备管理的原则是（　　）。
A. 操作规范化、备件材料供应优先化　　B. 保养制度化
C. 管理全员化　　　　　　　　　　　　D. 以上全部包括

(2)（　　）是设备第一责任人。
A. 操作工　　B. 机修　　C. 班长　　D. 工程师

(3) TPM 实施中强调设备点检的（　　）。
A. "九定"　　B. "八定"　　C. "六定"　　D. "四定"

(4) 设备修理种类按修理程度分为（　　）。
A. 大修理　　B. 中修理　　C. 小修理　　D. 以上都是

(5) 三级保养制度有（　　）。
A. 日常保养　　B. 一级保养　　C. 二级保养　　D. 以上都是

2. 判断题

(1) 点检是指对设备的运行状态进行日常和周期性的确认，以及对设备进行日常和周期性的维护。（　　）
(2) 开机前不需要对设备进行点检。（　　）
(3) 全效率是指设备的综合，包括产量、质量、成本、产值、安全、劳动情绪六方面。（　　）
(4) 设备检查按技术功能可分为日常检查和定期检查。（　　）
(5) 设备检查按间隔时间不同分为机能检查和精度检查。（　　）

3. 简答题

(1) 自主维护活动包括哪些内容？
(2) TPM 实施中强调设备点检的"八定"是指什么？
(3) 设备磨损规律是什么？
(4) 设备故障规律是什么？
(5) 简述全员生产维护内容。

案例分析

华为设备维护心得

在通信日益发展的今天，传输网络作为通信网络的基础网和支撑网，在通信中的地位越来越重要。传输网络的稳定性将会直接影响到电信运营维护的质量。因此，传输维护工作显

得非常重要。华为传输设备组网灵活，网络升级方便，网管界面友好，操作方便，网管功能强大，配置、维护、告警、性能等功能完善，因而能够战胜国外厂家成为广东电信有限公司揭阳分公司的主机型设备。要做好设备维护工作，应做到以下几点。

（1）熟悉设备的原理、结构及性能特点。对华为传输设备的五大信号流有充分的理解，要知道设备产生的每个告警的可能原因以及可能涉及的单板。

（2）要有一份详细的自己所维护的设备的资料。这些资料应包括设备的组网图、业务的时隙图、组网使用的光缆的连接表、设备面板图、所有设备各单板的软件及硬件版本资料等。资料齐全，就能使自己在平时的维护工作中以及故障处理时起到事半功倍的效果。

（3）要改被动维护为主动维护。切实做好日常维护工作，充分利用网管的各项功能对设备的性能、告警、设备环境等事件进行观察，及时发现隐患，提前处理，做好预防性维护。

（4）充分利用800技术热线和维护案例集锦。加强学习和借鉴别人的维护经验，提高自己的维护水平。

除了坚持以上的做法以外，还要做好光传输设备防雷接地的日常检查，加强光传输设备静电防护措施，保持通信机房清洁、卫生，确保传输设备能在一个稳定的环境中工作。从而减少传输设备故障的发生，减轻维护的压力。不断提高维护传输设备的综合能力。

资料来源：张武辉. 华为设备维护心得及案例分析 [J]. 沿海企业与科技，2007，（9）：37-39.

分析与讨论

（1）现场设备维护要做好的工作有哪些？

（2）对华为设备维护心得谈谈自己的看法。

第 9 章

现场安全管理

本章教学要点

知识要点	掌握程度	相关知识
安全管理概述	熟悉	事故的定义,事故致因理论
安全生产法规	了解	我国的主要安全生产法律法规体系
事故预防与安全监控	重点掌握	预防事故的安全技术,减少和遏制损伤的安全技术,现场安全事故的预防和监控方法
重大危险源辨识与管理	熟悉	重大危险源的定义,风险源的辨识、评估方法

本章技能要点

技能要点	熟练程度	应用方向
现场安全事故的预防和监控方法	重点掌握	现场安全事故预防方法——减少"人"和"物"的不安全行为 现场安全监控方法——一线主管的"四到原则"
预防事故的安全技术 减少和遏制损伤的安全技术 危险源的辨识和评估方法	掌握	相关理论和常用方法

每人只错一点点——沉船的倾诉

巴西桑托斯海顺远洋运输公司门前立着一块高5m、宽2m的石头,上面密密麻麻地刻满葡萄牙语。以下的就是石头上所刻的文字。

当巴西海顺远洋运输公司派出的救援船到达出事地点时,"环大西洋"号海轮消失了,21名船员不见了,海面上只有一个救生电台有节奏地发着求救的摩氏码。救援人员看着平静的大海发呆,谁也想不明白在这个海况极好的地方到底发生了什么,从而导致这条最先进的船沉没。这时有人发现电台下面绑着一个密封的瓶子,打开瓶子,里面有一张纸条,21种笔迹,上面写着以下内容。

一水理查德:"3月21日,我在奥克兰港私自买了一个台灯,想给妻子写信时照明用。"

二副瑟曼:"我看见理查德拿着台灯回船,说了句这个台灯底座轻,船晃时别让它倒下来,但没有干涉。"

三副帕蒂:"3月21日下午船离港,我发现救生筏施放器有问题,就将救生筏绑在架子上。"

二水戴维斯:"离港检查时,发现水手区的闭门器损坏,用铁丝将门绑牢。"

二管轮安特耳:"我检查消防设施时,发现水手区的消防栓锈蚀,心想还有几天就到码头了,到时候再换。"

船长麦凯姆:"起航时,工作繁忙,没有看甲板部和轮机部的安全检查报告。"

机匠丹尼尔:"3月23日上午理查德和苏勒的房间消防探头连续报警。我和瓦尔特进去后,未发现火苗,判定探头误报警,拆掉交给惠特曼,要求换新的。"

机匠瓦尔特:"我就是瓦尔特。"

大管轮惠特曼:"我说正忙着,等一会儿拿给你们。"

服务生斯科尼:"3月23日13点到理查德房间找他,他不在,坐了一会儿,随手开了他的台灯。"

大副克姆普:"3月23日13点半,带苏勒和罗伯特进行安全巡视,没有进理查德和苏勒的房间,说了句'你们的房间自己进去看看'。"

一水苏勒:"我笑了笑,也没有进房间,跟在克姆普后面。"

二水罗伯特:"我也没有进房间,跟在苏勒后面。"

机电长科恩:"3月23日14点我发现跳闸了,因为这是以前也出现过的现象,没多想,就将阀合上,没有查明原因。"

三管轮马辛:"感到空气不好,先打电话到厨房,证明没有问题后,又让机舱打开通风阀。"

大厨史若:"我接马辛电话时,开玩笑说,我们在这里有什么问题?你还不来帮我们做饭?然后问乌苏拉:'我们这里都安全吧?'"

二厨乌苏拉:"我回答,我也感觉空气不好,但觉得我们这里很安全,就继续做饭。"

机匠努波:"我接到马辛电话后,打开通风阀。"

管事戴思蒙:"14点半,我召集所有不在岗位的人到厨房帮忙做饭,晚上会餐。"

医生莫里斯:"我没有巡诊。"

电工荷尔因:"晚上我值班时跑进了餐厅。"

最后是船长麦凯姆写的话:"19点半发现火灾时,理查德和苏勒房间已经烧穿,一切糟糕透了,我们没有办法控制火情,而且火越来越大,直到整条船上都是火。我们每个人都犯了一点错误,但酿成了船毁人亡的大错。"

看完这张绝笔纸条,救援人员谁也没说话,海面上死一样的寂静,大家仿佛清晰地看到了整个事故的过程。

资料来源:http://www.6sq.net/blog-405638-94832.html。

9.1 安全管理概述

安全问题是企业经营者首先需要考虑的问题，安全生产责任重于泰山。企业要建立有效的安全管理体系，尤其对于现场，要做好事故预防、控制、检查、安全教育和重大风险源的识别等工作。本章重点介绍安全管理的基础知识、安全生产法规、事故的预防和安全监控以及重大危险源的辨识与管理等内容。

9.1.1 安全学的理论基础

1. 事故的概念

对于事故，从不同的角度出发对其有不同的描述。《辞海》中把事故定义为"意外的变故或灾祸"。美国安全工程师海因里希认为："事故是非计划的、失去控制的事件。"一般认为，事故是人（个人或集体）在为实现某一意图而进行活动的过程中，突然发生的、违反人的意志的、迫使行动暂时地或永久地停止的事件。

我国安全生产界认为："事故是指在生产或服务活动过程中发生的一个或一系列非计划的（即意外的），可导致人员伤亡、设备损坏、财产损失以及环境危害的事件。"

常见的几类事故如下。

(1) 伤亡事故。伤亡事故简称伤害，是个人或集体在行动过程中，接触了与周围条件有关的外来能量，该能量作用于人体，致使人体生理机能部分或全部损伤的现象。在生产或服务区域中发生的和生产或服务有关的伤亡事故，称为工伤事故。

(2) 一般事故。一般事故也称无伤害事故，这是指人身没有受到伤害或只受微伤，停工短暂或与人的生理机能障碍无关的未遂事故。统计表明，事故之中无伤害的一般事故占90%以上；它比伤亡事故的发生概率大十到几十倍。伤亡事故寓于一般事故中，要消灭伤亡事故，必须先消灭或控制一般事故。

(3) 未遂事故。未遂事故是指有可能造成严重后果，但由于其偶然因素，实际上没有造成严重后果的事件。1941年，海因里希对55万件机械事故进行统计后发现，死亡或重伤、轻伤和无伤害的事故件数之比为1∶29∶300，这就是著名的海因里希法则，如图9.1所示。其中的无伤害事故，既没有造成人员伤害，也没有造成财物损失和环境破坏的事故，即为未遂事故，也称为险兆事故。海因里希法则的意义并不在于具体的数值1∶29∶300，而在于指导人们：要消除重伤事故，必须从消除大量的无伤害事件着手。

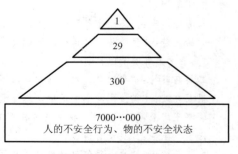

图9.1 海因里希法则

(4) 二次事故。二次事故是指由外部事件或事故引发的事故，包括自然灾害在内的与本系统无直接关联的事件。绝大多数重、特大事故主要是由事故引发的二次事故造成的。

2. 事故的分类

为了对事故进行科学的研究，探索事故的发生规律和预防措施，需要对事故进行分类，事故按不同的分类方法有不同的分类。

1）按事故中人的伤亡情况进行分类

以人为中心考察事故结果时，可以把事故分为伤亡事故和一般事故。

伤亡事故是指造成人身伤害或急性中毒的事故。其中，在生产或服务区域中发生的和生产或服务有关的伤亡事故称为工伤事故。工伤事故包括工作意外事故和职业病所致的伤残及死亡。

按人员遭受伤害的严重程度，把伤害划为4类。

（1）暂时性失能伤害。受伤害者或中毒者暂时不能从事原岗位工作。

（2）永久性部分失能伤害。受伤害者或中毒者的肢体或某些器官功能不可逆丧失的伤害。

（3）永久性全失能伤害。使受伤害者完全残废的伤害。

（4）死亡。

中华人民共和国国家标准《企业职工伤亡事故分类》（GB 6441—1986）把受伤害者的伤害分成3类。

（1）轻伤。损失工作日低于105天的失能伤害。

（2）重伤。损失工作日等于或大于105天的失能伤害。

（3）死亡。发生事故后当即死亡，包括急性中毒死亡，或受伤后在30天内死亡的事故。死亡损失工作日为6 000天。

一般事故是指人身没有受到伤害或受伤轻微，或没有形成人员生理功能障碍的事故。通常把没有造成人员伤亡的事故称为无伤害事故或未遂事故，也就是说，未遂事故的发生原因及其发生、发展过程与某个会造成严重后果的特定事故是完全相同的，只是由于某个偶然因素，没有造成该类严重后果。

2）按事故类别分类

《企业职工伤亡事故分类》综合考虑起因物、引起事故发生的诱导性原因、致害物、伤害方式等将事故类别分为20类，见表9-1。

表9-1 根据《企业职工伤亡事故分类》的事故分类

序号	事故类别	备注
1	物体打击	落物、滚石、撞击、碎裂、崩块、砸伤，不包括爆炸引起的物体打击
2	车辆伤害	包括挤、压、撞、颠覆等
3	机械伤害	包括铰、碾、割、戳
4	起重伤害	各种起重作业引起的伤害
5	触电	电流流过人体或人与带电体间发生放电引起的伤害，包括雷击
6	淹溺	各种作业中落水及非矿山透水引起的溺水伤害
7	灼烫	火焰烧伤、高温物体烫伤、化学物质灼伤、射线引起的皮肤损伤等，不包括电烧伤及火灾事故引起的烧伤

(续)

序号	事故类别	备注
8	火灾	造成人员伤亡的企业火灾事故
9	高处坠落	包括由高处落地和由平地入地坑
10	坍塌	建筑物、构筑物、堆置物倒塌及土石塌方引起的事故，不适用由矿山冒顶、片帮及爆炸、爆破引起的坍塌事故
11	冒顶片帮	指矿山开采、掘进及其他坑道作业发生的顶板冒落、侧壁垮塌
12	透水	适用于矿山开采及其他坑道作业发生时因涌水造成的伤害
13	爆破	由爆破作业引起的，包括因爆破引起的中毒
14	火药爆炸	生产、运输和储藏过程中的意外爆炸
15	瓦斯爆炸	包括瓦斯、煤尘与空气混合形成的混合物的爆炸
16	锅炉爆炸	适用于工作压力在 0.07MPa 以上、以水为介质的蒸汽锅炉的爆炸
17	压力容器爆炸	包括物理爆炸和化学爆炸
18	其他爆炸	可燃性气体、蒸汽、粉尘等与空气混合形成的爆炸性混合物的爆炸；炉膛、钢水包、亚麻粉尘的爆炸等
19	中毒和窒息	职业性毒物进入人体引起的急性中毒、缺氧窒息性伤害
20	其他	上述范围之外的伤害事故，如冻伤、扭伤、摔伤、野兽咬伤等

3）按事故严重程度分类

为了研究事故发生原因，便于对伤亡事故进行统计分析和调查处理，国务院《生产安全事故报告和调查处理条例》（2007）将事故按严重程度分为 4 类。

（1）特别重大事故。特别重大事故是指造成 30 人以上死亡，或者 100 人以上重伤（包括急性工业中毒，下同），或者 1 亿元以上直接经济损失的事故。

（2）重大事故。重大事故是指造成 10 人以上 30 人以下死亡，或者 50 人以上 100 人以下重伤，或者 5 000 万元以上 1 亿元以下直接经济损失的事故。

（3）较大事故。较大事故是指造成 3 人以上 10 人以下死亡，或者 10 人以上 50 人以下重伤，或者 1 000 万元以上 5 000 万元以下直接经济损失的事故。

（4）一般事故。一般事故是指造成 3 人以下死亡，或者 10 人以下重伤，或者 1 000 万元以下直接经济损失的事故。

4）按是否由事故的原因引起的事故分类

根据引起事故的原因分类，可以将事故分为一次事故和二次事故。

（1）一次事故。由人的不安全行为或物的不安全状态引起的事故。

（2）二次事故。在事故发生后，由于事故本身产生其他危害（如化工产品在事故状态下由于受到高温或空气氧化等作用，一种化学品转化为另一种化学危险品，成为二次危险源）或事故导致其他事故的发生（如火灾引起房屋的倒塌），引起事故范围进一步扩大的事故。

二 次 事 故

2000年12月25日21时左右,在洛阳东都商厦王某等4名无证上岗的电焊工焊接分隔铁板时,电焊火渣点燃可燃物引发火灾,王某等人扑救无效后未报警就逃离现场,发生特大火灾,火势迅猛,虽然未烧及二楼以上房间,但是大火浓烟涌进四楼个体老板开设的歌舞厅,正在二、三楼施工的部分民工以及四楼歌舞厅内的数百人被困在大火中,导致正在厅内参加圣诞节活动的309名人员窒息死亡,其中男135人,女174人。

以上的事故是由于一次事故的影响,导致二次事故的发生。

二次事故的特点:二次事故往往比第一次事故的危害更大;二次事故形成的时间短,往往难以控制。

因此,必须正确认识二次事故的危害性,采取相应的管理和技术措施,避免上述二次事故发生,或者使损失减至最小。

资料来源:田水承,景国勋. 安全管理学(第2版)[M]. 北京:机械工业出版社,2016.

9.1.2 事故致因理论

事故致因理论是从大量典型事故的本质原因的分析中所提炼出的事故机理和事故模型。这些机理和模型反映了事故发生的规律性,能够为事故原因的定性、定量分析,为事故的预测预防和改进安全管理工作,从理论上提供科学完整的依据。下面介绍两类有代表性的事故致因理论。

1. 事故因果连锁理论

该类理论以海因里希因果连锁理论为代表。海因里希最早提出了事故因果连锁理论,又称为海因里希模型或多米诺骨牌理论,他用该理论形象地描述了事故的因果连锁关系。该理论的核心思想是:伤亡事故的发生不是一个孤立的事件,而是一系列原因事件相继发生的结果,即伤害与各原因相互之间具有连锁关系。海因里希因果连锁理论如图9.2所示。

海因里希提出的事故因果连锁过程包括如下5种因素。

(1) 遗传及社会环境(M)。遗传及社会环境是造成人的缺点的原因。遗传因素可能使人具有鲁莽、固执、粗心等性格特征;社会环境可能妨碍人的安全素质的培养,助长不良性格的发展。这种因素是因果链上最基本的因素。

(2) 人的缺点或失误(P)。人的缺点或失误即由于遗传和社会环境因素所造成的人的缺点。人的缺点是使人产生不安全行为或造成物的不安全状态的原因。这些缺点既包括鲁莽、固执、易过激、神经质、轻率等性格上的先天缺陷,也包括缺乏安全生产知识和技能等的后天不足。

(3) 人的不安全行为或物的不安全状态(H)。这两者是造成事故的直接原因。海因里希认为,人的不安全行为是由于人的缺点而产生的,是造成事故的主要原因。

(4) 事故(D)。事故是一种由于物体、物质或放射线等对人体发生作用,使人员受到伤害或可能受到伤害的、出乎意料的、失去控制的事件。

(5) 伤害(A)。伤害即直接由事故产生的人身伤害。

上述M—P—H—D—A构成了事故因果连锁关系,可以用5块多米诺骨牌形象地加以描述。如果第一块骨牌倒下（即第一个原因 M 出现），则发生连锁反应，后面的骨牌相继被碰倒，即骨牌代表的事件相继发生。

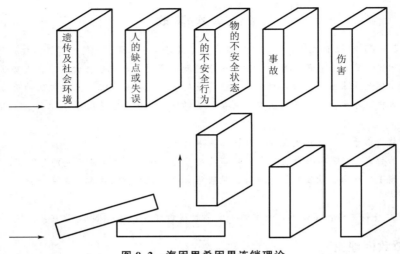

图 9.2　海因里希因果连锁理论

该理论积极的意义就在于，如果移去因果连锁中的任一块骨牌，则连锁被破坏，事故过程被中止。海因里希认为，企业安全工作的中心就是要移去中间的骨牌——防止人的不安全行为或消除物的不安全状态，从而中断事故连锁的进程，避免伤害的发生。海因里希"直观化"的事故因果连锁理论关注了事故形成中的人与物，开创了事故系统观的先河，促进了事故致因理论的发展，成为事故研究科学化的先导，具有重要的历史地位。

2. 基于人体信息处理的人失误事故模型

这类事故理论有一个基本观点，即人失误会导致事故，而人失误的发生是由于人对外界刺激（信息）反应的失误造成的。

这类模型中最具代表性的是瑟利模型。瑟利把事故的发生过程分为危险出现和危险释放两个阶段，这两个阶段各自包括一组类似人的信息处理过程，即知觉、认识和行为响应过程。在危险出现阶段，如果人的信息处理的每个环节都正确，危险就能够被消除或得到控制；反之，只要任何一个环节出现问题，就会使操作者直接面临危险。在危险释放阶段，如果人的信息处理过程的各个环节都是正确的，则虽然面临着已经显现出来的危险，但仍然可以避免危险释放出来，不会带来伤害或损害；反之，只要任何一个环节出错，危险就会转化成伤害或损害。瑟利事故模型如图 9.3 所示。

由图 9.3 可以看出，两个阶段具有类似的信息处理过程，每个过程均可被分解成 6 个方面的问题。下面以危险出现阶段为例，分别介绍这 6 个方面问题的含义。

第 1 个问题：危险的出现有警告吗？这里警告的意思是指工作环境中是否存在安全运行状态和危险状态之间可被感觉到的差异。如果危险没有带来可被感知的差异，则会使人直接面临该危险。在实际生产或服务中，危险即使存在，也并不一定直接显现出来。这一问题的启示，就是要让不明显的危险状态充分显示出来，这往往要采用一定的技术手段和方法来实现。

第 2 个问题：感觉到了这种警告吗？这个问题有两个方面的含义：一是人的感觉能力如

何,如果人的感觉能力差,或者注意力在别处,那么即使有足够明显的警告信号,也可能未被察觉;二是环境对警告信号的"干扰"如何,如果干扰严重,则可能妨碍对危险信息的察觉和接受。根据这个问题得到的启示是:感觉能力存在个体差异,提高感觉能力要依靠经验和训练,同时训练也可以提高操作者抗干扰的能力;在干扰严重的场合,要采用能避开干扰的警告方式(如在噪声大的场所使用光信号或与噪声频率差别较大的声信号),或加大警告信号的强度。

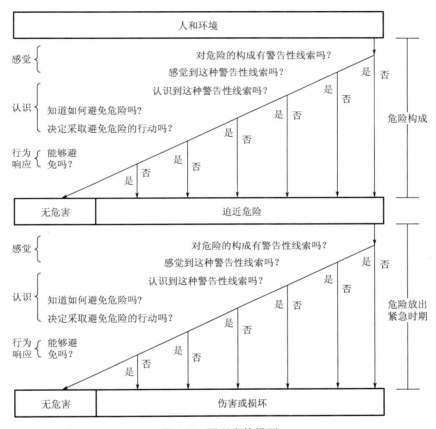

图 9.3　瑟利事故模型

第3个问题:认识到了这种警告吗?这个问题问的是操作者在感觉到警告之后,是否理解了警告所包含的意义,即操作者将警告信息与自己头脑中已有的知识进行对比,从而识别出危险的存在。

第4个问题:知道如何避免危险吗?问的是操作者是否具备避免危险的行为响应的知识和技能。为了使这种知识和技能变得完善和系统,从而更有利于采取正确的行动,操作者应该接受相应的训练。

第5个问题:决定采取行动吗?表面上看,这个问题毋庸置疑,有危险,就要采取行动。但在实际情况下,人们的行动是受各种动机中的主导动机驱使的,采取行动回避风险的"避险"动机往往与"趋利"动机(如省时、省力、多挣钱、享乐等)交织在一起。当趋利动机成为主导动机时,尽管认识到危险的存在,并且也知道如何避免危险,但操作者仍然会"心存侥幸"而不采取避险行动。

第 6 个问题：能够避免危险吗？问的是操作者在做出采取行动的决定后，是否能够迅速、敏捷、正确地在行动上做出反应。

上述 6 个问题中，前两个问题都是与人对信息的感觉有关的，第 3 至第 5 个问题是与人的认识有关的，最后一个问题是与人的行为反应有关的。这 6 个问题涵盖了人的信息处理全过程并且反映了在此过程中有很多发生失误进而导致事故的机会。

瑟利模型适用于描述危险局面出现得较慢，如不及时改正则有可能发生事故的情况。对于描述发展迅速的事故，也有一定的参考价值。

9.1.3　安全管理的含义和组织运行

1. 安全管理的含义

安全管理是指以国家的法律、规范、条例和安全标准为依据，采取各种手段，对企业的安全状况实施有效制约的一种活动。

企业安全管理包括以下一些基本内容。

（1）规划——安全措施计划。

（2）组织——安全活动组织。

（3）检查——现场和作业过程的安全检查。

（4）评审——安全方案及效果的审核。

企业的安全管理手段有行政的手段、法制的手段、经济的手段、文化的手段、科学的手段等。安全生产管理是企业安全生产客观条件的需要，是企业管理的重要组成部分。目的是通过合理组织生产或服务，使企业在生产或服务过程中减少事故，使企业生产的产品和提供的服务无事故隐患，这是调整经营者和劳动者关系的重要内容，是生产经营的保证，是企业获取经济效益的必要条件。安全管理工作贯穿于企业业务的全过程，融入企业的各项工作中，涉及企业的方方面面。因此，安全生产是企业全员、全面的管理过程，是一个系统工程。

2. 安全管理的组织运行

安全管理组织是安全管理职能之一。要完成具有一定功能目标的活动，就必须有相应的组织作为保障。安全管理组织的建立是具有法律依据的。《中华人民共和国安全生产法》（以下简称《安全生产法》）第十九条对安全管理组织机构的建立和安全管理人员的配备专门作了规范。

（1）对矿山、建筑施工单位和危险物品的生产、经营、储存单位的要求。矿山、建筑施工以及危险物品的生产、经营、储存单位，都属于高危险行业，容易发生安全事故。因此，不管其生产规模如何，都应当设置安全生产管理机构或者配备专职安全生产管理人员，以确保生产经营过程中的安全。

（2）对其他生产经营单位的要求。对于矿山、建筑施工单位和危险物品的生产、经营、储存单位以外的其他生产经营单位，《安全生产法》规定，凡是从业人员超过 300 人的，应当设置安全生产管理机构或者配备专职安全生产管理人员；从业人员在 300 人以下的，应当配备专职或者兼职的安全生产管理人员。

（3）安全生产委托管理服务。对于从业人员在 300 人以下的非矿山、建筑施工和危险物品生产、经营、储存的生产经营单位，如果本单位配备专职或者兼职的安全生产管理人员有困难，可委托具有国家规定相关专业技术资格的工程技术人员提供安全生产管理服务。

不同行业、不同规模的企业，安全工作组织形式也不完全相同。应根据上述的安全工作组织要求，结合本企业的规模和性质，建立安全管理组织。企业安全管理工作组织的一种构成模式如图9.4所示，它主要由三大系统构成管理网络：安全工作指挥系统、安全检查系统和安全监督系统。

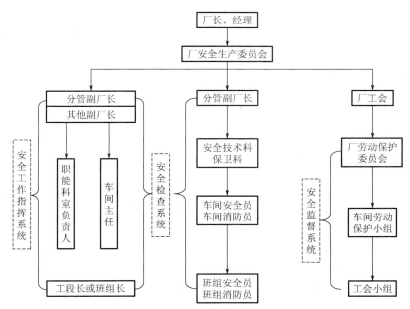

图9.4　企业安全管理组织的构成模式

知识要点提醒

（1）安全工作指挥系统。该系统由厂长或经理委托一名副厂长或副经理（通常为分管生产的负责人）负责，对职能科室负责人、车间主任、工段长或班组长实行纵向领导，确保企业职业安全健康计划、目标的有效落实与实施。

（2）安全检查系统。安全检查系统是具体负责实施职业安全健康管理体系中"检查与纠正措施"环节各项任务的重要组织，该系统的主体是由分管副厂长、安全技术科、保卫科、车间安全员、车间消防员、班组安全员、班组消防员组成。另外，安全工作的指挥系统也兼有安全检查的职责。实际工作中，一些职能部门兼具双重职责。

（3）安全监督系统。安全监督系统主要是由工会、党、政、工、团组成的安全防线。例如，有些单位的工会生产保护部门负责筑起"工会抓网"安全防线，发动组织职工开展安全生产劳动竞赛，抓好班组劳动保护监督检查员职责的落实；组织部门负责筑起"党组织抓党"安全防线，是对所属党组织政绩考核和对党员教育、评议及目标管理考核的指标之一；厂长办公室负责筑起"行政抓长"安全防线，各级行政正职必须是本单位安全生产的第一责任者，在安全管理上实行分级负责，层层签订安全生产承包责任状；团委负责筑起"共青团抓岗"安全防线，动员广大团员青年积极参与安全生产管理及安全生产活动；由企业工会女工部门负责筑起"妇女抓帮"安全防线，组织教育妇女不断提高安全意识，围绕安全生产目标，在女工中开展各种类型的妻子帮丈夫安全生产竞赛活动。

资料来源：祁有红，祁有金. 第一管理[M]. 北京：北京出版集团公司，2009.

9.2 安全生产法规

安全生产法规是指调整在生产或服务过程中产生的同劳动者或生产人员的安全与健康，以及与生产资料和社会财富安全保障有关的各种社会关系的法律规范的总和，是国家法律体系的重要组成部分。

完善的安全生产法规、有效的安全生产法治是预防意外事故、保障安全生产的基本前提。按照"安全第一，预防为主"的安全生产方针，我国制定了一系列安全生产法律、法令、条例、规则、章程，已基本形成了安全生产法律法规体系。

9.2.1 安全生产法规的概念

安全生产法规有广义和狭义两种解释，广义的安全生产法规是指保护劳动者、生产者和保障生产资料及财产安全的全部法律、法令、条例、规则、章程等。这些法律规范都是为了保护国家、社会利益和劳动者、生产者的利益而制定的，例如关于安全生产技术、安全工程、工业卫生工程、生产合同、工伤保险、职业技术培训、工会组织和民主管理等方面的法规。

狭义的安全生产法规是指国家为了改善劳动条件，保护劳动者在生产或服务过程中的安全和健康，以及保障生产安全所采取各种措施的法律、法令、条例、规则、章程等。例如，劳动安全卫生规程，对女工和未成年工劳动保护的特别规定，关于工作时间、休息时间和休假制度的规定，关于劳动保护的组织和管理制度的规定等。安全生产法规的体现形式是国家制定的关于安全生产的各种规范性文件，它可以表现为国家立法机关制定的法律，也可以表现为国务院及其所属的部、委员会发布的行政法规、条例、规章以及地方性法规等，还可表现为各种劳动安全卫生技术规程、规范和标准。

9.2.2 安全生产法律法规体系

我国的安全生产法律法规体系按法律地位及效力同等原则，可以分为以下 2 个门类。

1. 宪法

《中华人民共和国宪法》（以下简称《宪法》）是我国安全生产法律体系框架的最高层级，《宪法》第 42 条关于"加强劳动保护，改善劳动条件"的规定，是我国有关安全生产方面最高法律效力的规定。

2. 安全生产方面的法律法规

（1）基础法。

我国有关安全生产方面的法律包括《安全生产法》和与它平行的专门安全生产法律，以及与安全生产有关的法律。

（2）专门法律。

专门安全生产法律是规范某一专业领域安全生产法律制度的法律。我国在专业领域的法律主要有《中华人民共和国矿山安全法》（以下简称《矿山安全法》）《中华人民共和国海上交通安全法》《中华人民共和国消防法》《中华人民共和国道路交通安全法》等。

（3）相关法律。

与安全生产相关的法律是指安全生产专门法律以外的其他法律中涵盖有安全生产内容的

法律，如《中华人民共和国劳动法》《中华人民共和国建筑法》《中华人民共和国煤炭法》《中华人民共和国铁路法》《中华人民共和国民用航空法》《中华人民共和国工会法》《中华人民共和国全民所有制企业法》《中华人民共和国乡镇企业法》《中华人民共和国矿产资源法》等。还有一些与安全生产监督执法工作有关的法律，如《中华人民共和国刑法》《中华人民共和国刑事诉讼法》《中华人民共和国行政处罚法》《中华人民共和国行政复议法》《中华人民共和国国家赔偿法》《中华人民共和国标准化法》等。

（4）安全生产行政法规。

由国务院组织制定并批准公布，为实施安全生产法律或规范安全生产监督管理制度而制定并颁布的一系列具体规定，是实施安全生产监督管理和监察工作的重要依据。我国已颁布了多部安全生产行政法规，如《国务院关于特大安全事故行政责任追究的规定》和《煤矿安全监察条例》等。

（5）地方性安全生产法规。

地方性安全生产法规是指有立法权的地方权力机关——人民代表大会及其常务委员会和地方政府制定的安全生产规范性文件，是由法律授权制定的，是对国家安全生产法律、法规的补充和完善，它以解决本地区某一特定的安全生产问题为目标，具有较强的针对性和可操作性。例如，目前我国有 27 个省、自治区、直辖市人大制定了《劳动保护条例》或《劳动安全卫生条例》；有 26 个省、自治区、直辖市人大制定了实施《矿山安全法》的办法。

（6）部门安全生产规章、地方政府安全生产规章。

根据《中华人民共和国立法法》的有关规定，部门规章之间、部门规章与地方政府规章之间具有同等效力，在各自的权限范围内施行。国务院部门安全生产规章是有关部门为加强安全生产工作而颁布的安全生产规范性文件组成，内容涉及交通运输业、化学工业、石油工业、机械工业、电子工业、冶金工业、电力工业、建筑业、建材工业、航空航天业、船舶工业、轻纺工业、煤炭工业、地质勘探业、农村和乡镇工业、技术装备与统计工作、安全评价与竣工验收、劳动保护用品、培训教育、事故调查与处理、职业危害、特种设备、防火防爆和其他部门等。部门安全生产规章作为安全生产法律法规的重要补充，在我国安全生产监督管理工作中有重要的作用。

（7）安全生产标准。

安全生产标准是我国安全生产法规体系中的一个重要组成部分，也是安全生产管理的基础和监督执法工作的重要技术依据。安全生产技术标准大致分为设计规范类标准，安全生产设备、工具类标准，生产工艺安全卫生标准，防护用品类标准 4 类。例如，我国目前有关工程设计规范、电气安全、机械安全、锅炉压力容器安全、防火防爆、职业健康、劳动防护用品等方面的国家标准就有 200 余种，有关煤矿安全方面的行业标准有 400 余种。

（8）我国批准的国际劳工安全公约。

自 1919 年国际劳工组织创立以来，该组织一共通过 185 个国际公约和为数较多的建议书，这些公约和建议书统称国际劳工标准，其中 70% 的公约和建议书涉及职业安全卫生问题。我国政府为国际性安全生产工作而签订了国际性公约，当我国安全生产法律与国际公约的规定不同时，应优先采用国际公约的规定（除我国保留条件的条款外）。目前，我国政府批准的公约有 23 个，其中 4 个是与职业安全卫生相关的。当前，国际上将贸易与劳工标准挂钩是发展趋势，随着我国加入 WTO，参与世界贸易必须遵守国际通行的规则。

9.3 事故预防与安全监控

对管理者来说，几乎所有的管理者都有两个最怕听到的坏消息：一是出了安全事故，二是出了质量事故。因为一旦出了事故，管理者的精力就得完全投入到解决事故当中，而且所做一切努力都只是在"救火"，并没有产出，当然也无从谈收益。所以，有效的安全生产管理能让所有的管理人员的工作变得更轻松。

避免事故发生的根本方法是消除危险。荀况在 2000 年前就曾说过："一曰防，二曰救，三曰戒。先其未然谓之防，发而止之谓之救，行而责之谓之戒。防为上，救次之，戒为下。"荀子提出 3 种办法，第一种办法是在事情没有发生之前就预设警戒，防患于未然，这叫预防；第二种办法是在事情或者征兆刚出现就及时采取措施加以制止，防微杜渐，防止事态扩大，这叫补救；第 3 种办法是在事情发生后再行责罚教育，这叫惩戒。荀子列出了方法后认为，预防为上策，补救是中策，惩戒是下策。

9.3.1 预防事故的安全技术

对于事故的预防，可以采用安全技术措施来控制事故的发生。根据系统寿命阶段的特点，为满足规定的安全要求，可采用以下 7 种安全设计方法。

1. 能量控制方法

任何事故发生后果的严重程度与事故中所涉及的能量大小紧密相关。没有能量就没有事故，没有能量就不会产生伤害。能量引起的伤害主要分为两类。

第一类：转移到人体的能量超过了局部或全身性损坏阈值而造成伤害，如安全电压在人体所承受的阈值之内，不会造成伤害或伤害极其轻微；而 220V 电压大大超过了人体的阈值，与其接触会对人体造成伤害。

第二类：局部或全身性能量交换引起伤害，如因物理或化学因素引起的窒息、中毒等。

从能量控制的观点出发，事故的预防和控制实际上就是防止能量或危险物质的意外释放，防止人体与过量的能量或危险物质接触。常用的能量控制方法见表 9-2。

表 9-2 常见的能量控制方法

能量控制方法	举例
限制能量	降低车辆速度、减小爆破作业的装药量
用较安全的能源代替危险能源	用水力采煤代替爆破采煤，用煤油代替汽油作溶剂
防止能量积聚	保证矿井通风，防止瓦斯气体积聚
控制能量释放	将放射源放入重水中避免辐射危害
延缓能量释放	车辆座椅上设置安全带
开辟能量释放渠道	电器安装地线
设置屏障	佩戴安全帽、防护服、口罩
从时间和空间上将人与能量隔离	道路交通的信号灯

2. 内在安全设计方法

避免事故发生的有效方法是消除危险或将危险限制在没有危害的程度内，使系统达到本质安全。内在安全技术指不依靠外部附加的安全装置和设备，只靠自身的安全设计，即使发生故障或错误操作，设备和系统仍能保证安全。在内在安全系统中，可以认为不存在导致事故发生的危险状况，任何差错也不会导致事故发生。常用的方法有以下两种。

（1）通过设计消除风险。这类方法通过选择恰当的设计方案、工艺过程和合适的原材料来实现。如可以通过排除粗糙的毛边、锐角、尖角，防止皮肤割破、擦伤或刺破。

（2）降低危险的严重性。完全消除危险有时受实际条件的限制难以实现。在这种情况下，可以限制潜在危险的等级，使其不至于导致伤害或损伤，或将伤害和损伤降至可接受的范围内。例如，对电钻引起的致命电击，采用低电压蓄电池作为动力，消除电击的危险。

3. 隔离方法

隔离是物理分离的方法，用隔挡板和栅栏等将已确定的危险同人员和设备隔离，以防止危险发生或将危险降到最低水平，同时控制危险的影响。隔离技术常用在以下几个方面。

（1）隔离不相容材料。例如，氧化物和还原物分开放置可以避免发生氧化还原反应而引发事故；将装在容器中的某些易燃液体的上面"覆盖"氮气或其他惰性气体，以避免这些液体与空气中的氧气接触而发生危险。

（2）限制失控能量释放的影响。例如，在炸药的爆炸试验中，为了防止爆炸产生的冲击波对人或周围物体造成伤害和影响，当药量较大时，一般是在坚固的爆炸塔中进行爆炸试验；当药量较小时，则可放置在具有一定强度的密封的爆炸罐内进行试验。

（3）防止有毒、有害物质或放射源、噪声等对人体的危害。例如，铸造车间清毛坯时，为了防止铁屑伤人而穿的全密封防护服；隔离高噪声和振动的机械装置所采用的振动固定机构、屏蔽、消音器等。

（4）隔离危险的工业设备。例如，将护板和外壳安装在旋转部件、热表面和电气装置上面，以防止人员接触发生危险。

（5）时间上的隔离。例如，限定有害工种的工作时间，防止工作人员受到超量有毒、有害物质的危害，保障人员的安全。

4. 闭锁、锁定和连锁

闭锁、锁定和连锁的功能是防止不相容事件的发生，防止事件在错误的时间发生或以错误的顺序发生。

（1）闭锁和锁定。闭锁是防止某事件发生或防止人、物、力等因素进入危险的区域；锁定是保持某事件或状况，或避免人、物、力等因素离开安全、限定的区域。例如，弹药的保险和解除保险装置、螺母和螺栓上的保险丝和其他锁定装置、防止车辆移动的挡块、电源开关的锁定装置等。

（2）连锁。连锁保证在特定的情况下某事件不发生。连锁既可用于直接防止错误操作或错误动作，又可通过输出信号，间接地防止错误操作或错误动作。例如，限制电门、信号编码、运动连锁、位置连锁、顺序控制等。常用的连锁技术见表9-3。

表 9-3　常用的连锁技术

序号	连锁技术
1	在意外情况下，连锁可尽量降低事件 A 意外出现的可能性，它要求操作人员在执行事件 B 之前，先执行事件 A
2	在某种危险状况下，可用连锁确保操作人员的安全，如打开家用洗衣机的盖板时，连锁装置自动使洗衣机滚筒刹车停止运转，避免衣物缠手造成伤害
3	在预定的事件发生前，连锁可控制操作顺序和时间，即当操作的顺序是重要的或必要的，而错误的顺序将导致事故的发生时，最好采用连锁

5．故障—安全设计

当系统、设备的一部分发生故障或失效时，在一定时间内能够保证整个系统或设备安全的技术性设计称为故障—安全设计。故障—安全设计确保一个故障都不会影响整个系统或使整个系统处于可能导致伤害或损伤的工作模式。其设计的基本原则是：首先保护人员安全；其次保护环境，避免污染；再次防止设备损伤；最后防止设备降低等级使用或功能丧失。

按照系统、设备发生故障后所处的状态，故障—安全设计分为 3 种类型。3 种故障—安全设计的类型见表 9-4。

表 9-4　故障—安全设计的类型

类型	特点	举例
消极设计	当系统发生故障时，能够使系统停止工作，并将其能量降低到最低值直至系统采取纠正措施，不会由于导致不工作的危险产生更大的损伤	电路保险，当系统出现短路时，电路保险断开，系统断电，正在工作的系统会立即停止工作，保证安全
积极设计	故障发生后，在系统采取纠正或补偿措施前，或启动备用系统前，保持系统以一种安全的形式带有正常能量，直至采取措施，以消除事故发生的可能性	交通信号灯发生信号系统故障，信号将转为红灯或黄色闪烁灯，以避免发生事故，达到控制交通的目的
可工作设计	保证在采取纠正措施前，设备、系统能正常发挥其功能，它是故障—安全设计中最可取的类型	锅炉的缺水补水设计，即使阀瓣从阀杆上脱落，也能保证锅炉正常进水，保证安全运行

6．故障最小化设计

采用故障—安全设计使故障不会导致事故，但可能会频繁地中断系统的运行，当系统需要连续运行时，这种设计对系统的运行是相当不利的。因此，在故障—安全设计不可行的情况下，故障最小化可作为设计的主要方法。故障最小化设计有 3 种方法。

（1）降低故障率。这种方法是可靠性工程中用于延长元件和整个系统的期望寿命或故障间隔时间的一种技术。利用高可靠性的元件和设计降低使用中的故障概率，使整个系统的期望使用寿命大于所提出的使用期限，降低可能导致事故的故障发生率，从而减少事故发生的可能性，起到预防和控制事故的作用。这种方法的核心是通过提高可靠性来提高系统的安全性。

（2）监控。监控是利用监控系统对某些参数进行检测，保证这些参数无法达到导致意外事件的危险水平。监控系统分为检知、判断和响应3部分。

检知部分由传感元件构成，用以感知特定物理量的变化。判断部分把检知部分感知的参数值与预先规定的参数值进行比较，判断被检测对象的状态是否正常。响应部分在判明存在异常时，采取适当的措施，如停止设备运行、停止装置运转、启动安全装置、向有关人员发出警告等。

（3）报废和修复。这种技术是针对意外事故设计的。在一个故障、错误或其他不利的状况已发展成危险状态，但还未导致伤害或损伤时，应采取纠正措施，以限制状态的恶化。

7．告警装置

告警用于向危险范围内人员通告危险、设备问题和其他值得注意的状态，使有关人员采取纠正措施，避免事故的发生。告警可按人的感觉方式分为视觉告警、听觉告警、嗅觉告警、触觉告警和味觉告警等。

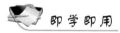 即学即用

颜色、光线、声音在安全管理中的应用

颜色、光线、声音是建设安全文化的通用语言，运用颜色时要考虑到国家的规定。国家规定红色表示禁止，企业内部却来一个红色是表示放行，结果出现认识偏差，执行混乱，无法保证安全。颜色、光线和声音，应该成为安全文化建设中一个主要元素、基本工具。我国第一个中外合资企业松下彩管厂的每个职工右臂上都带有一个绿十字袖标，底色却各有不同。哪个班组出了事故，不仅要接受经济处罚，这个班的班长和主管的系长、科长、部长的黄底色绿十字袖标，就要被换成红底色绿十字袖标。整个企业的员工一看就知道这个班出事了。如果下个月没有出现事故，袖标还能由红底再变回黄底。为了不被换成红底，很多职工工作时都很小心。

运用色彩时还要和光线、声音配合。娱乐场所不能灯光过于昏暗，要能看清出口的光亮。自行制作的各类警示牌，要多用色彩、图形等画面语言，少用文字，使岗位人员能够瞬间理解，快速反应。对于噪声相对较大的环境，除了采取减少噪声的技术措施之外，还应该用舒缓的浅色布置环境，消除人们的烦躁感。

到野外施工单位采访时，每当来到野外施工相对固定的场所，见到场地工地郁郁葱葱的绿化环境，心情总是轻松很多。从一线员工口中得知，管理方有意识地进行绿化，因为绿色可以祛除紧张感。当然，对危险度高、需要注意力高度集中的场所，要用鲜亮的颜色加大刺激度，保持员工安全生产的警惕性。

管理者要记住颜色、光线、声音在安全管理上至关重要的作用，可以说它们个个性命攸关。俄罗斯"猎豹"核潜艇伤亡事故，竟然是名叫德米特的海员出于无聊按下了局部操作系统台上有颜色标示的按钮，致使氟利昂泄漏，夺去21条性命。

资料来源：祁有红，祁有金．第一管理［M］．北京：北京出版集团公司，2009．

9.3.2 减少和遏制事故损伤的安全技术

采用了预防事故的安全技术措施，并不等于就完全控制住了事故。在实际工作中，只要有危险存在，尽管其可能性很小，也会存在导致事故发生的可能，而且没有任何方法来准确确定事故将何时发生。事故发生后如果没有相应的措施迅速控制局面，则事故的规模和损失

可能会进一步扩大,甚至引起连锁反应,造成更大、更严重的后果。因此,必须研究尽量减少可能的伤害和损伤的方法,采取相应的应急措施,减少或遏制事故损失。

1. 实物隔离

隔离除了作为一种广泛应用的事故预防方法之外,还常用作减少事故中能量猛烈释放而造成损伤的一种方法,可限制始发的不希望事件的后果对邻近人员的伤害和对设备、设施的损伤。常用的方法有以下3种。

(1) 距离。涉及爆炸性物质的物理隔离方法,将可能发生事故、释放出大量能量或危险物质的工艺、设备或设施布置在远离人员、建筑物和其他被保护物的地方。例如,将炸药隔离,即使炸药意外爆炸不会导致邻近储存区和加工制造区炸药的循环爆炸。

(2) 偏向装置。采用偏向装置作为危险物与被保护物之间的隔离墙,其作用是把大部分剧烈释放的能量导引到损失最小的方向。例如,在爆炸物质生产和装配工房,设置坚实的防护墙并用轻质材料构筑顶部,当爆炸发生时,防护墙承受一部分能量,而其余能量则偏转向上,减小了对周围环境的损伤。

(3) 遏制。遏制技术是控制损伤常用的隔离方法,主要功能是遏制事故造成更多的危险;遏制事故的影响;为人员提供防护;对材料、物资和设备予以保护。

2. 人员防护装备

人员防护装备由人们身上的外套或戴在身上的器械组成,以防止事故或不利的环境对人的伤害。其应用范围和使用方式很广,可以从一副简单的防噪声耳塞到一套完整带有生命保障设备的宇航员太空服。

人员防护装备的应用方式主要有以下3种。

(1) 用于计划的危险性操作。某些操作所涉及的环境中,危险因素不能根除,但又必须进行相关作业,采用人员防护装备可以防止特定的危险对人员伤害,如在危险的区域进行检查、计划和预防性维修等工作。必须指出的是,在条件可行的情况下,不应以人员防护装备代替根除或控制危险因素的设计或安全规程。例如,在含有毒气体的封闭空间中工作的人员,在采取了通风措施,排除有毒、有害气体或降低其浓度于危险水平以下的条件下,操作人员就没有必要使用防毒面具。

(2) 调查和纠正。为调查研究、探明危险源、采取纠正措施或因其他原因进入极有可能存在危险的区域或环境时,应佩戴相应的人员防护装备。例如,有毒的、腐蚀性的或易燃液体泄漏或溢出的中和或净化过程。

(3) 用于应急情况。应急情况对防护装备的要求最严格。由于意外事故或事件即将发生或已经发生,开始的几分钟可能是事故被控制或导致灾难发生的关键时刻,排除或控制危险和尽量减少危险伤害和损伤的反应时间是极为重要的。因此,为了快速有效地实施应急计划,人员的防护装置起着至关重要的作用。

3. 能量缓冲装置

能量缓冲装置在事故发生后能够吸收部分能量,保护有关人员和设备的安全。例如,座椅安全带、缓冲器和车内衬垫、安全气囊等可缓解人员在事故发生时所受到的冲击,事故中降低车内人员的伤害。

4. 薄弱环节

薄弱环节是指系统中人为设置的容易出故障的部分。其作用是使系统中积蓄的部分能量通过薄弱环节得到释放,以小的代价避免严重事故的发生,达到保护人员和设备安全的目的。主要有电薄弱环节,如电路中的保险丝;热薄弱环节,如压力锅上的易熔塞;机械薄弱环节,如压力灭火器中的安全隔膜;结构薄弱环节,如主动联轴节上的剪切销。

5. 逃逸和营救

当事故发生到不可控制的程度时,应采取措施逃离事故影响区域,采取自我保护措施并为救援创造一个可行的条件。逃逸和求生是指人们使用本身携带的资源进行自身救护所做的努力。营救是指其他人员在紧急情况下救护受到危险人员所做的努力。

逃逸、求生和营救设备对于保障人的生命安全极为重要,但只能作为最后依靠的手段来考虑和应用。当采用安全装置、建立安全规程等方法都不能完全消除某种危险或系统存在发生重大事故的可能性时,应考虑应用逃逸、求生和营救等设备。

9.3.3 现场安全事故预防

在现场中,不安全的行为存在于人和物两个方面,以下是一些常见的不安全行为,要在实际生产中预防和杜绝。

1. 人的不安全行为

人是生产活动的主体,只有确保"人"的安全,才能夯实"安全长河"这个口号的基石。通过生产管理者的长期经验积累,总结出人的不安全行为主要有如下内容。

(1) 操作错误,忽视安全,忽视警告。
(2) 造成安全装置失效。
(3) 使用不安全设备。
(4) 手代替工具操作。
(5) 物体存放不当。
(6) 冒险进入危险场所。
(7) 攀、坐不安全位置。
(8) 在起吊物下作业、停留。
(9) 机器运转时进行不安全操作。
(10) 有分散注意力行为。
(11) 在必须使用个人防护用品用具的作业或场合中,忽视其使用。
(12) 不安全装束。
(13) 对易燃、易爆等危险物品处理错误。

2. 物的不安全状态

"物"是生产活动中必不可缺的组成部分。在实际安全生产中,不能缺少生产所需的各种原料和辅料,同时为了确保生产安全、高效地进行,还不能缺少各种生产工具以及防护用具。这些"物"的安全关系到生产安全、人身安全,一旦这些"物"处于不安全状态,生产以及生命的安全就难以得到保障。有关"物的不安全状态"主要表现在以下几个方面。

(1) 防护、保险、信号等装置缺乏或有缺陷。
(2) 设备、设施、工具、附件有缺陷。
(3) 个人防护用品用具缺少或有缺陷。
(4) 生产或施工现场环境不良。

9.3.4 安全教育与训练

安全生产教育的形式和方法主要有三级教育、特殊工种的专门训练、各级生产管理人员的培训、经常性安全教育等。

1. 三级教育

三级教育就是公司级教育、工区（车间）教育和岗位教育。它是企业安全生产教育的主要形式。

1）公司级安全教育

公司级安全教育是对新入公司的员工或调动工作的员工以及临时工、合同工、培训及实习人员等在分配到车间和工作地点之前，由公司人力资源部门组织安全部门进行的初级安全教育。教育内容包括：①安全生产的方针、政策法规和管理体制；②公司的性质及其主要工艺过程；③本企业劳动安全卫生规章制度及状况，劳动纪律和有关事故的真实案例；④公司内特别危险的地点和设备及其安全防护注意事项；⑤新员工的安全心理教育；⑥有关机械、电气、起重、运输等安全技术知识；⑦有关防火防爆和工厂消防规程的知识；⑧有关防尘防毒的注意事项；⑨安全防护装置和个人劳动防护用品的正确使用方法；⑩新员工的安全生产责任制等内容。

2）工区（车间）安全教育内容

工区（车间）安全教育是新员工或调动工作的员工在分配到工区（车间）后接受的第二级安全教育，由工区（车间）主管安全的管理人员负责。教育内容有：①本工区（车间）的生产性质和主要工艺流程；②本工区（车间）预防工伤事故和职业病的主要措施；③本工区（车间）的危险部位及其应注意事项；④本工区（车间）安全生产的一般情况及其注意事项；⑤本工区（车间）的典型事故案例；⑥新员工的安全生产职责和遵章守纪的重要性。

3）班组（岗位）安全教育

班组（岗位）安全教育是由工段、班组长对新到岗位工作的员工进行的上岗之前的安全教育。教育内容有：①工段或班组的工作性质、工艺流程、安全生产的概况；②新员工将要从事的生产性质、安全生产责任制、安全操作规程以及其他有关安全知识和各种安全防护、保险装置的使用；③工作地点的安全生产和文明生产的具体要求；④容易发生工伤事故的工作地点、操作步骤和典型事故案例的介绍；⑤正确使用和保管个人防护用品；⑥发生事故以后的紧急救护和自救常识；⑦企业、工区（车间）内常见的安全标志、安全色；⑧工段或班组的安全生产职责范围。

2. 特殊工种的专门训练

如电气、起重、锅炉、瓦斯、车辆等操作工人，必须进行专门的安全操作技术训练，经过严格的考试，取得合格证后，才能准许操作。

1）特种作业的定义

特种作业，是指容易发生人员死亡事故，对操作者本人、他人及周围设施的安全有重大危害的作业。

2）特种作业的内容

特种作业的内容包括电工作业、金属焊接切割作业、起重机械（含电梯）作业、企业内机动车辆驾驶、登高架设作业、锅炉作业（含水质化验）、压力容器操作、制冷作业、爆破作业、矿山通风作业（含瓦斯检验）、矿山排水作业（含尾矿坝作业），由省、市、自治区、直辖市安全生产综合管理部门或国务院作业主管部门提出并经国家经济贸易委员会批准的其他作业。

3）特种作业人员的培训方式

特种作业人员的培训方式可以分为岗前培训和在岗培训两种。

（1）岗前培训。这种培训一般集中进行，以提高特种作业人员的操作技能。严把考试关，对考试合格者才能发给操作证，准予上岗操作。

（2）在岗培训。对所有取得操作证的特种作业人员，在生产或服务中要加强安全监督和实施管理措施，并定期检查作业人员的操作技能，根据生产或服务需要进行在岗培训。

3. 各级管理人员的安全教育

1）管理人员的安全教育

依据国家安全生产监督管理总局 3 号令，生产经营单位的安全生产管理人员应当接受安全培训，具备与所从事的生产经营活动相适应的安全生产知识和管理能力。煤矿、非煤矿山、危险化学品、烟花爆竹等生产经营单位安全生产管理人员，必须接受专门的安全培训，经安全生产监管监察部门对其安全生产知识和管理能力考核合格，取得安全资格证书后，才可任职。

生产经营单位的安全生产管理人员安全培训应当包括下列内容：①国家安全生产方针、政策和有关安全生产的法律、法规、规章及标准；②安全生产管理、安全生产技术、职业健康等知识；③伤亡事故统计、报告及职业危害的调查处理方法；④应急管理、应急预案编制以及应急处置的内容和要求；⑤国内外先进的安全生产管理经验；⑥典型事故和应急救援案例分析；⑦其他需要培训的内容。

2）企业职能部门、车间负责人、专业工程技术人员的安全教育

由企业安全管理部门负责实施，安全教育时间不少于 24 学时。安全教育内容包括劳动安全卫生法律法规及本部门、本岗位安全生产职责，安全技术、劳动卫生和安全文化的知识，有关事故案例及事故应急处理措施等内容。

4. 经常性安全教育

由于人们生产的条件、环境、机械设备的使用状态以及人的心理状态都是处于变化之中的，因此一次性安全教育不能达到一劳永逸的效果，必须开展经常性安全教育，不断强化人的安全意识和知识技能。经常性安全教育的形式多种多样，如班前班后会、安全活动月、安全会议、安全技术交流、安全考试、安全知识竞赛、安全演讲等。不论采取什么形式都应该紧密结合企业安全、生产状况，有的放矢，内容丰富，真正收到教育效果。

 应用实例

日本的本质安全

本质安全,或者说本质安全化、安全本质化,是安全管理的一个术语。什么意思呢?本质安全,顾名思义,本质上是安全。例如,煤矿适用的电器开关,扳动开关会打火,就有可能引燃井下瓦斯引起爆炸。本质安全就是将这个开关设计得不打火,扳动它不会出现火花。又如,马路上有一个坑,竖一块警示牌,是安全,但不是本质安全,把坑填上是本质安全。日本在制度上强制要求本质安全,产品设计、制造上存在缺陷必须召回。2009 年,日本企业召回产品的新闻频频出现:用于笔记本电脑上的电池可能引起冒烟起火,索尼公司在全球范围内共召回 10 万块电池;方便面含有杀虫剂,日清食品公司召回了 50 万桶方便面;英菲尼迪 C35 气囊存在安全隐患,日产汽车宣布召回该批次汽车。

本质安全包括两个方面:人的本质安全和物的本质安全。人的本质安全靠安全文化启发引导,让人的行为自动自发自觉自愿地按照安全的标准执行;物的本质安全靠的是科技保障,有严密的防范措施和设施,即使出现误操作也不发生事故。

本质安全要求工作做到前面,提前预计事故隐患,在产品的设计上、在员工的思想意识里做好预防。日本安全管理本质化的重要特点,就是预警预知,预先知道,有效防范,把主要精力用在本质安全特别是人的本质安全上,训练习惯养成,消除和减少操作失误。

他们从两个方面入手,首先全面开展 5S 运动,运动的原则是确立零意外为目标,所有意外均可预防,机构上下齐心参与。与此同时提出"安全始于整理、整顿,而终于整理、整顿"的口号。另外,培养员工保持工作场所清洁整齐、有条不紊的素养习惯,从习惯养成上实现人的本质安全。

日本企业很重视清洁,日本的松下、索尼、三洋在 20 世纪 80 年代进入中国市场所做的广告,要么展示干净得发亮的设备,要么就是员工穿上一尘不染的工装的模样。

在此基础上,推广伤害预知预警活动预测和预防可能发生的事故,控制作业过程的危害,实现物的本质安全。伤害预知预警活动是在开展 5S 运动中日本住友公司创立的,是针对生产的特点和作业工艺的全过程,以其危险性为对象,以作业班组为基本组织形式而开展的一项安全活动。后经三菱重工公司和长崎赞造船厂发起的"全员参加的安全运动",在中央劳动灾害防止协会的推广下,形成了技术方法,目的是在生产工艺研究过程中不断强化安全技术因素,力争把事故扼杀在设计阶段。它获得了广泛的运用,遍及各个企业。我国宝钢首先引进了此项安全技术。

被称为"运动"和"活动"的两项措施,获得了日本各界的大力支持。日本政府部门、半官方组织和社会团体,如日本安全生产与健康协会、中央劳动灾害防止协会、日本劳动安全协会等,在推广过程中发挥了很大的作用。

日本的企业在安全管理上很注重形式。在工作场所,有安全口号、宣传画和书写有安全制度的大牌子,这些国内都有。还有国内一般企业没有的,例如,要填写危险预知预警活动表、安全流程表、无伤害记录表等,这些表格具体到每个流程、每个工序的每项工作;还要填写工作的内容,并要说明这项工作的危害或者潜在危害是什么,应对措施、根本对策是什么,落实人、检查人、负责人分别是谁,实施、检查的结果是什么样?

日本的安全巡回检查,不只需要动动腿、动动眼,还要动口、动耳、动脑,这种方式叫"指手呼唤"运动。每天上班一走进工间,就开始安全巡回检查,会听见呼唤声此起彼伏。例如,对压力表上的刻度显示,不仅要看,还要左手撑腰,右手往前指,并且要大声喊出来:"气压 2.3MPa。"不仅自己喊,还要有人回应,有人确认。有人问:"气压 2.3MPa,OK?"就要有另一人确认,然后根据情况作答:"气压 2.3MPa,OK!"班班如此地例行公事。日本工厂还有一种近似于娱乐化的安全活动,叫"指齐唱",就是"用眼睛和指尖唱出对象的每一个文字"。这可不能说是形式主义,因为这种做法刺激大脑细胞活动,集中

注意力，减少错觉概率，比"哑巴式"检查更接近本质安全。

日本企业的安全管理看来确实像演戏。丰田公司在进行每一项生产之前，都要将具体的工作、生产程序"排练"一遍。所有员工都是演员，并且要要按照固定的脚本进行：可能发生异常——进行异常处理——找出危险性——制定相应的对策——将对策要领化——根据要领对员工进行培训——继续追踪以便及时发现新问题。

资料来源：祁有红，祁有金. 第一管理 [M]. 北京：北京出版集团公司，2009.

9.3.5 现场安全监控

现场安全监控的目的，简单地说，就是及时发现不安全行为和不安全状态，找出安全隐患，控制好危险源，做到把事故扼杀在摇篮里，保证员工的生命和企业财产安全，保证生产系统的运行。

1. 一线主管人员安全管理的"四到原则"

很多安全生产事故的研究结果都表明，几乎所有的安全生产事故都是可以避免的，因此，"预防第一"成为生产安全的主要思想。在日常工作中一线主管人员必须确保忧患意识，重视每天的安全生产管理工作，随时保持发现问题的警惕性，一旦发现安全隐患，及时予以整改、排除，以免隐患扩大和恶化。

作为企业最小的细胞，班组是企业各项工作的基石，也是安全工作的关键一环。充分发挥班组管理的作用，对做好企业安全工作至关重要。在安全管理中，一线主管人员要严格遵守"四到原则"："人到""眼到""心到""行动到"。

> **知识要点提醒**
>
> 早会是现场安全管理的好机会。交接班时，大家聚在一起，班组长应该重申下列内容。
> (1) 当天生产任务的特点。
> (2) 生产中可能发生的危险与预防措施。
> (3) 上一班曾发生的违章行为与纠正处理方法。
> (4) 提醒班组成员应注意的安全事项。
> (5) 传达上级有关安全生产的工作指示。
> (6) 传达企业内外近期发生的伤亡事故教训及本班组预防类似事故的对策。
> (7) 要求全组人员正确穿戴和使用劳动保护用品。
>
> 资料来源：黄杰. 图解安全管理一本通 [M]. 北京：中国经济出版社，2011.

2. 严格对待"三违"

许多血的教训告诉我们，违章作业、违章指挥、违反劳动纪律是造成事故最直接、最主要的原因。偶尔的违规行为，也许当时没有直接产生不良后果，但它很可能与其他违规行为在一定的条件下巧合成事故；即使确实没有发生事故，也会给操作者带来不良的心理习惯，即产生侥幸心理，以至于出现习惯性违规。

所以，对待"三违"作业，一定要"狠心"，决不能姑息迁就。很多时候，"三违"现象并不是没被发现，而是管理者由于这样或那样的原因，放任自流，任其发展，最终酿成大祸。要保障安全工作，做到杜绝事故，就必须先杜绝"三违"的存在。

只有管理者在班组安全管理中下"狠心"去反"三违",坚持"四不放过",严格督促安全规章制度的落实,不放过任何一个不安全细节,才能实现安全生产的长治久安。

管理者的沟通能力是做到"四心"的一大保证。员工是生产工作的核心因素,"要生产物品,先造就人",因此管理者和员工的沟通非常重要。为了及时掌握员工的思想状态和行为动态,管理者不但要具有一定的语言交流能力,还要了解一些相应的心理学和管理学知识,这样才能更好地通过沟通了解和引导员工的行为,调动员工的工作积极性,使安全管理取得良好的绩效。

3. 现场监控的内容和方法

现场安全监控的首要内容,是要形成现场安全操作的文化氛围,即"操作层安全文化场"。有经验的管理者都知道,要把企业安全文化贯穿于企业生产经营管理工作之中,通过操作层的最小单位(班组)把决策层的愿景和各项指标变成每个操作者的具体行动是相当难的,必须要把提高员工的文化和技术素质作为一项重要任务来落实。这必然是一项长期的工程,可以先通过制度化建设来提高员工的制度文化素质。

1) 现场设备安全管理的内容

在具体的现场安全监控中,制度和流程也是生产流畅进行的保障。对设备安全的全面管理就是从设备购买一直到设备报废的一个完整的系统。

我国《安全生产法》中,对设备、设施的安全保障要求作了明确规定:"生产经营单位的生产经营场所以及有关的设备、设施,应有完备的安全装置和明显的安全警示标志;有关的安全设备的设计、制造、安装、使用、维护必须符合国家标准或有关行业标准的要求,特种设备必须由指定专业生产厂家生产并取得安全许可证才能投入使用;应按有关规定加强对设备、设施的维护与检测管理,淘汰不安全的设备、设施,以确保生产经营场所及有关设备、设施的安全。"

(1) 购置符合国家符合国家标准的安全设备。

从安全角度来看,要先考虑设备是否符合安全生产的要求。

(2) 保证设备的正确使用与维护。

安装调试好的机器设备一旦投入到现场生产使用中,管理者就要指导员工正确使用,监督执行有关的规章制度,防止超负荷运作、拼设备蛮干的现象出现,并做好维护和保养。

(3) 保证现场设备的检查与修理。

对现场设备进行检查,是指对现场机器设备的运行情况、工作精度、磨损程度按一定标准进行检验,并对磨损、腐蚀的零部件进行修理或更换,以恢复设备的效能。在生产中,一旦发现设备有松动、干摩擦、异常响声、疲劳等现象,管理者应立即进行检查处理,防止设备过早磨损。另外,在开始作业前,必须确保每台设备都处在良好的技术状态中。

(4) 对现场设备进行更新或改造。

管理者应做到有计划、有重点地对现场设备进行技术改造或更新,通过改善设备情况来减少事故发生,创造利润。对设备的更新或改造主要包括编制设备更新规划与方案、筹措设备更新改造资金、选购和评价新设备、合理处置老设备等步骤。

(5) 确保设备安全经济运行。

管理者必须严格执行设备运行规程,加强现场巡回检查,防止并杜绝设备的跑、冒、滴、漏等现象，做好节能工作。对于锅炉、压力容器、压力管道与防爆等安全管理的重点，应严格按照国家有关规定进行使用，并定期进行检测和维修。另外，对水、气、电、蒸汽的生产与使用的设备，还必须制定各类消耗定额，以便进行经济核算。

（6）进行爱护设备的宣传教育。

管理者要经常对员工进行关于爱护机器设备的宣传和教育，合理组织生产，以防止设备的损坏和安全事故的发生。让员工自觉地爱护设备，按设备的操作规程进行操作，并养成良好的习惯，牢固树立合理使用设备的观念。

2）班组"零事故"实现方法

班组"零事故"的主要理念是"预防"，即在作业前预测潜在的危险，进而提出治理对策，并认真地实践，消除"知道，会做，但不做"的风险，构建起"预防和参与型安全文化"。为了达到"零事故"的目的，大家必须共同参与是活动的出发点。因为安全隐患无处不在，如果安全工作没有员工的参与和实践，即使管理者寻找出作业中有很多危险，又或即使制定了很多解决对策，依然无法规避风险。

开展"零事故"活动的前提是，已建立起健全的安全生产规范和符合安全要求的生产系统。活动主要从承诺、了解团队等 10 个方面展开。

（1）承诺。

承诺主要包括以下两个方面的内容：一是目标和策略、政策；二是如何通过行为和方式来体现。让每个人都知道要做什么以及该怎么做，这是开展"零事故"活动的基础。

（2）了解团队。

一个团队中每个人都有不同的特点，可以根据颜色分成以下 4 种类型：黄色的是积极、主导的人；红色的是喜欢交往与沟通的人；绿色的是和平型的人，可以把团队的关系建设得很融洽；蓝色的是喜欢分析的人。

团队内部一般都有这 4 种人，管理者可以利用不同人的特长，发挥好每种人的力量。

（3）沟通。

这一步主要是强调沟通安全管理的方法和安全管理的重要性，首先要讲究沟通的方式和时机。例如，在工作交流中，引用一些案例来帮助教育培训，或者在开会时，多讲一些事例来沟通。

（4）终生学习。

安全管理是个长期的循序渐进的过程，而且必将融入每个人的生活，所以员工的整个生活过程中都贯穿着安全学习，班组长的责任就是要帮助大家不断学习，共同进步。

（5）流程的参与。

安全流程是每个人的责任，不是班组长一个人的责任，要的是所有人的参与。只有全员参与，才再以把安全做到位。

（6）文件记录。

前面做的这些工作都是准备工作，真正做的过程中，一定要记录。例如，培训的记录、反馈的记录、观察的记录等。记录需要有整理、有总结，在总结记录中获得新的进步。

（7）领导力。

在班组管理中领导力可以用一句话来概括，叫"用原则来领导，用规则来管理"。

班组长领导力的强与弱，用"离场测试"很容易体现出来：当管理者在现场的时候，员工是怎么工作的，而管理者不在现场的时候，员工是不是一如既往，就可以明白。

(8) 安全记忆。

安全记忆是指经常提起一些以往发生的事故或者安全问题，用这些事例唤醒安全的记忆，警醒自己，教育他人。

(9) 风险意识。

普通员工和管理人员的最大区别，是想法不一样。同样一件事情，管理人员想做，员工不一定想做，他们会计算这件事情值不值得做。这是由于考虑事情的角度不一样。管理者在教育员工培养风险意识时，要注意换位思考，想员工所想，思考的角度必须要高一层。

(10) 积极主动。

积极主动的安全意识，强调预防为主，只有通过预防才能达到"零事故"的安全效果。预防要有几种手段，要有足够的应急预案，方便发现问题以能够避免或者减少损失。

"大海航行靠航手。""零事故"活动起始于管理者的经营姿态，取决于领导层对"不能让任何一名员工受到伤害"的决心。在现场管理中，管理者要把保护员工整个职业生涯的安全与健康作为企业的基本责任，通过日常的监督与管理工作渗透给每一位员工细致入微的"关注、照顾和关怀"，而不是停留于"口号"，才能够改变员工的行为，营造起预防和参与型的安全文化。

9.3.6 现场安全生产检查

企业安全检查是消除不安全、不卫生隐患，防止事故发生、改善劳动条件的重要手段，是企业安全管理工作的一项重要内容。安全检查是我国最早建立的基本安全生产制度之一，新中国成立初期国家就根据我国的安全生产状况提出了开展安全检查的要求和规定。1963年，国务院发布《关于加强企业生产中安全工作的几项规定》，将安全检查列入企业的主要任务，并对安全检查的内容加以规定。

安全检查应实行安全检查表制度，企业根据有关规定及事故教训，针对具体情况，将可能存在的问题一一列出，制成表格，这就是安全检查表。它实际上就是可能出现的隐患清单，有时是检查企业的备忘录。制定安全检查表有利于避免安全检查流于形式。如果配上隐患追踪卡一类的附件，有填写、处理、报修、备案、反馈、销卡等环节就形成了安全检查表制度。

1. 安全检查的类型

安全检查是根据企业生产特点，对生产过程中的危险因素进行经常性的、突击性的或者专业性的检查。安全检查的类型分为以下几种形式。

1) 经常性安全检查

经常性安全检查是企业内部进行的自我安全检查，是一种经常性的、普遍性的检查，其目的是对安全管理、安全技术和工业卫生情况作一般性的了解。经常性安全检查主要包括企业安全管理人员进行的日常检查、生产领导人员进行的巡视检查、操作人员对本岗位设备和设施以及工具的检查。检查人员是本企业的管理人员或生产操作工人，对生产过程和设备情况熟悉，了解情况全面、深入细致，能及时发现问题、解决问题。经常性安全检查，企业每年进行 2~4 次，车间、科室每月进行一次，班组每周进行一次，每班次每日均应进行。

2) 安全生产大检查

安全生产大检查是由上级主管部门或安全生产监督管理部门对企业的各种安全生产进行

的检查。检查人员主要来自有经验的上级领导或本行业或相关行业高级技术人员和管理人员。他们具有丰富的经验，使检查具有调查性、针对性、综合性和权威性。这种检查一般集中在一段时间，有目的、有计划、有组织地进行，规模较大，揭露问题深刻、判断准确，能发现一般管理人员和技术人员不易发现的问题，有利于推动企业安全生产工作，促进安全生产中老大难问题的解决。

3）专业性检查

专业性检查是针对特种作业、特种设备、特殊作业场所开展的安全检查，调查了解某个专业性安全问题的技术状况。专业性检查除了由企业有关部门进行外，上级有关部门也指定专业安全技术人员进行定期检查，国家对这类检查也有专门的规定。不经有关部门检查许可，设备不得使用。

4）季节性检查

季节性检查是根据季节变化的特点，为保障安全生产的特殊要求所进行的检查。自然环境的季节性变化，对某些建筑、设备、材料或生产过程及运输、储存等环节会产生某些影响。因此，为了消除因季节变化而产生的事故隐患，必须进行季节性检查。例如，春季风大，应着重防火、防爆；夏季高温、多雨、多雷电，应抓好防暑、降温、防汛、检查防雷电设备；冬季注意防寒、防冻、防滑等。

5）特种检查

特种检查是一种对采用的新设备、新工艺、新建或改建的工程项目以及出现的新危险因素进行的安全检查。这种检查包括工业卫生调查、防止物体坠落的检查、事故调查和其他特种检查等。

2. 安全检查的内容

企业安全检查活动包括以下内容。

1）人因安全性检查

由企业安全专业部门、教育、人事组织部门组织，通过填表、抽查、分析评价方式，对各级领导、员工进行责任制、安全培训、技能等方面的考评，使企业各级领导和员工的安全意识、安全知识技能达标。

2）物态安全性检查

检查生产设备、工具、安全设施、个人防护用品、生产作业场所以及生产物料的存储是否符合安全要求。重点检查内容如下。

（1）危险化学品生产与储存的设备、设施和专用运输工具是否符合安全要求。

（2）在车间、库房等作业场所设置的监测、通风、防晒、调温、防火、灭火、防爆、泄压、防毒、消毒、中和、防潮、防雷、防静电、防腐、防渗漏、防护围堤和隔离操作的安全设施是否符合安全运行的要求。

（3）通信和报警装置是否处于正常适用状态。

（4）危险化学品的包装物是否安全可靠。

（5）生产装置与储存设施的周边防护距离是否符合国家的规定，事故救援器材、设备是否齐备、完好。

3）四查工程

由班组长、车间主任、安全专业部门组织，对企业全员实行查思想、查制度、查设施、查教育、查防护品、查隐患、查三违的活动。做到岗位一天一查、班组车间一周一查、厂级一月一查、公司一季一查的四查工程。以求达到岗位设施安全运行，工人安全操作；班组安全作业，安全生产；车间环境安全，规范文明生产；企业安全责任落实到位，安全管理规范化。

4）八查八提高活动

一查领导思想，提高企业领导的安全意识。

二查规章，提高员工遵章守纪，克服"三违"的自觉性。

三查现场隐患，提高设备设施的本质安全程度。

四查易燃易爆危险点，提高危险作业的安全保障水平。

五查危险品保管，提高防盗防爆保障措施。

六查防火管理，提高员工消防意识和防火技能。

七查事故处理，提高防范类似事故的能力。

八查安全生产宣传教育和培训工作是否经常化和制度化。

5）安全管理效能检查

由企业第一负责人组织，通过分层次、对象，采用座谈分析、项目对照方式，对企业的安全机构、人员、职能、制度、经费投入等安全管理的效能进行全面系统检查，促使企业完善安全管理，提高安全管理效能。

6）岗位责任制检查

企业组织每季一次现场生产管理大检查，先基层自查，后企业联合检查，促使企业各部门落实岗位专责制、交接班制、巡回检查制、设备维修保养制、质量负责制、岗位练兵制、安全生产制、班组经济核算制、文明生产、班组思想政治工作制，达到全面贯彻落实以"岗位责任制"为中心的十大规章制度的目的。

9.4 重大危险源辨识与管理

重大危险源对企业的生产安全造成重大的威胁，需要事先对其进行辨识，并采取有效措施进行管理。这样可以避免和减少安全隐患，防止安全事故的发生给企业员工带来人身伤害，给企业带来经济损失。本节将介绍重大危险源的定义、辨识方法、风险评估和风险源管理的手段。

9.4.1 重大危险源的定义和指标体系

1. 重大危险源的定义

重大危险源是指长期或临时生产、加工、搬运、使用或储存危险物质，且危险物质的数量等于或超过临界量的单元。单元是一个（套）生产装置、设施或场所，或同属于一个工厂的且边缘距离小于500m的几个（套）生产装置、设施或场所。危险物质是一种或若干种物质的混合物，由于其化学、物理或毒性特性而具有易导致火灾、爆炸或中毒的危险。依据国家标准《危险化学品重大危险源辨识》（GB 18218—2009）判定单元是否构成重大危险源。

2. 重大危险源的指标体系

重大危险源普查指标体系应能全面反映重大危险源的客观状况以及影响事故发生的主要

因素，包括以下三方面的内容。

1) 重大危险源所在地的基本情况

重大危险源所在地的基本情况包括法人单位名称、单位代码、单位名称、经济类型、占地面积、行业代码、主管机关、通信地址、邮政编码、所属委办、隶属关系及主要产品等有关重大危险源所在地基本情况信息的 17 个指标。

2) 重大危险源的基本情况

依据重大危险源分类，分别制定各类重大危险源的普查指标。各类重大危险源的普查指标以表 9-5 所示为例。

3) 危险源周围环境的基本情况

重大危险源周围环境的基本情况包括危险源周边环境情况和周边情况对危险源的影响两大项，主要考虑危险源一旦发生事故对周围环境的影响以及周边环境中危险源的影响。

表 9-5 各类重大危险源的普查指标

序号	重大危险源类别		普查指标/项
1	储罐区（包括储罐区名称、面积及储罐个数等）		9
2	库区（库）	库区基本情况（包括名称、面积等）	4
		库房情况（包括名称、形式和结构等）	7
		储存物品（包括名称、状态、最大存储量、包装形式等）	4
3	生产场所	危险单元（包括名称、面积和正常当班人数等）	3
		危险物质（包括名称、工艺过程中的物质量、存储的物质量和废弃物量等）	4
4	企业危险建（构）筑物	危险建（构）筑物概况（包括名称、用途、面积和高度等）	16
		安全状况（包括与建筑物安全状况相关）	11
5	压力管道	压力管道概况（包括名称、编号、类别、位置和数量等）	23
		调压站（箱）概况（包括名称、类别、位置和数量等）	14
		安全状况（包括与压力管道安全状况相关的指标）	29
6	锅炉	设备概况（包括型号、名称、编号和介质出口温度等）	13
		移装记录（包括日期、验收、报告、摘要和经办人等）	3
		事故记录（包括日期、原因及损坏情况摘要和经办人等）	3
		检修、改造记录（包括日期、检修、改造内容摘要、经办人和定期检验日期等）	4
7	压力容器（包括名称、编号、容积、介质、安全状况等级等）		32

9.4.2 危险源的辨识

危险源辨识是控制和降低危险发生的有效手段。我国重大危险源控制的研究工作开始于 20 世纪 90 年代，并列入了国家的"八五"发展计划。1997 年，在我国的北京、上海、天津、青岛、深圳和成都六大城市进行了重大危险源的普查试点，2009 年颁布了 GB 18218—2009《危险化学品 重大危险源辨识》，为我国重大危险源的辨识提供了基本的法律依据。之后，国家安全生产监督管理局分别下发了安监管办字［2003］159 号《关于重大危险源申报登记试点工作的指导意见》、安监管协调字［2004］56 号《关于开展重大危险源监督管理工作的指导意见》、安监总协调字［2005］125 号《关于规范重大危险源监督与管理工作的通知》等相关文件。通过对各地区、各行业重大危险源的登记和管理，掌握了重大危险源的数量、状况和分布情况，对重大危险源进行了有效的控制，为重大危险源评价、分级、监控和管理提供了基础数据。以下简要介绍危险源辨识的程序、步骤、辨识方法。

1. 危险源辨识原理

危险源辨识原理是依据辨识区域内存在危险物料、物料的性质、危险物料可导致的危险性3个方面进行危险危害因素的辨识。危险源辨识的目的是识别与系统相关的主要危险危害因素；鉴别产生危害的原因；估计和鉴别危害对系统的影响；将危险危害分级，为安全管理、预防和控制事故提供依据。

1) 危险源辨识的程序

危险源辨识的程序分为辨识方法及辨识单元的划分、辨识和危害后果分析两个步骤。危险源辨识的工作程序包括以下几个方面。

（1）对辨识对象应有全面和较为深入的了解。

（2）找出辨识区域存在的危险物质、危险场所。

（3）对辨识对象的全过程进行危险危害因素辨识。

（4）根据相关标准对辨识对象是否构成重大危险源进行辨识。

（5）对辨识对象可能发生事故的危害后果进行分析。

（6）对构成重大危险源的场所进行重大危险源的参考分级，为各级安全生产监管部门的危险源分级管理提供参考依据。

（7）划分辨识单元，并对所划分的辨识单元中的细节进行详尽的分析。

（8）为应急预案的制定、控制和预防事故发生、降低事故损失率提供基础依据。

2) 危险辨识的结果

危险辨识的结果通常是可能引起危险情况的材料或生产条件清单，见表9-6。

表9-6 危险源辨识结果

序号	结果	序号	结果
1	可燃材料清单	5	系统危险清单，如毒性、可燃性
2	毒物材料和副产品清单	6	污染物和导致失控反应的生产条件清单
3	危险反应清单	7	重大危险源（因素）清单
4	化学品及释放到环境中可监测量清单		

2. 我国重大危险源辨识依据

据国家标准《危险化学品 重大危险源辨识》，我国将重大危险源分为生产场所重大危险源和储存区重大危险源两种。根据物质不同的特性，将危险物质分为爆炸性物质、易燃物质、活性化学物和有毒物质四大类。

标准中规定，当单元内存在的危险物质数量等于或超过标准中规定的临界量时，该单元就被定为重大危险源。辨识单元内存在危险物质的数量是否超过临界量，需根据处理物质种类的多少区分。

（1）单元内存在的危险物质为单一品种。

单元内存在的危险物质为单一品种，则物质的数量就为单元内危险物质的总量，若等于或超过相应的临界量，则定为重大危险源。

(2) 单元内存在的危险物质为多品种。

单元内存在的危险物质为多品种，按下式计算，若满足下式，则定为重大危险源。

$$\frac{q_1}{Q_1}+\frac{q_2}{Q_2}+\cdots+\frac{q_n}{Q_n}\geqslant 1 \tag{9-1}$$

式中，q_1，q_2，$\cdots$，q_n——每种危险物质实际存在的量（t）；

Q_1，Q_2，$\cdots$，Q_n——与危险物质相对应的生产场所或储存区的临界量（t）。

3. 重大危险源的分类和分级

综合考虑多种因素，重大危险源分类遵循以下原则：从可操作性出发，以重大危险源所处的场所或设备、设施对重大危险源进行分类；再按相似相容性原则，依据各大类重大危险源各自的特性有层次地展开。按上述原则重大危险源分为9类，如图9.5所示。分别是储罐区（储罐）、库区（库）、生产场所、压力管道、锅炉、压力容器、煤矿（井工开采）、金属和非金属地下矿山、尾矿库。

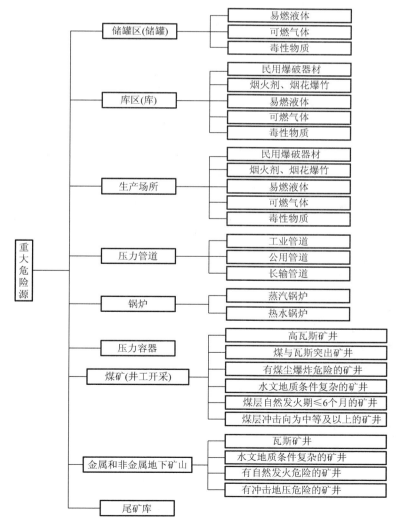

图9.5　重大危险源分类

生产企业最常见的危险源有以下 7 类,这也是重大事故隐患容易突发的环节,在生产过程中应对之加以认真识别,并采取有效的措施进行防范,以避免发生重大的安全事故,如表 9-7 所示。

表 9-7 识别几种常见危险源

常见危险源名称	具体内容
物体打击	包括路基边坡作业面的滚石或其他物件;高空作业时的坠落物;爆破作业中的飞石、崩块以及锤击等可能发生的砸伤、碰伤等伤害事件
机械伤害	机械设备在作业过程中,由于操作人员违章驾驶或机械故障未能及时清除,以致发生绞、压、碾、碰、轧、挤等事故
触电伤害	施工现场用电不规范,如乱拉乱接或没有对电闸刀、接线盒、电动机及其传输系统等采取可靠的防护造成的事故
火灾和爆炸	一般是易燃、易爆及危险品不按严格的规章制度搬运、使用和保管时易发生安全事故
坍塌事故	支撑不到位、堆弃物位置不当或边坡失稳、隧道掘进方法不对或围岩突然发生变化而未相应改变施工方法等造成的塌方
起重伤害	在吊装作业中,由于起重设备使用不当、支撑不稳或连接物强度不够以及人为的操作失误、指挥不当等造成的伤害
特种作业事故	特种设备不能满足特种作业需求或特种作业人员未经培训、培训未合格、无证上岗,缺乏所需的安全技术而产生的事故

目前,国际和国内的通用做法是以辨识单元固有危险性大小作为重大危险源危险性分级的依据,决定固有危险性大小的因素由辨识单元的生产属性决定。

我国重大危险源的危险性分级尚未制定统一的分级标准,根据国家安全生产监督管理总局关于征求《重大危险源辨识》和《重大危险源分级标准》意见函,按照可能发生的最严重事故后果,重大危险源的危险等级可以分为以下 4 级。

(1) 一级重大危险源。

可能造成特别重大事故的(死亡人数≥30 人或重伤 50 人以上,或直接经济损失 1 000 万元以上的)。

(2) 二级重大危险源。

可能造成特大事故的(死亡人数 10~29 人或重伤 30~49 人,或直接经济损失 500~1 000 万元的)。

(3) 三级重大危险源。

可能造成重大事故的(死亡人数 3~9 人或重伤 10~29 人,或直接经济损失 100~500 万元的)。

（4）四级重大危险源。

可能造成一般事故（死亡人数 1~2 人或重伤 3~9 人，或直接经济损失 100 万元以下的）。

其中，事故可能造成的直接经济损失按国家标准《企业职工伤亡事故经济损失统计标准》（GB 6721—1986）进行计算，事故可能造成的死亡或重伤人数按死亡半径或重伤半径范围内正常人员数的 50% 计算。

9.4.3 风险评估

无数事故分析的结果都表明，在生产活动中，凡是发生重大安全事故的企业，绝大多数是由于重大危险源失控造成的。《安全生产法》规定："生产经营单位对重大危险源应当登记建档，进行定期检测、评估、监控，并制定应急预案，告之从业人员和相关人员在紧急情况下应当采取的应急措施。

风险，是指特定危险事件发生的可能性与后果的结合。一个危险源会给组织带来多大的风险，一方面取决于这一危险源导致事故发生的难易程度；另一方面还取决于事故发生后带来的人员伤亡数字和财产损失"。

风险评估，也叫风险评价或危险评价，是对系统存在的危险性进行定性和定量分析，得出系统发生危险的可能性及其程度的评价，以寻求最低事故率、最少的损失和最优的安全投资效益。

对风险进行评估时，要注意对照"危险源调查评估指标"，利用调查表进行数据采集，利用层次分析法科学计算危险源各指标的相关数值，同时综合打分计算其风险程度，定量评估危险源的风险。在评估单个危险源的风险时，主要应考虑人员风险、财产风险和事故发生率 3 个方面，如图 9.6 所示。

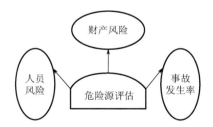

图 9.6 风险源评估的 3 个风险来源

在分析评估风险时，常用的评价方法主要有以下 3 种，见表 9-8。

表 9-8 风险评价的方法

方法名称	分 类	具 体 内 容
定性法	安全检查表	将一系列项目列成检查表，用数据反馈危险源的危险程度
	事故树分析法	将可能引发事故的原因绘制成事故树进行分析的方法
	可操作性研究法	也称为安全操作研究，是以系统工程为基础的危险分析方法
	预先危险性分析法	又称初步危险分析，是系统进行的第一次危险分析

（续）

方法名称	分 类	具 体 内 容
指数法	英国的蒙德评价法	采用蒙德（Mond）毒性指标评价法对该项目职业病危害及拟采取的防护措施进行评价
	日本的六阶段评价法	综合应用安全检查表、定量危险性评价、事故信息评价、故障树分析以及事件树分析等方法，分成6个阶段逐步深入分析
	美国的 DOW（Dow Chemical Company，陶氏化学公司）化学法	是美国 DOW 化学公司提出的一种针对化工单元的具体评价方法
	我国的危险程度分级法	以生产、贮存过程中的物质、物量为基础，根据工艺、设备、厂房、安全装置、环境、工厂安全管理的系数得出工厂的实际危险等级
软件法	危险发生后果模型软件	通过 ArcGIS Engine 组件和 Visual C++ 6.0 实现了事故后果在二维 GIS 中的直观表现
	综合危险定量分析软件	通过方法阐述及具体评价发生事故的条件和需要的时间、说明和计算方法
	风险辨识软件	结合常用办公软件，根据风险的基数，计算危险程度
	危险发生频率分析软件	通过分析危险发生的频率来计算风险

有一种很常用的分析法叫快速评价法。此种评价法是为了使安全管理部门对重大危险源进行更有效的宏观分级管理，而对中毒、易燃、易爆重大危险源进行评价的方法。

由于重大危险源是客观存在的，所以在使用快速评价法时，对事故发生的可能性不予考虑，只考虑事故后果的严重程度，把它作为重大危险源风险的量度。

使用快速评价法，要严格遵守最严重事故后果原则，即在一种危险源有多种事故发生形态，而且其事故的后果相差悬殊的情况下，要以最严重后果的事故形态为准，如果事故后果相差不大，则以统计平均原理来估计总的事故后果。

9.4.4 风险源的管理控制

在安全管理六要素中，人的不安全行为、物的不安全状态、环境的不良因素、安全信息的缺陷和安全管理的缺陷这5个要素属第二类危险源，它们是导致约束、限制能量措施失效或被破坏的各种不安全因素。规避诸多不安全因素的唯一办法就是，建立良好的安全文化，实行全方位的安全管理。

在对重大危险源进行辨识和评价后，应对每一个重大危险源制定出一套严格的安全管理制度，通过技术措施、组织措施对重大危险源进行严格控制和管理。

1. 制订重大危险源控制目标和管理方案

对所确定的重大危险源，企业必须制订重大危险源控制目标和管理方案，做到危险源管理有理有据、有章可循、有法可依。对每一项重大危险源都要有控制措施，包括控制目标、控制措施、管理方案等，最后应落实实施部门、检查部门及完成时间。某企业对大型设备的拆装管理细则见表9-9。

表 9-9 某企业对大型设备的拆装管理细则

项　目	内　容
重大危险源	大型设备的拆装违章指挥、违章作业
控制目标	确保无伤亡事故、无设备事故
控制措施	制定拆装管理方案，明确目标和方法
	执行管理程序或制度、培训与教育、应急预案
	加强现场人员操作的监督检查
管理方案	选择有口碑的专业公司进行安装、拆除、加节
	编制安装、拆除、加节、移位等专项措施，由技术负责人审批
	装、拆前须对操作工进行安全教育及安全技术交底
	装、拆过程指派经过培训的人员进行监控，并设置警戒区
	自检后，必须由法定检测机构进行检测，合格方能交付使用

2. 完善重大危险源应急救援预案

为每项重大危险源制定相应的现场应急救援预案，落实应急救援预案的各项措施，配备必要的救援器材、装备，并且定期检验和评估应急救援预案和程序的有效程度，即定期进行演练，至少每年进行一次事故应急救援演练。

重大危险源应急救援预案应当包括以下内容。

（1）企事业危险源的基本情况及周边环境概况。
（2）应急机构和人员的相关职责。
（3）危险源辨别与评价的方法以及工具。
（4）应急设备与设施的使用方式。
（5）应急能力评价与资源。
（6）应急响应、报警、通信联络方式。
（7）事故应急程序与行动方案。
（8）事故后的恢复与程序。
（9）应急预案的培训与演练安排。

还需要注意的是，必须按照分级报告的原则，将重大危险源应急救援预案报送当地人民政府和安全生产监督管理局备案。

3. 加强现场对危险源的监督检查

重大危险源的风险控制关键在于落实，在施工过程中，应确保按制定的措施、控制目标和管理方案，严格控制重大危险源，有效地遏制各类事故发生，建立良好的安全生产环境。可以从以下方面来加强对危险源的监督和检查。

首先，公布重大危险源的名单，名单包括数量和分布情况，以及整改措施等。对重大危险源的治理情况也应及时跟进并公布结果。

其次，制定并严格执行施工现场重大危险源的检验检测制度，落实现场安全承诺和安全管理绩效考评制度。

最后，确保安全投入，及时淘汰落后的技术和工艺，持续改善施工安全技术与安全管理水平，降低施工安全风险，形成施工安全长效机制。

另外，还要注意适度提高工程施工安全设防标准，在现场对重大危险源设置明显的安全警示标志，并加强重大危险源的监控和有关设备、设施的安全管理。

同时，加强对作业人员的施工安全培训教育，尤其是重大危险源的风险控制教育，把事故预防放在第一位，将重大危险源可能引发的事故及其危害后果、应急措施等信息告知周边单位和人员，以做到重大危险源管理"全体动员，人人参与"。

本 章 小 结

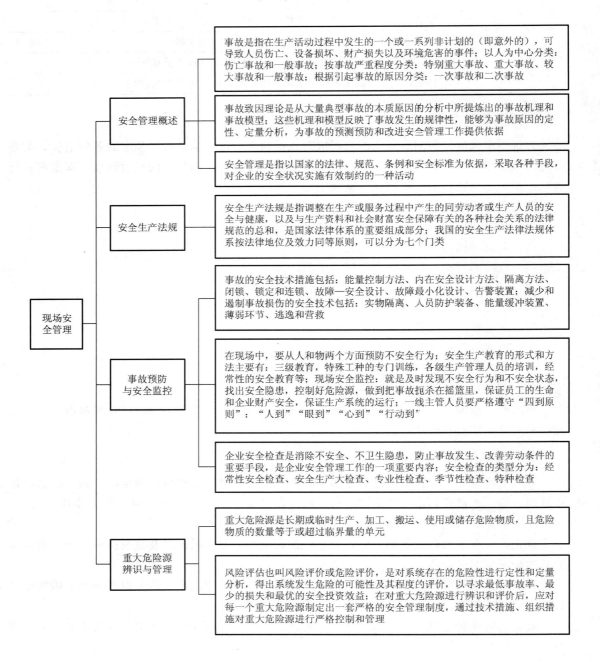

关键术语

事故（Accident）

一次事故（Once Accident）

二次事故（Secondary Accident）

事故因果致因理论（Accident-Causing Theory）

事故预防（Accident Prevention）

安全教育（Safety Education）

本质安全（Intrinsic Safety）

安全监控（Safety Monitoring）

危险源辨识（Hazard Identification）

风险评估（Risk Assessment）

知识链接

[1] 景国勋，杨玉中. 安全管理学［M］. 北京：中国劳动社会保障出版社，2017.

[2] 黄杰. 图解安全管理一本通［M］. 北京：中国经济出版社，2011.

[3] 祁有红，祁有金. 第一管理［M］. 北京：北京出版集团公司，2009.

[4] 朱少军. 现场管理简单讲（升级版）［M］. 广州：广东经济出版社，2008.

[5] 李景元. 现代企业现场管理运作实务：专业模块分解运行［M］. 北京：中国经济出版社，2007.

习　　题

1. 选择题

（1）特别重大事故是指造成（　　）的事故。

A. 30 人以上死亡　　　　　　　　　B. 100 人以上重伤

C. 1 亿元以上直接经济损失　　　　D. 具有 A、B、C 当中的一个

（2）安全培训对（　　）比较重要。

A. 管理人员　　　　　　　　　　　B. 工人

C. 企业负责人　　　　　　　　　　D. 以上三类人员都同样重要

（3）通过（　　）可以发现和解决大量不安全因素。

A. 安全教育　　　　　　　　　　　B. 安全检查

C. 安全培训　　　　　　　　　　　D. 建立健全安全资料

（4）有关企业安全的第一责任者应该是（　　）。

A. 生产部主管　　　　　　　　　　B. 安全部主管

C. 值班工人　　　　　　　　　　　D. 最高层主管

（5）企业经理、厂长对企业的安全生产（　　）。

A. 全面负责　　　　　　　　　　　B. 负主要责任

C. 不负责任　　　　　　　　　　　D. 以上都不对

(6) 对企业发生的事故，坚持（　　）原则进行处理。
A. 预防为主　　　　　　　　　　B. 强制性
C. 三同时　　　　　　　　　　　D. 四不放过

2. 判断题

(1) 安全生产责任制的实质是"安全生产，人人有责"。（　　）
(2) 事故的发生是完全没有规律的偶然事件。（　　）
(3) 我国安全生产方针是"安全生产，人人有责"。（　　）
(4) 从业人员超过三百人的生产经营单位，应当设置安全生产管理机构或者配备专职安全生产管理人员。（　　）
(5) 安全生产责任制是企业最基本的安全制度。（　　）
(6) 国家安监部门具有对企业的安全生产情况进行监督检查的权利。（　　）
(7) 企业的安全生产应由安全生产管理部门负责，其他部门只要做好生产就行了。（　　）
(8) 企业要实现安全生产必须建立健全安全生产责任制。（　　）
(9) 企业的安全生产教育和培训工作应该由培训部门组织实施。（　　）
(10) 生产操作人员必须对本岗位的安全生产负责。（　　）
(11) 企业劳动纪律的好坏与安全生产没有关系。（　　）
(12) 安全意识教育是企业搞好安全生产的一个关键环节。（　　）

3. 简答题

(1) 什么是一次事故，什么是二次事故？举例说明。
(2) 我国现有的主要安全生产法规有哪些？
(3) 对于事故的预防，可以在技术方面采取哪些手段？
(4) 简述4种安全色及其含义。
(5) 一线主管人员的"四到原则"是什么？
(6) 企业安全教育分为哪几种？
(7) 简述企业安全检查的类型和内容。
(8) 什么是重大危险源？企业常见的重大危险源有哪些？如何进行重大危险源的识别？
(9) 如何对重大危险源进行有效的管理？

4. 实际操作题

1. 如果你负责组织班级一项课外体育活动，如爬山，你将事先做哪些安全方面的预防工作？在活动过程中如何保证活动成员的安全？请详细说明你的计划、配备的工具和应注意的要点。

2. 观察一项身边的工作现场，如装修现场、建筑工地等，思考采取了哪些安全管理措施，分别从人和物的两个角度加以阐述。你认为还有什么不足需要改进，试一一列出。

3. 图9.7是一个有趣的眼力考验，在这幅图中，一共有9处不安全的行为。看一看，你能找到具体是什么不安全行为吗？

图 9.7　眼力考验

杜邦公司的安全管理

18 世纪末，杜邦家族为躲避战乱，从法国迁居到美国东岸。1802 年，杜邦公司成立，以制造火药为主，在其发展的第一个百年里，公司的安全记录是不良的，发生了很多事故，其中最大的事故发生在 1818 年，当时杜邦 100 多名员工有 40 多名在事故中受伤甚至丧生，企业濒临破产。

杜邦公司在沉沦中崛起后得出一个结论：安全是公司的核心利益，安全管理是公司事业的一个组成部分，安全具有压倒一切的优先权。从事的高危行业成就了杜邦公司对安全的特殊重视，世界上最早制定出安全条例的公司便是杜邦公司。1812 年公司就明确规定：进入工场区的马匹不得钉铁掌，马蹄都要用棉布包裹着，以免马蹄碰撞其他物品产生明火引起火药爆炸；任何一道新的工序在没有经过杜邦家庭成员试验以前，其他员工不得进行操作等。

杜邦公司经过 200 多年的发展，已经形成了自己的企业安全文化，并把安全、健康和环境作为企业的核心价值之一。他们对安全的理解是：安全具有显而易见的价值，而不仅仅是一个项目、制度或培训课程；安全与企业的绩效息息相关；安全是习惯化、制度化的行为。

杜邦公司将企业安全文化发展描述为 4 个阶段，如图 9.8 所示。

① 第一阶段是自然本能反应（Instincts Natural）。

处在该阶段的企业和员工对安全的重视仅仅是一种自然本能保护的反应，员工对安全是一种被动的服从；安全缺少高级管理层的参与，这一阶段的事故率很高。

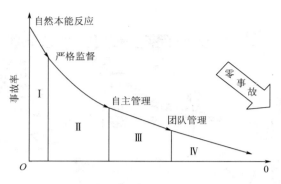

图9.8　杜邦企业安全文化建设4个阶段

②第二阶段是严格监督（Supervision）阶段。

该阶段的特征是：各级管理层对安全责任做出承诺；员工执行安全规章制度仍是被动的，因害怕被纪律处分而遵守规章制度，此阶段，安全绩效会有提高，但事故发生率仍较高。

③第三阶段是自主管理（Self Manage）阶段，事故率较低。

企业已具有良好的安全管理及体系，员工具备良好的安全意识，视安全为自身生存的需要和价值的实现。

④第四阶段，事故率（Injury Rate）更低甚至趋于零。

员工不但自己遵守各项规章制度，而且有意帮助别人；不但观察自己岗位上的不安全行为和条件，而且能留心观察其他岗位；员工将自己的安全知识和经验分享给其他同事等。杜邦公司现在已经发展到团队管理（Team Manage）阶段。

杜邦建立了一整套适合自己的安全管理体系，要求每一位员工都要严守如下十大安全信念。

① 一切事故都可以防治。
② 管理层要抓安全工作，同时对安全负责任。
③ 所有危害因素都可以控制。
④ 安全工作是雇佣的一个条件。
⑤ 所有员工都必须经过安全培训。
⑥ 管理层"必须"进行安全检查。
⑦ 所有不良因素都必须立即纠正。
⑧ 工作之外的安全也很重要。
⑨ 良好的安全创造良好的业务。
⑩ 员工是安全工作的关键。

杜邦坚持安全管理以人为本的信念，并制定了一套十分严格、苛刻的安全防范措施。但是正是这些苛刻的措施，令杜邦的员工感到十分安全。

杜邦公司除了注重厂区内（On-the-Job）的工作安全，同样也注重员工离厂后（Off-the-Job）的生活安全，据统计，员工在厂内的事故数量仅为离厂后的1/19，可见，杜邦公司企业内部的安全生产水平之高。

在厂区内曾发生一个案例，一位热心员工主动帮正在准备电气作业的同事关掉分电盘上的开关，事后被发现他当时未依规定穿防护衣，也未将电闸锁住以防他人误开。最终公司决定对其施以开除处分，因为他违反了公司的核心价值之一——安全。

每周二是杜邦的"工厂安全日"，在这一天主管会检讨最近工伤状况，各部门也会派人员宣传工作安全的重要。杜邦公司的主管有一半的时间在做与安全相关的业务，他们不只口头上强调重视安全，在实际作为上也表现出对安全的关注。

杜邦公司的配合厂商，一定要先符合各种安全规定，才可以进一步参与各种招标案，有些承包商嫌麻烦会先知难而退，其余留下来的，都能符合要求。因此，很少发生生产事故。

在杜邦全球所有的机构中，均设有独立的安全管理部门和专业管理人员。这些专业人员与在各部门中经过严格培训的合格安全协调员，共同组成完整的安全管理网络，保证各类信息和管理功能畅通无阻地到达各个环节。同时，杜邦有一整套完善的安全管理方案和操作规程，全体员工均参与危险的识别和消除工作，保证将隐患消灭在萌芽状态。

在200多年后的今天，杜邦公司形成九大安全观：所有的伤害及职业疾病皆可避免；安全是每一位员工的职责；所有操作上的危害暴露都可以避免；必须训练所有的员工能够安全地工作；安全是员工雇佣的条件；不断稽核是必要的；所有的缺失必须立即改善；员工是安全计划中最重要的一环；厂外安全与厂内安全同样重要。

杜邦公司的安全业绩是惊人的，它的安全业绩有两个10倍：一是杜邦的安全记录优于其他企业10倍；二是杜邦员工上班时比下班后还要安全10倍。杜邦深圳独资厂从1991年起，因无工伤事故而连续获得杜邦总部颁发的安全奖；1993年，上海杜邦农化有限公司创下160万工时无意外，成为世界最佳安全记录之一；1996年，东莞杜邦电子材料有限公司，荣获美国总部的董事会安全奖。美国职业安全局2003年嘉奖的"最安全公司"中，有50%以上的公司接受了杜邦公司的安全咨询服务。

资料来源：田水承，景国勋．安全管理学（第2版）[M]．北京：机械工业出版社，2016．

分析与讨论

（1）杜邦公司的行业特点是什么？为什么要重视安全管理？

（2）杜邦公司如何构建自己的安全管理体系？

（3）杜邦公司对安全文化的形成有怎样的见解？

（4）从文中可以找到哪些杜邦公司具体采取的安全管理措施？

第10章

体系管理

本章教学要点

知识要点	掌握程度	相关知识
标准及标准化	掌握	标准及标准化的定义,标准的分类,标准化的基本原理
标准化与现场管理的关系	熟悉	现场管理
三大管理体系	重点掌握	质量管理体系 环境管理体系 职业健康安全管理体系

本章技能要点

技能要点	熟练程度	应用方向
标准化的基本原理	掌握	实施标准化工作
现场管理模式	熟悉	建立与三大管理体系相匹配的现场管理模式
三大管理体系标准	重点掌握	三大管理体系的建立、认证与审核

导入案例

结合体系管理强化现场管理

福建省三钢（集团）有限责任公司前身为福建省三明钢铁厂，建于 1958 年。2000 年 4 月，经福建省人民政府批准改制设立福建省三钢（集团）有限责任公司。历经 50 多年的发展，三钢集团已形成年产钢 500 万吨以上规模和以钢铁业为主、集多元产业并举的跨行业、跨地区、跨所有制的大型企业集团，是省最大的钢铁生产基地和化肥生产基地。三钢集团自 1988 年以来连年进入中国 500 强企业行列。公司在 "2011 中国企业 500 强"中位居第 335 位，在 "2011 中国制造业企业 500 强"中位列 176 位。

三钢集团非常重视现场管理工作，其突出的做法有：①将现场管理作为企业的一项基础工作来抓，要求各级领导要重视，要有措施，要坚持不懈、持之以恒地抓紧抓好；②强化现场管理相关人员的奖惩力度；③结合质量管理体系（QMS）、环境管理体系（EMS）、职业安全健康管理体系（OHSAS）的贯标认证工作，进一步强化生产现场管理。一是专业管理内容必须与有效文本内容相符合，贯彻标准，严肃执行；二是加强质量控制点的跟踪和监督，以 "节能、降耗、优质"为宗旨，优化现场工艺，落实质量责任制；三是通过强化定置管理，实现区域设置合理、标牌标识统一、色彩醒目，行道通畅，物流有序，场地整洁。各车间强化检修班组检修工件、物料现场管理，受益颇大，消除了混放，避免了差错，提高了检修质量，降低了生产成本。当前三钢集团各项质量目标、环境安全指标完成情况良好；公司 QMS、EMS、OHSMS 持续、有效运行；组织现场管理水平进一步提升。

资料来源：http://www.fjsg.com.cn/index.asp.

组织的管理者要想使组织获得成功，实现业绩的全面改进，就必须采取一种系统和透明的方式对组织进行管理，建立、实施并保持系统而高效的管理体系，对体系进行全面策划、控制和改进是管理者成功领导和运作其组织的关键。目前，组织逐渐引入 QMS、EMS、OHSMS 三大管理体系来指导企业的规范管理，三大管理体系对应的国际标准分别为 ISO 9001、ISO 14001 和 OHSAS 18001。组织若能建立起与三大管理体系相匹配的现场管理模式，将使组织的现场管理水平持续提高，从而进一步提升组织的核心竞争力。

10.1 标准化与现场管理

"现场"把人们带入到机器隆隆的车间、班组，是工人们创造价值和使用价值的场所，是生产力最活跃的地方。如果在现场中，凡事都没有一定的规范，人们的行为也没有一定的制约，将会十分混乱。这里的"规范"和"制约"，就是人们平常所讲的"标准"。没有规矩，不成方圆，就是这个道理。现场管理离不开标准化指导，标准要在现场检验，二者的结合相得益彰。

10.1.1 标准及标准化

标准是标准化活动过程的成果，标准化是标准从制定—实施—修订—再实施的活动过程。

1. 标准

1) 标准的定义

标准是指为取得全面的最佳效果，依据科学技术和实践经验的综合成果，在充分协商的基础上，对经济、技术和管理等活动中具有多样性、相关性特征的重复事物和概念，以特定的程序和形式颁发的统一规定。

2) 标准的分类

标准为适应不同的要求从而构成一个庞大而复杂的系统，为便于研究和应用，人们从不同的角度和属性将标准进行分类，这里依照我国标准化法，有以下分类方法，标准分类法的关系如图10.1所示。

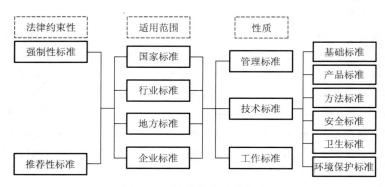

图 10.1 标准分类法的关系

知识要点提醒

技术标准的种类分为基础标准、产品标准、方法标准、安全卫生与环境保护标准4类。

(1) 基础标准。

基础标准是指在一定范围内作为其他标准的基础并具有广泛指导意义的标准，包括：标准化工作导则，如《化学分析方法标准编写规定》；通用技术语言标准；量和单位标准；数值与数据标准，如《数值修约规则》等。

(2) 产品标准。

产品标准是指对产品结构、规格、质量和检验方法所做的技术规定。

(3) 方法标准。

方法标准是以产品性能、质量方面的检测、试验方法为对象而制定的标准。其内容包括检测或试验的类别、检测规则、抽样、取样测定、操作、精度要求等方面的规定，还包括所用仪器、设备、检测和试验条件、方法、步骤、数据分析、结果计算、评定、合格标准、复验规则等。

(4) 安全、卫生与环境保护标准。

这类标准是以保护人和物的安全、保护人类的健康、保护环境为目的而制定的标准。这类标准一般都要强制贯彻执行的。

2. 标准化

1) 标准化的定义

标准化是在经济、技术、科学及管理等社会实践活动中，对重复性事物或概念，通过制订、发布和实施标准，获得最佳秩序和效益的活动过程。

2) 标准化的基本原理

标准化是一门新兴的学科，还处于研究、发展和不断完善的理论阶段，对于标准化原理的研究，我国推荐的4条原理是统一原理、简化原理、协调原理和最优化原理。这些原理是从标准化实践活动中抽象出来的，综合反映了标准化活动的规律性。

（1）统一原理。

统一原理就是为了保证事物发展所必需的秩序和效率，对事物的形成、功能或其他特性，确定适合于一定时期和一定条件的一致规范，并使这种一致规范与被取代的对象在功能上达到等效。

（2）简化原理。

简化原理就是为了经济有效地满足需要，对标准化对象的结构、形式、规格或其他性能进行筛选提炼，剔除其中多余的、低效能的、可替换的环节，精炼并确定出满足全面需要所必要的高效能的环节，保持整体构成精简合理，使之功能效率最高。

（3）协调原理。

协调原理就是为了使标准的整体功能达到最佳，并产生实际效果，必须通过有效的方式协调好系统内外相关因素之间的关系，确定为建立和保持相互一致，适应或平衡关系所必须具备的条件。

（4）最优化原理。

按照特定的目标，在一定的限制条件下，对标准系统的构成因素及其关系进行选择、设计或调整，使之达到最理想的效果，这样的标准化原理称为最优化原理。

这里强调的一是系统最优、整体最优，而不是单个标准最优；二是追求的目标不是一般的优化，而是最优化。

要达到最优方案的选择、设计和协调，必须运用先进的技术手段，运用先进的数学方法和电子计算机技术，以最快的速度，从众多的可行方案中选出最优方案；运用最优化方法对标准化系统进行处理。

标准化基本原理之间的相互关系是什么？

统一原理是最基本的原理，简化是为了之后的统一，统一首先要从简化开始，它们是互相渗透的，无论是统一还是简化，都要经过协调，未经协调的简化和统一不可能达到最优化目的。因此，对标准系统构成加以简化，因素加以统一，关系加以协调，才能达到系统功能的最优化。

10.1.2　标准化与现场管理的关系

1. 现场管理是标准化活动的重要实践场所

如果说标准化是一种实践活动的话，那么现场管理就是标准化活动的重要实践场所。离开了现场，标准化就将成为无源之水、无本之木，标准化就失去了生命力。现场生产或服务的好坏是检验标准化活动的重要尺度。

（1）现场管理中大量的是技术管理。如设备管理、工艺工装管理、物资管理等，大量接触到的是"物"的管理,为此要求管理者及时地制订出切实可行的技术标准,来统一大家的劳动行为。

(2) 现场管理重要的是人的管理,以人为中心的管理是现代化管理的核心。把各个层次、各个岗位的人的工作、人的作业规范化、科学化,制订出先进合理的管理标准和工作标准,如劳动定额标准、定置管理标准、班组建设标准、质量管理标准、安全管理标准等。

(3) 现场各专业生产的实践丰富和发展了专业标准化的内容和要求。可以这样说,现场管理为人们提供了制订各类标准的对象、内容、实施和检验的场所;标准化活动渗透在现场管理的方方面面,两者的有机结合是做好现场管理的需要,是提高企业整体素质的需要。

2. 标准化是组织好现场管理的重要手段

1) 标准化是促进先进的科学技术转化为生产力的一个十分重要而有效的手段

当今的科学技术处在一个飞跃发展的阶段,科学的高度分化与高度综合,对生产和服务的要求越来越高,在现代条件下,缩短科学技术转化为生产力的周期,是摆在广大标准化工作者面前的重大任务,而现场则是物化劳动的场所,是实现生产转换和提供服务的场所,两者的有机结合是缩短转化周期的有效途径。

在科学—技术—生产体系中,技术科学占有十分重要的地位,只有当重大科学发现转化为技术之后,才具备生产的可能。因此,在这阶段,必须建立起必要的技术条件、技术标准才能组织生产,实现生产力的转换。例如,随着彩色电视技术的发展,美国在 20 世纪 40 年代末适时地组织生产彩色电视机的技术标准,从而为 20 世纪 50 年代中期大批量生产彩色电视机创造了条件。又如,我国在研究当代航天航空技术的同时,及时地组织制订了卫星地球站总技术要求的技术标准,为各地面站的建立和发展提供了技术条件。

在企业中经常可以遇到这样的现象:一些科技成果鉴定之后就束之高阁,无人问津,或一些先进的技术装备,如进口设备没有技术标准,无法进行生产等,这些都说明了技术要通过标准来组织生产。现场管理离不开标准化,工人操作离不开标准,管理者组织生产离不开标准。

2) 标准化是现场管理建立稳定运转的可靠保证

这是由标准化的原理、方法和功能所决定的。标准化是一种重要的管理手段,但它首先是一种先进的工作方法。在传统管理阶段,利用管理者的有限经验来管理现场,到了科学管理阶段,则是利用一些规章制度来处理现场中的各类问题。到了现代化管理阶段,科技的高度分化与综合,生产的高度社会化,市场商品竞争国际化日趋严重,面对这种情况,必须要靠现代标准化来处理现场管理中的各种矛盾,标准化是工业化生产的客观规律。标准化的基本原理和标准化的工作方法是用来解决现场管理这个大系统所存在的大量重复性发生的技术、管理、工作事项的金钥匙。标准化的功能一是通过统一"规定",来固定技术条件、技术参数、管理事项、工作程序,使现场管理规范化、程序化、达到现场长期相对稳定之目的;二是标准化具有维护社会经济秩序的作用,它是社会质量宏观控制的重要工具,它的社会功能是能动地促进社会技术进步。

可以这样说,标准化已渗透到现场的各个角落。现场管理已达到了长期稳定的有效运转。这就是标准化与现场管理两者关系的最科学的结合。

日本丰田汽车公司的标准化

丰田汽车公司标准化的目标：尽可能地达到简化和统一，防止随意复杂性，实现最佳的整体经济运行状态。它是为了提供方便的交流手段；保证零件和设备在使用和生产时的互换性；保护使用者和消费者的健康及安全；使生产、销售和使用更为合理，以降低成本，缩短交货时间，同时积累技术上的诀窍。

丰田汽车公司的标准化包括以下几个方面的内容：①概念，包括术语、单位、符号和说明；②项目，包括结构、尺寸、形状、质量、等级、性能、成分、试验方法、设计方法、测量方法以及产品、零件、材料、设备和能源的使用目标；③程序，包括工作过程、步骤、任务、职责和主管（与管理事务有关）。

丰田汽车公司通过先进的技术标准、管理标准和运用"IE"组织制订的作业标准来合理地组织生产现场管理，创立了当今世界汽车业的霸主地位，为保证零库存和一分钟两辆汽车的生产任务，工人们有条不紊地紧张工作，就是英国的首相撒切尔夫人到生产现场来参观也不放下手中的劳动，一切都是在按"规定"进行着。

资料来源：赵祖明，等. 现场管理与标准化［M］. 太原：山西科学技术出版社，1992.

10.2 质量管理体系

质量管理体系是为保证产品、过程或服务质量，满足规定（或潜有）的要求，由组织机构、职责、程序、活动、能力和资源等构成的有机整体。也就是说，为了实现质量目标的需要而建立的综合体；为了履行合同，贯彻法规和进行评价，要求提供实施各体系要素的证明；企业为了实施质量管理，生产出满足规定和潜在要求的产品和提供满意的服务，实现企业的质量目标，必须通过建立和健全质量管理体系来实现。

10.2.1 ISO 9000 族标准概述

第二次世界大战期间，世界军事工业得到了迅猛发展，一些国家在采购军品时，不但要求产品质量同时也对供货商的质量保证能力提出了要求。20 世纪 70 年代初，一些工业发达国家借鉴军品质量管理的成功经验，先后制定了用于民品生产的质量管理标准。随着地区化、集团化、全球化经济的发展，由于各个国家实施的标准不一致，给国际贸易带来了障碍，质量管理标准国际化成为当时世界各国的迫切需要。为了解决这一问题，ISO 于 1979 年成立了"质量保证技术委员会"（TC176），负责从事质量管理和质量保证有关国际标准的制定工作。TC176 委员会及其分委员会、工作组的有关成员经过 7 年的艰苦工作，于 1987 年 3 月制定并颁布了 ISO 9000 质量管理和质量保证标准，其中包括标准选用、质量保证和质量保证系列标准。这 5 项标准的诞生是国际范围质量管理和质量保证工作的一个新纪元，对推动世界各国企业的质量管理和供需双方的质量保证，促进国际贸易起到了很好的作用。为使标准更适用于各种行业、各种规模、各种性质的单位，国际标准化组织先后 4 次对 ISO 9000 标准进行了修订。其发展历程如图 10.2 所示。

2015 年 9 月 15 日 ISO 9001：2015 版正式发布实施，从而取代 ISO 9001：2008 版标准，ISO 9001：2015 核心标准如下。

（1）ISO 9000：2015《质量管理体系 基础和术语》。ISO 于 2015 年 9 月 15 日发布该标准，它的发布是为了加强各种标准应用关键词解释的统一。我国等同转化了 ISO 9000：2015 标准，于 2016 年 12 月 30 日发布了国家标准《质量管理体系 基础和术语》（GB/T 19000—2016），2017 年 7 月 1 日实施。

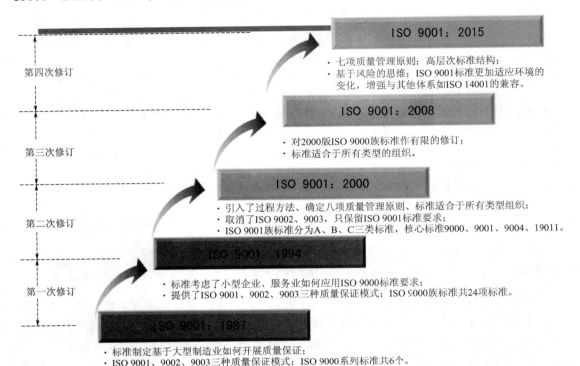

图 10.2　ISO 9000 族标准发展历程

（2）ISO 9001：2015《质量管理体系 要求》。ISO 于 2015 年 9 月 15 日发布该标准，我国等同转化了 ISO 9001：2015 标准，于 2016 年 12 月 30 日发布了国家标准《质量管理体系 要求》（GB/T 19001—2016），2017 年 7 月 1 日实施，规定了要使运营符合标准并获得认证需要达到的条件。整体来说，ISO 9001 标准 2015 版与 2000 版比变动较大，如图 10.3 所示。具体变化主要有：管理原则由原来的 8 项管理原则转变为 7 项管理原则；结构由原来的 8 章增加为 10 章。条款序顺进行了大幅度调整；取消了管理者代表的指定，更多条款内容突出领导作用；增加新关注点，如内外部环境、相关方的需求和期望、对风险和机遇的应对、变更管理、绩效指标等内容，将"部门＋要素"的管理方式提升到"过程绩效"的管理理念。对文件和记录的概念有所突破，取消了质量手册和程序文件这类文件形式，统一用"形成文件的信息"取而代之；取消了"记录"的用语，统一用活动结果的"证据"取而代之。吸纳了绩效管理等内容；消除一些理解误区，如不再将预防措施与纠正措施并提。其他包括术语的变化、对于外包控制的变化等内容。

（3）ISO 9004：2009《质量管理体系 业绩改进指南》。该标准于 2009 年 11 月 1 日由国际标准化组织在 ISO 9004：2000 基础上修订发布，我国等同转化了 ISO 9004：2009 标准，2011 年 12 月 30 日发布了国家标准《追求组织的持续成功质量管理方法》（GB/T 19004—2011），2012 年 2 月 1 日实施。该指南阐明绩效改进指导方针，这些指导方针建立在 8 项质量管理原则的基础上，旨在供高级管理层作为一种框架使用，该框架能让他们考虑所有利益相关方（而不仅仅是客户）的需求，从而引导组织改善绩效。

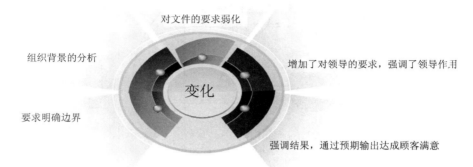

图 10.3　ISO 9001：2015 标准变化

（4）ISO 19011：2011《管理体系审核指南》。ISO 已于 2011 年 11 月 15 日正式颁布 ISO 19011 第 2 版，即 ISO 19011：2011《管理体系审核指南》。我国等同转化了 ISO 19011：2011 标准，2013 年 12 月 17 日发布了国家标准《管理体系审核指南》（GB/T 19011—2013），2014 年 4 月 1 日实施。

10.2.2　ISO 9001：2015 标准理解

ISO 9001：2015 标准由引言、正文及附件三部分组成，正文分为 10 章，总体构成如图 10.4 所示。

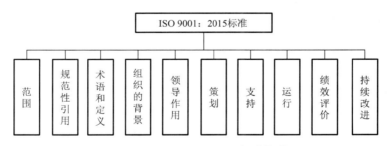

图 10.4　ISO 9001：2015 标准构成

ISO 9001：2015 标准正文中的核心内容为第 5、6、7、8、9、10 这 6 章，其整体结构为按过程的方法构成，通常称为四大过程：计划（6.策划）、执行（7、8.支持和运行）、检查（9.绩效评价）、处理（10.改进），突出领导作用（5.领导作用），形成以过程为基础的质量管理体系模式，如图 10.5 所示。

1. 范围（标准第 1 章）

本标准为有下列需求的组织规定了质量管理体系要求。

（1）需要证实其具有稳定地提供满足顾客要求和适用法律法规要求的产品和服务的能力。

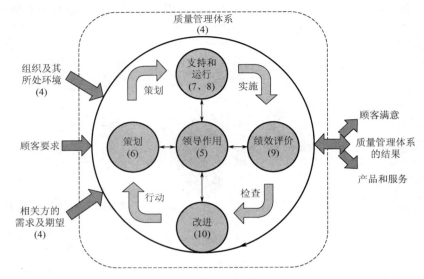

图 10.5　以过程为基础的质量管理体系模式

（注：括号中的数字表示 ISO 9001：2015 标准的相应章节）

（2）通过体系的有效应用，包括体系持续改进的过程，以及保证符合顾客和适用的法律法规要求，旨在增强顾客满意。

在理解本标准时需要注意以下两点。

（1）在本标准中，术语"产品"仅适用于：①预期提供给顾客或顾客所要求的商品和服务；②运行过程所产生的任何预期输出。

（2）法律法规要求可称作为法定要求。

知识要点提醒

产品是指在组织和顾客之间未发生任何交易的情况下，组织生产的输出。

（1）在供方和顾客之间未发生任何必然交易的情况下，可以实现产品的生产。但是，当产品交付给顾客时，通常包含服务的因素。

（2）通常产品的主要特征是有形的。

（3）硬件是有形的，其量具有计数的特性（如轮胎）。流程性材料是有形的，其量具有连续的特性（如燃料和软饮料）。硬件和流程性材料经常被称为货物。软件由信息组成，无论采用何种介质传递（如计算机程序、移动电话程序、操作手册、字典、音乐作品版权、驾驶执照）。

服务是指至少有一项活动必须在组织和顾客之间进行的输出。

（1）服务的主要特征是无形的。

（2）服务包含与顾客在接触面的活动，以确定顾客的要求。除了提供服务外，可能还包括建立持续关系，如银行、会计师事务所或政府主办机构（如学校或医院）。

（3）服务的提供可能涉及，例如，在顾客提供的有形产品（如需要维修的汽车）上完成的活动；在顾客提供的无形产品（如为准备纳税申报单所需的损益表）上完成的活动；无形产品的交付（如知识传授方面的信息提供）；为顾客创造氛围（如在宾馆和饭店）。

（4）服务由顾客体验。

2. 规范性引用文件（标准第 2 章）

下列文件对于本标准的应用是必不可少的。凡是注日期的引用文件，仅注日期的版本适用于本文件。凡是不注日期的引用文件，其最新版本（包括所有的修改单）适用于本文件。

ISO 9000：2015《质量管理体系——基础和术语》。

ISO 9001：2015 与 ISO 9001：2008 标准"要求"的主要变化？

（1）明确标准"要求"的逻辑关系。

新版标准按照管理体系及其过程的策划、实施、评价、改进的逻辑关系和顺序阐述要求，有助于对标准的理解与应用，增强了标准的实用性和适用性。

（2）提出"背景情况评审"的要求（4. 组织的背景情况）。

管理体系的建立与保持基于：①对影响组织实现期望结果的外部和内部环及环境条件和问题的理解；②对相关方的需求和期望的理解；③组织的战略方向和战略目标；④识别并确定的管理体系所需的过程及其在组织内的应用；⑤对外部、内部条件和问题，以及相关方的需求和期望的监视与评审。

（3）强调最高管理者的领导力和承诺。

新版标准更加强调最高管理者（层）的作用：在 PDCA 中发挥重要的核心的作用；能够提供证据证实其的领导作用和承诺；确保管理体系的目标与组织的战略目标一致；强调最高管理者对管理体系的有效性负责。

（4）明确提出将管理体系要求融入组织的经营过程。

不同组织的性质、存在目的、战略方向和目标不同，所确定的需重点管理的、影响实现期望结果的经营过程，以及对这些过程管理的方式和程度则不同；"标准"是管理工具，将其用于组织的经营过程，将"标准"要求实质性地融入组织的经营运作过程将有助于取得更好的结果。

（5）其他变化。

①用"文件化信息"和"作为证据的文件化信息"取代了"文件""形成文件的程序"和"记录"。管理体系需要文件化信息支持与证实，但不要求统一的形式和称谓；②不再使用"预防措施"这一术语（"预防"的观点亦然保留，体现于新标准对应于"风险"的强调）；③用"产品和服务"替换了"产品"，突显"标准"的广泛适用性；④用"产品和服务的外部提供"取代了"'采购'——包括外包过程"；⑤要求组织识别、获取和维护运行过程及实现产品和服务符合性所需的知识；⑥去掉了"管理者代表"的要求，取而代之的是为"相关责任人（角色）分配有关的职责和权限；⑦判断标准要求是否适用于组织的管理体系时，标准不再使用"删减"一词。

3. 术语和定义（标准第 3 章）

本标准采用 ISO 9000：2015 中所确立的术语和定义。

4. 组织的背景环境（标准第 4 章）

1）理解组织及其背景环境

组织应确定与其目标和战略方向相关并影响其实现质量管理体系预期结果的各种外部和内部因素。

组织应对这些内部和外部因素的相关信息进行监视和评审：①这些因素可包括需要考虑的正面和负面的要素和条件；②考虑国际、国内、地区和当地的各种法律法规、技术、竞争、市场、文化、社会、经济因素，有利于理解外部环境；③考虑组织的价值观、文化、知识和绩效等相关因素，有利于理解内部环境。

2）理解相关方的需求和期望

由于相关方对组织持续提供符合顾客要求和适用的法律法规要求的产品和服务的能力产生影响或潜在影响，组织应确定：①与质量管理体系有关的相关方；②相关方的要求。

组织应对这些相关方及其要求的相关信息进行监视和评审。

3）确定质量管理体系的范围

组织应界定质量管理体系的边界和适应性，以确定其范围。

在确定范围时，组织应考虑：①各种内部和外部因素；②相关方的要求；③组织的产品和服务。

对于本标准中适用于组织确定的质量管理体系范围的全部要求，组织应予以实施。

组织的质量管理体系范围应作为形成文件的信息加以保持。该范围应描述所覆盖的产品和服务的类型，若组织认为其质量管理体系的应用范围不适用本标准的某些要求，应说明理由。

那些不适用组织的质量管理体系的要求，不能影响组织确保产品和服务合格以及增强顾客满意的能力或责任，否则不能声称符合本标准。

4）质量管理体系及其过程

（1）组织应按照本标准的要求建立、实施、保持和持续改进质量管理体系，包括所需的过程及其相互作用。

组织应确定质量管理体系所需的过程及其在整个组织内的应用，且应：①确定这些过程所需的输入和期望的输出；②确定这些过程的顺序和相互作用；③确定和应用所需的准则和方法（包括监视、测量和相关的绩效指标），以确保这些过程的运行和有效控制；④确定并确保获得这些过程所需的资源；⑤规定与这些过程相关的责任和权限；⑥应对按照标准第 6 章 1）中的要求所确定的风险和机遇；⑦评价这些过程，实施所需的变更，以确保实现这些过程的预期结果；⑧改进过程和质量管理体系。

（2）在必要的程度上，组织应：①保持形成文件的信息以支持过程运行；②保留确认其过程按策划进行的形成文件的信息。

组织的环境指影响组织目标实现以及影响组织对相关方的行为的内外部因素和条件的组合。

监视和评审组织的环境可采取以下方式：①公司经营分析会；②管理评审会；③体系策划会议；④制定企业中长期发展战略规划会。

组织应考虑以下相关方：①直接顾客；②最终使用者；③供应链中的供方、分销商、零售商及其他；④立法机构；⑤其他。

5. 领导作用（标准第 5 章）

1）领导作用与承诺

（1）总则。

最高管理者应证实其对质量管理体系的领导作用与承诺，通过：①对质量管理体系的有效性承担责任；②确保制定质量管理体系的质量方针和质量目标，并与组织环境和战略方向相一致；③确保质量管理体系要求融入组织的业务过程；④促进使用过程方法和基于风险的思维；⑤确保获得质量管理体系所需资源；⑥沟通有效的质量管理和符合质量管理体系要求的重要性；⑦确保实现质量管理体系的预期结果；⑧促使、指导和支持员工努力提高质量管理体系的有效性；⑨推动改进；⑩支持其他管理者履行其相关领域的职责。

需要注意的是，本标准使用的"业务"一词可大致理解为涉及组织存在目的的核心活动，无论是公营的、私营的、营利或者非营利组织。

（2）以顾客为关注焦点。

最高管理者应证实其以顾客为关注焦点方面的领导作用和承诺，通过：①确定、理解并持续满足顾客要求以及适用的法律法规要求；②确定并应对能够影响产品、服务符合性以及增强顾客满意度能力的风险和机遇；③始终致力于增强顾客满意。

2）方针

（1）制定质量方针。

最高管理者应建立、实施和保持质量方针，质量方针应：①适应组织的宗旨和环境并支持其战略方向；②为制订质量目标提供框架；③包括满足适用要求的承诺；④包括持续改进质量管理体系的承诺。

（2）沟通质量方针。

质量方针应：①作为形成文件的信息，可获得并保持；②在组织内得到沟通、理解和应用；③适宜时，可为有关相关方提供。

3）组织的岗位、职责和权限

最高管理者应确保整个组织内的相关岗位的职责和权限得到分派、沟通和理解。

最高管理者应分派职责和权限，以：①确保质量管理体系符合本标准的要求；②确保各过程获得其预期输出；③报质量管理体系的绩效及其改进机会，特别向最高管理者报告；④确保在整个组织推动以顾客为关注焦点；⑤确保在策划和实施质量管理体系变更时保持其完整性。

最高管理者：在高层指挥和控制组织的一个人或一组人。

最高管理者应证实他们对于如图10.6所示QMS的领导作用与承诺：

图 10.6 领导作用与承诺

6．策划（标准第6章）

1）应对风险和机遇的措施

（1）策划质量管理体系。组织应考虑标准第4章1）所描述的因素和标准第4章2）所提及的要求，确定需要应对的风险和机遇，以便：①确保质量管理体系能够实现其预期结果；②增强有利影响；③避免或减少不利影响；④实现改进。

(2) 组织应策划：①应对这些风险和机遇的措施；②在质量管理体系过程中整合并实施这些措施，并评价这些措施的有效性。

应对风险和机遇的措施应与其对于产品和服务符合性的潜在影响相适应。

需要注意的是，应对风险可包括规避风险、为寻求机遇承担风险、消除风险源、改变风险的可能性和结果、分担风险，或通过明智决策延缓风险；机遇可能导致采用新实践、推出新产品、开拓新市场、赢得新客户、建立合作伙伴关系、利用新技术以及能够解决组织或其顾客需求的其他有利可能性。

2）质量目标及其实现的策划

(1) 组织应对质量管理体系所需的相关职能、层次和过程设定质量目标。

质量目标应：①与质量方针保持一致；②可测量；③考虑到适用的要求；④与提供合格产品和服务以及增强顾客满意相关；⑤予以监视；⑥予以沟通；⑦适当更新。

组织应保留有关质量目标的形成文件的信息。

(2) 策划如何实现质量目标时，组织应确定：①采取的措施；②需要的资源；③由谁负责；④何时完成；⑤如何评价结果。

3）变更的策划

当组织确定需要对质量管理体系进行变更时，此种变更应经策划并系统地实施。

组织应考虑到：①变更目的及其潜在的后果；②质量管理体系的完整性；③资源的可获得性；④责任和权限的分配或再分配。

实用小窍门

质量管理体系变更的时机有：①组织所处的内、外部环境发生变化；②产品要求、法律法规及顾客要求发生变化；③组织战略发生变化等。

体系变更的策划要求包括：

有计划、系统地进行，基于过程方法、PDCA方法与风险的思考；

变更应考虑：①体系的变更目的及潜在后果（如对实现组织战略、方针和目标的影响）；②体系的完整性；③资源的可获得性；④职责和权限的分配或重新分配。

7. 支持（标准第7章）

1）资源

(1) 总则。

组织应确定并提供为建立、实施、保持和持续改进质量管理体系所需的资源。

组织应考虑：①现有内部资源的能力及约束；②需要从外部供方获得的资源。

(2) 人员。

组织应确定并提供所需要的人员，以有效实施质量管理体系并运行和控制其过程。

(3) 基础设施。

组织应确定、提供和维护过程运行所需的基础设施，以获得合格产品和服务。

需要注意的是，基础设施可包括：①建筑物和相关设施；②设备，包括硬件和软件；③运输资源；④信息和通信技术。

(4) 程运行环境。

组织应确定、提供并维护过程运行所需的环境，以获得合格产品和服务。

需要注意的是，适当的过程运行环境可能是人文因素和物理因素的结合，例如，①社会因素（如无歧视、和谐稳定、无对抗）；②心理因素（如缓解心理压力、预防过度疲劳、保护个人情感）；③物理因素（如温度、热量、湿度、照明、空气流动、卫生、噪声等）。

由于所提供的产品和服务不同，这些因素可能存在显著差异。

（5）监视和测量资源。

① 总则。

当利用监视或测量来验证产品和服务符合要求时，组织应确定并提供确保结果有效和可靠所需的资源。组织应确保所提供的资源适用特定类型的监视和测量活动；得到适当的维护，以确保持续适合于其用途。

组织应保留作为监视和测量资源适合于其用途的证据的形成文件的信息。

② 测量溯源。

当要求测量溯源时，或组织认为测量溯源是信任测量结果有效的前提时，测量设备应：a. 对照能溯源到国际或国家标准的测量标准，按照规定的时间间隔或在使用前进行校准和（或）检定（验证）。当不存在上述标准时，应保留作为校准或检定（验证）依据的形成文件的信息。b. 予以标识，以确定其状态；c. 予以保护，防止可能使校准状态和随后测量结果失效的调整、损坏或劣化。

当发现测量设备不符合预期用途时，组织应确定以往测量结果的有效性是否受到不利影响，必要时采取适当的措施。

 **实例分析**

测量装置的精度控制

某巧克力食品厂包装规程中要求每小包巧克力糖的重量应为 200±3g，而包装车间使用的台秤均为 5kg，允许误差为 4g。

分析：该案例不符合 7.1.4 中的要求。标准 7.1.4 组织应确定、提供和维护用于验证产品符合性所需的监视和测量设备，并确保监视和测量设备满足使用要求。对照能溯源到国际或国家标准的测量标准，按照规定的时间间隔或在使用前对监视和测量设备进行校准和（或）检定。

资料来源：http://blog.csdn.net/cc_mcy/archive/2009/03/13/3982718.aspx。

（6）组织的知识。

组织应确定运行过程所需的知识，以获得合格产品和服务。

这些知识应予以保持，并在需要范围内可得到。

为应对不断变化的需求和发展趋势，组织应考虑现有的知识，确定如何获取更多必要的知识，并进行更新。

需要注意的是，组织的知识是从其经验中获得的特定知识，是实现组织目标所使用的共享信息。

另外，组织的知识可以基于：①内部来源（例如知识产权；从经历中获得的知识；从失败和成功项目得到经验教训；得到和分享的未形成文件的知识和经验；过程、产品和服务的改进结果）；②外部来源（例如标准；学术交流；专业会议，从顾客或外部供方收集的知识）。

2）能力

组织应：①确定其控制范围内人员所需具备的能力，这些人员从事的工作影响质量管理体系绩效和有效性；②基于适当的教育、培训或经历；确保这些人员具备所需的能力；③适用时，采取措施获得所需的能力，并评价措施的有效性；④保留适当的形成文件的信息，作为人员能力的证据。

需要注意的是，采取的适当措施可包括对在职人员进行培训、辅导或重新分配工作；或者招聘具备能力的人员等。

3）意识

组织应确保在其控制范围内的相关工作人员知晓：①质量方针；②相关的质量目标；③他们对质量管理体系有效性的贡献，包括改进质量绩效的益处；④不符合质量管理体系要求的后果。

4）沟通

组织应确定与质量管理体系有关的内部和外部沟通，包括：①沟通什么；②何时沟通；③与谁沟通；④如何沟通；⑤由谁负责。

5）形成文件的信息

（1）总则。

组织的质量管理体系应包括：①本标准要求的形成文件的信息；②组织确定的为确保质量管理体系有效性所需的形成文件的信息。

需要注意的是，对于不同组织，质量管理体系形成文件的信息的多少与详略程度可以不同，取决于：组织的规模，以及活动、过程、产品和服务的类型；过程的复杂程度及其相互作用；人员的能力。

（2）创建和更新。

在创建和更新形成文件的信息时，组织应确保适当的：①标识和说明（如标题、日期、作者、索引编号等）；②格式（如语言、软件版本、图示）和媒介（如纸质、电子格式）；③评审和批准，以确保适宜性和充分性。

（3）形成文件的信息的控制。

应控制质量管理体系和本标准所要求的形成文件的信息，以确保：①无论何时何处需要这些信息，均可获得并适用；②予以妥善保护（如防止失密、不当使用或不完整）。

为控制形成文件的信息，适用时，组织应关注下列活动：①分发、访问、检索和使用；②存储和防护，包括保持可读性；③变更控制（如版本控制）；④保留和处置。

对确定策划和运行质量管理体系所必需的来自外部的原始的形成文件的信息，组织应进行适当识别和控制。

应对所保存的作为符合性证据的形成文件的信息予以保护，防止非预期的更改。

需要注意的是，形成文件的信息的"访问"可能意味着仅允许查阅，或者意味着允许查阅并授权修改。

内部文件的控制，如图10.7所示。

外来文件的控制，如图10.8所示。

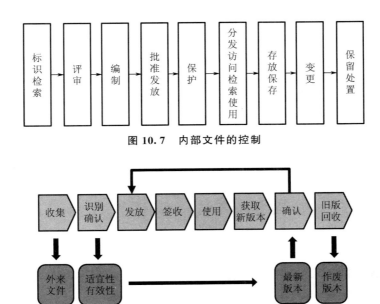

图 10.7 内部文件的控制

图 10.8 外来文件的控制

8. 运行（标准第 8 章）

1）运行的策划和控制

组织应通过采取下列措施，策划、实施和控制满足产品和服务要求所需的过程，以及实施标准第 6 章 1）所确定的措施：

（1）确定产品和服务的要求。

（2）建立下列内容的准则：①过程；②产品和服务的接收。

（3）确定符合产品和服务要求所需的资源。

（4）按照准则实施过程控制。

（5）在需要的范围和程度上，确定并保持、保留形成文件的信息：①证实过程已按策划进行；②证明产品和服务符合要求。

策划的输出应适合组织的运行需要。

组织应控制策划的更改，评审非预期的变更后果；必要时，采取措施消除不利影响。

组织应确保外包过程受控。

2）产品和服务的要求

（1）顾客沟通。

与顾客沟通的内容应包括：①提供有关产品和服务的信息；②处理问询、合同或订单，包括变更；③获取有关产品和服务的顾客反馈，包括顾客抱怨；④处置和控制顾客财产；⑤关系重大时，制定有关应急措施的特定要求。

（2）产品和服务要求的确定。

在确定向顾客提供的产品和服务的要求时，组织应确保：①产品和服务的要求得到规定，包括适用的法律法规要求；组织认为的必要要求；②对其所提供产品和服务，能够满足组织声称的要求。

（3）产品和服务要求的评审。

组织应确保有能力满足向顾客提供的产品和服务的要求。

在承诺向顾客提供产品和服务之前，组织应对如下各项要求进行评审：①顾客规定的要求，包括对交付及交付后活动的要求；②顾客虽然没有明示，但规定的用途或已知预期用途所必需的要求；③组织规定的要求；④适用于产品和服务的法律法规要求；⑤与先前表述存在差异的合同或订单的要求。

若与先前合同或订单的要求存在差异，组织应确保有关事项已得到解决。

若顾客没有提供形成文件的要求，组织在接受顾客要求前应对顾客要求进行确认。

需要注意的是，在某些情况下，如网上销售，对每一个订单进行正式的评审可能是不实际的，作为替代方法，可对有关产品信息，如产品目录、产品广告内容进行评审。

适用时，组织应保留下列形成文件的信息：①评审结果；②针对产品和服务的新要求。

（4）产品和服务要求的变更。

若产品和服务的要求发生更改，组织应确保相关的形成文件的信息得到修改，并确保相关人员知道已更改的要求。

3）产品和服务的设计和开发

（1）总则。

组织应建立、实施并保持设计和开发过程，以便确保后续的产品和服务的提供。

（2）设计和开发的策划。

在确定设计和开发各个阶段及其控制时，组织应考虑：①设计和开发活动的性质、持续时间和复杂程度；②所要求的过程阶段，包括适用的设计和开发评审；③所要求的设计和开发的验证和确认活动；④设计和开发过程涉及的职责和权限；⑤产品和服务的设计与开发所需的内部和外部资源；⑥设计和开发过程参与人员之间的接口控制需求；⑦顾客和使用者参与设计和开发过程的需求；⑧后续产品和服务提供的要求；⑨顾客和其他相关方期望的设计和开发过程的控制水平；⑩证实已经满足设计和开发要求所需的形成文件的信息。

（3）设计和开发输入。

组织应针对具体类型的产品和服务，确定设计和开发的基本要求。组织应考虑：①功能和性能要求；②来源于以前类似设计和开发活动的信息；③法律法规要求；④组织承诺实施的标准和行业规范；⑤由产品和服务所决定的、失效的潜在后果。

设计和开发的输入应完整、清楚，满足设计和开发的目的。

应解决相互冲突的设计和开发输入。

组织应保留有关设计和开发输入的形成文件的信息。

（4）设计和开发控制。

组织应对设计和开发过程进行控制，应确保：①规定拟获得的结果；②实施评审活动，以评价设计和开发的结果满足要求的能力；③实施验证活动，以确保设计和开发输出满足输入的要求；④实施确认活动，以确保产品和服务能够满足规定用途或预期用途要求；⑤针对评审、验证和确认过程中确定的问题采取必要的措施；⑥保留这些活动的形成文件的信息。

需要注意的是，设计和开发评审、验证和确认具有不同的目的。根据产品和服务的具体情况，可以单独或以任意组合进行。

(5) 设计和开发输出。

组织应确保设计和开发输出：①满足输入的要求；②对于产品和服务提供的后续过程是充分的；③包含或引用的监视和测量的要求，适当时，包括接收准则；④规定对于实现预期目的、保证安全和正常提供（使用）所必需的产品和服务特性。

组织应保留有关设计和开发输出的形成文件的信息。

(6) 设计和开发更改。

组织应识别、评审和控制产品和服务设计和开发期间以及后续所做的更改，以确保不会对符合要求产生不利影响。

组织应保留下列形成文件的信息：①设计和开发变更；②评审的结果；③变更的授权；④为防止不利影响而采取的措施。

4）外部提供的过程、产品和服务的控制

(1) 总则。

组织应确保外部提供的过程、产品和服务符合要求。

在下列情况下，组织应确保对外部提供的过程、产品和服务实施的控制：①外部供方的过程、产品和服务构成组织自身的产品和服务的一部分；②外部供方代表组织直接向顾客提供产品和服务；③组织决定由外部供方提供过程或部分过程。

组织应基于外部供方按要求提供过程、产品和服务的能力，确定外部供方评价、选择、绩效监视以及再评价的准则，并加以实施。对于这些活动和由评价引发的任何必要的措施，组织应保留所需的形成文件的信息。

(2) 控制类型和程度。

组织应确保外部提供的过程、产品和服务不会对组织稳定地向顾客交付合格产品和服务的能力产生不利影响。组织应：①确保外部提供的过程保持在质量管理体系的控制之中；②规定对外部供方的控制及其输出结果的控制；③考虑外部提供的过程、产品和服务对组织稳定提供满足顾客要求和适用法律法规要求的能力的潜在影响；外部供方自身控制的有效性；④确定必要的验证或其他活动，以确保外部提供的过程、产品和服务满足要求。

(3) 外部供方的信息。

组织应确保在与外部供方沟通之前所确定的要求是充分的。

组织应与外部供方沟通以下要求：①所提供的过程、产品和服务；②对产品和服务；方法，过程和设备；产品和服务的放行的批准；③能力，包括所要求的人员资质；④外部供方与组织的接口；⑤组织对外部供方绩效的控制和监视；⑥组织或其顾客拟在外部供方现场实施的验证或确认活动。

5）生产和服务提供

(1) 生产和服务提供的控制。

组织应在受控条件下进行生产和服务提供。适用时，受控条件应包括：①可获得形成文件的信息，以规定所生产的产品，提供的服务或进行的活动的特征，拟获得的结果；②可获得和使用适宜的监视和测量资源；③在适当阶段实施监视和测量活动，以验证是否符合过程或输出的控制准则以及产品和服务的接收准则；④为过程的运行提供适宜的基础设施和环境；⑤配备具备能力的人员，包括所要求的资格；⑥若输出结果不能由后续的监视或测量加以验证，应对产品和服务提供过程实现策划结果的能力进行确认和定期再确认；⑦采取措施防止人为差错；⑧实施放行、交付和交付后活动。

（2）标识和可追溯性。

需要时，组织应采用适当的方法识别输出，为确保产品和服务合格。

组织应在生产和服务提供的整个过程中按照监视和测量要求识别输出状态。

若要求可追溯，组织应控制输出的唯一性标识，且应保留实现可追溯性所需的形成文件的信息。

（3）顾客或外部供方的财产。

组织在控制或使用的顾客或外部供方的财产期间，应对其进行妥善管理。对组织使用的或构成产品和服务一部分的顾客或外部供方财产，组织应予以识别、验证、保护和维护。

若顾客或外部供方的财产发生丢失、损坏或不适用的情况，组织应向顾客或外部供方报告，并保留相关形成文件的信息。

需要注意的是，顾客或外部供方的财产可包括材料、零部件、工具和设备、顾客的场所、知识产权和个人信息。

（4）防护。

组织应在生产和服务提供期间对输出进行必要防护，以确保符合要求。

需要注意的是，防护可包括标识、处置、污染控制、包装、储存、传送或运输以及保护。

（5）交付后活动。

组织应满足与产品和服务相关的交付后活动的要求。

在确定交付后活动的覆盖范围和程度时，组织应考虑：①法律法规要求；②与产品和服务相关的潜在不期望的后果；③其产品和服务的性质、用途和预期寿命；④顾客要求；⑤顾客反馈。

需要注意的是，交付后的活动可能包括担保条款所规定的相关活动，诸如合同规定的维护服务，以及回收或最终报废处置等附加服务等。

（6）更改控制。

组织应对生产和服务提供的更改进行必要的评审和控制，以确保稳定地符合要求。

组织应保留形成文件的信息，包括有关更改评审结果、授权进行更改的人员，以及根据评审所采取的必要措施。

6）产品和服务的放行

组织应在适当的阶段实施策划的安排，以验证产品和服务的要求已被满足。除非得到有关授权人员的批准，适用时得到顾客的批准，否则在策划的安排已圆满完成之前，不应向顾客放行产品和交付服务。

组织应保留有关产品和服务放行的形成文件信息，形成文件的信息应包括：①符合接收准则的证据；②授权放行人员的可追溯信息。

7）不合格输出的控制

（1）组织应确保对不符合要求的输出进行识别和控制，以防止非预期的使用或交付。

组织应根据不合格的性质及其对产品和服务的影响采取适当的措施。这也适用于在产品交付之后发现的不合格，以及在服务提供期间或之后发现的不合格服务。

组织应通过下列一种或几种途径处置不合格输出：①纠正；②对提供产品和服务进行隔离、限制、退货或暂停；③告知顾客；④获得让步接收的授权。

不合格输出进行纠正之后验证其是否符合要求。

（2）组织应保留下列形成文件的信息：①有关不合格的描述；②所采取措施的描述；③获得让步的描述；④处置不合格的授权标识。

不合格输出的控制。如图10.9所示。

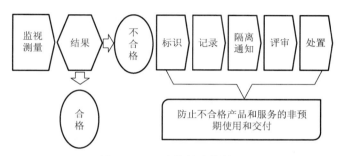

图 10.9　不合格输出的控制

9. 绩效评价（标准第 9 章）

1）监视、测量、分析和评价

（1）总则。

组织应确定：①需要监视和测量的对象；②确保有效结果所需要的监视、测量、分析和评价方法；③实施监视和测量的时机；④分析和评价监视和测量结果的时机。

组织应评价质量管理体系的绩效和有效性。

组织应保留适当的形成文件的信息，以作为结果的证据。

（2）顾客满意。

组织应监视顾客对其需求和期望获得满足程度的感受。组织应确定这些信息的获取、监视和评审方法。

需要注意的是，监视顾客感受的例子可包括顾客调查、顾客对交付产品或服务的反馈、顾客会晤、市场占有率分析、赞扬、担保索赔和经销商报告。

（3）分析与评价。

组织应分析和评价通过监视和测量的适宜数据和信息。

应利用分析结果评价：①产品和服务的符合性；②顾客满意程度；③质量管理体系的绩效和有效性；④策划是否得到有效实施；⑤针对风险和机遇所采取措施的有效性；⑥外部供方的绩效；⑦质量管理体系改进的需求；

需要注意的是，数据分析方法可包括统计技术。

2）内部审核

（1）组织应按照策划的时间间隔进行内部审核，以提供质量管理体系的下列信息：①是否符合组织自身的质量管理体系和本标准的要求；②是否得到有效的实施和保持。

(2) 组织应：①依据有关过程的重要性、对组织产生影响的变化和以往审核的结果，策划、制定、实施和保持审核方案，审核方案包括频次、方法、职责、策划要求和报告；②规定每次审核的审核准则和范围；③选择可确保审核过程的客观公正的审核员实施审核；④确保相关管理部门获得审核结果报告；⑤及时采取适当的纠正和纠正措施；⑥保留作为实施审核方案以及审核结果的证据的形成文件的信息。

相关指南参见 ISO 19011。

内部审核的要求？

内部审核的要求如图 10.10 所示。

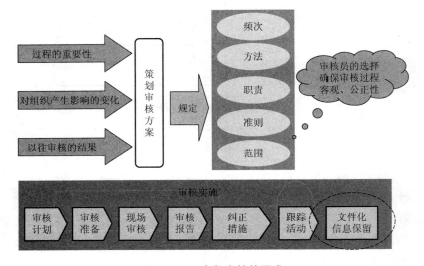

图 10.10　内部审核的要求

3）管理评审

(1) 总则。

最高管理者应按照策划的时间间隔对质量管理体系进行评审，以确保其持续的适宜性、充分性和有效性，并与组织的战略方向一致。

(2) 管理评审输入。

策划和实施管理评审时应考虑下列内容：①以往管理评审所采取措施的实施情况；②与质量管理体系相关的内外部因素的变化；③有关质量管理体系绩效和有效性的信息，包括顾客满意和相关方反馈，质量目标的实现程度，过程绩效以及产品和服务的符合性，不合格以及纠正措施，监视和测量结果，审核结果，外部供方的绩效；④资源的充分性；⑤应对风险和机遇所采取措施的有效性；⑥改进的机会。

(3) 管理评审的输出。

管理评审的输出应包括与改进的机会、质量管理体系所需的变更、源需求相关的决定和措施。

组织应保留作为管理评审结果证据的形成文件的信息。

审核过程如图 10.11 所示。

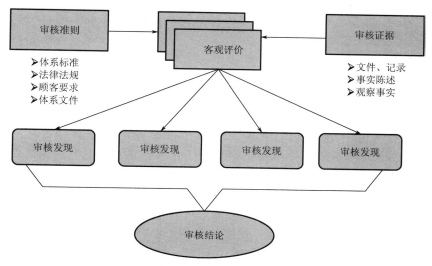

图 10.11 审核的过程

纠正：为消除已发现的不合格所采取的措施。

纠正措施：为消除已发现的不合格或其他不期望情况的原因所采取的措施。

预防措施：为消除潜在不合格或其他潜在不期望情况的原因所采取的措施。

区分纠正和纠正措施。例如，斩草除根，"斩草"是纠正，"除根"是纠正措施。

区分纠正措施和预防措施。亡羊补牢是纠正措施，而未雨绸缪是预防措施。

10. 改进（标准第 10 章）

1）总则

组织应确定并选择改进机会，采取必要措施，满足顾客要求和增强顾客满意。

包括：改进产品和服务以满足要求并关注未来的需求和期望；纠正、预防或减少不利影响；改进质量管理体系的绩效和有效性。

需要注意的是，改进的例子可包括纠正，纠正措施，持续改进，突变，创新和重组。

2）不合格和纠正措施

（1）若出现不合格，包括投诉所引起的不合格，组织应：①对不合格做出应对，如 a. 采取措施予以控制和纠正；b. 处置产生的后果。②通过下列活动，评价是否采取措施，以消除产生不合格的原因，避免其再次发生或在其他场合发生：a. 评审和分析不合格；b. 确定不合格的原因；c. 确定是否存在或可能发生类似的不合格。③实施所需的措施。④评审所采取纠正措施的有效性。⑤需要时，更新策划期间确定的风险和机遇。⑥需要时，变更质量管理体系。

纠正措施应与所产生的不合格的影响相适应。

（2）组织应保留形成文件的信息，作为下列事项的证据：①不合格的性质以及随后所采取的措施；②纠正措施的结果；③持续改进。

组织应持续改进质量管理体系的适宜性、充分性和有效性。

组织应考虑管理评审的分析、评价的结果,以及管理评审的输出,确定是否存在持续改进的需求或机会。

10.3 环境管理体系

10.3.1 ISO 14000 标准概述

随着社会、经济的发展,工业化、城市化进程的逐步加快,人类赖以生存和发展的环境正发生着急剧的变化,承受着前所未有的压力。许多环境问题跨越国界、不分地区,已是构成威胁人类生存,制约经济发展的重要因素。环境与发展已成为全人类不同国家、不同肤色、不同意识形态共同关注的热点。

现在,各种类型的组织都越来越重视通过依照环境方针和目标来控制其活动、产品和服务对环境的影响,以实现并证实良好的环境绩效。这是由于有关的立法更趋严格,促进环境保护的经济政策和其他措施都在相继制定,相关方对环境问题和可持续发展的关注也在普遍增长。

许多组织已经推行了环境"评审"或"审核",以评定自身的环境表现(行为)。但仅靠这种"评审"和"审核"本身,可能还不足以为一个组织提供保证,使之确信自己的环境表现(行为)不仅现在满足,并将持续满足法律与方针要求。要使评审或审核行之有效,须在一个结构化的管理体系内予以实施,并将其纳入全部管理活动。

ISO 14000 系列标准是由 ISO 制订的环境管理体系标准,是针对全球性的环境污染和生态破坏越来越严重,臭氧层破坏、全球气候变暖、生物多样性的消失等重大环境问题威胁着人类未来的生存和发展,顺应国际环境保护的发展,依据国际经济贸易发展的需要而制定的。

从 1993 年 6 月到 1996 年 10 月,国际标准化组织国际环境管理委员会(ISO/TC 207)先后制订并颁布了 ISO 14000 环境管理系列标准。我国于 1995 年 5 月正式成立"全国环境管理标准化技术委员会"(CSBTC/207),并从 1996 年开始等同采用 ISO 14001 环境管理系列标准。

ISO 14001 是由国际标准化组织发布的一份标准,是 ISO 14000 族标准中的主体标准之一,该标准于 1996 年进行首次发布,2004 年由 ISO 对该标准进行了修订,版本为 ISO 14001:2004。ISO/TC 207/SC1 国际标准化组织国际环境管理委员会环境管理体系分委员会对 ISO 14001:2004 国际标准的修订工作始于 2011 年,在历经了 2014 年 7 月 DIS(Draft International Standard,国际标准草案)稿,2015 年 7 月 FDIS(Final Draft International Standard,最终国际标准版草案)稿后,于 2015 年 9 月 15 日发布了 ISO 14001:2015。我国等同转化了 ISO 14001:2015,于 2016 年 10 月 13 日发布了国家标准《环境管理体系 要求及使用指南》(GB/T 24001—2016),2017 年 5 月 1 日实施。

10.3.2 ISO 14001:2015 标准理解

环境管理标准旨在为组织规定有效的环境管理体系要素,它们可与其他管理要求相结合,帮助组织实现环境目标与经济目标。如同其他国际标准一样,这些标准不是用来制造非关税贸易壁垒，也不增加或改变一个组织的法律责任。本标准规定了对环境管理体系的要求，该体系拟适用于任何类型与规模的组织，并适用于各种地理、文化和社会条件。

该标准由引言、正文及附录三部分组成。标准正文共分为10章，如图10.12所示。

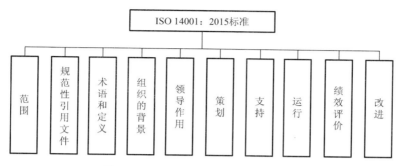

图 10.12　ISO 14001：2015 标准构成

构成环境管理体系的方法是基于 PDCA 的概念。PDCA 模式为组织提供了一个循环渐进的过程，用以实现持续改进。该模式可应用于环境管理体系及其每个单独的要素。该模式可简述如下。

（1）策划：建立所需的环境目标和过程，以实现与组织的环境方针相一致的结果。

（2）实施：实施所策划的过程。

（3）检查：根据环境方针，包括其承诺、环境目标和运行准则，对过程进行监视和测量，并报告结果。

（4）处置：采取措施以持续改进。

图 10.13 展示了本标准采用的结构如何融入 PDCA 模式，它能够帮助新的和现有的使用者理解系统方法的重要性。图中体现了环境管理体系的要求：环境体系策划、支持与运行、绩效评价和改进。体系的成功实施有赖于各个层次与职能，特别是最高管理者的承诺。这样一个体系可供组织据以建立一套程序，用来设立环境方针和目标，实现对它们的符合，并向外界进行展示这种符合性；同时这一体系还可用来评定程序的有效性。本标准的总目的是支持环境保护和污染预防，协调它们与社会需求和经济需求的关系。应当指出的是，其中许多要求是可以同时或重复涉及的。

根据以上要求，最好将环境管理体系视为一个组织框架。它需要不断检测和定期评审，以适应变化着的内、外部因素，有效引导组织的环境活动。组织的每一名成员都应承担环境改进的职责。

1. 范围（标准条款第 1 章）

本标准规定了组织能够用来提升其环境绩效的环境管理体系要求。本标准可供寻求以系统的方式管理其环境责任的组织使用，从而为可持续发展的"环境支柱"做出贡献。

本标准可帮助组织实现其环境管理体系的预期结果，这些结果将为环境、组织自身和相关方带来价值。

与组织的环境方针保持一致的环境管理体系预期结果包括：①提升环境绩效；②履行合规义务；③实现环境目标。

本标准适用于任何规模、类型和性质的组织，并适用于组织基于生命周期观点确定的其能够控制或能够施加影响的活动、产品和服务的环境因素。本标准未提出具体的环境绩效准则。

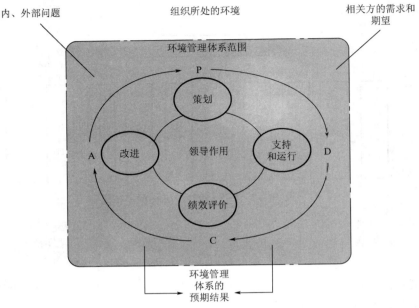

图 10.13　环境管理体系运行模式

本标准能够全部或部分地用于系统地改进环境管理。但是，只有本标准的所有要求都被包含在了组织的环境管理体系中且全部得以满足，组织才能声明符合本标准。

2. 规范性引用文件（标准条款第 2 章）

无规范性引用文件。

3. 术语和定义（标准条款第 3 章）

1）与组织和领导作用相关的术语

管理体系、环境管理体系、环境方针、组织、最高管理者、相关方。

2）与策划相关的术语

环境、环境因素、环境状况、环境影响、目标、环境目标、污染预防、要求、合规性义务、风险、风险和机遇。

3）与支持和运行相关的术语

能力、文件化信息、生命周期、外包、过程。

4）与绩效评价和改进有关的术语

审核、符合、不符合、纠正措施、持续改进、有效性、参数、监视、测量、绩效、环境绩效。

如何理解"建立"和"保持"？

"建立"是从无到有、从不完善到完善的过程，即从组织决定按照 ISO 14001 标准要求建立环境管理体系开始，到环境管理体系建成的全过程，包括环境管理体系的策划、环境目标和指标的设定、环境管理方案的制定和筛选、体系文件的编制、组织机构和职责的设置以及人财物资源的配置等。

"保持"是不断修正偏差的过程。在建立环境管理体系时，把想要做的事情写下来，形成文件。接着定下来的事情就要认真去做，也就是使环境管理体系按照标准和文件所规定的、所写的要求去运行，运行过程中要实施必要的监督检查并针对不符合采取纠正预防措施加以修正和调整，还要通过审核和评审活动不断改进提高，以最终实现组织的环境方针和目标，实现持续改进。

4．组织所处的环境（标准条款第4章）

1）理解组织及其所处的环境

组织应确定与其宗旨相关并影响其实现环境管理体系预期结果的能力的外部和内部问题。这些问题应包括受组织影响的或能够影响组织的环境状况。

2）理解相关方的需求和期望

组织应确定的内容包括：①与环境管理体系有关的相关方；②这些相关方的有关需求和期望（即要求）；③这些需求和期望中哪些将成为其合规义务。

3）确定环境管理体系的范围

组织应确定环境管理体系的边界和适用性，以界定其范围。

确定范围时组织应考虑：①标准第4章1）所提及的内、外部问题；②标准第4章2）所提及的合规义务；③其组织单元、职能和物理边界；④其活动、产品和服务；⑤其实施控制与施加影响的权限和能力。

范围一经确定，在该范围内组织的所有活动、产品和服务均须纳入环境管理体系。应保持范围的文件化信息，并可为相关方获取。

4）环境管理体系

为实现组织预期结果，包括提高其环境绩效，组织应根据本标准的要求建立、实施、保持并持续改进环境管理体系，包括所需的过程及其相互作用。组织建立并保持环境管理体系时，应考虑标准第4章1）和标准第4章2）获得的知识。

实用小窍门

组织所要识别的环境因素分为两大类。

一类是组织"能够控制"的环境因素，也就是组织可以通过自身管理加以控制、改变、处理或处置的环境因素，其中包括组织活动、产品或提供服务过程中伴随的对环境造成有害影响的环境因素。对于这类环境因素，因其往往存在于组织的现场范围内，故对这些环境因素的控制与管理可通过改进产品设计、加强设备维护保养、强化过程控制、进行人员培训等方法实现。能够控制的环境因素还包括分供方、分承包方、合同方等相关方为组织提供活动、产品或服务的过程中可以标识出的对环境造成有害影响的环境因素，由于双方经济上的依存关系，所以这种环境因素中常常有一些也是可以通过利益关系加以控制的。

另一类是组织"可望施加影响"的环境因素，也就是不能通过或难以通过行政管理及其他技术手段改变，或不能直接加以控制和管理的环境因素，如原材料供应商、半成品等的环境因素。这类环境因素由于多用于与组织关系较密切的相关方，所以可以通过某种利益关系对相关方施以影响，间接实现对它的控制或管理。但需要注意的是，施加影响的程度往往取决于多方面因素。一般来说，在经营活动中，组织的经济实力和市场地位越强，其控制和影响力也就越大，在这方面组织应灵活掌握，不能超越其影响力范围行事。

资料来源：https://wenku.baidu.com/view/dfbd

5. 领导作用（标准条款第5章）

1）领导作用与承诺

最高管理者应证实其在环境管理体系方面的领导作用和承诺，通过：①对环境管理体系的有效性负责；②确保建立环境方针和环境目标，并确保其与组织的战略方向及所处的环境相一致；③确保将环境管理体系要求融入组织的业务过程；④确保可获得环境管理体系所需的资源；⑤就有效环境管理的重要性和符合环境管理体系要求的重要性进行沟通；⑥确保环境管理体系实现其预期结果；⑦指导并支持员工对环境管理体系的有效性做出贡献；⑧促进持续改进；⑨支持其他相关管理人员在其职责范围内证实其领导作用。

需要注意的是，本标准所提及的"业务"可从广义上理解为涉及组织存在目的的那些核心活动。

2）环境方针

最高管理者应在确定的环境管理体系范围内建立、实施并保持环境方针，环境方针应：①适合于组织的宗旨和组织所处的环境，包括其活动、产品和服务的性质、规模和环境影响；②为制订环境目标提供框架；③包括保护环境的承诺，其中包含污染预防及其他与组织所处环境有关的特定承诺；（需要注意的是，保护环境的其他特定承诺可包括资源的可持续利用、减缓和适应气候变化、保护生物多样性和生态系统。）④包括履行其合规义务的承诺；⑤包括持续改进环境管理体系以提高环境绩效的承诺。

环境方针应保持文件化信息；在组织内得到沟通；可为相关方获取。

3）组织的岗位、职责和权限

最高管理者应确保在组织内部分配并沟通相关岗位的职责和权限。

最高管理者应对下列事项分配职责和权限：①确保环境管理体系符合本标准的要求；②向最高管理者报告环境管理体系的绩效，包括环境绩效。

环境方针的核心内容——"三个承诺"和"一个框架"。

环境方针是组织的最高管理者对环境的承诺和声明，它是组织建立环境管理体系的基础，也是统一全组织环境意识和行为的指针。其核心内容应体现污染预防、持续改进和遵守环保法律法规的承诺；同时，环境方针又不仅仅是华丽辞藻的堆砌，它应为制定和评价环境目标和指标提供框架，并应通过组织的计划和行动付诸实施。

6. 策划（标准条款第6章）

1）应对风险和机遇的措施

（1）总则。

组组织应建立、实施并保持满足标准第6章1）中（1）～（4）的要求所需的过程。

策划环境管理体系时，组织应考虑：①标准第4章1）所提及的问题；②标准第4章2）所提及的要求；③其环境管理体系的范围。

并且，应确定与环境因素、合规义务、标准第4章1）和标准第4章2）中识别的其他问题和要求相关的需要应对的风险和机遇，以确保环境管理体系能够实现其预期结果；预防或减少不期望的影响，包括外部环境状况对组织的潜在影响；实现持续改进。

组织应确定其环境管理体系范围内的潜在紧急情况，特别是那些可能具有环境影响的潜在紧急情况。

组织应保持：需要应对的风险和机遇的文件化信息；标准第 6 章 1）（1）～（4）中所需过程的文件化信息，其程度应足以确信这些过程按策划实施。

（2）环境因素。

组织应在所界定的环境管理体系范围内，确定其活动、产品和服务中能够控制和能够施加影响的环境因素及其相关的环境影响。此时应考虑生命周期观点。

确定环境因素时，组织必须考虑：①变更，包括已纳入计划的或新的开发，以及新的或修改的活动、产品和服务；②异常状况和可合理预见的紧急情况。

组织应运用所建立的准则，确定那些具有或可能具有重大环境影响的环境因素，即重要环境因素。

适当时，组织应在其各层次和职能间沟通其重要环境因素。

组织应保持的文件化信息包括：环境因素及相关环境影响；用于确定其重要环境因素的准则；重要环境因素。

需要注意的是，重要环境因素可能导致与有害环境影响（威胁）或有益环境影响（机会）相关的风险和机遇。

（3）合规义务。

组织应：①确定并获取与其环境因素有关的合规义务；②确定如何将这些合规义务应用于组织；③在建立、实施、保持和持续改进其环境管理体系时必须考虑这些合规义务。

组织应保持其合规义务的文件化信息。

需要注意的是，合规义务可能会给组织带来风险和机遇。

（4）措施的策划。

组织应采取措施管理的内容包括：①重要环境因素；②合规义务；③标准第 6 章 1）（1）所识别的风险和机遇。

措施的策划应做到：①在其环境管理体系过程中或其他业务过程中融入并实施这些措施；②评价这些措施的有效性。

当策划这些措施时，组织应考虑其可选技术方案、财务、运行和经营要求。

2）环境目标及其实现的策划

（1）环境目标。

组织应针对其相关职能和层次建立环境目标，此时须考虑组织的重要环境因素及相关的合规义务，并考虑其风险和机遇。

环境目标应：①与环境方针一致；②可测量（可行时）；③得到监视；④予以沟通；⑤适当时予以更新。

组织应保持环境目标的文件化信息。

（2）实现环境目标措施的策划。

策划如何实现环境目标时，组织应确定：①要做什么；②需要什么资源；③由谁负责；④何时完成；⑤如何评价结果，包括用于监视实现其可测量的环境目标的进程所需的参数。

组织应考虑如何能将实现环境目标的措施融入其业务过程。

三同时制度指同时设计、同时施工、同时投产使用。在建设项目正式施工前，建设单位，须向环保行政主管部门提交环保篇章，批准后，才可施工。在正式投产和使用前，须向环保行政主管部门提交环保设施的验收申请报告。环保部门收到验收申请报告要在一个月内组织审查验收。

环境管理方案应包括的内容如下。

(1) 实现组织环境目标和指标的各职能和层次的具体职责。职能主要是指组织内横向间的各个截然不同的部门，如质管部、生产部、设备部和采购部等，它们在组织的运作及完成其使命的过程中履行不同的职能；层次则是组织为便于管理授权而作的纵向权责分工，一般指部门内部的职权划分或跨部门的协调单位。

(2) 实现组织环境目标和指标的方法。应根据组织生产、经营和环境管理的优先次序，针对每一项环境目标和指标确定具体的技术措施和技术方法。措施可直接针对单个项目、过程、场所或单项服务等。

(3) 制定环境目标和指标实施方案的时间表和进度计划。何时启动、何时执行到何种程度、何时完成，这些期限都应明确界定。

7. 支持（标准条款第7章）

1) 资源

组织应确定并提供建立、实施、保持和持续改进环境管理体系所需的资源。

2) 能力

组织应：①确定在其控制下工作，对组织环境绩效和履行合规义务的能力有影响的人员所需的能力；②基于适当的教育、培训或经历，确保这些人员能够胜任工作；③确定与其环境因素和环境管理体系相关的培训需求；④适当时，采取措施以获得所必需的能力，并评价所采取措施的有效性。

需要注意的是，适当措施可能包括，例如，向现有员工提供培训和指导，或重新委派其职务；聘用、雇佣胜任的人员。

组织应保留适当的文件化信息作为能力的证据。

3) 意识

组织应确保在其控制下工作的人员意识到：①环境方针；②与他们的工作相关的重要环境因素和相关的实际或潜在的环境影响；③他们对环境管理体系有效性的贡献，包括对提高环境绩效的贡献；④不符合环境管理体系要求，包括未履行组织的合规义务的后果。

4) 信息交流

(1) 总则。

组织应建立、实施并保持与环境管理体系有关的内部与外部信息交流所需的过程，包括：①信息交流的内容；②何时进行信息交流；③与谁进行信息交流；④如何进行信息交流。

策划信息交流过程时，组织应考虑其合规义务；确保所交流的环境信息与环境管理体系形成的信息一致且真实可信。

组织应对其环境管理体系相关的信息交流做出响应。

适当时，组织应保留文件化信息，作为其信息交流的证据。

(2) 内部信息交流。

组织应：①在其各职能和层次间就环境管理体系的相关信息进行内部信息交流，适当时，包括交流环境管理体系的变更；②确保其信息交流过程能够促使在其控制下工作的人员对持续改进做出贡献。

(3) 外部信息交流。

组织应按其建立的信息交流过程及其合规义务的要求，就环境管理体系的相关信息进行外部信息交流。

5) 文件化信息

(1) 总则。

组织的环境管理体系应包括：①本标准要求的文件化信息；②组织确定的实现环境管理体系有效性必需的文件化信息。

需要注意的是，不同组织的环境管理体系文件化信息的复杂程度可能不同，取决于组织的规模及其活动、过程、产品和服务的类型；证明履行其合规义务的需要；过程的复杂性及其相互作用；在组织控制下工作的人员的能力。

(2) 创建和更新。

在创建和更新文件化信息时，组织应确保适当的：①识别和描述（如标题、日期、作者或文献编号）；②形式（如语言文字、软件版本、图表）与载体（如纸质、电子）；③评审和批准，以确保适宜性和充分性。

(3) 文件信息的控制。

环境管理体系及本标准要求的文件化信息应予以控制，以确保：①在需要的时间和场所均可获得并适用；②受到充分的保护（如防止失密、不当使用或完整性受损）。

为了控制文件化信息，适用时，组织应采取的措施包括：分发、访问、检索和使用；存储和保护，包括保持易读性；变更的控制（如版本控制）；保留和处置。

组织应识别所确定的对环境管理体系策划和运行所需的来自外部的文件化信息，适当时，应对其予以控制。

需要注意的是，"访问"可能指只允许查阅文件化信息的决定，或可能指允许并授权查阅和更改文件化信息的决定。

沟通的目的包括：阐明管理者对环境的承诺；处理涉及组织的活动、产品或服务的环境方面的问题和关系；提高对环境方针、目标、指标和方案的认识；履行义务；增进理解，提升形象。

沟通的种类包括：

① 内部沟通：各层次/职能间。

② 外部沟通：相关信息的接收、成文和答复。

沟通的形式包括工作联系单、会议、宣传栏、电子媒体、电话。

8. 运行（标准条款第 8 章）

1) 运行策划和控制

组织应建立、实施、控制并保持满足环境管理体系要求以及实施标准第 6 章 1) 和标准第 6 章 2) 所识别的措施所需的过程，具体来说需要做到：建立过程的运行准则；按照运行准则实施过程控制。

需要注意的是，控制可包括工程控制和程序控制。控制可按层级（如消除、替代、管理）实施，并可单独使用或结合使用。

组织应对计划内的变更进行控制，并对非预期性变更的后果予以评审，必要时应采取措施降低任何有害影响。

组织应确保对外包过程实施控制或施加影响。应在环境管理体系内规定对这些过程实施控制或施加影响的类型与程度。

从生命周期观点出发，组织应：①适当时，采取相关控制措施，确保在产品或服务设计和开发过程中，考虑其生命周期的每一阶段，并提出环境要求；②适当时，确定产品和服务采购的环境要求；③与外部供方（包括合同方）沟通其相关环境要求；④考虑提供与产品或服务的运输或交付、使用、寿命结束后处理和最终处置相关的潜在重大环境影响的信息的需求。

组织应保持必要的文件化信息，以确信过程已按策划得到实施。

2）应急准备和响应

组组织应建立、实施并保持对标准第6章1）（1）中识别的潜在紧急情况进行应急准备并做出响应所需的过程。

组织应：①通过策划措施做好响应紧急情况的准备，以预防或减轻它所带来的有害环境影响；②对实际发生的紧急情况做出响应；③根据紧急情况和潜在环境影响的程度，采取相适应的措施预防或减轻紧急情况带来的后果；④可行时，定期试验所策划的响应措施；⑤定期评审并修订过程和策划的响应措施，特别是发生紧急情况后或进行试验后；⑥适用时，向有关的相关方，包括在组织控制下工作的人员提供应急准备和响应相关的信息和培训。

组织应保持必要的文件化信息，以确信过程按策划予以实施。

知识要点提醒

与重要环境因素有关的运行和活动包括：①产品的开发与设计；②原材料的采购、储运、加工和生产；③技术方案的选择；④设备、工艺流程和技术参数的确定；⑤产品的生产、储存、运输、销售、使用、维护和回收利用；⑥营销与广告活动；⑦用户服务。

文件控制是指对文件的批准、发放、使用等活动建立和执行文件化的程序。应对本标准和环境管理体系所要求的文件进行控制，对文件控制的要求如图10.14所示。

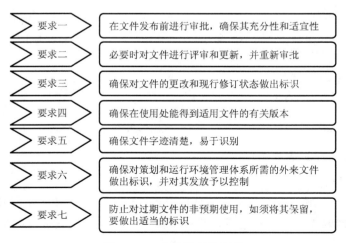

图 10.14　文件控制的要求

9. 绩效评价（标准条款第9章）

1）监测、测量、分析和评价

（1）总则。

组织应监视、测量、分析和评价其环境绩效。

组织应确定：①需要监视和测量的内容；②适用时，监视、测量、分析与评价的方法，以确保有效的结果；③组织评价其环境绩效所依据的准则和适当的参数；④何时应实施监视和测量；⑤何时应分析和评价监视和测量结果。

适当时，组织应确保使用经校准或经验证的监视和测量设备，并对其予以维护。

组织应评价其环境绩效和环境管理体系的有效性。

组织应按其建立的信息交流过程的规定及其合规义务的要求，就有关环境绩效的信息进行内部和外部信息交流。

组织应保留适当的文件化信息，作为监视、测量、分析和评价结果的证据。

（2）合规性评价。

组织应建立、实施并保持评价其合规义务履行情况所需的过程。

组织应：①确定实施合规性评价的频次；②评价合规性，必要时采取措施；③保持其合规情况的知识和对其合规情况的理解。

组织应保留文件化信息，作为合规性评价结果的证据。

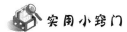
实用小窍门

组织监测和测量活动的对象是已确定的可能具有重大环境影响的运行与活动的关键特性，包括环境绩效指标、运行控制的信息以及衡量目标指标的参数等。其中，组织的环境绩效是指组织控制重大环境因素的有关结果和成效，如污染预防和节能降耗所取得的成效；运行控制方面的信息可包括对排放因子的监测数据、对水、气、声、渣的控制情况以及对设备设施的检查和维护情况等，对衡量环境目标和指标的参数监测往往是通过对环境管理方案中每一具体步骤的执行情况进行例行监测而实现的。组织应对整体环境表现和过程控制情况进行综合评价，汇总数据，并对监测和测量结果进行统计分析，以确定成功的领域和需要采取纠正措施予以改进的方面。

2）内部审核

（1）总则。

组织应按计划的时间间隔实施内部审核，以提供下列环境管理体系的信息：①是否符合组织自身环境管理体系，以及本标准的要求。②是否得到了有效的实施和保持。

（2）内部审核方案。

组织应建立、实施并保持一个或多个内部审核方案，包括实施审核的频次、方法、职责、策划要求和内部审核报告。

建立内部审核方案时，组织必须考虑相关过程的环境重要性、影响组织的变化以及以往审核的结果。

组织应：①规定每次审核的准则和范围；②选择审核员并实施审核，确保审核过程的客观性与公正性；③确保向相关管理者报告审核结果。

组织应保留文件化信息，作为审核方案实施和审核结果的证据。

3）管理评审

最高管理者应按计划的时间间隔对组织的环境管理体系进行评审，以确保其持续的适宜性、充分性和有效性。

管理评审应考虑的事项如下。

（1）以往管理评审所采取措施的状况。

（2）以下方面的变化：①与环境管理体系相关的内外部问题；②相关方的需求和期望，包括合规义务；③其重要环境因素；④风险和机遇。

（3）环境目标的实现程度。

（4）组织环境绩效方面的信息，包括以下方面的趋势：①不符合和纠正措施；②监视和测量的结果；③其合规义务的履行情况；④审核结果。

（5）资源的充分性。

（6）来自相关方的有关信息交流（包括抱怨）。

（7）持续改进的机会。

管理评审的输出应包括①对环境管理体系的持续适宜性、充分性和有效性的结论；②与持续改进机会相关的决策；③与环境管理体系变更的任何需求相关的决策，包括资源；④环境目标未实现时需要采取的措施；⑤如需要，改进环境管理体系与其他业务过程融合的机遇；⑥任何与组织战略方向相关的结论。

组织应保留文件化信息，作为管理评审结果的证据。

知识要点提醒

环境管理体系审核是环境审核的一种，它包括 3 种类型。

（1）组织的内审（第一方审核），通常由组织的内部审核组发起、策划并实施，有时也可聘请外部人员承担，其性质属于符合性审查，相当于组织的自我检查和评判，内审的审核结果应呈报给组织的管理者。

（2）合同审核（第二方审核），由组织的顾客或合同方发起，或是集团公司对其子公司的审核。

（3）认证审核（第三方审核），通常由组织向有资质并具有独立法人的第三方认证机构提出委托认证申请，由该认证机构派外部审核组对组织实施审核。

本要素所指的审核是指组织的内审，它是组织环境管理体系运行模式中检查阶段的一项关键活动。

内部审核的程序如图 10.15 所示。

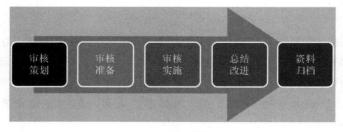

图 10.15　内部审核程序

10. 改进（标准条款第 10 章）

1）总则

组织应确定改进的机会，并实施必要的措施实现其环境管理体系的预期结果。

2) 不符合与纠正措施

发生不符合时，组织应做到如下几点。

（1）对不符合做出响应，如采取措施控制并纠正不符合；处理后果，包括减轻有害的环境影响。

（2）通过以下方式评价消除不符合原因的措施需求，以防止不符合再次发生或在其他地方发生：①评审不符合；②确定不符合的原因；③确定是否存在或是否可能发生类似的不符合。

（3）实施任何所需的措施。

（4）评审所采取的任何纠正措施的有效性。

（5）必要时，对环境管理体系进行变更。

纠正措施应与所发生的不符合造成影响（包括环境影响）的重要程度相适应。

组织应保留文件化信息作为下列事项的证据，如不符合的性质和所采取的任何后续措施；任何纠正措施的结果。

3) 持续改进

组织应持续改进环境管理体系的适宜性、充分性与有效性，以提升环境绩效。

环境管理体系管理评审关注的焦点问题就在于体系的适宜性、充分性和有效性，如何理解适宜性、充分性和有效性？

适宜性主要是指环境方针、体系各个要素的策划是否适合于组织的规模、性质和环境特点，当法律发生变化、相关方愿望和要求发生变化、产品或活动本身发生变化，或是由于科技进步、市场导向等对体系带来影响时，体系原有的运行是否还能适应这种变化。此外，组织的环境管理体系能否与现行的管理制度相互融合，能否与组织内的其他管理体系，如质量、职业安全卫生管理体系达成相互兼容，以及体系文件本身是否适合于组织员工的使用等也是适宜性所要考查的内容。

充分性主要表现在体系是否覆盖了组织的认证范围，体系能否满足 ISO 14001 标准全部要求，体系各项管理程序和要求能否确保实现管理的有效运行及组织资源提供是否充分，是否足以保证体系的有效运行。

有效性是指体系能否保证实现组织的环境方针、目标和指标，组织对所评价出的重要环境因素能否实施有效控制，体系的自我完善和自我监督改进机制是否建立，以及员工环保意识是否提高、操作是否规范等。

10.4　职业健康安全管理体系

10.4.1　ISO 45001：2018 概述

经济的高速发展和社会的不断进步，使各国政府和许多国际组织对"经济—社会—资源—环境"的可持续协调发展日益重视，与生产紧密相关的职业健康安全（Cccupational Health Safety，OHS）问题也受到更普遍的关注，"环境与安全"问题被认为是当今世界标准化工作最紧迫的课题之一。职业健康安全管理体系（Occupational Health and Safety A-Managemcnt Systems，OHSAS）标准应运而生。

1999 年，英国标准协会（British Standards Institution，BSI）和挪威船级社（Det Norske Veritas，DNV）等 13 个国际权威认证机构联合制定了职业健康安全评估规范 OHSAS 18001 及其支持规范 OHSAS 18002（作为 OHSAS 18001 的应用指南），形成了 OHSAS

18000 职业健康安全管理体系标准。2007 年颁布了 OHSAS 18001：2007《职业健康安全管理体系规范》，2008 年颁布了 OHSAS 18002：2008《职业健康安全管理体系指南》。新版标准考虑了与 ISO 9001 和 ISO 14001 更好的兼容性，这将进一步推动组织对其管理体系进行整合并使 OHSAS 赢得更多关注。

OHSAS 18000 职业健康安全管理体系是组织全部管理体系中专门管理职业健康安全工作的部分，包括为制定、实施、实现、评审和保持职业安全卫生方针所需的组织机构、规划活动、职责、制度、程序、过程和资源。它是继 ISO 9000 族质量管理体系和 ISO 14000 系列环境管理体系之后又一个重要的标准化管理体系。

实施职业健康安全管理体系（OHSAS），有助于消除或减少雇员及其他相关团体与他们活动相关的职业健康安全管理风险；并可通过获得第三方认证机构认证的形式，向外界证明其职业健康安全管理体系的符合性和职业健康安全管理水平。由于实施 OHSAS 可以带来降低风险、提高国际市场竞争力、取得政府优惠政策等好处，OHSAS 标准自颁布以来，受到广大企业的积极响应。

1999 年 10 月，我国颁布了《职业安全卫生管理体系试行标准》［内容与 OHSAS 18000：1999 基本相一致］。2001 年我国颁布了 GB/T 28000—2001 标准等同采用 OHSAS 18000：1999，即 GB/T 28001—2001《职业健康安全管理体系规范》和 GB/T 28002—2001《职业健康安全管理体系指南》。2011 年 12 月 30 日，我国发布了《职业健康安全管理体系要求》（GB/T 28001—2011）和《职业健康安全管理体系 实施指南》（GB/T 28002—2011）。

尽管 OHSAS 18001：2007 不是一个 ISO 标准，它仍获得了全球性认可。近年来，OHSAS 18001 的使用获得快速增长。最近的调查报告显示，在超过 127 个国家中进行了约 90 000 例 OHSAS 18001 认证，而企业和利益相关方也表达了对该标准国际化的迫切期望。

2013 年，ISO 批准设立了一个新项目委员会，开发 OHS 的国际标准。ISO 项目委员会 PC283 负责监督这项工作。ISO 项目委员会负责将 OHSAS 18001 转化为 ISO 标准——ISO 45001。ISO 45001 立足于现行的 OHSAS 18001 职业健康与安全管理体系，同时结合 ISO 新版 ISO 9001 质量管理体系和 ISO 14001 环境管理体系框架结构进行了调整。ISO 45001 在结构上与 OHSAS 18001 有较大不同。ISO 45001：2018 标准根据国际标准化组织的要求与 ISO 14001：2015 和 ISO 9001：2015 相同，同样使用了 ISO/IEC 导则规定的标准框架结构，ISO 45001：2018 标准采用了导则中的高阶结构以及其他相关要求。

10.4.2　ISO 45001：2018 标准理解

ISO 45001：2018 标准由引言、正文及附录三部分组成。标准正文共分为 10 章，如图 10.16 所示。其中核心内容是职业健康安全管理体系要求，描述了对职业健康安全管理体系的要求具体如下：范围、规范性引用文件、术语和定义、组织环境、领导作用与员工参与、策划、支持、运行、绩效评价、改进。

1. 引言

组织对其员工或可能受其活动影响的其他人员的职业健康安全负有责任，这一责任包括促进和保护他们的身心健康。采用职业健康安全管理体系旨在使组织能够提供安全健康的工

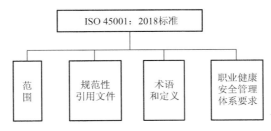

图 10.16　ISO 45001：2018 标准构成

作场所，预防与工作有关的伤害和健康损害，并持续改进其职业健康安全绩效。

职业健康安全管理体系是为管理职业健康安全风险提供框架。职业健康安全管理体系的预期结果是防止发生与工作有关的员工伤害和健康损害，提供安全健康的工作场所。因此，组织通过采取有效的预防和保护措施来消除危险源和降低职业健康安全风险至关重要。组织通过职业健康安全管理体系实施这些措施，能够改进职业健康安全绩效。通过及早采取措施应对机遇改进职业健康安全绩效，职业健康安全管理体系能更加有效和有效率。实施符合本标准的职业健康安全管理体系使组织能够管理职业健康安全风险，并改进职业健康安全绩效。职业健康安全管理体系可以帮助组织满足法律法规和其他要求。

？思考

职业健康安全管理体系的成功因素有哪些？

实施职业健康安全管理体系是组织的战略和运营决策。职业健康安全管理体系的成功取决于领导作用、承诺和组织各个层次各个职能的参与。职业健康安全管理体系的实施和保持、有效性和实现预期结果的能力取决于诸多关键因素，主要包括以下内容。

(1) 最高管理者的领导作用、承诺、责任和义务。
(2) 最高管理者在组织内制定、引导和推动支持实现职业健康管理体系预期结果的文化。
(3) 沟通。
(4) 员工的协商和参与，如有时，包括员工代表。
(5) 配备必要的资源以保持体系。
(6) 与组织总体战略目标和方向一致的职业健康安全方针。
(7) 识别危险源、控制职业健康安全风险和利用职业健康安全机遇的有效过程。
(8) 持续对职业健康安全管理体系进行绩效评价和监视，以改进职业健康安全绩效。
(9) 将职业健康安全管理体系整合到组织的业务流程中。
(10) 与职业健康安全方针一致并考虑到组织的危险源、职业健康风险和职业健康机遇的职业健康安全目标。
(11) 遵守法律法规和其他要求。

对员工和其他相关方，组织可通过展示成功实施标准作为其已建立有效的职业健康安全管理体系的保证。然而，采用标准本身并不能保证防止与工作有关的伤害和健康损害、提供安全健康的工作场所和改进职业健康安全绩效。文件化信息的详略、复杂程度和范围以及确保组织职业健康安全管理体系成功所需的资源取决于诸多因素，例如：

——组织环境（如员工数量、规模、地理、文化、法律法规和其他要求）；

——组织职业健康全管理体系的范围；

——组织活动的性质和相关的职业健康安全风险。

ISO 45001：2018 标准采用的职业健康安全管理体系的方法是基于策划—实施—检查—改进（PDCA）的概念。PDCA 概念是组织使用的不断重复的过程以实现持续改进，它可以用于整个管理体系及其每个单独要素，如下所示：

a) 策划：确定和评估职业健康安全风险、机遇和其它风险和机遇，建立所需的职业健康安全目标和过程，以实现与组织职业健康安全方针一致的结果；

b) 实施：实施所策划的过程；

c) 检查：监视和测量与职业健康安全方针和目标有关的活动和过程，并报告结果；

d) 改进：采取措施持续改进职业健康安全绩效，以实现预期结果。

ISO 45001：2018 标准将 PDCA 概念整合到新的框架中，如图 10.17 所示。

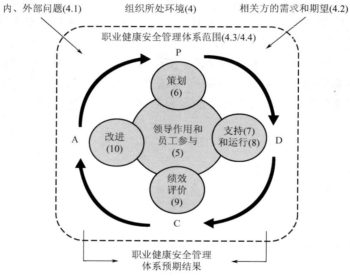

图 10.17　PDCA 与本标准框架之间的关系

ISO 45001：2018 标准符合 ISO 对管理体系标准的要求。这些要求包括一个高阶结构、相同的核心文本以及具有核心定义的通用术语，目的是方便使用者实施多个 ISO 管理体系标准。标准不包含针对其他领域的要求，例如质量、社会责任、环境、安保或财务管理等要求，尽管其要素可以与其他管理体系的要素保持一致或整合。标准包含了组织可用于实施职业健康安全管理体系和符合性评价的要求。组织如果要证实符合标准，可以采用以下方式：

——进行自我决定和自我声明；

——寻求对组织有兴趣的相关方对其符合性进行确认，例如：顾客；

——寻求组织的外部机构对其自我声明进行确认；

——寻求外部组织对其职业健康管理体系进行认证或注册。

ISO 45001：2018 标准第 1 章至 3 章规定了适用标准的范围，规范性引用文件和术语和定义，第 4 章至第 10 章包含了用于评价标准符合性的要求。附录 A 提供了对这些要求的资料性解释。

第 3 章中的术语和定义按概念的顺序进行编排，在标准最后给出了按字母顺序的索引。本标准使用以下助动词：

a)"应"(shall)表示要求;
b)"应当"(should)表示建议;
c)"可以"(may)表示允许;
d)"可、可能、能够"(can)表示可能性或能力。

2. 标准正文部分

(1) 范围

ISO 45001：2018 标准规定了职业健康安全管理体系的要求及其使用指南,旨在使组织能够提供健康安全的工作场所,以防止与工作有关的伤害和健康损害,同时主动改进职业健康安全绩效。标准适用于希望建立、实施和保持职业健康安全管理体系以改进职业健康安全、消除或尽可能降低职业健康安全风险（包括体系缺陷)、利用职业健康安全机遇、应对与其活动相关的职业健康安全体系不符合的任何组织。标准可帮助组织实现其职业健康安全管理体系的预期结果。与组织职业健康安全方针一致的职业健康安全管理体系预期结果包括：

a) 持续改进职业健康安全绩效；
b) 履行法律法规和其它要求；
c) 实现职业健康安全目标。

ISO 45001：2018 标准适用于任何规模、类型和性质的组织。标准适用于组织控制下的职业健康安全风险,考虑诸如组织运行环境以及员工和其他相关方的需求和期望的因素。标准没有规定职业健康安全具体绩效准则,也未对职业健康安全管理体系的设计做出规定。标准使组织能够通过其职业健康安全管理体系整合健康和安全的其他方面,如员工健康、福利。除员工和其他相关方风险外,标准未涉及其他事项,如产品安全、财产损失或环境影响。标准可被全部或部分用于系统改进职业健康安全管理。但是,除非组织的职业健康安全管理体系包含标准所有要求而且全部得到满足,组织才能声明符合标准。

(2) 规范性引用文件

无规范性引用文件。

(3) 术语和定义

下列术语和定义适用于 ISO 45001：2018 标准。

组织、相关方、员工、参与、协商、工作场所、承包商、要求、法律法规要求和其他要求、管理体系、职业健康安全管理体系。

(4) 组织所处的环境

1) 理解组织及其环境组织应确定与其宗旨相关并影响其实现职业健康安全管理体系预期结果能力的内部和外部事项。

2) 理解员工及其他相关方的需求和期望组织应确定：
a) 除了员工以外,与职业健康安全管理体系有关的其他相关方；
b) 员工及其他相关方的有关需求和期望（即要求)；
c) 这些需求和期望中哪些是或可能成为法律法规要求和其他要求。

3) 确定职业健康安全管理体系的范围

组织应确定职业健康安全管理体系的边界和适用性,以确定其范围。确定范围时组织应：
　　a）考虑1）所提及的内、外部问题；
　　b）考虑2）所提及的要求；
　　c）考虑与所策划或实施的工作相关的活动。
　　职业健康安全管理体系应包括受组织控制或影响下可能影响组织职业健康安全绩效的活动、产品和服务。范围应形成文件化信息并可获取。
　　4）职业健康安全管理体系
　　组织应根据本标准的要求建立、实施、保持并持续改进职业健康安全管理体系，包括所需的过程及其相互作用。
　　（5）领导作用与员工参与
　　1）领导作用与承诺
　　最高管理者应通过下述方面证实其在职业健康安全管理体系方面的领导作用和承诺：
　　a）全面承担责任和义务防止与工作有关的伤害和健康损害以及提供安全健康的工作场所和活动；
　　b）确保建立职业健康安全方针和相关的职业健康安全目标，并确保其与组织的战略方向一致；
　　c）确保将职业健康安全管理体系要求融入组织的业务过程；
　　d）确保可获得建立、实施、保持和改进职业健康安全管理体系所需的资源；
　　e）沟通有效职业健康安全管理和符合职业健康安全管理体系要求的重要性；
　　f）确保职业健康安全管理体系实现其预期结果；
　　g）指导并支持员工对职业健康安全管理体系的有效性做出贡献；
　　h）确保并推动持续改进；
　　i）支持其他相关管理人员在其岗位职责范围内展示其领导作用；
　　j）在组织内制定、引导和推动支持实现职业健康安全管理体系预期结果的文化；
　　k）保护员工不因报告事件、危险源、风险和机遇受到报复；
　　l）确保组织建立并实施员工参与和协商的过程；
　　m）支持健康安全委员会的建立和运作。
　　2）职业健康安全方针
　　最高管理者应建立、实施并保持职业健康安全方针，职业健康安全方针应：
　　a）包括承诺提供安全健康的工作条件以防止与工作有关的伤害和健康损害，并适合于组织的宗旨、规模、所处的环境和组织的职业健康安全风险和机遇的特定性质；
　　b）为制定职业健康安全目标提供框架；
　　c）包括承诺满足法律法规要求和其他要求的；
　　d）包括承诺消除危险源和降低职业健康安全风险；
　　e）包括承诺持续改进职业健康安全管理体系；
　　f）包括承诺员工（如有时员工代表）的协商和参与。
　　职业健康安全方针应：
　　——形成文件化信息并可获取；
　　——在组织内得到沟通；

——适当时,可为相关方获取;

——保持相关性和适宜性。

3) 组织的岗位、职责、责任和权限

最高管理者应确保在组织内各层次分配并沟通职业健康安全管理体系内相关岗位的职责和权限并保持文件化信息。组织内各层次员工应承担其在职业健康安全管理体系中控制部分的职责。

最高管理者应对下列事项分配职责和权限:

a) 确保职业健康安全管理体系符合本标准的要求;

b) 向最高管理者报告职业健康安全管理体系的绩效。

4) 员工协商和参与

组织应建立、实施和保持一个或多个过程,用于所有适用层次和职能的员二和员工代表(如有时) 协商和参与职业健康安全管理体系的建立、策划、实施、绩效评价和改进活动。组织应:

a) 提供协商和参与所需的机制、时间、培训和资源;

b) 及时提供通道获取有关职业健康安全管理体系清晰的、可理解的和相关的信息;

c) 确定并消除参与的障碍或屏障,尽可能减少无法消除的障碍或屏障;

d) 强调与非管理类员工协商下述活动:确定相关方的需求和期望,制定职业健康安全方针,适用时分配组织的岗位、职责和权限,确定如何满足法律法规和其他要求,制定并策划实现职业健康安全目标,确定对外包、采购和承包方的适合控制,确定哪些需要监视、测量和评价,策划、建立、实施并保持一个或多个审核方案,确保持续改进;

e) 强调非管理类员工参与下述活动:确定他们协商和参与的机制,辨识危险源及评估风险和机遇,确定消除危险源和降低职业健康安全风险的措施,确定能力要求、培训需求、培训和评估培训,确定需要沟通的信息以及如何沟通,确定控制措施及其有效实施和应用,调查事件和不符合并确定纠正措施。

职业健康安全目标的内容有哪些?

依据组织产品或服务过程的特点,可以选择以下几个方面的有关内容。

(1) 为减少职业病的发病率,可把作业环境中某种有毒有害物质的含量减少到允许的限量指标内。

(2) 把减少生产过程中职工伤亡的比率控制在国家、行业或企业(要严于国家或行业规定) 允许范围内。

(3) 可把危险、危害发生事故的频次控制在规定的范围内。

(4) 杜绝恶性、突发事故的发生(如火灾、塌方以及食物中毒等)。

(5) 提高员工的职业健康安全意识。

(6) 策划

1) 应对风险和机遇的措施

策划职业健康安全管理体系时,组织应考虑到环境所描述的事项、相关方所提及的要求和职业健康安全管理体系范围,确定需要应对的风险和机遇,以便:

a) 确保职业健康安全管理体系能够实现其预期结果;

b) 预防或减少不期望的影响;
c) 实现持续改进。
当确定需要应对职业健康安全管理体系风险和机遇以及预期结果时,组织应考虑:
——危险源;
——职业健康安全风险和其他风险;
——职业健康安全机遇和其他机遇;
——法律法规和其他要求,组织在策划过程中应确定和评估与组织、过程或职业健康安全管理体系变更相关的、且与职业健康安全管理体系的预期结果有关的风险和机遇。若变更是有计划的,无论永久还是临时的,评估应在变更实施前进行。
组织应保持以下文件化信息:
——风险和机遇;
——确定和应对风险和机遇所需的过程和措施,其程度应足以确信这些过程能按策划得到实施。
危险源辨识及风险和机遇评估。危险源辨识组织应建立、实施并保持一个或多个过程,以持续和主动地进行危险源辨识。该过程应考虑但不限于:
a) 工作组织形式,社会因素(包括工作量、工作时间、欺骗、骚扰和威胁),领导力和组织文化;
b) 常规和非常规的活动和情形,包括危险源来自:工作场所的基础设施、设备、材料、物质和物理条件,产品和服务的设计、研究、开发、测试、生产、组装、施工、服务交付、维护或处置,人为因素,工作如何实施;
c) 组织内部或外部曾经发生的相关事件,包括紧急情况及其原因;
d) 潜在的紧急情况;
e) 人员,包括考虑:进入工作场所的人员及其活动,包括员工、承包方人员、访问者和其他人员,在工作场所附近可能受到组织活动影响的人员,在不受组织直接控制的地点的员工;
f) 其他事项,包括考虑:对工作区域、过程、安装、机器/设备、操作程序和工作组织的设计,包括对涉及员工的需求和能力的适宜性,在工作场所附近发生、由工作活动引起的组织控制下的情景,在工作场所附近发生、可能对工作场所中的人员造成伤害和健康损害但不受组织控制的情景;
g) 组织及运行、过程、活动和职业健康安全管理体系实际或有计划的变更;
h) 危险源知识和信息的变更。
职业健康安全风险和其它职业健康安全管理体系风险的评估。组织应建立、实施和保持一个或多个过程,以便:
a) 评估已识别的危险源的职业健康安全风险,同时考虑现有控制措施的有效性;
b) 确定和评估与建立、实施、运行和保持职业健康安全管理体系有关的其他风险。
组织应规定评估职业健康安全风险的方法和准则,包括适用范围、性质和时机,以确保是主动的而非被动的且以系统的方式进行,应保持和保留方法和准则的文件化信息。
职业健康安全机遇和其他职业健康安全管理体系机遇的评估。组织应建立、实施和保持一个或多个过程,以评估:
a) 职业健康安全机遇以改进职业健康安全绩效,同时应考虑组织及其方针、过程或活

动有计划的变更及,使工作、工作组织和工作环境适合于员工的机遇,消除危险源和降低职业健康安全风险的机遇;

b) 其他改进职业健康安全管理体系的机遇。

确定法律法规和其他要求。组织应建立、实施和保持一个或多个过程,以:

a) 确定并具有渠道,以获取适用于组织危险源、职业健康安全风险和职业健康安全管理体系的最新的法律法规和其他要求;

b) 确定如何在组织内应用这些法律法规和其他要求以及需要沟通什么;

c) 在建立、实施、保持和持续改进职业健康安全管理体系时,应考虑这些法律法规和其他要求,组织应保持和保留法律法规和其他要求的文件化信息,同时应确保对其进行更新以反映任何变化情况。

措施的策划。组织应策划:

a) 措施以:应对这些风险和机遇;应对法律法规和其他要求,应急准备和响应;

b) 如何:将措施融入职业健康安全管理体系过程或其他业务过程并实施,评价这些措施的有效性。

策划措施时,组织应考虑控制层级和职业健康安全管理体系的输出,策划措施时,组织应考虑最佳实践、可选技术方案、及财务、运行和经营要求。

2) 职业健康安全目标及其实现的策划

职业健康安全目标。组织应针对其相关职能和层次建立职业健康安全目标,以保持和持续改进职业健康安全管理体系及职业健康安全绩效。职业健康安全目标应:

a) 与职业健康安全方针一致;

b) 可测量(可行时)或绩效可评价;

c) 考虑:适用的要求;风险和机遇的评估结果,与员工及员工代表(如有时)协商的结果;

d) 得到监视;

e) 得到沟通;

f) 适当时予以更新。

实现职业健康安全目标的策划。策划如何实现职业健康安全目标时,组织应确定:

a) 要做什么;

b) 需要什么资源;

c) 由谁负责;

d) 何时完成;

e) 如何评价结果,包括用于监视的指标;

f) 如何将实现职业健康安全目标的措施融入组织的业务过程。

组织应保持和保留职业健康安全目标及其实现方案的文件化信息。

(7) 支持

1) 资源

组织应确定并提供建立、实施、保持和持续改进职业健康安全管理体系所需的资源。

2) 能力

组织应:

a) 确定影响或可能影响组织职业健康安全绩效的员工所需的能力;
b) 基于适当的教育、培训或经历,确保员工是胜任的(包括辨识危险源的能力);
c) 适当时,采取措施以获得和保持所必需的能力,并评价所采取措施的有效性;
d) 保留适当的文件化信息作为能力的证据。

3) 意识

员工应意识到:

a) 职业健康安全方针和职业健康安全目标;
b) 他们对职业健康安全管理体系有效性的贡献,包括对提升职业健康安全绩效的贡献;
c) 不符合职业健康安全管理体系要求的后果和潜在后果;
d) 与他们相关的事件及调查结果;
e) 与他们相关的危险源、职业健康安全风险和所确定的措施;
f) 有能力摆脱他们认为对他们生命或健康造成危急和严重威胁的工作环境,以及保护他们免受因此导致不当后果的安排。

4) 沟通

组织应建立、实施并保持与职业健康安全管理体系有关的内部与外部信息沟通所需的过程,包括确定:

a) 沟通什么;
b) 何时沟通;
c) 和谁沟通:组织内部各层次和职能之间,与到达工作场所的承包方人员和访问者,与其他相关方;
d) 如何沟通。在考虑沟通需求时,组织应考虑多方面因素(如性别、语言、文化、文字、残疾)。

组织应确保在建立信息沟通过程中考虑外部相关方的在建立信息沟通过程中,组织应:

——考虑其法律法规和其他要求;
——确保所沟通的职业健康安全信息与职业健康安全管理体系形成的信息一致且真实可信。

组织应对职业健康安全管理体系相关的沟通做出响应。适当时,组织应保留文件化信息,作为沟通的证据。

内部沟通。组织应:

a) 在各职能和层次间就职业健康安全管理体系的相关信息进行内部沟通,适当时,包括沟通职业健康安全管理体系的变更;
b) 确保沟通过程使员工能够为持续改进做出贡献。

外部沟通。组织应按其建立的沟通过程,并考虑其法律法规和其他要求,就职业健康安全管理体系的相关信息进行外部沟通。

5) 文件化信息

组织的职业健康安全管理体系应包括:

a) 标准要求的文件化信息;
b) 组织确定的、职业健康安全管理体系有效性所需的文件化信息;

不同组织的职业健康安全管理体系文件化信息的复杂程度可能不同,取决于:

——组织的规模及其活动、过程、产品和服务的类型；
——证实满足法律法规和其他要求的需要；
——过程的复杂性及其相互作用；
——员工能力。

创建和更新。创建和更新文件化信息时，组织应确保适当的：

a) 标识和说明（例如：标题、日期、作者或参考文件编号）；
b) 形式（例如：语言文字、软件版本、图表）和载体（例如：纸质的、电子的）；
c) 评审和批准，以确保适宜性和充分性。

文件化信息的控制。职业健康安全管理体系及本标准要求的文件化信息应予以控制，以确保其：

a) 在需要的时间和场所均可获得并适用；
b) 受到充分的保护（例如：防止失密、不当使用或完整性受损）。为了控制文件化信息，适用时，组织应采取以下措施：分发、访问、检索和使用；存储和保护，包括保持易读性；变更的控制（例如：版本控制）；保留和处置。

组织应识别其确定的对职业健康安全管理体系策划和运行所需的来自外部的文件化信息，适当时，应对其予以控制。

思考

文件的控制有哪些要求？
(1) 在文件发布前进行审批，确保其充分性和适宜性。
(2) 必要时对文件进行评审和更新，并重新审批。
(3) 确保对文件的更改和现行修订状态做出标识。
(4) 确保在使用处能得到适用文件的有关版本。
(5) 确保文件字迹清楚，易于识别。
(6) 确保对策划和运行职业健康安全管理体系所需的外来文件做出标识，并对其发放予以控制。
(7) 防止对过期文件的非预期使用，若需保留，则应做出适当的标识。

（8）运行

1) 运行策划和控制

组织应策划、实施、控制并保持所需的过程以满足职业健康安全管理体系要求以及实施条款 6 所确定的措施，通过：

a) 建立过程准则；
b) 按照准则实施过程控制；
c) 保持和保留必要的文件化信息，以确信过程已按策划得到实施；
d) 使工作适合于员工。

在存在多个雇主的工作场所，组织应与其它组织协调职业健康安全管理体系相关事项。

消除危险源与降低职业健康安全风险。组织应通过采用以下控制层级，建立、实施和保持过程以消除危险源和降低职业健康安全风险：

a) 消除危险源；
b) 替代，使用危害较小的过程、工艺、材料或设备；

c) 采用工程控制和工作重组；
d) 采用管理控制，包括培训；
e) 采用适当的个人防护用品。

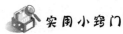 **实用小窍门**

对危险源辨识、风险评价和风险控制措施的确定主要包括以下3个步骤。

（1）危险源辨识——对业务活动进行分类，识别组织整个范围内所有存在的危险源并确定每个危险源的特性。

（2）风险评价——根据危险源特性，采用科学的方法评价危险源给组织所带来的风险大小，确定其是否为可容许风险。

（3）风险控制——根据风险评价的结果提出并实施风险控制方案。

变更管理。组织应建立过程，以实施和控制影响职业健康安全绩效的有计划的变更，包括：

a) 新产品、服务和过程，或现有产品、服务和过程的变更，包括：
——工作场所和环境；
——工作组织；
——工作条件；
——工作压力。
b) 适用的法律法规和其他要求的变更；
c) 有关危险源和职业健康安全风险的知识或信息的变更；
d) 知识和技术的发展。

组织应对非预期变更的后果予以评审，必要时，应采取措施降低任何不利影响。

采购。为确保组织职业健康安全管理体系的符合性，组织应建立、实施和保持过程以控制产品和服务采购。

承包方。组织应与承包方协调采购过程，以识别危险源，并评估和控制由以下情况产生的职业健康安全风险：

a) 承包方活动和运行对组织的影响；
b) 组织活动和运行对承包方员工的影响；
c) 承包方活动和运行对工作场所内其他相关方的影响。

组织应确保承包方及其员工符合组织的职业健康安全管理体系要求。在选择承包方时，组织的采购过程应规定和应用职业健康安全准则。

外包。组织应确定外包的职能和过程受控。组织应确保外包安排与法律法规和其他要求一致，并与实现职业健康安全的预期结果一致。对这些职能和过程的控制类型和程度应在职业健康安全管理体系规定。

2）应急准备和响应

组织应建立、实施和保持所需过程以准备和响应，所识别的潜在紧急情况，包括：

a) 建立应急响应计划，包括提供急救；
b) 提供应急响应计划培训；
c) 定期测试和演练应急响应能力；

d）效果评价，必要时修订应急响应计划，包括在测试后，特别是在紧急情况发生后；

e）向所有员工沟通和提供与他们岗位和职责相关的信息；

f）向承包方、访问者、应急响应服务机构、政府当局，适当时，当地社区沟通相关信息；

g）考虑所有相关方的需求和能力，确保他们参与，适当时，参与制定应急响应计划。

组织应保持和保留过程和潜在紧急情况应急响应计划的文件化信息。

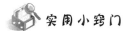 实用小窍门

应急准备和响应程序是组织一旦发生紧急情况时所采取应急措施的通用要求，是制定应急计划（预案）的依据，程序中应包括以下内容。

（1）确定潜在事故或紧急情况控制点，加强控制，以预防为主，并在紧急情况发生时采取应急措施，以尽可能减少所造成的危害和损失。

（2）应急响应程序及应急人员组成。

（3）与外部卫生与安全部门的联络渠道与信息。

（4）不同紧急情况发生时的应急措施。

（5）如可行时，应对应急措施进行演习。

（9）绩效评价

1）监视、测量、分析和绩效评价

组织应建立、实施和保持过程，以监视、测量、分析和评价绩效。组织应确定：

a）需要监视和测量什么，包括：满足法律法规和其它要求的程度，与所识别的危险源、风险和机遇相关的活动和运行，实现组织职业健康安全目标的进展，运行和其它控制的有效性；

b）监视、测量、分析与评价绩效的方法，适用时，确保结果有效；

c）组织评价其职业健康安全绩效所依据的准则；

d）何时实施监视和测量；

e）何时分析、评价和沟通监视和测量结果。

组织应评价职业健康安全管理绩效并确定职业健康安全管理体系的有效性。适用时，组织应确保监视和测量设备得到校准或适用时得到验证，并得到适当的使用和维护。

 思考

绩效测量和监视的主要内容有哪些？

绩效测量和监视的主要内容是对组织的职业健康安全目标的满足程度进行监视和测量。具体而言，需要监视的关键绩效指标包括以下几方面（但不仅限于此）。

（1）职业健康安全方针和目标是否得到实现。

（2）是否实施了有效的风险控制措施。

（3）是否从职业健康安全管理体系失败中吸取教训。

（4）是否遵守了组织程序文件中所规定的运行标准的要求。

（5）组织的职业健康安全法规符合性程度。

（6）组织的事故、职业相关病症、实践和其他不良职业健康安全绩效状况。

（7）员工和相关方的健康安全意识是否得以提高，培训是否到位，是否具备了标准要求的能力。

(8) 组织的内外部沟通和协商是否有效。
(9) 是否建立并使用了能够用于评审或改进职业健康安全管理体系状况的信息。

组织应保留适当的文件化信息：
——作为监视、测量、分析和绩效评价的结果证据；
——包括测量设备的维护、校准或验证。

组织应策划、建立、实施和保持过程，以评价法律法规和其他要求的符合性。组织应：
a) 确定合规性评价的频次和方法；
b) 评价合规性，需要时采取措施；
c) 保持对法律法规和其他要求符合状况的知识和理解；
d) 保留合规性评价结果的文件化信息。

2) 内部审核

组织应按规定的时间间隔开展内部审核，以提供职业健康安全管理体系的信息，确定是否：
a) 符合：组织职业健康安全管理体系规定的要求，包括职业健康安全方针和目标，标准的要求；
b) 得到了有效实施和保持。

内部审核过程。组织应：
a) 策划、建立、实施并保持一个或多个审核方案，包括实施审核的频次、方法、职责、协商、策划要求和报告，策划、建立、实施和保持内部审核方案时，组织应考虑相关过程的重要性和以往审核的结果；
b) 规定每次审核的准则和范围；
c) 选择审核员并开展审核，确保审核过程的客观性与公正性；
d) 确保向相关管理者报告审核结果，确保向员工、员工代表（如有时）和其他相关方报告相关审核结果；
e) 采取措施应对不符合并持续改进其职业健康安全绩效；
f) 保留文件化信息作为审核方案实施和审核结果的证据。

 思考

职业健康安全管理体系审核的目的是什么？
组织应建立并保持审核方案与程序，定期开展职业健康安全管理体系审核，其目的有以下几点。
(1) 评价组织的职业健康安全管理体系。
① 是否符合职业健康安全管理体系标准的要求，是否符合法律、法规、行业标准及其他要求，是否符合企业职业健康安全管理体系文件的要求。
② 是否有效地实施和保持职业健康安全管理体系。
③ 是否符合组织的职业健康安全方针和实现目标的要求。
(2) 对过去审核结果进行跟踪，验证纠正和预防措施实施的有效性。
(3) 向最高管理者报告审核的结果及相关信息。

3) 管理评审

最高管理者应按规定的时间间隔评审组织的职业健康安全管理体系，以确保其持续的适宜性、充分性和有效性。管理评审应包括考虑下列事项：

a）以往管理评审所采取措施的状况；

b）与职业健康安全管理体系相关的内、外部事项的变更，包括：相关方的需求和期望，法律法规和其他要求，组织的职业健康安全风险和职业健康安全机遇；

c）职业健康安全方针和目标满足要求的程度；

d）职业健康安全绩效方面的信息，包括以下方面的趋势：事件、不符合、纠正措施和持续改进，监视和测量的结果，法律法规要求和其他要求合规性评价的结果，审核结果，员工的协商和参与，风险和机遇；

e）保持有效职业健康安全管理体系的资源充分性；

f）与相关方的有关沟通；

g）持续改进的机会。

管理评审的输出应包括以下决定：

——职业健康安全管理体系实现预期结果的持续适宜性、充分性和有效性；

——持续改进机会；

——职业健康安全管理体系变更的任何需求；

——所需资源；

——措施，需要时；

——改进职业健康安全管理体系与其他业务过程融合的机会；

——对组织战略方向的任何建议。

最高管理者应向员工，员工代表（如有时）沟通管理评审的相关输出。组织应保留文件化信息作为管理评审结果的证据。

(10) 改进

组织应识别改进机会并实施必要的措施以实现职业健康安全管理体系的预期结果。

1）事件、不符合和纠正措施

组织应策划、建立、实施和保持过程，包括报告、调查、采取措施，以确定和管理事件和不符合。当发生事件或不符合时，组织应：

a）对事件或不符合做出及时反应，适用时：采取控制和纠正措施，处置后果；

b）在员工和其他相关方参与下，评估是否需要采取纠正措施，以消除事件或不符合的根原因，防止再发生或在其它地方发生：调查事件或评审不符合，确定事件或不符合的根原因，确定是否再发生类似事件、存在类似不符合或是否可能发生；

c）适当时，对现有职业健康安全风险和其他风险的评估进行评审；

d）按照控制层级和变更管理确定并实施任何所需的措施，包括纠正措施；

e）采取措施前，评估与新的或变更的危险源有关的职业健康安全风险；

f）评审所采取措施的有效性，包括纠正措施；

g）必要时，对职业健康安全管理体系进行变更。

纠正措施。应与所发生的事件或不符合造成的影响或潜在影响相适宜。组织应保留文件化信息作为证据：

——事件或不符合的性质和所采取的任何后续措施；

——任何措施和纠正措施的结果，包括有效性。

组织应与相关的员工、员工代表（如有时）和其它相关方沟通上述文件化信息。

2）持续改进

组织应持续改进职业健康安全管理体系的适宜性、充分性与有效性，以：

a）提升职业健康安全绩效；

b）推动支持职业健康安全管理体系的文化；

c）推动员工参与实施持续改进职业健康安全管理体系的措施；

d）向员工和员工代表（如有时）沟通持续改进的相关结果；

e）保持和保留文件化信息作为持续改进的证据。

本 章 小 结

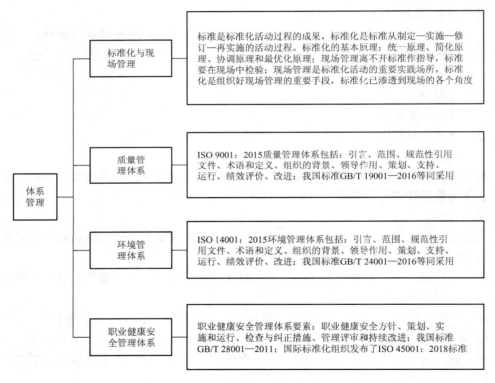

关键术语

过程方法（Process Approach）

质量管理体系（Quality Management System，QMS）

环境管理体系（Environmental Management System，EMS）

职业健康安全管理体系（Occupational Health and Safety Management System，OHSAS）

知识链接

[1] 赵成杰. ISO 9001：2015新思维＋新模式：新版质量管理体系应用指南[M]. 北京：企业管理出版社，2016.

[2] 施晓彦. 2015 版 ISO 14001 环境管理体系内审员培训教程 [M]. 北京：中国标准出版社，2016.
[3] [日] 加藤治彦. 精益制造 029：现场管理 [M]. 郑新超，译. 北京：东方出版社，2015.
[4] 全国信息与文献标准化技术委员会. GB/T 28001—2011 职业健康安全管理体系 要求 [S]. 北京：中国标准出版社，2012.
[5] 张平亮. 现代生产现场管理 [M]. 北京：机械工业出版社，2011.
[6] 王敏华. 管理体系与认证 [M]. 北京：中国计量出版社，2006.

习　　题

1. 选择题

（1）ISO 9001：2015 标准适用的范围是（　　）
A. 中小型企业　　　　　　　　　B. 大型企业
C. 制造业　　　　　　　　　　　D. 所有行业和各种规模的组织

（2）ISO 9001：2015 标准采用（　　）。
A. 质量保证　　　B. 过程方法　　　C. 持续改进　　　D. 要素

（3）用于质量管理体系审核的依据应是（　　）。
A. ISO 9000　　　B. ISO 9001　　　C. ISO 19021　　　D. ISO 19011

（4）ISO 9001：2015 标准的理论基础是（　　）。
A. 持续改进原理　　　　　　　　B. 系统理论
C. 八项质量管理原则　　　　　　D. 12 项质量管理体系基础

（5）关于组织环境管理者代表的人数的说法，正确的是（　　）。
A. 1 人　　　B. 2～3 人　　　C. 3 人以上　　　D. 可不止 1 人

（6）（　　）不属于环境管理体系审核。
A. 管理评审　　　　　　　　　　B. 组织的内审（第一方审核）
C. 合同审核（第二方审核）　　　D. 认证审核

2. 判断题

（1）对于质量管理体系，目前认证的有效版本为 2015 年 9 月 15 日发布的 2015 版标准。（　　）

（2）OHSAS18000 标准是由 ISO 发布的。（　　）

（3）通常将职业健康安全管理体系文件分为两个层次：职业健康安全管理手册和职业健康安全管理体系程序文件。（　　）

（4）管理评审可由质管办主任组织进行，并做出评审结论，指导各部门实施。（　　）

（5）ISO 9004 标准是 ISO 9001 标准的实施指南。（　　）

（6）ISO 9001：2015 标准规定的质量管理体系要求仅适用于向顾客提供产品质量保证。（　　）

（7）数据和信息的研究分析是有效决策的基础。（　　）

（8）2015 版 ISO 9001 和 ISO 9004 已成为一对协调一致的质量管理体系标准。（　　）

（9）对质量管理体系的更改进行策划和实施时，应保持体系的完整性。（　　）

（10）内部沟通就是组织内各部门的不同职责和权限的相互说明。（　　）

(11) 我国标准 GB/T 24001 等同采用 ISO 14001。( )

3. 简答题

(1) 标准化与现场管理之间有何关系？

(2) 组织通过了 ISO 9001：2015 认证，是否说明组织提供的产品是优质产品？

(3) ISO 14001：2015 标准要求组织应根据该标准的要求建立、实施、保持和持续改进环境管理体系，确定如何实现这些要求，并形成文件。如何理解"建立"和"保持"？

(4) 职业健康安全方针要求有哪些？

4. 思考题

(1) 如何结合 QMS、EMS、OHSAS 的贯标认证工作强化组织的生产现场管理？

(2) ISO 9001：2015 与其他管理体系标准有什么关系？

5. 实际操作题

(1) 结合某企业分析其三大管理体系的建立和运行情况。

(2) 为某一具体企业建立与其三大管理体系相匹配的现场管理模式。

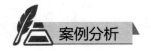

案例分析

上海三菱的体系管理与现场管理

上海三菱电梯有限公司是由上海机电实业公司、中国机械进出口总公司、日本三菱电机株式会社和香港菱电（集团）公司四方合资组建，由中方控股并进行管理。企业生产规模不断扩大，产品市场占有率保持行业领先地位，成为行业中首家跨入中国 500 强企业，实现了年产销量和累计电梯出厂最高纪录，并创造了全球年产销量最多的新突破。

跨入 21 世纪，上海三菱电梯有限公司认为现场管理作为企业管理中一项基础性和传统性较强的工作必须要创新。现场管理能不能根据公司发展的总体要求，推出新思路，定出新要求，就成为不断提升上海三菱现场管理整体水平的关键所在。公司领导审时度势提出"追赶世界先进水平的现场管理水平"的现场管理目标和"直接、清晰、有效"的工作要求，确立了"创建具有上海三菱特色的生产、办公、安装维修现场管理新体系"的工作思想。回顾上海三菱开业至今的现场管理工作实践，这个工作思路的核心是"结合体系要求，强化现场重点控制"。

上海三菱已建立 ISO 9001 质量管理体系和 ISO 14001 环境管理体系，并建立了 OHSAS 18001 职业安全卫生管理体系。这样，原现场管理的部分管理职能和内容，可以充分结合 3 个体系标准为契机，重点抓好物品标识、工艺纪律、物料堆放等环节。实施 ISO 9001 标准化，要求生产出满足规定和潜在要求的产品和提供满意的服务，实现企业的质量目标。实施 ISO 14001 标准，要求抓好资源节约、废物处理、环境整洁等环节，实现清洁生产。实施 OHSAS 18001 标准，从保护员工健康和安全的角度，控制现场各类危险源，降低职工安全卫生风险，严格执行安全操作规程和应急方案等文件规定，减少事故发生。

正是由于上海三菱电梯有限公司结合三大管理体系要求，强化现场重点控制，公司在现场管理方面取得了骄人的业绩，并促进公司整体绩效的提升。中国质量协会于 12 月 8 日在南京召开了 2010 年全国现场管理经验交流大会。经过全国现场管理星级评价管理委员会审批确定，上海三菱公司电控车间、钣金车间分别荣获全国现场管理星级评价"四星"级现场。2011年10月21日,由中国质量协会主办的"第十一届全国追求卓越大会"在北京召开。会议隆重举行了"第十一届(2011年)全国质量奖"颁奖仪式,举办了"十二五发展规划"专题报告会、获奖企业高层领导对话、专题交流等活动。兖州煤业股份有限公司、上海三菱电梯有限公司、贵州茅台酒股份有限公司、宜宾五粮液股份有限公司等12家企业荣获"第十一届全国质量奖"。上海三菱是全国电梯行业唯一获得国家最高质量奖荣誉的企业,也是全国两次获得这项荣誉的4家企业之一。

资料来源:http://www.smec-cn.com/cn/index.asp.

分析与讨论

(1) 上海三菱电梯有限公司现场管理的创新点是什么?

(2) 你认为上海三菱电梯有限公司现场管理整体水平提升的支撑条件有哪些?

参 考 文 献

[1] 陈荣秋,马士华.生产运作管理[M].3版.北京:机械工业出版社,2009.
[2] 陈国华.生产运作管理[M].3版.南京:南京大学出版社,2016.
[3] 崔生祥.现代班组日常管理规范与制度化建设[M].北京:中国言实出版社,2010.
[4] 陈俊芳.质量改进与质量管理[M].北京:北京师范大学出版社,2007.
[5] 刘书庆,杨水利.质量管理学[M].北京:机械工业出版社,2004.
[6] 陈国华.质量管理[M].2版.北京:北京大学出版社.2014.
[7] 韩福荣.现代质量管理学[M].北京:机械工业出版社,2005.
[8] 陈运涛.质量管理[M].北京:清华大学出版社,2008.
[9] 罗国勋.质量管理与可靠性[M].北京:高等教育出版社,2005.
[10] 胡铭.质量管理学[M].武汉:武汉大学出版社,2006.
[11] [美] 约瑟夫·M.朱兰,约瑟夫·M.德费欧.朱兰质量手册[M].6版.焦叔斌,等译.北京:中国人民大学出版社,2014.
[12] 洪生伟.质量工程导论[M].北京:中国计量出版社,2006.
[13] 杨青.工程项目质量管理[M].北京:机械工业出版社,2008.
[14] 上海市质量协会代表团.日本质量管理的经验与新一代 TQM:上海企业赴日质量管理研修见闻[J].上海质量,2009,(1):38-42.
[15] 姚美瑜.员工整体素质与产品质量关系的探讨[J].机电技术,2006,(3):68.
[16] 高贤峰,赵婷.海尔质量管理的三部曲[J].当代经理人,2004,(2):92.
[17] 高阳.质量管理案例分析[M].北京:中国标准出版社,2008.
[18] 王希曾.ISO 9000质量改进技法[M].广州:华南理工大学出版社,2006.
[19] 盛宝忠.质量改进六步法[M].上海:上海交通大学出版社,2007.
[20] 安鸿章.企业人力资源管理师三级[M].北京:中国社会劳动保障出版社,2007.
[21] 安鸿章.企业人力资源管理师二级[M].北京:中国社会劳动保障出版社,2007.
[22] 李全喜.生产运作管理[M].2版.北京:北京大学出版社,2011.
[23] 尹隆森,孙宗虎.目标分解与绩效考核设计实务[M].北京:人民邮电出版社,2006.
[24] [美] 杰伊·海泽,[美] 巴里·雷德.生产与作业管理教程:战略与战术决策[M].4版.潘洁夫,佘远征,刘知颖,译.北京:华夏出版社,1999.
[25] 孔庆华,周娜.工作研究基础与案例[M].北京:化学工业出版社,2009.
[26] 易树平.工作研究与人因工程[M].北京:清华大学出版社,2011.
[27] 张平亮.班组长现场管理使用手册:方法、实例和工具[M].北京:机械工业出版社,2016.
[28] 易树平.基础工业工程[M].北京:机械工业出版社,2007.
[29] 张平亮.现代生产现场管理[M].北京:机械工业出版社,2011.
[30] 陈建龙.生产现场优化管理[M].上海:复旦大学出版社,2008.
[31] 张智勇.ISO 9001:2015内审员实战通用教程[M].北京:机械工业出版社,2016.
[32] 周桂华.ISO 14001:2015环境管理体系审核员培训教程[M].北京:中国标准出版社,2016.
[33] 全国信息与文献标准化技术委员会.OHSAS 18000职业健康安全管理体系 规范[S].北京:中国标准出版社,2012.
[34] 陈志田.GB/T 19001 GB/T 24001 GB/T 28001管理体系一体化总论[M].北京:中国计量出版社,2002.
[35] 王敏华.管理体系与认证[M].北京:中国计量出版社,2006.

[36] 中质协质量保证中心. ISO 9001/ISO 14001/OHSAS 18001 整合型管理体系的建立与实施 [M]. 北京：中国标准出版社，2003.
[37] 张晓东. 现场管理与 5S [M]. 北京：中国计量出版社，2004.
[38] 中世. 都是心软惹的祸：一分钟现场管理的故事 [M]. 北京：西苑出版社，2005.
[39] 李必强，张青山. 企业生产现场管理 [M]. 武汉：华中理工大学出版社，1993.
[40] 李景元. 现代企业现场管理 [M]. 北京：企业管理出版社，2001.
[41] 陈仲华，李景元. 现代企业现场管理运作实务 [M]. 北京：中国经济出版社，2003.
[42] 蔡建新，徐永文. 生产现场管理 [M]. 北京：人民日报出版社，1991.
[43] 邱绍军. 现场管理 36 招 [M]. 杭州：浙江大学出版社，2006.
[44] 田水承，景国勋. 安全管理学（第 2 版）[M]. 北京：机械工业出版社，2016.
[45] [日] 石渡淳一，等. 最新现场管理 [M]. 严新平，朱小红，熊辉，译. 深圳：海天出版社，2004.
[46] 章慧南. 中小企业现场管理与开发：理论与实务 [M]. 上海：复旦大学出版社，2005.
[47] 朱昊. 如何进行现场管理 [M]. 北京：北京大学出版社，2004.
[48] 李胜强，李华. 目视管理 365 [M]. 深圳：海天出版社，2004.
[49] 吴明星，王生平. 目视管理简单讲 [M]. 广州：广东经济出版社，2006.
[50] 陈俊芳. 质量改进与质量管理 [M]. 北京：北京师范大学出版社，2007.
[51] 张公绪，孙静. 新编质量管理学 [M]. 2 版. 北京：高等教育出版社，2003.
[52] 李家林，林岳儒. 目视精细化管理 [M]. 深圳：海天出版社，2011.
[53] 冶金部体制改革司. 冶金工业企业定置管理理论及其应用 [M]. 沈阳：辽宁人民出版社，2011.
[54] [日] 青木龟南. 定置管理：科学的整理整顿 [M]. 董培杰，宋贵宗，薛秋，译. 北京：科学普及出版社，1990.
[55] 陆愈. 实现场定置管理技术 [M]. 北京：中国工人出版社，2002.
[56] 金仲信. 铸造车间定置管理的方法 [J]. 中国铸造装备与技术，2004，(4)：61-63.
[57] 李玉华. 生产制造企业物流管理 第六讲 定置管理 [J]. 物流技术，2004，(11)：145-146.
[58] 张兆军，张亦弛. 一汽"红旗生产方式"解析 [J]. 汽车工业研究，2012，(3)：42-44.
[59] [日] 大野耐一. 大野耐一的现场管理 [M]. 崔柳，等译. 北京：机械工业出版社，2016.
[60] 兰海. 生产现场改善实例 [M]. 深圳：海天出版社，2008.
[61] [日] 今井正明. 现场改善：低成本管理方法的常识 [M]. 周健，等译. 北京：机械工业出版社，2016.
[62] 姜明忠. 6S 管理现场实战全解 [M]. 北京：机械工业出版社，2015.
[63] 任鸣晨，李玉鹰. 班组长培训教程 [M]. 北京：电子工业出版社，2012.
[64] 张晓亮. 不同的沟通方法 [J]. 现代班组，2015，(9)：33.
[65] 高丽君，孔造杰. 全员生产维护下的设备自主维护 [J]. 工业工程，2003，6(2)：20-24.
[66] 华夏认证中心有限公司. GB/T 28001《职业健康安全管理体系 要求》理解与应用 [M]. 北京：中国标准出版社，2013.